Guido Knopp

Vatikan
Die Macht der Päpste

in Zusammenarbeit mit
Christian Deick, Sebastian Dehnhardt,
Peter Hartl, Jörg Müllner, Theo Pischke

Dokumentation:
Silke Schläfer, Heike Rossel

C. Bertelsmann

Umwelthinweis:
Dieses Buch und der Schutzumschlag wurden
auf chlorfrei gebleichtem Papier gedruckt.
Die Einschrumpffolie (zum Schutz vor Verschmutzung)
ist aus umweltschonender und recyclingfähiger PE-Folie.

2. Auflage
© 1997 by C. Bertelsmann Verlag GmbH, München
Umschlaggestaltung: Design Team München
Satz: Uhl + Massopust, Aalen
Druck und Bindung: Graphischer Großbetrieb Pößneck
Printed in Germany
ISBN 3-570-12305-7

Inhalt

Die Macht der Päpste

Die Zeit scheint stillzustehen hinter den Mauern des Vatikan. Im Schatten des Petersdoms folgt das Leben seinen eigenen, zweitausend Jahre alten Regeln. Herr dieses Reiches, das keinen halben Quadratkilometer mißt, ist der Papst – das Oberhaupt der katholischen Kirche, der Statthalter Jesu Christi, der Diener der Diener Gottes und zugleich deren absoluter Regent, allen irdischen Instanzen entzogen und nur Gott und seinem Gewissen verantwortlich. Zur Jahrtausendwende sind es weltweit eine Milliarde katholischer Christen, die seinen Weisungen zu folgen haben – wenn sie gläubig sind.

Wenn Pius XII., Papst von 1939 bis 1958, auf der »Sedia gestatoria« durch die Menge getragen wurde, warfen ihm die Menschen ihre Taschentücher zu. Der Pontifex fing sie auf, strich sich damit über die Stirn und gab sie zurück: Reliquien seiner absoluten Autorität. Wenige Jahrzehnte später streckt ein wahnsinniger Attentäter mitten auf dem Petersplatz den 263. Nachfolger Petri, Johannes Paul II., mit zwei Schüssen nieder.

Kein halbes Jahrhundert verging zwischen Pius XII. und Johannes Paul II., und doch liegen Welten zwischen beiden Päpsten: zwischen einem scheinbar ungebrochenen Anspruch, letzte und unfehlbare Instanz der Christenheit zu sein – und dem verzweifelten Versuch, den Stürmen des Zeitgeistes zu trotzen.

Ohne Gnade hat das 20. Jahrhundert den Vatikan in die Defensive getrieben: Völkermorde, atomares Wettrüsten, Abtreibung und künstliche Empfängnisverhütung – Themen, die die Päpste seit dem Zweiten Weltkrieg mehr denn je auf den Prüfstand der Geschichte stellen. Braucht die Welt eine letzte moralische Instanz, auf die immer weniger Menschen hören wollen? Ist die Frage nach der Macht der Päpste nicht zugleich auch die nach ihrer Ohnmacht? Wer macht tatsächlich Politik im Machtzentrum der Kirche? Wieviel Einfluß hat die Kurie?

»Ich bin hier nur der Papst. Mir sagt keiner was«, hatte Johannes XXIII. noch gefrotzelt. Seinem Vorgänger Pius XII. wäre dies nie in den Sinn gekommen. Eugenio Pacelli war der letzte wahre Kirchenfürst auf dem Stuhl Petri, ein geborener Diplomat, der noch als Kardinal das Konkordat mit Hitler formuliert hat, seinem Antipoden, seinem Luzifer. Die Geschichte urteilt hart über »Papa Pacelli«, der sich über den Nationalsozialismus keine Illusionen machte – und dennoch die Außenpolitik des Heiligen Stuhls auf Ausgleich mit den Machthabern des »Dritten Reiches« trimmte. Die unter seinem Vorgänger schon vorbereitete Enzyklika gegen den Antisemitismus ließ er in den Kellern des Vatikan verschwinden – »um den Frieden zu retten«. Wohlgemerkt, wir sind im Frühjahr 1939, und alle Welt spricht von der drohenden Kriegsgefahr. Pius hatte schon einmal in päpstlichem Auftrag »den Frieden retten« sollen, mitten im Ersten Weltkrieg, und war gescheitert. Nun wollte er den Zweiten Weltkrieg gar nicht erst entstehen lassen. Dazu brauchte er den diplomatischen Kontakt zu jener mörderischen Meute, die das Deutsche Reich regierte. Eine flammende Enzyklika hätte da gestört. Wir haben hier Verständnis – auch wenn Pius, wie anders, erneut scheitern mußte.

Wie aber steht es um das vielzitierte »Schweigen des Papstes« zum Verbrechen des Jahrhunderts, das sein Antipode ungehemmt beging? Geschwiegen hat er nicht. Er hat nur nicht deutlich genug seine Stimme dagegen erhoben. Pius war kein Luther. Um den eigenen, begrenzten Spielraum zu bewahren, blieb der Papst »neutral« – bis zum bitteren Ende. Pius fürchtete, daß deutlichere Worte noch größeres Unheil hätten anrichten können. Doch ist ein größeres Unheil vorstellbar?

Andererseits: Hätte sich der Antichrist durch einen leidenschaftlichen Appell des Papstes gegen seine »Endlösung« noch davon abbringen lassen? Ganz gewiß nicht. Denn weil er wußte, daß sein erstes Lebensziel, der »Lebensraum im Osten«, nicht mehr zu erreichen war, wollte er doch wenigstens das zweite Ziel, den Völkermord, um jeden Preis vollenden.

Kein leidenschaftlicher Protest, aus wohlerwogenen Gründen – und doch litt der »Stellvertreter Christi« lebenslang daran. »Was wird die Geschichte zu meinem Schweigen sagen?« fragte er schon zu Beginn des Mordens. Sein Testament ist knapp gehalten: »Sei mir gnädig, o Herr, gemäß Deiner großen Gnade. Die Vergegenwärtigung der Mängel und Fehler, die während eines so langen Pontifikats und in solch schwerer Zeit begangen wurden, hat mir meine Unzulänglichkeit klarer vor Augen geführt.«

8

Pius' Grab liegt etwas abseits in Sankt Peter. »Ohne Monument, bescheiden« hat er es gewollt. »Je mehr im Verborgenen, desto besser.«

Pius wurde verehrt, sein Nachfolger Johannes geliebt. Volksnah, lebensfroh, legendenumrankt – der Bauernsohn Angelo Roncalli aus Bergamo ist die Lichtgestalt unter den Päpsten des Jahrhunderts. Nach seiner Wahl wird er unterschätzt, der Siebenundsiebzigjährige gilt als Papst des Übergangs. »Habemus Opapam«, spöttelten deutsche Katholiken liebevoll. Wenig später wird der alte Mann mit seiner Ankündigung, ein vatikanisches Konzil einzuberufen, einen Erdrutsch in der Kirche auslösen. Ballast sollte abgeworfen werden, Fenster und Türen im Kirchenschiff aufgestoßen, um frische Luft hereinzulassen. »Aggiornamento« (Anpassen an das Heute) hieß die Losung der Stunde.

Johannes XXIII. hatte in ein Wespennest gestochen. Die Kurie, der Verwaltungsapparat des Vatikan, blockierte auf breiter Front. Die Kirche sollte bleiben, wie sie war: Roma locuta, causa finita.

Am meisten aber stand der Papst sich selbst im Weg. Er hatte aus dem Bauch heraus entschieden. Es ging ihm nicht um Machterhalt der Kurie, sondern um Erneuerung der Kirche: »Mal sehen, was passiert.« Doch der Mangel an konkreten Vorgaben drohte das Projekt im Keim zu ersticken. Als 1962 2500 Vertreter der Weltkirche in Rom zusammenkamen, war die Zukunft des Konzils völlig ungewiß. In den ersten Tagen kam es zu tumultartigen Revolten. Doch dann, und gerade deshalb, entwickelte das Konzil, zumindest zu Beginn, jene Eigendynamik, die sich der Papst gewünscht hatte.

War es Aufbruch aus dem Mittelalter oder Quell der Unordnung? Weder noch. Nichts wirklich Wesentliches durfte das Konzil entscheiden; doch der Welt bot sich das Bild einer Kirche, die sich der Moderne öffnen will. Das war zu dieser Zeit erstaunlich und ein Wert an sich.

Für Traditionsverhaftete blieb dies ein Ärgernis bis heute. Noch immer reicht es deshalb nicht zur Seligsprechung von Johannes XXIII. Bruno Heim, Privatsekretär von Angelo Roncalli, glaubt den Grund zu kennen: Die Kongregation für die Selig- und Heiligsprechung im Vatikan habe ihm gegenüber mehrmals angedeutet, Roncalli hätte als Nuntius in Paris zweifelhafte Kontakte gepflegt, auch im homosexuellen Milieu. Dies, so

Heim, sei allerdings nicht wahr. Bei einem weiteren Rom-Besuch erfuhr der Sekretär, nach eigenem Bekunden, den wahren Grund:»Also gut, es ist nicht wahr«, habe ihm der Kardinal Pietro Palazzini erklärt,»aber er ist schuld am Konzil.«

Diese so euphorisch begonnene Zusammenkunft der Weltkirche vernünftig zu vollenden – vor allem deshalb wählte das Konklave Giovanni Battista Montini, den»Hamlet von Mailand«, zum Nachfolger. Zwischen Tradition und Fortschritt waren Kräfte freigeworden, die die Kirche auseinandertrieben. Paul VI. steuerte einen Kurs des Ausgleichs und geriet dabei mehr als einmal zwischen die Fronten. Als das Konzil sich 1965 dem Ende zuneigte, herrschte Verunsicherung, ja Ratlosigkeit. Den einen ging's nicht weit genug, den anderen viel zu weit. Es war dies wohl ein Spiegel der Persönlichkeit des Papstes Paul VI.: auf der einen Seite der»Prinz der Reformen«, der gegen den Widerstand der Kurie den Apparat der Kirche demokratisierte, der früher als andere Konfliktthemen der Zukunft erkannte und die wachsende Kluft zwischen den Industriegesellschaften und den Ländern der Dritten Welt anprangerte. Auf der anderen Seite der erzkonservative Kirchenfürst, den althergebrachten Lehren fest verpflichtet: einer, der den Zölibat für überholt hielt – und doch nicht als der Papst in die Geschichte eingehen wollte, der ihn abschafft.

Das Schwanken zwischen Tradition und Moderne hat man diesem Papst oft angekreidet. Doch gerade wegen seines Spagats zwischen Kontinuität und Fortschritt ist Giovanni Battista Montini überhaupt erst Papst geworden.

Während 1968 revoltierende Studenten, empört über die Greuel des Vietnamkrieges,»Make love, not war« skandierten, verbot der Oberste Hirte den Liebenden in seiner Herde den Gebrauch der Antibabypille. Ein Schrei der Entrüstung erhob sich, und fortan wurde Paul verhöhnt als»Pillenpaule«, galt als Inbegriff reaktionären Denkens, ja als Mitschuldiger an der weltweiten Bevölkerungsexplosion – was Unsinn ist.

Ein Pontifikat, das voller Impulse begann, stand künftig ganz im Schatten dieser Entscheidung. Der Papst hatte die Vision der einen Welt vor Augen, aber wurde meist auf das Verbot der Pille reduziert. Kaum einer auf dem Stuhl Petri ist so mißverstanden worden wie der Mann aus Mailand.

In den letzten Jahren seines Lebens wollte Paul VI. leiden. Er trug um seine Hüften einen Büßergürtel, dessen Stacheln ihm ins

Fleisch drangen. »Pius hatte den Respekt der Welt; Johannes ihre Liebe; Paul braucht unser Verstehen«, sagte 1970 der Wiener Kardinal Franz König.

Montini konnte nicht zurück zur aristokratischen Einfalt seines Lehrmeisters Pius XII. – und es war ihm nicht gegeben, der gewinnenden Direktheit von Johannes XXIII. nachzueifern. Er wollte eigentlich zurücktreten – und ließ sich davon abraten. Am Ende ließ man ihn allein mit seinen Zweifeln – eine tragische Figur.

Wer heute auf den Straßen deutscher Städte Bürger nach dem Papst Johannes Paul I. fragt, wird – das ist demoskopisch nachweisbar – in acht von zehn Fällen eine Antwort wie diese erhalten: »Sie meinen den Ermordeten?« Selten hält ein Buch so viele Vorurteile wach wie das des Briten David Yallop, der ein Gespinst von Halbwahrheiten und Legenden um den angeblichen Mord am »lächelnden Papst« geflochten hat – »Mord, um einen fortdauernden Diebstahl zu vertuschen«.

Durch seinen Tod geriet der Vatikan ins Zwielicht. Als Johannes Paul I. in der Nacht zum 29. September 1978 plötzlich starb, nach einem Pontifikat von nur 33 Tagen, verbreitete die Nachricht nicht nur Trauer und Bestürzung. Schon tags darauf mischte sich Skepsis in die Anteilnahme. Fromme offizielle Lügen verstärkten bestehende Zweifel: Wurde Johannes Paul I. Opfer krimineller Machenschaften?

Er wurde es nicht, und dieses Buch belegt es. Nein, der US-Bischof Marcinkus ist kein Mörder. Er ist nicht einmal ein Betrüger. Er war freilich auch nicht das, was er hätte sein sollen – ein Bankier.

Der Vatikan ist keine Brutstätte von Mördern, Räubern und Betrügern. Der Vatikan ist allerdings ein byzantinischer Palast, erfüllt von Heucheleien, Schmeicheleien, Eifersüchteleien. In dieser Atmosphäre voller Klatsch, Komplexe und Intrigen ging der arglose, empfindsame, schon kranke Mann zugrunde.

»Jeder wußte, daß er nicht zu Rande kam«, erinnert sich einer jener Monsignori, die entweder die Nase rümpften oder überlegen lächelten über den »lächelnden Papst«, der sich mit kindlich heiteren Reden Luft zu schaffen suchte.

In seinem goldenen Käfig gefangen; überhäuft mit Akten über Vorgänge, die er nicht überblickte, befielen den gestreßten Pontifex deutliche Vorzeichen einer Embolie. An ihr starb er, ohne daß ihn in den 33 Tagen seines Pontifikats trotz sichtlicher

Alarmsignale auch nur einmal einer der Vatikan-Ärzte wirklich gründlich untersucht hätte. Sein alter Leibarzt aus Vittorio Veneto wollte ihn im Oktober besuchen – doch da war sein Patient schon tot. Streng medizinisch starb Johannes Paul, weil ein Blutpfropf sein erschöpftes Herz verschloß. Tatsächlich aber starb er an gebrochenem Herzen. Er zerbrach an der kurialen Bürokratie. Er starb, weil er sich hinter den Mauern des Vatikan nicht hinreichend geliebt fühlte.

Dergleichen würde seinem Nachfolger, dem ersten Papst aus Polen, nie passieren:»Ich treffe die Entscheidungen«, erklärte er gleich anfangs Kurienkardinälen, die am liebsten»business as usual« betrieben hätten. Karol Wojtyła aus Krakau ist geprägt von einem Leben unter zwei Diktaturen. Unbeirrbar fest im Glauben, ging er seinen Weg – bis nach Rom. Seine erste Reise als Papst führte ihn zurück an seine Wurzeln – bis nach Polen. Es war der Anfang vom Ende des Kommunismus in Osteuropa.»Fürchtet euch nicht!« Fordernd und mäßigend zugleich unterstützte er den Kampf seiner Landsleute um ihre Freiheit – nicht ahnend, daß diese nach deren Gewinn unter»Freiheit« ewas anderes verstehen wollten, als er dachte.

Bislang geheime Protokolle des Politbüros in Moskau enthüllen, wie ernst die Kremlherren die Bedrohung ihrer Macht durch den Gottesmann einschätzten. Es darf angenommen werden, daß zu den»Gegenmaßnahmen«, die Leonid Breschnew forderte, auch die Ermordung des Papstes gehörte. Was sonst hat der Auftrag des damaligen KGB-Chefs Andropow zu bedeuten, man möge überprüfen, wie man sich dem Papst»physisch nähern« könne? Doch die wundersame Errettung des Pontifex – die er dem Wirken der Jungfrau Maria zuschreibt – machte alle Hoffnungen zunichte, den»Sprengsatz des Aufstandes« in Osteuropa auszuschalten. Der Zusammenbruch des Ostblocks ist auch der persönliche Triumph des Karol Wojtyła. Diesen Kampf um die Freiheit hat er mitgewonnen.

Doch den Kampf um eine andere Freiheit droht er zu verlieren: die Auseinandersetzung mit der»falschen Freiheit der Moderne«. Es gebe keine Freiheit ohne Bindung, meint der Papst. Die Kehrzeichen der Freiheit, Egoismus, Hedonismus, der Verlust moralischer Prinzipien, sind für diesen Papst nicht neue Feinde, sondern nur Erscheinungsformen des althergebrachten Bösen in der Welt. Dabei sei der Materialismus des Westens gefährlicher als der des Ostens, weil er die Menschen nicht mit Gewalt, sondern mit Verführung von der rechten Bahn abbringe.

Wer hat denn recht? Die dekadente Welt, die der Befriedigung von Lust lebt? Oder jener alte Mann im Vatikan, der vor dem leichten Weg warnt, der die Menschheit in die Selbstzerstörung führe, der den unbequemen Weg vorschlägt?

Nicht um einen Millimeter weicht der erste Diener Gottes ab von seiner Bahn – auch nicht um den Preis des Verlusts von Freiheit in der eigenen Kirche, der immer mehr Menschen (im Westen) den Rücken zukehren. »Dann werden wir eben weniger«, sagt sein Kardinal Joseph Ratzinger. Johannes Paul II. will den Schatz des Glaubens, so wie er ihn sieht, unvermindert in das kommende Jahrtausend retten – notfalls um den Preis auch des Verlusts von Seelen. Ob dies gelingt, liegt freilich weniger an ihm als an dem Wirken seines Nachfolgers.

Gibt es eine Art von vatikanischem Gesetz, warum gerade dieser und nicht jener Kardinal zum Papst gewählt wird?

Die Wege des Herrn sind unerforschlich, und wenn der Heilige Geist schon einmal in den Mauern der Sixtinischen Kapelle umgeht, dann nach Kräften. Doch wenn wir uns die letzten fünf Pontifikate noch einmal vor Augen halten, drängt sich der Verdacht auf, die erlauchten Eminenzen kürten immer eher das Gegenteil des gerade verblichenen Pontifex zum Nachfolger. Auf den Diplomaten Pius XII. folgte der Seelsorger Johannes XXIII., auf diesen der Politiker Paul VI., auf diesen der Seelsorger Johannes Paul I., auf diesen der Politiker Johannes Paul II.

Wir dürfen also vermuten, daß der nächste Papst eine eher pastorale Gestalt sein wird. Einer, der es schaffen soll, nicht nur die widerstrebenden Flügel der Kirche zu versöhnen, sondern durch sein Vorbild auch noch einer wunderbaren Botschaft neuen Auftrieb geben kann, die durch die Sünden mancher ihrer amtlichen Verkünder nicht geringer wird.

Pius XII. und der Holocaust

Die deutsche Frage ist mir die wichtigste. Ich werde sie mir
vorbehalten

Nichts ist verloren mit dem Frieden. Alles mit dem Krieg

Wir wollen den Versuch wagen, zu retten, was zu retten ist

Was ich getan habe, habe ich aus Nächstenliebe getan. Ob es genug
war, weiß allein der Himmel

Was wird die Geschichte wohl zu meinem Schweigen sagen?

Wieviel Zeit wird erforderlich sein, um die sittliche Not zu beheben,
welche Mühen, bis so viele Wunden vernarbt sind?

Säen ist immer groß und schwer. Zwischen Ruinen säen ist doppelt
schwer

Irre geworden sind wir nie am deutschen Volk

Mein Verstand erkennt noch klarer, daß ich ungeeignet und der Rolle
nicht gewachsen war

Je mehr im verborgenen, desto besser

Pius XII.

Pius XII.? Dies ist der einzige Mensch, der mir immer widersprochen und niemals gehorcht hat.

Adolf Hitler, 1944

Vielleicht hätte mir ein feierlicher Protest das Lob der zivilisierten Welt eingetragen. Aber er hätte den armen Juden eine noch unerbittlichere Verfolgung eingebracht als die, die sie jetzt zu leiden haben.

Pius XII.

Wenn Pius die Judenverfolgung verurteilt hätte, hätte er Gift in die Herzen der katholischen Gläubigen geschüttet, die zwei Glauben hatten: den Katholizismus und den Nationalsozialismus. Wenn er also keine abfälligen Katholiken in Deutschland haben wollte, dann mußte er neutral bleiben.

Manfred Grünberg, überlebender Jude des Holocaust

In der schweren Zeit der deutschen Besatzung wußten wir Polen, daß uns niemand helfen würde, nicht einmal der Papst.

Mieczysław Maliński, polnischer Priester und Freund
von Johannes Paul II., über Pius XII.

Die drei Eindrücke von Pius XII., die im Vordergrund standen, waren erstens seine Kenntnis und Freundlichkeit gegenüber den Deutschen, zweitens sein philosophisch-naturwissenschaftliches Interesse in bezug auf das Denken der Menschen in der Mitte des 20. Jahrhunderts und drittens eine tiefe Sorge wegen der kommunistischen Gefahr.

Richard von Weizsäcker, Alt-Bundespräsident, Sohn des Botschafters
beim Heiligen Stuhl

Die wahre Geschichte hat bezeugt, was Pius XII. alles für die Juden getan hat. Wer hier Klatsch verbreitet und etwas anderes behauptet, der ist ein Verleumder oder jemand, der von der Geschichte noch nicht einmal das Alphabet kennt.

Fiorenzo Angelini, Kardinal der Kurie

»Was wird die Geschichte wohl zu meinem Schweigen sagen?« hat er selbst gefragt. Er hätte mehr sagen können, er hätte mehr tun können. Und wenn er mehr gesagt und mehr getan hätte, würden manche noch leben.

Rabbi Arthur Herzberg, Jewish Agency, New York

Ich denke, daß dieser Papst, wenn nötig, sein eigenes Leben ohne zu zögern geopfert hätte, um Menschen zu retten. Aber für eine ganze Welt bereitzustehen, für eine Welt, die in einem derartigen Chaos steckte und so unterschiedlich dachte, das war natürlich eine wahnsinnig schwierige Aufgabe.

Jan Keulen, holländischer Priester

Die Kirchen werden entweiht oder geschlossen, die Gläubigen werden vertrieben. Hunderte von Priestern werden umgebracht oder eingekerkert, Klosterfrauen werden vergewaltigt, fast täglich werden unschuldige Geiseln vor den Augen von Kindern getötet, die Bevölkerung, alles Lebensnotwendigem beraubt, stirbt vor Hunger – und der Papst schweigt, als ob er sich nicht um seine Herde bekümmern würde.

Polnischer Bischof aus dem Exil

Wir müßten eigentlich flammenden Protest gegen solche Vorkommnisse erheben. Zurück hält Uns nur das Wissen, daß Wir die Bedingungen für diese Unglücklichen durch Unsere Worte noch verschlimmern würden.

Pius XII.

Ich denke, der Papst hätte protestieren sollen. Das hätte ein bißchen geholfen.

Lia Levi, römische Jüdin

Von seiten der Nationalsozialisten hätte sich bei einem Protest nichts geändert.

Augustin May, Kurienkardinal

Er ist bestimmt ein Papst gewesen, der seinen Platz in der Geschichte gefunden hat.

Giulio Andreotti, ehemaliger italienischer Ministerpräsident

Flecken von Lippenstift auf der weißen Soutane, Kratzwunden auf seinen zarten Händen waren tagtägliche Vorfälle.

Der Leibarzt von Pius XII.

Die Botschaft klingt wie ein Fürbittgebet:»Wenn sich die Welt doch nur von diesem irrigen und unheilvollen Rassismus befreien könnte, der rigide zwischen höheren, niederen, autochthonen Rassen trennt, der unveränderliche Unterschiede des Blutes unterstellt!« heißt es in dem päpstlichen Papier. Und ebenso unumwunden wird der Anlaß für den heiligen Zorn offenbart:»Die gegenwärtige Verfolgung der Juden«, die»Millionen von Menschen auf dem Boden ihres eigenen Vaterlandes der elementarsten Bürgerrechte und -privilegien beraubt, man verweigert ihnen den Schutz des Gesetzes gegen Gewalt und Diebstahl, Beleidigung und Schmach harren ihrer, man geht sogar so weit, das Brandmal des Verbrechens Personen aufzudrücken, die das Gesetz ihres Landes bis dahin peinlich genau befolgt haben . . .« Eine offenherzige Kampfansage gegen den Rassenwahn – jedenfalls auf dem Papier. Sie ist Kernstück einer geplanten Enzyklika des Papstes.

Während dieser Entwurf im Herbst 1938 seinen Weg durch die Instanzen des Vatikan nimmt, brennen in Hitlers Reich die Gotteshäuser der Juden. Diejenigen Deutschen, die das Regime ihrer Abstammung wegen zu Aussätzigen erklärt, werden auf beispiellose Weise entmündigt, enteignet, gedemütigt. Wer von ihnen aus dem Land nicht entkommen kann, muß miterleben, wie sich Schmach immer weiter steigern läßt – ohne Schutz durch Fürsprache oder Recht.

Papst Pius XI. will das Schweigen brechen. Sein letztes apostolisches Sendschreiben soll eine Anklageschrift werden gegen die Verfolgung der Juden und ihre Grundlage, die grassierende Gleichgültigkeit. Doch der Mahnruf bleibt stumm. Kurz bevor das Hirtenwort zur Verlesung gereift ist, stirbt der greise Kirchenvater – und mit ihm der Plan, ein deutliches Wort gegen Hitlers Rassenwahn zu erheben.»Der nächste Papst muß entweder ein Heiliger oder ein Held werden«, orakelt der französische Kardinal Emmanuel Célestin Suhard angesichts der bevorstehenden Stürme. Doch der Nachfolger des Stellvertreters, den das Konklave am 2. März 1939 in einer Rekordzeit von nur drei Wahlgängen kürt, ist weder Heiliger noch Held; er ist ein Diplomat.

Der Weg des dreiundsechzigjährigen Römers Eugenio Pacelli zum Heiligen Stuhl hat weitgehend über diplomatisches Parkett geführt. Einer römischen Patrizierfamilie entstammend, die traditionell in Diensten der Kurie stand, hatte er als päpstlicher Nuntius in München und Berlin, als Sondergesandter in verschiedenen Ländern und schließlich als Staatssekretär des Vatikans schon die Politik seines Vorgängers maßgeblich mitbestimmt. Pius XI. verkündete, Pacelli verhandelte. Der Kirchenvater verhieß das Wort, der zweite Mann im Vatikanstaat führte die Feder. »Ich schicke ihn auf Reisen, damit die Welt ihn und er die Welt kennenlernt. Er wird einen guten Papst abgeben«, hatte Pius XI. schon damals prophezeit. Sein Nachfolger nannte sich Pius XII., als Zeichen der Verbundenheit.

Dennoch konnte der Papstwechsel einschneidender nicht sein. Auf die resolute, offenherzige Kämpfernatur folgte ein zurückhaltender Unterhändler, dem jede direkte Konfrontation widerstrebte. »Pius XII. war von Natur aus sanftmütig«, bemerkte sein späterer Unterstaatssekretär, Monsignore Domenico Tardini. »Er war nicht mit dem Temperament des Kämpfers geboren. Darin unterschied er sich von seinem großen Vorgänger Pius XI. Dieser hatte wenigstens nach außen hin Freude am Kämpfen. Pius XII. litt auch nach außen hin darunter.«

Der neue Pontifex mied es geflissentlich, Brücken einzureißen, über die noch Verhandlungswege führen könnten. »Er war ein vollkommener Diplomat«, beobachtete der französische Gesandte François Charles-Roux, »gewissenhaft und ausdauernd, wenn er die wichtigen Standpunkte des Heiligen Stuhls vertrat, und gleichzeitig versöhnlich, gerecht, unparteiisch, von ängstlicher Rechtschaffenheit. Er konnte unversöhnlich und energisch sein, ablehnen oder sich beschweren, doch alles, ohne jemals beleidigend zu sein.«

Wenngleich der Papst den Nationalsozialisten ebenso fernstand wie sein Vorgänger, so suchte er doch sorgsam jeder Provokation auszuweichen, die ihn Vergeltungsmaßnahmen oder einen Abbruch der Beziehungen fürchten ließ. So verschwand auch die fast vollendete Enzyklika wider den staatlichen Antisemitismus für immer in den Verliesen des vatikanischen Archivs. Pius zog es vor, sein Befremden über Mißstände in vertraulichen Demarchen zu bekunden, statt sie lautstark, aber ergebnislos anzuprangern. Der Oberhirte versuchte einem Wolf ins Gewissen zu reden – und schien jahrelang nie völlig zu begreifen, wie gewissenlos der war. Die Kreide verteilte er im eigenen Haus. Radio Vatikan und das amtliche Kirchenblatt *L'Osservatore Romano* wurden angehalten, ihre Attacken gegen Hitlers Politik zu mäßigen. Das Hakenkreuz auf Ansteckern oder Uniformen von Besuchern, bislang im Kirchenstaat mit einem Bann belegt, verwehrte nicht länger den Zutritt zum Vatikan. Der neue Hüter des Kirchenreichs empfahl sich dem Herrscher des »Dritten Reichs« in einem auf deutsch verfaßten Antrittsschreiben, das in seiner konzilianten Form deutlich den Rahmen einer protokollarischen Pflichtübung sprengte: »Wir legen gleich zu Beginn Unseres Pontifikats Wert darauf, Ihnen zu versichern, daß Wir dem Ihrer Obsorge anvertrauten deutschen Volke in innigem Wohlwollen zugetan bleiben und ihm von Gott dem Allmächtigen jenes wahre Glück erflehen, dem aus der Religion Nahrung und Kraft erwachsen.«

Die Vertreter des umworbenen Reichs ergriffen die dargebotene Hand indes nur mit zurückhaltender Förmlichkeit. Zur feierlichen Inthronisation am 12. März blieben Hitlers Abgesandte ostentativ fern. Die Glückwünsche des Reichskanzlers zur Papstwahl, so die amtliche Anweisung aus Berlin, »sollen angesichts der bekannten Haltung des ehemaligen Kardinals Pacelli Deutschland und der nationalsozialistischen Bewegung gegenüber zwar in korrekter, aber nicht besonders herzlicher Form überbracht werden«.

Auch der Vatikan-Experte des Auswärtigen Amtes ließ in seinem Memorandum am Tag nach der Wahl zunächst Skepsis anklingen: »Pacelli galt früher als deutschfreundlich. Bekannt ist seine ausgezeichnete Kenntnis der deutschen Sprache. Seine Verfechtung einer orthodoxen Kirchenpolitik hat ihn aber wiederholt zum Nationalsozialismus in prinzipiellen Gegensatz geführt«, um aber dann für die Konzilianz des Kirchenvaters zu werben: »Abgesprochen wird ihm jedoch eine Mitwirkung an der Gewaltpolitik Pius' XI., insbesondere an den ausgesprochen feindseligen Reden dieses Papstes. Im Gegenteil bemühte er sich wiederholt um Kompromisse und brachte den Wunsch nach freundschaftlichen Beziehungen zu unserer Botschaft zum Ausdruck.«

Einen ähnlichen Eindruck übermittelte der deutsche Vatikan-

Pius XII. war als Mann attraktiv, aber er bewegte sich immer voller Würde und mit dem Glanz des Nachfolgers Petri.

Pater Raimondo Spiazzi, Redenschreiber des Papstes

Pius war von einer imponierenden, majestätischen Würde.

Augustin May, Kurienkardinal

Pacelli war ein großer Mann mit gewaltiger Ausstrahlungskraft. Ich war sehr beeindruckt.

Pinchas Lapide, Religionsphilosoph

Er sah streng aus, man wurde schüchtern, wenn man ihm näher kam.

Giulio Andreotti, ehemaliger italienischer Ministerpräsident

Botschafter Diego von Bergen nach seinem Antrittsbesuch an seine Vorgesetzten:»Der Papst betonte in der Audienz, bei der ich die Glückwünsche erneut zum Ausdruck brachte, ich sei der erste Botschafter, den er empfinge; er lege Wert darauf, mich persönlich mit seinem tiefgefühlten Dank an den Führer und Reichskanzler zu beauftragen; er verbinde hiermit seine aufrichtigsten Wünsche für das Gedeihen des deutschen Volkes, das er aus langjähriger Kenntnis während seiner Tätigkeit in München und Berlin immer mehr schätzen- und liebengelernt habe. Der Papst knüpfte daran seinen ›heißen Wunsch für den Frieden zwischen Kirche und Staat‹.« Wenngleich dabei einzuberechnen ist, daß der kirchenfreundlich gesinnte Botschafter beim Heiligen Stuhl den Pontifex gegenüber seiner Dienststelle in ein gnädiges Licht zu rücken bemüht war, so hatte ihn eine Einschätzung sicher nicht getrogen: Die Beziehung zu Deutschland rangierte in der Prioritätenliste des Papstes ganz oben. Gleich nach seiner Wahl hat er sie gegenüber den deutschen Kardinälen zur»Chefsache« erklärt:»Die deutsche Frage ist mir die wichtigste. Ich werde sie mir vorbehalten.« Und dieser Wunsch kam von Herzen, wie Pius XII. deutschen Rompilgern anvertraute:»Wir haben Deutschland, wo Wir Jahre Unseres Lebens verbringen durften, immer geliebt, und Wir lieben es jetzt noch viel mehr. Wir freuen Uns der Größe, des Aufschwungs und des Wohlstandes Deutschlands, und es wäre falsch, zu behaupten, daß Wir nicht ein blühendes, großes und starkes Deutschland wollen. Aber gerade deshalb wünschen Wir auch, daß die Rechte Gottes und der Kirche immer anerkannt werden, denn jede Größe hat einen um so sichereren Bestand, je mehr diese Rechte gewahrt und zur Grundlage des Aufbaus genommen werden.«

Seit Papst Viktor II. aus Eichstätt im Jahre 1055 auf dem Heiligen Stuhl thronte, hatte wohl kein Papst mehr ein so inniges Verhältnis zu Deutschland gepflegt wie Pius XII. Zwölf Dienstjahre als Nuntius auf deutschem Boden hatten nicht nur seine Zuneigung für Land und Leute nördlich der Alpen geweckt, sie schienen auch an dem römischen Adlatus selbst nicht spurlos vorübergegangen zu sein. An Pflichtbewußtsein und Ordnungssinn konnte er es gut und gerne mit jedem preußischen Beamten aufnehmen. Eine Verspätung von auch nur einer Minute war für den arbeitsamen Kirchendiener schlicht undenkbar. Mit einem gewissen Befremden registrierten italienische Mitarbeiter seinen Perfektionsdrang.»Wenn ein Komma fehlte«, erinnert sich ein

Pius XII. war von Natur aus sanftmütig, fast schüchtern. Er war nicht mit dem Temperament des Kämpfers geboren.

Domenico Tardini, Substitut des Staatssekretariats

Der Pacelli war ein scheuer Mensch. Der hat sich sehr zurückgehalten.

Karin Schauff, Witwe des nach Rom emigrierten Reichstagsabgeordneten der Zentrumspartei, Johannes Schauff

Sicher war etwas im Charakter von Pius XII., was sehr auf Gewissenhaftigkeit, Ordnung und Opferbereitschaft ausgerichtet war. Diese Haltung wurde sicher durch seine Zeit in Deutschland bestärkt.

Augustin May, Kurienkardinal

Er war ein engelhafter Mensch. Ein engelgleicher Mensch.

Karin Schauff, Witwe des nach Rom emigrierten Reichstagsabgeordneten der Zentrumspartei, Johannes Schauff

»Wohlhabend und von hoher Bildung...« Die Eltern Filippo und Virginia Pacelli.

»Von majestätischer Haltung schon im zarten Alter...« Eugenio Pacelli im Alter von sechs Jahren.

Prälat aus seiner engsten Umgebung, »war es, als ob der Vatikan einstürzte.« Entwürfe und Reinschriften pflegte Seine Eminenz höchst eigenhändig in seine weiße Schreibmaschine zu tippen. Kaum ein Papier, das seinen Schreibtisch passierte, trug anschließend keine peniblen handschriftlichen Korrekturen.

Die deutsche Sprache war dem päpstlichen Gesandten schon bestens vertraut, als er 1917 seinen Amtssitz in der Brienner Straße in München bezog, wenn auch sein italienischer Akzent den Heiligen Stuhl anfangs noch des öfteren zum »eiligen Stuhl« verfremdete. In den folgenden Jahren wurden ihm nicht nur die Aussprache, sondern auch die Denkweise und Wesensart seiner Umgebung derart geläufig, daß ihm noch bis in späte Jahre – anerkennend oder abfällig – der Titel »Papst der Deutschen« oder »Papa tedesco« angeheftet wurde.

Pacellis Wertschätzung der deutschen Katholiken stieß weithin auf Gegenliebe. Unter den Gläubigen seines Gastlandes erlangte der hochgewachsene, schlanke Kirchenmann mit aristokratischer Ausstrahlung Bekanntheit, schon lange bevor er sein Pontifikat antrat. Alljährlich glänzte der Nuntius auf den Katholikentagen durch formvollendete Schlußansprachen. Oder er ließ sich in Bergmannskleidung in die Gelsenkirchener Kohlengruben hieven, um dann in geradezu expressionistischer Prosa von seiner Expedition ins Land der roten Erde zu schwärmen: »Da rauchten die Essen, da ratterten die Zechen, da glühten die Hochöfen, da brandete mir von allen Seiten das donnernde Lied der Maschinen und Eisenhämmer entgegen. Und während ihr Lied mir in den Ohren gellte, während ein Gefühl der Bewunderung in mir aufstieg für die ungebrochene Kraft dieses Volkes, die hier in diesem ›Königreich der Maschine‹ zum Ausdruck kommt, da erstanden vor meiner Seele die ungezählten Tausende, die hier in der Fron der Maschine stehen und von dem harten Brot der Arbeit leben.« So gewinnt man Freunde. Doch die Bewunderung des Gesandten für teutonische Tugenden, die alle seine Ansprachen durchzog, war nicht glatte Schmeichelei, sondern pure Überzeugung. Deutsche Bischöfe und Politiker hatten reichlich Gelegenheit, sich von den Fähigkeiten des päpstlichen Gesandten ein Bild zu machen, der vier Sprachen beherrschte und über ein außergewöhnliches Gedächtnis verfügte. Das Hauptpensum seiner Deutschland-Mission bestand darin, das Verhältnis von Altar und Thronnachfolgern vertraglich zu regeln. Da nach der Verfassung der Weimarer Republik die

Kulturhoheit und damit auch die Verantwortung für das Schulwesen – einen der neuralgischen Streitpunkte zwischen Klerus und Politik – bei den Ländern lag, waren die Abkommen nicht Reichs-, sondern Ländersache. Als erster Vertrag kam 1924 nach fünf Jahren langwieriger Verhandlungen das Konkordat der Kirche mit dem Freistaat Bayern zustande. Er galt als Muster für alle künftigen Übereinkünfte mit den anderen Ländern. Die Ausarbeitung der einzelnen Klauseln hatte den Kirchendiplomaten offenbar so sehr in Anspruch genommen, daß er von Hitlers mißglücktem Putschversuch im November 1923, nur wenige hundert Meter von der Nuntiatur entfernt, erst aus der Zeitung erfuhr – was ihm wegen verspäteter Berichterstattung eine Rüge aus Rom einbrachte. Doch das Verhandlungsresultat ihres gewieften Unterhändlers fand das Wohlgefallen der Kurie. War doch die bayerische Regierung im Ergebnis, besonders was den Freiraum für konfessionelle Schulen betraf, in den meisten Punkten zu Kreuze gekrochen.

Seit 1920 vertrat Pacelli den Vatikan als Botschafter neben München zugleich auch in Berlin, wo er auf seinen Visiten zu seinem Leidwesen »jedesmal eine andere Reichsregierung vorfand«. Nach Abschluß des bayerischen Konkordats war der Umzug in die Hauptstadt nicht mehr zu umgehen. Pacellis Abschiedsrede vor erlesener Gesellschaft im Münchner Odeonssaal im Juli 1925 geriet zur gerührten Sympathiebekundung:

»Indem ich München Lebewohl sage, der Stadt mit den herrlichen Schöpfungen seines Kunstsinns und lebendigen Glaubens [. . .], begrüße ich bewegten Herzens das ganze bayerische Volk, in dessen Mitte mir in den vergangenen Jahren eine zweite Heimat geworden ist. Eine zweite Heimat, deren grünende Fluren und stille Wälder, deren ragende Berge und blaue Seen, deren Bergkirchlein und Dome, deren Almen und Schlösser ich noch einmal an meinen Augen vorbeiziehen lasse, bevor ich den Wanderstab ergreife, um an anderer Stelle zu wirken, was meines Amtes ist. Und mit dem Lande begrüße ich in dankbarem Abschiednehmen das bayerische Volk, dieses Volk, das jeder liebgewinnen muß, der ihm nicht nur ins Auge, sondern auch in die Seele blicken durfte, dieses Volk mit einem Sinn, so stark und so fest wie die Felsen seiner Berge, mit einem Gemüt, so tief wie die blauen Wasser seiner Seen.«

Ein Trost allerdings blieb dem wehmütigen Wanderer – und wich ihm bis an sein Lebensende nicht mehr von der Seite: Pacelli

Die ihn näher gekannt haben, werden ihn nicht des mangelnden Mutes bezichtigen.

Richard von Weizsäcker, Alt-Bundespräsident, Sohn des Botschafters beim Heiligen Stuhl

Es gab einige Länder, in denen die Nuntien energisch waren, es gab einen großen Teil Länder, wo sie alles über sich ergehen ließen und nicht eingegriffen haben. Gewöhnlich hing es von der Einstellung der lokalen Leiter der kirchlichen Vertretung ab.

Gerhard Riegner, Jüdischer Weltkongreß

Ich erkläre dem Kaiser – meinen Weisungen entsprechend – die angstvolle Besorgnis des Heiligen Vaters wegen des Krieges, der sich in die Länge zog, wegen des Hasses und der Anhäufung materieller und moralischer Ruinen, die einem Selbstmord des zivilisierten Europa glichen und den Weg der Menschheit um Jahrhunderte verzögerten.

Eugenio Pacelli, 1917

26

»Das harte Brot der Arbeit...« Nuntius Pacelli besucht 1927 den Schacht II der Gelsenkirchener Bergwerks AG.

Er hat die Deutschen als die genialsten Menschen angesehen, vor allem wegen der Ordnung, die sie hielten. Er selbst war äußerst penibel. So waren auch seine Gedanken.

Karin Schauff, Witwe des nach Rom emigrierten Reichstagsabgeordneten der Zentrumspartei, Johannes Schauff

Wir haben Deutschland, wo wir Jahre unseres Lebens verbringen durften, immer geliebt, und wir lieben es jetzt noch viel mehr.

Pius XII.

27

hatte 1917 die Ordensschwester Pascalina Lehnert, beherzte Angehörige des von ihm so verehrten Volksstammes, als Hausgehilfin zunächst für sechs Wochen vom Kloster Einsiedeln ausgeliehen und dann nicht wieder gehen lassen. Sie führte von da an zeitlebens nicht nur das Regiment in seinem Haushalt, sondern sie begleitete auch als Vertraute und Betreuerin seinen Lebensweg bis zum Ende.

Auch die engsten Mitarbeiter und Berater brachte der spätere Papst aus Deutschland mit in das Machtzentrum des Vatikan. Neben dem langjährigen Vorsitzenden der deutschen Zentrumspartei, Ludwig Kaas, der mit dem Papst Kirchenrechtsfragen erörterte, standen ihm die Jesuiten Augustin Bea als Beichtvater, Robert Leiber als Sekretär, Gustav Gundlach als Vorlagenverfasser und Franz Hürth als Berater zur Seite. Zur bevorzugten Lektüre des Heiligen Vaters gehörte stets die deutsche Presse. Selbst die Haustiere, Perserkatzen, Kanarienvögel und ein Dompfaff, die die heiligen Hallen des Vatikans belebten, hörten auf Namen wie »Gretchen«, »Peter« und »Mieze«.

Erfolgreicher Abschluß der Deutschland-Mission Pacellis war der Abschluß eines Konkordats, das er 1929 nach dem bayerischen Vorbild mit der preußischen Regierung besiegelte und dem 1932 ein weiterer Vertrag mit dem Land Baden verfolgte. Welche Achtung er bei den protestantischen Preußen genoß, war nicht zuletzt daran abzulesen, daß die Stadt Berlin als Abschiedsgeschenk eine Straße nach ihm benannte.

»Säen ist immer schwer und groß«, zog der Nuntius zum Abschluß Bilanz. »Zwischen Ruinen säen ist doppelt schwer. Bauen ist immer ein Werk auf Hoffnung. Auf dem vulkanischen Boden der sturmgeschüttelten Gegenwart zu bauen, verlangt doppelten Mut und heldenhaften Starksinn. Das, was Deutschlands Katholiken in dem vergangenen Jahrzehnt vollbracht, war wirklich Sämannsarbeit auf Ruinenfeldern, war ein Bauen auf vulkanischer, immer wieder von neuen Erschütterungen umdrohter Erde [. . .].

Nicht Trauer soll die Signatur dieses Abschiedstages sein, sondern Dank und Freude im Herrn. Es gibt keinen Abschied für die, die in Gott geeint sind. Christus ist hier wie dort. In seinem Herzen, in seiner alles verbindenden Liebe sind wir uns nah, mag auch der Felsenriegel der Alpen sich zwischen uns legen. [. . .]. Meine deutsche Mission ist zu Ende. Eine größere, umfassendere am geistigen und übernatürlichen Brennpunkt der universalen Kirche hebt an.«

Die Abreise aus der Hauptstadt geriet zum Triumphzug. Blumen und begeisterte Zurufe begleiteten seinen offenen Wagen an diesem eisigen Dezembertag zum Bahnhof. Ein dichtes Spalier von Fackelträgern wies ihm den Weg zum Zug nach Rom, wo neue Aufgaben und der Kardinalspurpur auf den päpstlichen Adlatus warteten.

Im Vatikan wurde der neue Kardinalstaatssekretär schon bald wieder von der deutschen Innenpolitik eingeholt. Hitlers Machtantritt warf die Frage nach dem Auskommen von Kirche und Staat in Pacellis früherem Wirkungsfeld schlagartig neu auf. Ausgerechnet das totalitäre Regime, dem der Klerus bislang seinen Segen verwehrte und dafür Fluch erntete, diente dem Beauftragten des Papstes nun an, was mit dem Staat von Weimar nie zustande gekommen war: ein Konkordat des Heiligen Stuhls mit dem Deutschen Reich. Pacelli, dem die Verhandlungen oblagen, sah sich in Zugzwang: Schlug er die Offerte aus, so war damit jede vertragliche Handhabe verloren, Betätigungsfeld und Besitzstand der 40 Millionen deutschen Katholiken vor der herrschenden Willkür zu bewahren. Zugleich hätte das Regime damit einen willkommenen Vorwand für den offenen Kirchenkampf gehabt. »In Anbetracht der neuen politischen Lage, die sich in Deutschland herausgebildet hat, ohne daß der Heilige Stuhl daran den geringsten Anteil hatte«, müßte Pacelli sich später, den Pakt mit dem Antichristen zu rechtfertigen, »blieb kein anderer Weg, die Rechte und Ansprüche der katholischen Kirche in einem so bedeutenden Staatswesen wie dem Deutschlands mit 40 Millionen Gläubigen zu sichern, als der eines Konkordats.«

Der Diplomat entschied sich für den Weg, der sein Grundprinzip war: Abkommen aushandeln, um dann strikt auf ihrer Einhaltung zu bestehen. Tatsächlich enthielt das Vertragswerk, das der Kardinalstaatssekretär am 20. Juli 1933 zusammen mit Franz von Papen, Hitlers konservativem Steigbügelhalter, im Vatikan unterschrieb, beachtliche Zugeständnisse an die katholische Kirche. Zwei Drittel der ausgehandelten Artikel fielen zu ihren Gunsten aus. Sie durfte ihre seelsorgerischen, schulischen und sozialen Einrichtungen in eigener Regie weiterbetreiben, blieb demnach von offener Gleichschaltung und Zerschlagung verschont.

Damit wurde allerdings nur eingeräumt, was in zivilen Zeiten selbstverständlich war. Für die Kirche erbrachte der Vertrag

keinen Gewinn, aber eine leidliche Zusicherung des Status quo –
jedenfalls auf dem Papier. Während im Vatikan noch über den
Bestandschutz katholischer Verbände beraten wurde, machten
Einschüchterung und Gewalt die Fortsetzung der Verbands-
arbeit vielerorts bereits zum unwägbaren Risiko.

Als Gegenleistung nahm die katholische Kirche ihre politische
Entmündigung hin. Das Konkordat wies Geistliche und Ordensleute in die Begrenzungen von Sakristei, Seelsorge und Sozial-
dienst zurück; politische Betätigung war ihnen untersagt.»In
Zukunft dürfen also Kanzeln und Beichtstühle«, triumphierte
der *Völkische Beobachter*,»nicht mehr gegen den nationalsozialistischen Staat mißbraucht werden, sondern Diener der Kirche
in Deutschland haben die Pflicht, sich wie jeder deutsche Staatsbürger für diesen Staat und seine Grundlage einzusetzen. Der
deutsche Staat behält das Recht, sein Veto gegen die Ernennung
politisch untragbarer Bischöfe einzulegen. Die Bischöfe leisten
ihren feierlichen Eid auf den neuen Staat.« Die Partei der deutschen Katholiken, das Zentrum, war der Entmachtung schon
drei Tage vor Vertragsabschluß mit ihrer Selbstauflösung zuvor-
gekommen.

Viel stärker aber wog der Prestigegewinn, den Hitlers erster
völkerrechtlicher Kontrakt seiner Regierung eintrug. Im In- und
Ausland erschien das Bündnis zwischen Kreuz und Hakenkreuz
wie eine offizielle Anerkennung der Unrechtsherrschaft. Hitlers
Herrscherriege, so die Wirkung nach außen, war durch den
Segen der Kirche salonfähig geworden, wie auch der Münchener
Kardinal Michael von Faulhaber in einer Predigt anerkannte:
»Millionen im Ausland standen zuerst abwartend und mißtrauisch dem neuen Reich gegenüber und haben erst durch den
Abschluß des Konkordats Vertrauen zur neuen deutschen Regierung gefaßt.« Das Übereinkommen mit dem Vatikan, so versicherte die deutsche Bischofskonferenz dem Despoten, habe
»das moralische Ansehen Ihrer Person und Ihrer Regierung in
einzigartiger Weise begründet und gehoben«.

Auch das Kirchenvolk fühlte sich durch den Handschlag von
vielen Bedenken befreit. Durch das Konkordat, meldete etwa
der Oberpräsident der traditionell katholisch geprägten Rhein-
provinz im September 1933, sei »ein sehr erheblicher Teil der
bisher der Reichsregierung innerlich fernstehenden katholischen
Bevölkerung unbedingt für die Gefolgschaft gegenüber dem
neuen Reich gewonnen«.

30

»Gewiefter Unterhändler der Kurie...« Nuntius Pacelli verläßt das Reichspräsidentenpalais nach dem Neujahrsempfang für Diplomaten, 9. Dezember 1929.

Indem ich München Lebewohl sage..., begrüße ich bewegten Herzens das ganze bayerische Volk; ... dieses Volk, das jeder liebgewinnen muß, der ihm nicht nur ins Auge, sondern auch in die Seele blicken durfte, dieses Volk mit einem Sinn, so stark und so fest wie die Felsen seiner Berge, mit einem Gemüt, so tief wie die blauen Wasser seiner Seen.

Eugenio Pacelli

Ich schicke ihn auf Reisen, damit die Welt ihn und er die Welt kennenlernt. Er wird einen guten Papst abgeben.

Pius XI. über Eugenio Pacelli

31

Zur Annäherung kam es auch auf amtlicher Ebene. Der Konkordatsabschluß markierte einen Wendepunkt in der Haltung des deutschen Episkopats gegenüber Hitlers Regime. War von den Kanzeln bis zuletzt unermüdlich die Warnung vor den »Irrlehren« und dem »glaubensfeindlichen Charakter« des Nationalsozialismus zu vernehmen, galt es bis dahin als unvereinbar mit dem Glaubensbekenntnis, der braunen Partei anzugehören, ja, war die Mitgliedschaft in der NSDAP, SA oder SS den Gläubigen in vielen Bistümern sogar bei Kirchenstrafe verboten, so zeigte die Geistlichkeit nun Bereitschaft zur Umkehr. Nach Hitlers maßvoller Regierungserklärung glaubten die Bischöfe nun, wie sie den Gemeinden mitteilten, »das Vertrauen hegen zu können, daß die vorgezeichneten allgemeinen Verbote und Warnungen nicht mehr als notwendig betrachtet zu werden brauchen«. Und der Breslauer Kardinal Adolf Bertram lieferte die passende Rechtfertigung für die Kehrtwende in der Verkündigung:»Wiederum hat sich gezeigt, daß unsere Kirche an kein politisches System, an keine weltliche Regierungsform, an keine Parteikonstellation gebunden ist. Die Kirche hat höhere Ziele.«

Von diesen Höhen aus schien das Augenmaß in der Beurteilung der Gewaltherrschaft an Schärfe zu verlieren. Statt die Schranken aufzuzeigen, hielten die Hirten ihre Herde an, mit den Wölfen zu heulen:»Niemand soll sich der großen Aufbauarbeit entziehen.« In einem gemeinsamen Hirtenbrief beeilten sie sich, Zweifel an ihrer Anpassungsbereitschaft auszuräumen: »Wir deutschen Bischöfe sind weit davon entfernt, dieses nationale Erwachen zu unterschätzen oder gar zu verhindern. [...] Auch die Ziele, die die neue Staatsautorität für die Freiheit unseres Volkes erhebt, müssen wir Katholiken begrüßen. [...] Wir wollen dem Staat um keinen Preis die Kräfte der Kirche entziehen. [...] Ein abwartendes Beiseitestehen oder gar eine Feindseligkeit der Kirche dem Staate gegenüber müßte Kirche und Staat verhängnisvoll treffen.«

Im Bestreben der Geistlichkeit, ihren Frieden mit der weltlichen Macht zu schließen, geriet manche Verneigung zum Kniefall. So versicherte der Trierer Bischof Rudolf Bornewasser, dem NS-Staat »zu dienen mit dem Einsatz aller Kräfte unseres Leibes und unserer Seele«; sein Freiburger Amtsbruder Konrad Gröber stellte sich »nun restlos hinter die neue Regierung und das neue Reich«. Um diese Haltung auch formell zu bekräftigen, trat er bis zu seinem Zwangsausschluß 1938 als förderndes Mitglied in die SS ein.

Natürlich fehlte es auch in den Reihen der Bischöfe nicht an kritischen Stimmen gegen ein Arrangement mit dem Hakenkreuz. Aber in die Öffentlichkeit drang kaum ein Wort des Widerspruchs. Zu einem geschlossenen Aufruf, der mit der Anmaßung und dem Unrecht des Führerglaubens ins Gericht gegangen wäre, konnte sich der Episkopat nicht entschließen, was selbst der besonnene Kardinalstaatssekretär Pacelli in einem Schreiben an die deutschen Bischöfe 1935 anmahnte: »Ein klärendes, richtunggebendes, von apostolischem Freimut getragenes Wort des Episkopats, welches für die bekämpfte und gefährdete Wahrheit mutig Zeugnis ablegt und den vielfältigen Formen des Irrtums die Maske abreißt, wird gerade in diesem Augenblick von entscheidender Bedeutung sein.«

Wo die Amtskirche Mißstände mit Schweigen überging, fielen einzelne affirmative Äußerungen um so stärker ins Gewicht, etwa als Bischof Berning von Osnabrück die Häftlinge eines Konzentrationslagers zu Gehorsam und Treue gegenüber Volk und Staat ermahnte und die Wachen für ihre Arbeit lobte. »Wir stehen vor der erschütternden Wahrheit«, kommentierte die katholische Exilzeitschrift *Der gerade Weg* verbittert, »daß das einzige Wort, das ein deutscher Bischof bis auf den heutigen Tag in der Öffentlichkeit zu der Barbarei der Konzentrationslager gesagt hat, ein Wort der Verherrlichung Adolf Hitlers und seines Systems ist.«

Auch gegen die schleichende Entrechtung der Juden in Deutschland erhoben Bischöfe nie ein offenes Veto. Wohl aber konnten die Besucher der Münchener Marienkirche in Kardinal Faulhabers Adventspredigt erfahren, daß die Kirche nichts einzuwenden habe »gegen das Bestreben, die Eigenart eines Volkes möglichst rein zu erhalten und durch den Hinweis auf die Blutsgemeinschaft den Sinn für die Volksgemeinschaft zu vertiefen«. Und einem von Erzbischof Konrad Gröber herausgegebenen Handbuch, das nach der Verkündung der »Nürnberger Rassengesetze« erschien, war zu entnehmen: »Weil jedes Volk für seinen glücklichen Bestand die Verantwortung selbst trägt und die Hereinnahme vollkommen fremden Blutes für ein geschichtlich bewährtes Volkstum immer ein Wagnis bedeutet, so darf keinem Volk das Recht abgesprochen werden, seinen bisherigen Rassenstand ungestört zu bewahren und zu diesem Zweck Sicherungen anzubringen. Die christliche Religion verlangt nur, daß die angewandten Mittel nicht gegen die sittlichen Vorschriften und die natürliche Gerechtigkeit verstoßen.« So blieb der Aufstand des Gewissens gegen den herrschenden Ungeist in erster Linie einzelnen Geistlichen, Ordensangehörigen und Laien vorbehalten.

Trotz aller Bemühungen, die Staatsmacht gewogen zu stimmen, wurde der Freiraum für die Betätigung der Katholiken im gleichgeschalteten Staatsapparat immer enger. In den Bistümern häuften sich die Beschwerden über unberechtigte Übergriffe gegen kirchliche Einrichtungen, über Verbote, Verhaftungen, Verhöre. Die Paragraphen der Konkordatsvereinbarungen boten zu keiner Zeit wirksamen Schutz vor Schikanen, lediglich die Voraussetzung, fortwährend Protest dagegen zu erheben. Von der Möglichkeit zum diplomatischen Widerspruch machte der Vatikan ausgiebig Gebrauch. Allein 55 Protestnoten, mehr als jeder andere Staat, händigte Kardinalstaatssekretär Pacelli dem deutschen Botschafter beim Heiligen Stuhl aus. Was die Wirkung betraf, so hätte er sie auch direkt in den Papierkorb werfen können. Die Litanei der päpstlichen Empörung verhallte weitgehend ungehört.

Kein Wunder, wenn man bedenkt, welche Bedeutung Hitler dem Einspruch aus Rom beimaß: Es sei ein Unsinn, dozierte er einmal in kleinem Kreis, wenn das Auswärtige Amt glaube, jede Note des Vatikans unbedingt beantworten zu müssen. Dadurch, daß man antworte, anerkenne man ja schon eine Befugnis des Vatikans, sich in innerdeutsche Angelegenheiten – wenn auch auf kirchlichem Gebiet – einzumischen und »offiziell mit uns in Verbindung zu treten«.

Was war ein Vertrag wert, für dessen Unterzeichner Vertragsbruch zum politischen Handwerk gehörte? Hitler hatte noch jede seiner Vereinbarungen gebrochen, wenn es seinen Zwecken nützlich war. Die Untragbarkeit der fortgesetzten Brüskierung überstieg irgendwann auch das Maß päpstlicher Langmut. »Man wäre in Rom froh«, berichtete Bischof Rudolf Bornewasser nach einer Audienz, »wenn der Episkopat alle Verletzungen des Konkordats bekanntgäbe«.

Als die deutschen Bischöfe bei einer Vatikan-Visite nur wieder mit dem Vorschlag aufwarteten, auf die staatlichen Autoritäten mit weiteren Eingaben und Denkschriften einzuwirken, machte der Kardinalstaatssekretär nach Augenzeugenberichten »ein bedenkliches Gesicht«. Er wollte nun aus dem Kabinett der

»Ich durfte ihm dienen...«
Pascalina Lehnert war 40 Jahre lang die Haushälterin Eugenio Pacellis.

Abends saß er oft in der Küche, und Pascalina hat ihm Butterbrote gemacht. Er war dann ein normaler Mensch.

Karin Schauff, Witwe des nach Rom emigrierten Reichstagsabgeordneten der Zentrumspartei, Johannes Schauff

Ich habe diesen Protest geschrieben, um ihn heute nachmittag im *Osservatore Romano* zu veröffentlichen. Ich denke aber, wenn durch die Worte der niederländischen Bischöfe 40 000 Unschuldige in Lager gekommen sind, wird Hitler für die Worte des Papstes mindestens 200 000 Menschen internieren. Das kann ich nicht zulassen.

Pius XII. zu Schwester Pascalina Lehnert

Geheimdiplomatie heraus und die Flucht nach vorne, über Kanzeln und Kirchenräume, antreten. Pacelli erwog sogar, mit der öffentlichen Kündigung des Konkordats ein Zeichen zu setzen, was die Gäste aus Deutschland jedoch zu verhindern wußten. Immerhin einigten sich die geistlichen Herren darauf, mit einem offenen Hirtenwort Widerspruch gegen die Mißachtung der Kirche in Deutschland einzulegen. Frucht dieser Erörterungen war die päpstliche Enzyklika »Mit brennender Sorge«, die sich im März 1937 direkt an die deutschen Katholiken in deren eigener Sprache wandte. Den Entwurf aus Kardinal Faulhabers Feder versah Pacelli persönlich mit verschärfenden Korrekturen, aus denen sein angestauter Unmut sprach. So hielt er dem Konkordatspartner unverblümt vor, die »Vertragsumdeutung, die Vertragsaushöhlung, schließlich die mehr oder minder öffentliche Vertragsverletzung zum ungeschriebenen Gesetz des Handelns gemacht« zu haben. Der »Anschauungsunterricht der vergangenen Jahre« enthülle »Machenschaften, die von Anfang an kein anderes Ziel kannten als den Vernichtungskampf«. Auch der Verweis auf die Grundlage dieser Fehde, die Unvereinbarkeit von katholischer Glaubens- und nationalsozialistischer Irrlehre, wurde in dem Sendschreiben nicht ausgespart: »Wer die Rasse, oder das Volk, oder den Staat, oder die Staatsform, die Träger der Staatsgewalt oder andere Grundwerte menschlicher Gemeinschaftsgestaltung [...] aus dieser ihrer irdischen Wertskala herauslöst, sie zur höchsten Norm aller, auch der religiösen Werte macht und sie mit Götzenkult vergöttert, der verkehrt und fälscht die gottgeschaffene und gottbefohlene Ordnung der Dinge.« Damit war aber auch das Maß grundsätzlicher Kritik bereits ausgeschöpft. Die Enzyklika war das mutige Machtwort einer bedrängten Kirche, aber keine Kampfschrift gegen einen gottlosen Unrechtsstaat.

Auf die Gläubigen in Deutschland jedoch wirkte sie wie ein Befreiungsschlag. Viele betrachteten das Hirtenwort als Wegweiser in ihrer Gewissenspein zwischen der Allmacht des Reichs und dem Reich des Allmächtigen. Andere wandten sich ab; 108 000 Kirchenaustritte im Jahr 1937 glichen einem Exodus.

Wie empfindlich sich das Regime von dem einsamen Einspruch, der am Passionssonntag in 11 500 Pfarrkirchen verlesen wurde, getroffen fühlte, zeigte seine Reaktion. Um eine weitere Verbreitung zu verhüten, wurden schriftliche Exemplare konfisziert und zwölf Druckereien entschädigungslos enteignet. Durch die Gerichte rollte eine Prozeßlawine gegen Geistliche und Ordensleute wegen angeblicher Sittlichkeits- und Devisenvergehen, von einer hämischen Pressekampagne begleitet. Wenn »die Kirchen versuchen, durch irgendwelche Maßnahmen, Schreiben, Enzykliken usw. sich Rechte anzumaßen, die nur dem Staat zukommen«, drohte Hitler unverblümt, »werden wir sie zurückdrücken in die ihnen gebührende geistlich-seelsorgerische Tätigkeit«. Mit dem Verbot der katholischen Jugendverbände und der Abschaffung von Bekenntnisschulen folgten den Worten eindeutige Taten.

Der öffentliche Mahnruf des Heiligen Vaters bewirkte weder Läuterung noch Bekehrung, das Regime ignorierte seine Vertragsverpflichtungen gegenüber der Kirche ebenso wie jeden Protest dagegen. Angesichts der Macht des Staates versagte die Kraft des Wortes.

Für den kommenden Papst war dies ein »Jahr unsagbarer Bitternisse und furchtbarer Stürme«, wie er später bekannte. Offensichtlich auch eine Zeit resignierten Rückzugs. »Die Erfahrung von neun Jahren lehrt«, erklärte der Pontifex 1939 zum Amtsantritt, »daß den totalitären Regimen gegenüber das System öffentlicher Kritik mehr schadet als nützt.«

Entsprechend nüchtern fiel die Bilanz aus, die der neue Kirchenfürst in einem Schreiben an die deutschen Bischöfe zog: »Eine der Wirklichkeit ins Auge schauende Beurteilung der religiös-kirchlichen Lage in Deutschland wird die Uns zwar nicht mehr überraschende, jedoch für jeden wahren Freund des deutschen Volkes tief schmerzliche Tatsache nicht leugnen können, daß die Drosselung der Kirche in wesenhaften Teilen ihrer Wirksamkeit an Stärke und Umfang zugenommen hat.«

Doch dann fügte Pius XII. hinzu: »Diese Erkenntnis hat Uns nicht gehindert und wird Uns nicht hindern – auch um des Wohles des deutschen Volkes willen –, ernsthafte Anzeichen einer Gesinnungsänderung in solchen Kreisen und aus ihnen erwachsende Friedensmöglichkeiten zu würdigen und Unserseits alles zu tun, um eine Atmosphäre zu schaffen, in der eine Erörterung der schwebenden Fragen zwischen Kirche und Staat mit einiger Aussicht auf vertretbare und gegen Rückfälle gesicherte Ergebnisse unternommen werden könnte.«

Etwas weniger umständlich ausgedrückt: Der Papst setzte unverdrossen auf Dialog. Denn der war Grundlage seiner Mission, der er Vorrang vor allen anderen Fragen einräumte: Pius sah sich berufen, den drohenden Krieg von Europa fernzuhalten. »Opus Iustitiae Pax«, Friede ist das Werk der Gerechtigkeit, so lautete sein Leitspruch als Papst, und als Wappen wählte er eine Taube mit dem Ölzweig des Friedens. Schon der Wortstamm seines Familiennamens Pacelli wurzelte in dem Begriff »Pax«. Als Friedensstifter wollte Pius XII. Kirchengeschichte schreiben. Diesmal hoffte er auf das Meisterwerk, das ihm in seiner Lehrzeit versagt geblieben war. Schon einmal, 22 Jahre zuvor, hatte sich Pacelli mit dem Vorsatz auf den Weg gemacht, dem Weltenbrand Einhalt zu gebieten. Am 26. Juni 1917 war der einundvierzigjährige Nuntius auf dem Anhalter Bahnhof in Berlin eingetroffen, im Gepäck ein Handschreiben seines Papstes Benedikt XV., der ihn persönlich zum Erzbischof geweiht und mit der heiklen Vermittlungsmission betraut hatte. Im Auswärtigen Amt trug der Abgesandte des Papstes dem Reichskanzler Theobald von Bethmann-Hollweg einen detaillierten Waffenstillstandsplan für die Kriegsmächte des Ersten Weltkriegs vor, der diesen zu der erstaunten Erkenntnis veranlaßte, daß »es sich um etwas anderes als um eine unverbindliche Konversation über Friedensmöglichkeiten handele, der Nuntius sich vielmehr eines genau formulierten Auftrages entledigte«. Drei Tage später stand Pacelli im friedlichen Kurort Bad Kreuznach dem obersten Kriegsherrn, Kaiser Wilhelm II., gegenüber. »Ich erklärte ihm – meinen Weisungen entsprechend –«, berichtete er später, »die angstvolle Besorgnis des Heiligen Vaters wegen des Krieges, der sich in die Länge zog, wegen des Hasses und der Anhäufung materieller und moralischer Ruinen, die einem Selbstmord des zivilisierten Europa glichen und den Weg der Menschheit um Jahrhunderte verzögerten.« Der Kaiser hörte sich den Appell aufmerksam an, verlieh dem Gast das Großkreuz vom Roten Adler, lud ihn zum Mittagessen ein, aber ertränkte jede verbindliche Zusage in wirren Erörterungen. »Überspannt und nicht ganz normal« dünkte das dem Friedensboten, der dennoch voller Zuversicht im kaiserlichen Wagen von dannen fuhr. Im Juli machte er sich nach einem Regierungswechsel abermals auf den Weg nach Berlin, um nun auch dem neuen Kanzler Georg Michaelis die Vorschläge zur Beendigung des Krieges zu unterbreiten.

Doch entgegen ihrer Beschwichtigungsrhetorik empfanden die Kriegsherren beider Seiten nichts störender als einen Vermittler zwischen den Frontgräben. Das Massensterben erreichte seinen schauerlichen Höhepunkt, während die diplomatischen Vertreter der beteiligten Mächte dem Unterhändler in gewählten Worten ihren Friedenswillen beteuerten und zugleich ihre Absage übermittelten. »Nun ist alles verloren«, vertraute Pacelli dem Zentrumspolitiker Matthias Erzberger an, als er das endgültige Ablehnungsschreiben aus Berlin in Händen hielt, und hatte dabei Tränen in den Augen.

Die Zeichen standen wiederum auf Sturm, als der Friedenswächter zwei Jahrzehnte später selbst das weiße Papstgewand trug. Nur drei Tage nach der Papstkröung unterwarfen Hitlers Heere wider jegliches Völkerrecht den tschechischen Reststaat. Der Imperator suchte den Krieg. Der Pontifex suchte ihn mit aller Kraft aufzuhalten. Die düsteren Erfahrungen von 1917 durften sich diesmal nicht wiederholen.

Der Papst verharrte im Glauben, daß sich alle Ansprüche im Einvernehmen befrieden ließen. Als Schiedsrichter lehnte er jede Verurteilung der deutschen Aggression strikt ab. Im Mai 1939 ließ er die betroffenen Mächte an den Verhandlungstisch bitten, um, wie es in dem Einladungsschreiben hieß, »jene Streitigkeiten friedlich zu schlichten, die Deutschland und Polen, Frankreich und Italien entzweien sowie die anderen, die von ihnen abhängen«.

Der Widerhall war kläglich. Aus London und Paris kamen gewundene Absagen. Die Westmächte trauten keinem Abkommen mehr mit Hitler. Polen erklärte sein Mißtrauen unumwunden. Und die Achsenbrüder Hitler und Mussolini hatten gar die Stirn, jede Kriegsgefahr zu leugnen: Eine Fünf-Mächte-Konferenz sei »verfrüht und jedenfalls derzeit nicht notwendig«.

Den Heiligen Vater focht solcher Hochmut nicht an. Aus seinen Sondierungen bei den Regierungen zog er unbeirrt die Zuversicht, wie er dem Kardinalskollegium berichtete, »daß die Überlegungen einer edlen Humanität, das Bewußtsein der unvermeidbaren Verantwortung Gott und Geschichte gegenüber, die aufrichtige Beurteilung der wahren Interessen ihrer Völker genügend Kraft und Gewicht haben, um die Regierungen zu Anstrengungen für die Beibehaltung eines dauerhaften Friedens zu bringen...«

Der Frieden war nur noch von kurzer Dauer. Der Pakt der beiden Raubritter Hitler und Stalin im August 1939 schuf die Grundlage für die Aufteilung ihrer anvisierten Kriegsbeute.

Dem Hoch~~geehrten und Erlauchten~~ [zuchtenden] Herrn

Adolf Hitler

~~Führer und~~ [Führe Oberhaupt und] Kanzler des Deutschen Reiches

Pius ~~XII.~~ Papst XII.

Hoch~~geehrter und Erlauchter~~ [zuchtender] Herr['s Reichskanzler!]

~~Gruss und Segen!~~

Nachdem Wir durch die gesetzmässig vollzogene Wahlhandlung des Kardinalskollegiums auf den Päpstlichen Thron erhoben sind, erachten Wir es als Unsere Amtsobliegenheit, ~~Ihr~~ [Ihnen] als Staatsoberhaupt von Unserer Erwählung hiermit Kenntnis zu geben.

Wir legen dabei gleich zum Beginn Unseres Pontifikats Wert darauf, ~~Ihr~~ [Ihnen] zu versichern, dass Wir dem ~~Deiner~~ [Ihnen] Obsorge anvertrauten Deutschen Volke in ~~rückhaltlosem~~ [innigem] Wohlwollen zugetan bleiben und [ihm] von Gott dem Allmächtigen in väterlicher Gesinnung jenes wahre Glück erflehen, dem aus der Religion Nahrung und Kraft erwächst.

In angenehmer Erinnerung an die langen Jahre, da Wir als ~~Päpstlicher~~ [Apostolischer] Nuntius [in Deutschland] mit Freude alles daran setzten, um das Verhältnis zwischen Kirche und Staat in gegenseitigem Einvernehmen und hilfsbereitem Zusammenwirken zum ~~grössten~~ Nutzen beider Teile zu ordnen und zu gedeihlicher Weiterentwicklung zu bringen, richten Wir jetzt zumal

»Der Wunsch nach Frieden zwischen Kirche und Staat...« Pius XII. teilt Adolf Hitler seine Wahl zum Papst mit, 1939.

Wenn ein Komma fehlte, war es, als ob der Vatikan einstürzte.

Ein Prälat

Der Papst betonte in der Audienz, ich sei der erste Botschafter, den er empfinge; er lege Wert darauf, mich persönlich mit einem tiefgefühlten Dank an den Führer und Reichskanzler zu beauftragen; er verbinde hiermit seine aufrichtigsten Wünsche für das Gedeihen des deutschen Volkes, das er aus langjähriger Kenntnis während seiner Tätigkeit in München und Berlin immer mehr schätzen- und liebengelernt habe. Der Papst knüpfte daran seine »heißen Wünsche für den Frieden zwischen Kirche und Staat«.

Diego von Bergen, deutscher Botschafter im Vatikan

40

Mit den Konfessionen, ob nun diese oder jene: das ist alles gleich. Das hat keine Zukunft mehr. Für die Deutschen jedenfalls nicht. Der Faschismus mag in Gottes Namen seinen Frieden mit der Kirche machen. Ich werde das auch tun. Warum nicht? Nichts wird mich abhalten, mit Stumpf und Stil, mit allen seinen Wurzeln und Fasern das Christentum in Deutschland auszurotten.

Adolf Hitler, 1934

Ich fürchte, daß ein Zusammenstoß zwischen dem Heiligen Stuhl und der Regierung für eine ziemlich lange Zeit sich entscheidend auf ihre Beziehungen auswirken könnte, mit allen unheilvollen Folgen, die sich vorhersehen lassen.

Monsignore Cesare Orsenigo, päpstlicher Nuntius in Berlin

Katholizismus und Nationalsozialismus haben viel Gemeinsames und arbeiten Hand in Hand für die Verbesserung der Welt.

Josef Tiso, Ministerpräsident der Slowakei

*»Die Kirche hat höhere Ziele...«
Der päpstliche Nuntius in Berlin, Cesare Orsenigo, neben Adolf Hitler kurz vor dessen Ansprache, 6. April 1933.*

41

Doch für den Papst war Polen noch nicht verloren. Um den drohenden Krieg abzuwenden, bedrängte sein Abgesandter in Warschau die Regierung des katholischen Landes, Hitlers Expansionsdrang doch mit der freiwilligen Herausgabe Danzigs sowie einer Garantie für die deutsche Minderheit in Polen zu besänftigen. Das weitreichende Zugeständnis an die deutsche Machtpolitik ließ selbst einen engen Vertrauten des Pontifex, Monsignore Domenico Tardini, den Eindruck nach außen befürchten,»daß der Heilige Stuhl anscheinend das Spiel Hitlers getrieben«habe:»Die Schreie und Drohungen Hitlers würden – sozusagen mit dem Segen des Heiligen Stuhls – die Rückkehr Danzigs zum Reich bewirken, die man mit friedlichen Verhandlungen nicht hatte erreichen können.« Selbst diese Sorge zeugte von päpstlicher Fehleinschätzung. Der Kriegstreiber in Berlin dachte gar nicht daran, sich den Vorwand für seinen Feldzug durch noch so unterwürfige Entgegenkommen nehmen zu lassen.

Wie der flehentliche Hilferuf eines übergangenen Vermittlers klang die eindringliche Radioansprache, mit der sich Pius XII. am 24. August 1939 an die Weltöffentlichkeit wandte:»Mit der Gewalt der Vernunft und nicht der Waffen wird die Gerechtigkeit zum Durchbruch kommen. Und die Reiche, die nicht auf Gerechtigkeit aufgebaut sind, sind von Gott nicht gesegnet. Eine Politik ohne Moral verrät diejenigen, die sie so wollen.« Und er fügte den flammenden Aufruf hinzu:»Nichts ist verloren mit dem Frieden. Alles mit dem Krieg.«

Eine Woche später war der Wettlauf gegen den Waffengang endgültig verloren. Mit dem Überfall der deutschen Wehrmacht auf Polen am 1. September 1939, dem 17 Tage später der Einmarsch der Roten Armee folgte, wurden sämtliche Illusionen einer Verständigungslösung niedergewalzt. Vergeblich bestürmten die Westmächte den Stellvertreter Christi, gegen Hitlers Angriffskrieg zu protestieren.»Die öffentliche Meinung in verschiedenen Ländern«, sagte der französische Gesandte François Charles-Roux,»erwartet eine Erklärung, in der der Heilige Vater die Explosion von Gewalt und Grausamkeit verurteilt und bedauert.«

Der Papst bedauerte – nur eben nicht öffentlich. Nun, da Katholiken auf Katholiken schossen, berief er sich um so entschiedener auf die strikte Überparteilichkeit seines Hirtenamtes. Durfte er, ohne die Spaltung zu riskieren, einen Feldzug verdammen, den etwa der Feldbischof der deutschen Wehrmacht, Franz Justus Rarkowski, in Eintracht mit dem deutschen Klerus als »die große und ehrenvolle Aufgabe« glorifizierte, »die Sicherheit und das Leben der deutschen Nation mit dem Schwerte zu schützen und zu verteidigen«? Konnte er einen Kriegsherrn ächten, der den Soldaten katholischen Glaubens in Rarkowskis Aufruf als »das leuchtende Vorbild eines wahrhaften Kämpfers, unseres Führers und Obersten Befehlshabers, des ersten und tapfersten Soldaten des Großdeutschen Reiches« gepriesen wurde?

Ein Konfrontationskurs gegen den Kriegsherrn drohte die regimetreuen deutschen Katholiken Rom zu entfremden, wie der päpstliche Nuntius in Berlin, Monsignore Cesare Orsenigo, warnte: »Ich fürchte, daß ein Zusammenstoß zwischen dem Heiligen Stuhl und der Regierung für eine ziemlich lange Zeit sich entscheidend auf ihre Beziehungen auswirken könnte, mit allen unheilvollen Folgen, die sich vorhersehen lassen: Das von den Zeitungen geschickt bearbeitete und gegenwärtig im Siegesrausch befindliche Volk wird sich ohne weiteres in großer Mehrheit, eine ansehnliche Gruppe Katholiken mitgerechnet, hinter die Regierung stellen.«

Die Antwort des Papstes auf den Appell zum Protest gegen den Angriffskrieg war Schweigen. »Die Tatsachen sprechen für sich«, beschied sein Staatssekretär dem französischen Botschafter, »lassen wir sie erst einmal sprechen.« Die Tatsachen, die aus dem besetzten Polen zum Vatikan durchsickerten, sprachen eine mehr als deutliche Sprache. Die Vernichtungswut der Herrenmenschen traf drei Millionen Juden, aber auch die polnische Intelligenz und die katholische Geistlichkeit, mit beispielloser Grausamkeit. Mindestens 2000 Priester wurden unter der deutschen Besatzungsherrschaft ermordet. So ließ etwa der SA-Sturmbannführer Froese am 20. Oktober 1939 sämtliche 20 Geistlichen der Kleinstadt Pelplin bei Danzig mit geschultertem Spaten zu einem Acker marschieren und ihr eigenes Grab schaufeln, bevor sie erschossen und verscharrt wurden. Den Willkürmord begründete er mit dem Befehl zur »Ausrottung der gesamten polnischen Intelligenz«.

»Die Kirchen werden entweiht oder geschlossen«, schrieb ein polnischer Bischof aus dem Exil verzweifelt an den Vatikan, »die Gläubigen werden vertrieben, Hunderte von Priestern werden umgebracht oder eingekerkert, Klosterfrauen werden vergewaltigt, fast täglich werden unschuldige Geiseln vor den Augen von

Kindern getötet, die Bevölkerung, alles Lebensnotwendigem beraubt, stirbt vor Hunger – und der Papst schweigt, als ob er sich nicht um seine Herde bekümmern würde.« Den Hirten grämte das Schicksal seiner Herde, aber er fürchtete, die Wölfe zu weiterer Wut zu reizen. In seiner Antrittsenzyklika »Summi pontificatus« vom 27. Oktober 1939 sparte er auch die Tragödie Polens nicht aus:»Das Blut von ungezählten Menschen, auch von Nichtkämpfern, erhebt erschütternde Klage, insbesondere auch über ein so geliebtes Volk wie das polnische, dessen kirchliche Treue und Verdienst um die Rettung der christlichen Kultur mit unauslöschlichen Lettern in das Buch der Geschichte geschrieben sind und ihm ein Recht geben auf das menschlich-brüderliche Mitgefühl der Welt.«

Namenlos blieb jedoch, wer für all das Unheil verantwortlich war. Der Papst stellte sich auf die Seite der von aller Welt verlassenen Polen, aber er stellte sich nicht gegen ihre Unterdrücker. Selbst als der verbrecherische Kreuzzug nun auch vor Kirchenpforten nicht mehr haltmachte, hielt der Kirchenvater an seinem Credo fest, daß jede Parteinahme den schmalen Freiraum der Diener des Herrn weiter einschränken würde. »Wir leiden schwer unter der namenlosen Not der Gläubigen dortselbst«, gestand er dem Berliner Kardinal Konrad Preysing mit Blick nach Polen, »um so mehr, als jeder Versuch, für sie bei den Regierungsstellen zu vermitteln, auf schroffste Ablehnung gestoßen ist. Die Rücksichtnahmen, [...] vor allem die Befürchtung, den Rest von Seelsorge, der dort noch besteht, auch zu gefährden, haben Uns bis jetzt davon zurückgehalten, die dortigen kirchlichen Zustände offen zur Sprache zu bringen. Über die Lage und das Schicksal der in Konzentrationslager verbrachten Priester, unter denen die Polen weitaus an erster Stelle stehen, sind Wir verhältnismäßig gut unterrichtet. Wenn sich irgendwie Gelegenheit bietet, möge man jene Priester wie ihre Mitgefangenen immer wissen lassen, daß ihnen Unser innigstes Mitgefühl gehört, daß in dieser von Leid und Grauen erfüllten Zeit Uns wenige Schicksale so nahegehen wie das ihre, und daß Wir viel und täglich für sie beten.«

Es blieb nur das Gebet. Denn nicht nur jede Auskunft, sondern selbst die bescheidene Bitte um einen Besuch der gepeinigten Glaubensbrüder im Lager wurde kategorisch verwehrt. Der Statthalter des Stellvertreters in Berlin beschränkte sich auf das Ersuchen, den inhaftierten Priestern wenigstens ein Brevier zur

Lesung der Messe auszuhändigen, Sterbesakramente zu gewähren und im Todesfall vor einer Einäscherung zu bewahren. Das einzige »Zugeständnis«, das er erreichte, bestand darin, inhaftierte Priester nicht nach Auschwitz zu deportieren, sondern alle im Lager Dachau zusammenzufassen. »Der Nuntius fragte mich heute«, notierte der Staatssekretär des Auswärtigen Amtes, Ernst von Weizsäcker, »ob die Übersiedlung der im Konzentrationslager befindlichen katholischen Geistlichen nach Dachau bereits im Gange sei. Ich konnte ihm hierüber keine Auskunft geben. Beiläufig bemerkte der Nuntius, er glaube zu wissen, daß in Dachau für diese Geistlichen ein ziemlich großer Raum von kapellenähnlichem Charakter errichtet werde. Der Nuntius erwähnte dies freudig.« Ein Dokument der Hilflosigkeit.

Auch der offizielle Besuch des deutschen Außenministers Joachim von Ribbentrop im Vatikan am 11. März 1940 bewirkte keine Entspannung. Während der Papst die Gelegenheit nutzte, verbindlich in der Form, bestimmt in der Sache, die Verfehlungen der NS-Kirchenverfolgung dezidiert aufzulisten, beschwerte sich der Besucher aus Deutschland über die nach wie vor ungenügende Gefügigkeit der katholischen Kirche gegenüber dem »Dritten Reich«. Er konnte es sich aber nicht nehmen lassen, als Zeichen des Entgegenkommens zu rühmen, daß der »Führer nicht weniger als 7000 Prozese gegen katholische Geistliche niedergeschlagen« habe und »der nationalsozialistische Staat jährlich eine Milliarde Reichsmark zugunsten der katholischen Kirche« verwende, »eine Leistung, deren sich kein anderer Staat rühmen« könne. Was sein Auftraggeber in Wirklichkeit von der Kirchensteuer und der Freiheit der Christenmenschen hielt, das offenbarte Hitler nur seinen engsten Tischgenossen in unverhohlenem Sarkasmus: »Wenn wir einmal nicht mehr jährlich eine Milliarde an die Kirchen zahlten, würden unsere Pfaffen ihre Frechheit auch sehr bald ablegen und statt auf uns zu schimpfen und uns unverschämt zu kommen, uns aus der Hand fressen. Mit wesentlich geringeren Zuwendungen könnten wir dann die Geistlichkeit so dirigieren, wie es unseren Wünschen entspräche.« So blieb die Audienz des Reichsaußenministers lediglich eine Schauveranstaltung zur Vortäuschung intakter Beziehungen, die kein einziges Zugeständnis einbrachte. Der NS-Staat brauchte den Anschein geistlichen Segens, verbat sich aber strikt jeden Versuch einer Einflußnahme.

Dennoch verharrte die Kurie nicht in Untätigkeit. Jenseits des

Schlachtenlärms entfalteten ihre karitativen Helfer eine stille Regsamkeit, um immerhin die verheerenden Folgen des Kriegsgeschehens zu lindern. In Zusammenarbeit mit den Kirchenvertretern vor Ort bemühten sie sich, Verbindungen von Kriegsgefangenen mit ihren Familien herzustellen, Vermißte aufzuspüren, Flüchtlinge, Verbannte, Ausgebombte mit Lebensmitteln, Kleidung und Unterkunft zu versehen, Ausreisewillige, solange es noch ging, bei der Emigration zu unterstützen. Im Deutschen Reich bekamen die Samariter jedoch keinen Fuß auf den Boden. Selbst das bescheidenste Hilfsangebot wurde von den Behörden abgewiesen: Die Mütter und Witwen deutscher Soldaten, verlautete brüsk aus Berlin, seien stark genug, ihre Opfer auch ohne die Kirche zu tragen.

Auch auf politischem Feld unternahm der Pontifex im verborgenen, was er in amtlicher Funktion peinlich vermied: Geheimdiplomatie hinter dem Rücken des Aggressors. Mitbegründet auch durch die Besorgnis um den Erhalt des Kirchenstaates, beschwor Pius XII. über verschiedene Vertrauens- und Mittelsmänner den faschistischen Staatschef Benito Mussolini, Italien aus dem Krieg herauszuhalten, was allerdings nur bis Juni 1940 gelang. Und als zum Widerstand gegen Hitler entschlossene deutsche Offiziere den Papst im Herbst 1939 um seine heimliche Mittlertätigkeit zur britischen Regierung ersuchten, stellte er sich trotz des Risikos bereitwillig zur Verfügung. Als römischer Verbindungsmann fungierte der katholische Rechtsanwalt Josef Müller, der den Pontifex über dessen Privatsekretär Robert Leiber in den Plan der Militäropposition einweihte: Sie sei bereit, Hitlers Regime zu stürzen und damit den Krieg zu beenden, falls die Westmächte die inneren Unruhen nicht ausnutzen und einen fairen Frieden zusichern würden. Pius legte die geheime Anfrage dem britischen Gesandten vor – mit übervorsichtiger Distanz, wie aus dessen Bericht an seine Regierung hervorgeht: »Der Papst machte keinen Versuch, die Sache zu verteidigen, und sagte auch nichts davon, daß sie ernsthaft überlegt werden müsse. Er sagte, er habe sie höchst ungern weitergegeben und erwarte ebensowenig eine Antwort wie beim ersten Mal.« Dennoch bescheinigte nach dem Krieg ein hoher englischer Beamter dem Vermittler, er sei »in seinen Bemühungen um den Frieden bis an die äußerste Grenze des für einen Papst noch eben Möglichen gegangen«.

Der Plan, den Feuersturm noch vor dem großen Weltenbrand

Das Konkordat war eine Überraschung. Später haben wir dann doch verstanden, daß Pius XI. und sein Staatssekretär Pacelli das getan hatten, um möglichst noch etwas abzusichern.

Augustin May, Kurienkardinal

In Zukunft dürfen also Kanzeln und Beichtstühle nicht mehr gegen den nationalsozialistischen Staat mißbraucht werden, sondern Diener der Kirche in Deutschland haben die Pflicht, sich wie jeder deutsche Staatsbürger für diesen Staat und seine Grundlage einzusetzen. Der deutsche Staat behält das Recht, sein Veto gegen die Ernennung politisch untragbarer Bischöfe einzulegen. Die Bischöfe leisten ihren feierlichen Eid auf den neuen Staat.

Aus dem Konkordat, 1933

Millionen im Ausland standen zuerst abwartend und mißtrauisch dem neuen Reich gegenüber und haben erst durch den Abschluß des Konkordates Vertrauen zur neuen deutschen Regierung gefaßt.

Kardinal Michael von Faulhaber, München

»Ich weiß, wie man den Brüdern zu Leibe gehen muß...«
Eugenio Pacelli unterzeichnet das Konkordat zwischen dem Deutschen Reich und dem Heiligen Stuhl am 20. Juli 1933 in Rom. Links: Vizekanzler Franz von Papen, rechts: Ministerialdirektor Dr. Buttmann.

einzudämmen, scheiterte nicht am Mißtrauen der Gegenseite, sondern an der Unentschlossenheit der deutschen Militäropposition: Im entscheidenden Augenblick waren Hitlers Generäle nicht bereit, ihrem Befehlshaber die Gefolgschaft aufzukündigen. »Die Generäle können sich leider nicht zum Handeln entschließen«, stand auf der letzten Notiz, die Müller dem Sekretär des Papstes am 1. Mai 1940 zusteckte. »Hitler wird angreifen, und der Angriff steht unmittelbar bevor.«

Am 10. Mai überrannte die deutsche Wehrmacht die neutralen Staaten Belgien, Holland und Luxemburg, um der französischen Verteidigung in den Rücken zu fallen. Diesmal ließ der Papst den Völkerrechtsbruch nicht unkommentiert. Statt einer amtlichen Verurteilung, von seinem Staatssekretär bereits druckreif ausformuliert, wählte er jedoch die Form von Mitleidstelegrammen an die Souveräne der drei überfallenen Länder. »Wir haben mit lebhafter Rührung erfahren«, teilte er etwa der niederländischen Königin Wilhelmina mit, »daß die Bemühungen Eurer Majestät um den Frieden Ihr edles Volk nicht davor bewahren konnten, gegen seinen Willen und sein Recht zum Kriegsschauplatz zu werden, und bitten Gott [...], mit seiner allmächtigen Hilfe die Wiederherstellung der Gerechtigkeit und Freiheit zu beschleunigen.«

Wenngleich sogar der deutsche Vatikan-Botschafter abwiegelte, daß die Telegramme »nicht als politische Einmischung oder gar als einseitige Verurteilung deutschen Vorgehens« zu interpretieren seien, erregte der Papst mit seiner Intervention den Unmut der Achsenmächte. Mussolini tobte, und sein scheidender Vatikan-Gesandter Dino Alfieri diente als Blitzableiter in die Gemächer des Papstes. Bei Alfieris Abschiedsaudienz geschah etwas Ungewöhnliches: Es kam zum handfesten Krach, der so heftige Formen annahm, daß die Gattin des Botschafters es vorzog, sich dezent zurückzuziehen. Als Alfieri vom Zorn seines Herrn kündete, ließ Pius seine gewohnte diplomatische Zurückhaltung fallen und rechtfertigte sein Vorgehen mit erregten Worten. Seine Telegramme seien keine politischen Erklärungen, sondern nur Ausdruck seines Mitgefühls im Unglück und enthielten kein Wort gegen die Deutschen. Der Gesandte entgegnete ihm, daß allein die Entsendung dieser Botschaften schon ein politischer Akt sei. Als Alfieri unumwunden mit Racheakten der Faschisten drohte, sagte der Papst ruhig und bestimmt: »Es komme, was da mag – und wenn sie mich eines Tages verhaften und in ein Konzentrationslager bringen. Jeder muß seine eigenen Taten einmal vor Gott verantworten.« Der Disput offenbarte, wie sehr den Heiligen Vater das Dilemma zwischen moralischer Entrüstung und selbstauferlegter Zurückhaltung plagte. Die Italiener wüßten »ganz genau um die schrecklichen Dinge, die in Polen geschehen«, hielt er dem Besucher vor, »Wir müßten eigentlich flammenden Protest gegen solche Vorkommnisse erheben. Zurück hält Uns nur das Wissen, daß Wir die Bedingungen für diese Unglücklichen durch Unsere Worte noch verschlimmern würden.«

Es war der Stoßseufzer eines zaudernden Verstandesmenschen, der so gründlich die Konsequenzen öffentlicher Äußerungen erwog, bis er sie schließlich verwarf. In Pius hatte die Kirche ihren wohl scharfsinnigsten Kopf dieses Jahrhunderts. Wie viele Intellektuelle scheute er vor intuitiven, gefühlsbetonten Reaktionen zurück. Und doch quälte ihn sein Imperativ des Schweigens angesichts der Tragödien, von denen er fortwährend Zeugnis erhielt. Der Papst, der so zuversichtlich an seine Mission als Friedensstifter geglaubt hatte, war durch die Wucht dieses »furchtbarsten und verwickeltsten aller Kriege« – wie er ihn nannte – tief verunsichert, verängstigt, entmutigt. Ein Brief an den Kölner Erzbischof Joseph Frings macht seine innere Zerrissenheit spürbar, die sich hinter kalter Autorität und wirklichkeitsfremden Ritualen offenbarte:

»Die fast übermenschlichen Anstrengungen, deren es bedarf, um den Heiligen Stuhl über dem Streit der Parteien zu halten, und die schier unentwirrbare Verschmelzung von politischen und weltanschaulichen Strömungen, von Gewalt und Recht (im gegenwärtigen Konflikt unvergleichlich mehr als im letzten Weltkrieg), so daß es oft schmerzvoll schwer ist, zu entscheiden, ob Zurückhaltung und vorsichtiges Schweigen oder offenes Reden und starkes Handeln geboten sind: all das quält Uns noch bitterer als die Gefahren für Ruhe und Sicherheit im eigenen Hause.«

Unter den Betroffenen rief die offensichtliche Unentschlossenheit des Urteils und die Weltenferne vieler Äußerungen Enttäuschung, bisweilen Verbitterung hervor. Während im Land der Sieger mit amtlichem Segen die Kirchenglocken erschollen und Fahnen die Gläubigen zu Dankgottesdiensten geleiteten, fühlten sich die Besiegten vielerorts von ihrer Mutterkirche im Stich gelassen. »Unsere Kirchenoberen wollen die Natur des wahren Konflikts nicht begreifen«, schrieb Kardinal Tisserant

am 11. Juni 1940 an einen Amtsbruder, »und sie bestehen hartnäckig darauf, sich einzubilden, es handele sich um einen Krieg
wie in früheren Zeiten. Aber die faschistische und hitlerische
Ideologie haben das Gewissen der jungen Menschen verwandelt,
und die unter 35 Jahren sind zu allen Untaten bereit für den
Zweck, den ihr Führer befiehlt. Ich habe den Heiligen Vater seit
Anfang Dezember beharrlich gebeten, eine Enzyklika zu erlas-
sen über die Pflicht, dem Ruf des Gewissens zu gehorchen [...].
Ich fürchte, die Geschichte wird dem Heiligen Stuhl vorzuwerfen
haben, er habe eine Politik der Bequemlichkeit für sich selbst
verfolgt, und nicht viel mehr. Das ist äußerst traurig, vor allem,
wenn man unter Pius XII. gelebt hat.«

Ende Juni 1940, wenige Tage nachdem Hitler mit dem Diktat
eines französischen Waffenstillstands im Wald von Compiègne
die »Schmach von Versailles« getilgt hatte, unternahm der Papst
einen erneuten Vorstoß zur Beendigung des Kriegs. Er ließ bei
den Regierungen von Deutschland, Italien und Großbritannien
vorfühlen, ob sie nun Bereitschaft zu einer Verständigung erkennen ließen. Neben der Hoffnung, daß die Ansprüche des Deutschen Reichs nun befriedigt, somit eine Chance zum Einlenken
erkennbar sei, mag ihn eine Besorgnis zu diesem Schritt bewogen
haben: Die »gottlose« Sowjetmacht, die sich in diesen Tagen
bereits die baltischen Staaten und einen Teil Rumäniens einver-
leibt hatte, könne die Schwäche der sich in Westeuropa bekriegenden Mächte zum Eroberungssturm gegen das »christliche
Abendland« nutzen. Die entschiedene Ablehnung des »atheistischen Bolschewismus« Moskauer Prägung war eine Konstante
päpstlicher Außenpolitik und förderte die Konzessionsbereit-
schaft gegenüber allen denkbaren Gegenkräften. Schon 1933
hatte Kardinal Faulhaber seinen Amtskollegen aus dem Vatikan
berichtet: »In Rom beurteilt man den Nationalsozialismus wie
den Faschismus als einzige Rettung vor dem Kommunismus und
Bolschewismus. Der Heilige Vater sieht das aus weiter Ferne,
sieht nicht die Begleiterscheinung, sondern nur das große Ziel.«

Die Sorge vor der »roten Flut«, die über Europa hereinbre-
chen und das schwankende Kirchenschiff zum Kentern bringen
könnte, und das Bestreben, dagegen ein beständiges »Bollwerk«
zu errichten, bestimmten Denken und Handeln in der päpstlichen Residenz am Petersplatz, seit die russische Revolution die
Dämme gebrochen hatte. Die Ausläufer dieser Erschütterungen
hatten damals auch den Nuntius Eugenio Pacelli in München

Wenn ein Gespräch zwischen Engländern und Deutschen unter dem wohlwollenden Schutz des Papstes stattgefunden hätte, dann hätte es echte
Hoffnung auf Frieden gegeben.

Reinhard Spitzy, Referent des deutschen Außenministers von Ribbentrop

Im März 1939 bestand wenig Zweifel daran, daß ein großer Krieg unvermeidlich war. Die im Konklave versammelten Kardinäle wählten deshalb nicht
wieder einen Kämpfer als Nachfolger Pius' XI., sondern einen geschickten
Diplomaten, einen Fachmann für Deutschlandfragen und einen Mann, der
für seine Vorsicht und Selbstdisziplin bekannt war.

Pinchas Lapide, jüdischer Religionsphilosoph

Über die Abgründe der Verbrechen, die durch den Nationalsozialismus
begangen wurden, waren sich noch immer nicht alle Leute ausreichend im
klaren. Auf der anderen Seite gab es eine weitverbreitete Angst vor dem
Kommunismus, nicht nur beim Papst, sondern auch bei Leuten wie Chur-
chill.

Richard von Weizsäcker, Alt-Bundespräsident, Sohn des Botschafters
beim Heiligen Stuhl

»Den drohen-
den Krieg ver-
hindern...«
Die britischen
Politiker Pre-
mierminister
Chamberlain
und Außenmi-
nister Halifax
während einer
Audienz bei
Pius XII.,
Januar 1939.

erreicht und ihm ein prägendes Schlüsselerlebnis beschert. In der bayerischen Landeshauptstadt hatten die Nachkriegsturbulenzen eine Räteregierung nach russischem Vorbild für kurze Zeit ans Ruder geschwemmt. Am Nachmittag des 29. April 1919 erzwangen Abgesandte des Spartakistenregimes mit Waffengewalt Einlaß in die päpstliche Nuntiatur in der Brienner Straße. Pacelli gab den Eindringlingen tapfer zu verstehen, daß ihr Überfall nicht mit dem internationalen Recht zu vereinbaren sei. Von dieser Aufklärung zeigten sich die Revolutionäre jedoch keineswegs beeindruckt und verlangten, das päpstliche Dienstfahrzeug für ihre eigenen Zwecke zu konfiszieren. Um ihre Forderung zu unterstreichen, befahl der Kommandant, die Handgranaten zu entsichern, während sein Adjutant mit dem Revolver vor dem geistlichen Würdenträger herumfuchtelte.

Angesichts dieser nachdrücklichen Aufforderung gab der Nuntius unter Protest klein bei und ließ die Garage aufsperren, was sich allerdings als sinnlos erwies, da das nuntiale Auto nicht bereit war anzuspringen. Am folgenden Tag ließ das Überfallkommando sein Beutestück schließlich zu einem Reparaturbetrieb schleppen. Erst nach einigen Interventionen wurde der Raub Tage später wieder rückgängig gemacht. Auch von Feuergefechten in unmittelbarer Reichweite wurde der Nuntius in diesen stürmischen Tagen Zeuge. Pacelli zog es jedenfalls vor, sich umgehend wieder in das schweizerische Kloster Rorschach zurückzuziehen, das er nach Kriegsende in trügerischer Erwartung friedlicherer Zeiten verlassen hatte. Er müsse seine »angegriffene Gesundheit« wiederherstellen, hieß es amtlich. Erst nachdem sich die bayerische Regierung für die »durch die Bande der Räteregierung zugefügte Unbill« entschuldigt hatte, bezog er drei Monate später wieder in München Quartier.

Doch die unmittelbare Konfrontation mit der Herrschaft der Willkür hatte bleibende Eindrücke hinterlassen, wie Pacelli später einem französischen Journalisten schilderte: »Echte Russen standen an der Spitze dieser Sowjetregierung. Jede Idee von Recht, Freiheit und Demokratie war aufgehoben; nur die Sowjetpresse war zugelassen. Sogar die Nuntiatur wurde während des Kampfes zwischen den Kommunisten und republikanischen Regierungstruppen mit Kugeln durchlöchert. Bewaffnete Spartakisten drangen mit Gewalt hier ein, und als ich gegen die Verletzung internationalen Rechts energisch protestierte, hat mich einer von ihnen mit seinem Revolver bedroht. Ich weiß auch, unter welch widerwärtigen Umständen die Geiseln massakriert worden sind ...«

Pacellis Panik vor kommunistischer Machtergreifung blieb zeitlebens durch diese Münchener Erlebnisse geprägt. Bei allem Bemühen um Überparteilichkeit schien ein drohender Triumph des kommunistischen Glaubensfeindes für den Pontifex das schlimmere Übel heraufzubeschwören. »Beenden wir diesen Bruderkrieg«, hatte er den Mächten Mitteleuropas in seiner Weihnachtsbotschaft 1939 zugerufen, »und vereinigen wir unsere Kräfte gegen den gemeinsamen Feind, gegen den Atheismus!«

So war es wohl nicht nur eigenes Wunschdenken, das den deutschen Vatikan-Botschafter Diego von Bergen nach dem Überfall auf die Sowjetunion im Juni 1941 zu folgender Meldung veranlaßte: »In dem Vatikan nahestehenden Kreisen wird dieser neue Abschnitt des Krieges mit einem gewissen Aufatmen begrüßt und mit besonderem Interesse verfolgt.«

In der ihm eigenen metaphorischen Ausdrucksweise ließ auch der Papst nach dem Einmarsch eine gewisse Erleichterung anklingen: »Gewiß, es fehlt mitten in dem Dunkel des Gewitters«, verkündete er Ende Juni im Rundfunk, »nicht an Lichtblicken, die das Herz zu großen, heiligen Erwartungen erheben: großmütige Tapferkeit zur Verteidigung der Grundlagen der christlichen Kultur und zuversichtliche Hoffnungen auf ihren Triumph ...«

Solch verhaltene Hoffnung, die möglicherweise auch von der Aussicht auf eine gegenseitige Schwächung der sich bekriegenden Diktaturen genährt wurde, war für den Kirchenvater schon die äußerste Form öffentlicher Bekundungen. Jede Vereinnahmung für den Krieg der Worte lehnte er kategorisch ab.

Als Mussolinis Botschafter am Heiligen Stuhl, Bernardo Attolico, den Papst bedrängte, dem Kreuzzug gegen den Kommunismus seinen Segen zu geben, wies der Pontifex dieses Ansinnen zurück. Doch ebenso klar beschied er einem nach Rom entsandten amerikanischen Sonderbotschafter, daß er auch die russisch-angloamerikanische Kriegsallianz gegen Hitler nicht öffentlich gutheißen werde. Der amerikanische Präsident Franklin D. Roosevelt war aber auf den Rückhalt der Katholiken seines Landes angewiesen, wollte er die Sowjets mit Waffen- und Hilfslieferungen versorgen. Da fand Pius eine salomonische Formel: »Der Papst hat den Kommunismus – als *Lehre* – verurteilt, und das Urteil behält seine Gültigkeit. Für das russische *Volk* aber kann er nur väterliche Gefühle hegen.«

Brüderliche Gefühle bestimmten weiterhin sein Verhältnis zu den Deutschen. »Irre geworden sind Wir nie am deutschen Volk«, resümierte Pius XII. nach dem Krieg, »auch nicht durch dunkle Erscheinungen und Flecken, die niemanden peinlicher berührten und berühren als den anständig und vornehm gesinnten Deutschen selbst.« Mit zunehmendem Kriegsverlauf verdichteten sich die dunklen Flecken zum Kainsmal eines Jahrhundertverbrechens. Der Ursprung des staatlich organisierten Massenmords geht auf den Tag des Kriegsausbruchs zurück. Unter diesem Datum unterzeichnete Hitler die Ermächtigung, psychisch und geistig Kranke umzubringen. Zehntausende von Patienten, denen NS-Ärzte das Lebensrecht absprachen, wurden daraufhin in sechs vormaligen Heil-, nun Tötungsanstalten systematisch vergast. Als Einzelheiten dieser »Aktion« durchsickerten, zeigte sich, daß die vorausgegangene Propagandaoffensive bei der Mehrheit der Bevölkerung die erwartete Wirkung verfehlt hatte. Besonders in den Kirchen, Träger zahlreicher Behindertenheime, regte sich Widerstand gegen den schamlos als »Euthanasie« bemäntelten Massenmord. Im Dom von Münster griff Bischof Clemens August Graf von Galen in drei Predigten unerschrocken die Tötungspraxis an. Tatsächlich hatte der Protest diesmal Konsequenzen. Die systematische Todeskampagne wurde eingestellt. »Lebensunwerte« Kranke wurden von da an nicht mehr reihenweise, sondern vereinzelt und unauffällig umgebracht, durch Spritzen, Tabletten und Nahrungsentzug. Insgesamt hatte Hitlers Ermächtigung mehr als 100 000 Kranken das Leben gekostet. Es war die Ursünde eines wütenden Vernichtungssturms, der seine Rechtfertigung allein aus einer abstrusen Rassenlehre bezog.

Im Rücken der deutschen Ostfront wurden Verbrechen angeordnet und ausgeführt, die alle bis dahin gekannte Grausamkeit des Kriegs noch in den Schatten stellte. Den vorrückenden Wehrmachtssoldaten folgten Sondereinheiten, die mit unvorstellbarer Gründlichkeit Männer, Frauen, Kinder, Greise und Säuglinge erschossen. Rassenwahn war die Staatsdoktrin der Täter. Nachdem die Mordkommandos innerhalb weniger Wochen Leben, Kultur und Tradition von annähernd einer Million Menschen ausgelöscht hatten, wurde der Massenmord noch weiter perfektioniert und industrialisiert. Mit immer wirksameren

Pius XII. hat im Nationalsozialismus und im Kommunismus zwei gleich große Übel gesehen. Es ist schwierig, zwischen Pest und Cholera eine Auswahl zu treffen.

Giulio Andreotti, ehemaliger italienischer Ministerpräsident

Ein Bericht liegt vor über die Einstellung des Papstes zum Bolschewismus, die nach wie vor sehr feindselig sein soll. Allerdings soll es im Kardinalskollegium einige prominente Vertreter geben, die für ein Zusammengehen zwischen dem Vatikan und dem Kreml plädieren. Also auch hier hat die Gehirnerweichung, die durch die jüdische Propaganda hervorgerufen wird, langsam eingesetzt.

Joseph Goebbels, 1944

Der Papst hat den Kommunismus – als *Lehre* – verurteilt, und das Urteil behält seine Gültigkeit. Für das russische *Volk* aber kann er nur väterliche Gefühle hegen.

Pius XII.

*»Die Verteidigung des christlichen Abendlandes...«
Rundfunkansprache Pius' XII. im Sommer 1941 nach dem deutschen Überfall auf die Sowjetunion.*

55

Patenten, vom Gaswagen bis zur Gaskammer, wetteiferten die Vollstrecker des Völkermords um die effektivste Technik des Tötens. Gott schien sein Antlitz von der Welt abgewandt zu haben.

Dem Vatikan blieb die unbarmherzige Menschenjagd nicht verborgen; ihre Dimensionen enthüllten sich nach und nach. Mitte März 1942, knapp zwei Monate nachdem in einer Villa am Berliner Wannsee deutsche Ministerialbeamte die Weichen für die »Endlösung der Judenfrage« gestellt hatten, trafen in Rom erste Mitteilungen der päpstlichen Gesandten in Preßburg und Budapest aus jüdischen Quellen ein, wonach Deportationen einem sicheren Todesurteil gleichkamen. Diese Hinweise fanden Bestätigung in einem Bericht des Militärseelsorgers Pirro Scavizzi. Im Februar 1942 war der Pater, der einen Lazarettzug des Malteserordens nach Polen begleitete, vom Krakauer Erzbischof Adam Sapieha in das Schicksal der jüdischen Bevölkerung Galiziens eingeweiht worden. Wenige Wochen später bekam Papst Pius seine Schilderung in lateinischer Sprache zu lesen: »Conditio enim nostra est sane valde tragica: Unsere Lage ist wahrhaft tragisch, wie sie nur sein kann. Wir sind aller Menschlichkeit beraubt, der Grausamkeit von Leuten ausgeliefert, denen zumeist jedes menschliche Gefühl fehlt. Wir leben ständig unter einem entsetzlichen Terror, ständig in Gefahr, im Falle der Flucht, der Deportation, der Haft in den Konzentrationslagern, aus denen wenige lebend herauskommen, alles zu verlieren.«

Die schlimmsten Befürchtungen erwiesen sich als zutreffend. Durch neue Reisen in Kenntnis gesetzt, berichtete Pater Scavizzi dem Oberhaupt der Kirche am 12. Mai 1942 zum ersten Mal über die systematische Massentötung.

Brandbriefe aus verschiedenen Teilen des deutschen Herrschaftsgebietes an den Vatikan ergänzten das Bild des Grauens. Im Juni gelangte in der Kuriertasche des Nuntius in Bukarest der Brief eines Dr. Reifer aus Czernowitz nach Rom, der dem Papst eindringlich Hunger, Epidemien, Prügel und Tötungen beschrieb. Ähnliche Meldungen gingen zu dieser Zeit aus den Nuntiaturen in Bukarest, Istanbul und Bern ein. Der Nuntius in Bern erhielt im März 1942 ein Memorandum jüdischer Organisationen, das die verfügbaren Fakten über die Judenverfolgung in Europa zusammenfaßte. Unter anderem hieß es darin: »Abgesehen von der allmählichen und stetigen Vernichtung der Juden durch das Ghettosystem in ganz Polen wurden Tausende von

56

Juden in Polen und den von Deutschland besetzten Gebieten Rußlands von den deutschen Truppen exekutiert.« Vom Informationsstand der Kirchenführung zeugt ein Aufruf des britischen Kardinals Hinsley, den die BBC am 8. Juli 1942 verbreitete: »Um die Wahrheit über die Verbrechen zu sagen, die in Polen begangen wurden: Seit Anfang des Kriegs sind 700 000 Juden getötet worden. Dafür haben wir klare und mehrfach bestätigte Beweise. Ihr unschuldiges Blut schreit zum Himmel nach Vergeltung.«

Ebenso erschütternde Einblicke über das Ausmaß des Verbrechens eröffnete ein Brief des ukrainischen Erzbischofs Septykkyi, der Ende August aus Lemberg an die Kurie schrieb: »Heute ist sich das ganze Land einig, daß das deutsche Regime in einem vielleicht höheren Grade als das bolschewistische übel, ja fast teuflisch ist. Seit einem halben Jahr ist kein Tag vergangen, an dem nicht die scheußlichsten Verbrechen begangen werden. Die Juden sind die ersten Opfer...« Allein in der Ukraine, so der Bischof, habe die Zahl der ermordeten Juden die Hunderttausend überschritten.

Immer detaillierter wurden die Berichte, immer klarer die Erkenntnisse eines beispiellosen Völkermords. Am 26. September 1942 übersandte der US-Botschafter am Heiligen Stuhl, Myron C. Taylor, dem Kardinalstaatssekretär Luigi Maglione einen schonungslosen Lagebericht: »1.: Die Liquidierung des Warschauer Ghettos geht gerade vor sich. Alle Juden werden ohne irgendeinen Unterschied und ohne Rücksicht auf ihr Alter oder ihr Geschlecht gruppenweise aus dem Ghetto deportiert und exekutiert. Ihre Leichen werden zur Fettherstellung und die Knochen zur Düngerherstellung verwendet. Zu diesem Zwecke werden sogar Leichen ausgegraben. 2.: Diese Massenexekutionen finden nicht in Warschau statt, sondern in eigens zu diesem Zwecke eingerichteten Lagern, von denen eines Belzec ist. Rund 50 000 Juden wurden in Lemberg im Laufe des vergangenen Monats an Ort und Stelle exekutiert. Nach einem anderen Bericht wurden in Warschau 100 000 abgeschlachtet. Im ganzen ostpolnischen Gebiet einschließlich dem besetzten Rußland gibt es keinen lebenden Juden mehr. Ebenfalls wird berichtet, daß die gesamte jüdische Bevölkerung von Sewastopol ermordet worden ist.«

Offiziell gab der Vatikan darauf die hinhaltende Antwort, »daß ebenfalls Berichte aus anderer Quelle über harte Maßnahmen gegen Nichtarier zum Heiligen Stuhl gelangt sind, daß es aber bis zum gegenwärtigen Augenblick nicht möglich war, diese auf ihre Genauigkeit zu überprüfen«. Doch es war nicht die mangelnde Überprüfbarkeit der sich häufenden Berichte, die dem Papst Zurückhaltung auferlegte.

An der Wirklichkeit des Grauens dürfte Pius kaum noch gezweifelt haben, wenngleich er, wie so viele, lange Zeit die Einzigartigkeit des Verbrechens verkannte oder ignorierte. Im Oktober wies Pater Scavizzi den Vatikan erneut auf den perfiden Charakter des Vernichtungsfeldzugs hin: »Die Ausrottung der Juden durch Massentötungen ist fast total, ohne Rücksicht auf Kinder, nicht einmal auf Säuglinge.« Als der Priester seine grauenvollen Eindrücke einmal persönlich vortrug, zeigte der Papst sich tief erschüttert, wie Scavizzi später berichtete: »Ich sah ihn weinen wie ein Kind.« Einmal habe der sonst so zurückhaltende Mann als spontane Reaktion auf die Schilderungen gar erwogen, den »Nazismus mit dem Bannstrahl der Exkommunikation zu belegen«.

Doch am Ende obsiegte erneut das Glaubensbekenntnis des Diplomaten, daß eine öffentliche Verurteilung des NS-Regimes nicht einen Schuß aus einem Gewehrlauf aufhalten, gleichzeitig aber die Wut des Regimes auf die Verfolgten und auf die Angehörigen der katholischen Kirche lenken würde. »Vielleicht hätte mir ein feierlicher Protest das Lob der zivilisierten Welt eingetragen«, sagte Pius zu Scavizzi, »aber er hätte den armen Juden eine noch unerbittlichere Verfolgung gebracht als die, die sie jetzt zu erleiden haben.«

In der Tat hatte Hitler bis dahin sämtliche offenen wie vertraulichen Mahnworte des Papstes unbeeindruckt in den Wind geschlagen. Würde der Diktator sich durch Mahnungen eines Propheten aufhalten lassen? Oder würde er gar erst provoziert, sein Zerstörungswerk auch auf die Rufer gegen die Verwüstung auszudehnen? Das war die Hauptsorge Pius' XII.: Der Mann in den Schuhen des Fischers wollte das Boot der Kirche möglichst unbeschadet durch die stürmischen Zeiten lenken, auch wenn der starre Blick auf das Steuerrad notwendigerweise das Gesichtsfeld verengte. Welche Turbulenzen unbequeme Äußerungen auslösen konnten, das stand dem Pontifex eindrücklich vor Augen.

In den Niederlanden hatten die Kirchen, die im Zeichen der Bedrängnis ihre Konfessionsgräben überbrückten, das unter-

Der Papst kam an jenen Ort in Rom, wo die Zerstörung und auch die Zahl der Toten sehr groß war. Er war mit einem weiten, weißen Gewand gekleidet und öffnete die Arme. Das ganze Volk drängte auf ihn zu, es war eindrucksvoll, weil es fast so schien, als würde das Volk in ihm seinen Führer erkennen.

Giuliano Vassalli, italienischer Partisan

Dann begann der Papst zu beten, wir beteten gemeinsam mit all den Menschen, und kaum hatte der Papst das Gebet beendet und seinen Segen erteilt, erhob sich ein markerschütternder Schrei, der fast nichts Menschliches mehr an sich hatte: »Frieden, Frieden, Frieden!«

Fiorenzo Angelini, Kurienkardinal

nommen, was dem Papst von vielen Seiten immer wieder nahegelegt worden war: Sie hatten unumwunden Stellung bezogen, als im Juli die bevorstehende Deportation der holländischen Juden ruchbar wurde. Zunächst protestierten katholische und protestantische Kirche in einem vertraulichen Schreiben an die Besatzungsbehörde gegen die geplanten Massenabschiebungen, deren eigentlicher Zweck zu dieser Zeit noch im dunkeln lag. Die Reaktion war unerwartet. Statt den Plan abzustreiten oder die Einwände zurückzuweisen, bot Reichskommissar Arthur Seyß-Inquart ungefragt an, die »vor dem 1. Januar 1941 getauften Juden« von der Deportation auszunehmen. Nach der NS-Rassendoktrin wurden nämlich auch Katholiken und Protestanten, die selbst oder deren Vorfahren einmal jüdischen Glaubens waren, weiterhin als Juden eingestuft und verfolgt. Die Verschonung dieser Gruppe bot der deutsche Statthalter als Preis für ein Stillhalteabkommen. Die Absicht war durchsichtig: Er wollte, wie es in einem internen deutschen Dokument heißt, »durch dieses Entgegenkommen die christlichen Kirchen aus Anlaß der Evakuierung der niederländischen Juden zum Schweigen bringen«. Doch die Taktik ging nicht auf: Am 26. Juli wurde allen Drohungen zum Trotz in den katholischen und einem Teil der evangelischen Kirchen der Protest gegen die Deportation der Juden öffentlich verlesen. Die Geistlichen wußten sich dabei in ihrer ablehnenden Haltung weitgehend einig mit dem Kirchenvolk.

Der Gegenschlag der Besatzungsmacht folgte umgehend: »Da die katholischen Bischöfe sich – ohne beteiligt zu sein – in die Angelegenheit gemischt haben«, verfügten die deutschen Behörden, »werden nunmehr die sämtlichen katholischen Juden noch in dieser Woche abgeschoben. Interventionen sollen nicht berücksichtigt werden.« Dies war das Todesurteil für Katholiken jüdischer Herkunft wie die Philosophin und Ordensschwester Edith Stein.

Der holländische Zwischenfall schlug Wellen. Als Papst Pius vor seinem üblichen Gang zu den Audienzen die Morgenzeitungen überflog, sei er »kreidebleich« geworden, wie seine Haushälterin beobachtete. Wenig später sei er mit vier engbeschriebenen Papierbögen in die Küche gekommen und habe sie im offenen Feuer des Speiseherds verbrannt, bis nur noch Asche übrig war. Dies sei ein Aufruf gegen das NS-Regime gewesen, so erklärte er nach Schwester Pascalinas Darstellung: »Ich habe diesen Protest geschrieben, um ihn heute nachmittag im *Osservatore Romano* zu veröffentlichen. Ich denke aber, wenn durch die Worte der niederländischen Bischöfe 40 000 Unschuldige in Lager gekommen sind, wird Hitler für die Worte des Papstes mindestens 200 000 Menschen internieren. Das kann ich nicht zulassen.«

Dieser Bericht bezeugt die tiefsitzende Besorgnis des Papstes, die nun aus Holland neue Nahrung erhielt, durch offene Worte unabsehbare Konsequenzen heraufzubeschwören. Allerdings beruhte dies auf einer Fehleinschätzung von Ursache und Wirkung. Die Deportation der niederländischen Juden war keine Folge des bischöflichen Hirtenbriefs – sie war längst beschlossene Sache. Einzig die knapp 700 katholischen »Juden« waren die Behörden aus taktischen Gründen bereit von der Deportation auszunehmen – und auch das nur vorläufig. In einer vertraulichen Amtsbesprechung bestätigte Reichskommissar Seyß-Inquart, so das Protokoll, daß »eine bleibende Ausnahmestellung für die christlichen Juden von ihm nicht beabsichtigt war und daß, nachdem alle anderen Juden abgeschoben sein werden, bei nächstbester Gelegenheit, die politisch paßt, auch die letzten ›christlichen‹ Juden deportiert werden sollten«. Ihre dauerhafte Verschonung stand für Himmlers Schergen nie ernsthaft zur Debatte. Die Kirchenvertreter ließen sich nicht täuschen, und sie unterließen es auch weiterhin nicht, ihre Stimme zu erheben. Am Schicksal ihrer jüdischen Landsleute konnten sie nichts ändern: Die Abschiebungen verlaufen nach Plan, meldete ein williger Vollstrecker an SS-Chef Himmler. Und doch gab das Hirtenwort Halt im allgemeinen Niedergang der Werte. »Er ist großartig und feuert die Menschen an«, kommentierte die dreizehnjährige Tagebuchschreiberin Anne Frank in ihrem Amsterdamer Dachversteck im Februar 1943 einen Appell der Bischöfe, Gott mehr zu gehorchen als den Menschen.

Auch das Oberhaupt der Kirche blieb nicht sprachlos. In seiner Weihnachtsbotschaft des Jahres 1942 sprach es von einem Gelöbnis aller »Hochherzigen und Gutgesinnten«, das Gemeinschaftsleben »zum göttlichen Gesetz zurückzuführen«, und führte dann unter anderem aus: »Dieses Gelöbnis schuldet die Menschheit den Hunderttausenden, die persönlich schuldlos bisweilen nur um ihrer Volkszugehörigkeit oder Abstammung willen dem Tode geweiht oder einer fortschreitenden Verelendung preisgegeben sind.« Dies war der Stil des Papstes, *seine* Erbitterung über den Vernichtungsfeldzug zu bekunden. Wer wollte, konnte das aus seinen Worten herauslesen. Die Deutschen wollten offenbar nicht. In keinem Dossier des Auswärtigen Amtes über die Ansprache wird die zitierte Textstelle ausdrücklich erwähnt. US-Botschafter Harold Tittmann stellte nach einer Unterredung mit dem Papst verwundert fest, daß dieser »aufrichtig glaubt, er habe sich klar genug geäußert, um alle, die in der Vergangenheit darauf bestanden, er solle einige Worte zur Verurteilung der nationalsozialistischen Grausamkeiten sagen, zufriedenzustellen«. Pius wiederum war überrascht, daß nicht sämtliche Beobachter diese Ansicht teilten.

»Zu dem, was im deutschen Machtraum zur Zeit gegen die Nichtarier vor sich geht«, schrieb er an den Berliner Bischof Konrad von Preysing, »haben Wir in Unserer Weihnachtsbotschaft ein Wort gesagt. Es war kurz, wurde aber verstanden. Daß den nichtarischen oder halbarischen Katholiken, die Kinder der Kirche sind wie alle anderen, jetzt, im Zusammenbruch ihrer äußeren Existenz und in ihrer seelischen Not, Unsere Vaterliebe und Vatersorge in erhöhtem Maße gilt, brauchen Wir nicht erst zu versichern. So wie die augenblickliche Lage ist, können Wir ihnen leider keine andere wirksame Hilfe zukommen lassen als Unser Gebet.«

Es bleibt notwendigerweise Spekulation, was eine offene Verdammung bewirkt hätte. Die spärlichen offenen Einwände einzelner Staaten oder Institutionen jedenfalls vermochten die Vernichtungsmaschine nicht aufzuhalten. Möglicherweise hätte ein Urteil des Papstes, falls es überhaupt in das Land der Täter vorgedrungen wäre, wegen seiner unumstrittenen Position als moralische Instanz manchem Mitläufer die Augen geöffnet. Aber das strikte System von Befehl und Gehorsam, getragen von der Macht der Propaganda, bildete eine massive Barriere gegen alle Anfechtungen von außen.

Eine Wirkung jedoch wäre durchaus vorstellbar gewesen: Das Oberhaupt der Kirche hätte den Schutzschild zerstören können, hinter dem der Massenmord vor sich ging, indem er ihn der Geheimhaltung entriß. Hätte der Papst das Ausmaß, die Schauplätze und die Details des Völkermords detailliert bekanntgegeben, dann wäre dadurch das Teufelswerk der Täter wohl erheblich erschwert worden.

Doch diese Unterlassung war keine Eigenart des Vatikan. Von einzelnen Rundfunkmeldungen und Aufrufen abgesehen, herrschte nicht allein im Vatikanstaat, sondern weltweit eine

»Dann begann der Papst zu beten...«
Pius XII. preist Gott.

Er erteilte uns den Segen mit einer Geste, die mir damals schon geometrisch klar erschien, und dann las ich einmal über ihn: »Es schien, als ob er die Luft in zwei Teile schnitte.«

Pater Raimondo Spiazzi, Redenschreiber des Papstes

Aus Ehrfurcht vor der Tradition trug er ganz schwere alte Meßgewänder bei den großen Feiern, die vier bis fünf Stunden dauerten. Danach ist er dann abgekämpft nach Hause gekommen, hat sich hingelegt, und die Pascalina mußte ihn versorgen.

Karin Schauff, Witwe des nach Rom emigrierten Reichstagsabgeordneten der Zentrumspartei, Johannes Schauff gespenstische Stille, während Tag für Tag Tausende von Menschen in die Vernichtungslager transportiert wurden.

Für die meisten Betroffenen zählten jedoch weniger öffentliche Appelle als vielmehr jede noch so geringe Aussicht, ihre blanke Haut zu retten. Die Kirchen waren für die Todgeweihten oft der letzte Zufluchtsort. Dem Wesen des Papstes entsprach die veschwiegene Art der Hilfeleistung eher als märtyrerhafte Auflehnung. Nachdem es dem katholischen Sankt-Rafaels-Verein 1941 verwehrt worden war, Verfolgten den Weg in die Emigration zu bahnen, konzentrierten sich die kirchlichen Stellen mehr und mehr auf die Rettung der Verfolgten vor der drohenden Deportation. Der Umfang und Erfolg solcher Interventionen hing in der Regel von der Initiative der päpstlichen Gesandten in den besetzten oder mit Deutschland verbündeten Ländern ab und von ihren Einwirkungsmöglichkeiten auf deren Regierungen.

In Frankreich fanden über 6000 jüdische Kinder heimlich Aufnahme in katholischen Klöstern, bevor ihre Eltern den Weg in die Todeslager antreten mußten. Die Nuntiaturen der Slowakei und Rumäniens vermochten durch Verhandlungen, zumindest zeitweilig, die Transporte in die Vernichtungslager aufzuhalten. Besondere Regsamkeit entwickelte der päpstliche Gesandte in Istanbul, dem es gelang, etwa 24 000 Juden aus Bulgarien und anderen deutschen Einflußgebieten zu schleusen. Es war Angelo Giuseppe Roncalli, der spätere Papst Johannes XXIII. In der Gesamtbilanz rettete die Tatsache, daß Vertreter der Kirche nicht untätig blieben, einigen hunderttausend Juden das Leben. Ihre Menge mag sich im Verhältnis zur Gesamtzahl der Ermordeten gering ausnehmen, doch für jeden einzelnen der Geretteten ist solche Arithmetik ohne Belang. Ihr Überleben verdankten sie nicht vernünftigen Verhandlungen mit Entscheidungsträgern, sondern einem zähen Schachern mit Staatsverbrechern, massiver Bestechung, heimlicher Flucht, illegalem Unterschlupf oder diplomatischen Finessen.

Im Juli 1943 brandeten die Wogen des Kriegsgeschehens bis an die Pforten des kaum einen halben Quadratkilometer großen vatikanischen Inselstaats. Während die alliierten Truppen schon in Sizilien kämpften, gingen am 19. Juli die ersten amerikanischen Bomben wie Vorboten des Kriegs über der Ewigen Stadt nieder. Da geschah etwas Ungewöhnliches: Noch bevor die Entwarnung verklungen war, öffneten sich die Tore des Vatikan, und Papst Pius ließ sich zu den Trümmern der altehrwürdigen Basilika San Lorenzo chauffieren. Der Pontifex betete für die Opfer des Luftangriffs und sprach ihnen Trost zu. Von seinem Mitarbeiter Giovanni Montini, dem späteren Papst Paul VI., ließ er sich aus einer Schachtel Geldscheine reichen, die man im Vatikan noch rasch zusammengetragen hatte, und verteilte sie an die Umstehenden. Auf Anraten eines Geistlichen überließ er dieses karitative Werk später dann doch lieber der Pfarrgemeinde vor Ort.

Diesmal zeigte Pius keine Scheu zu protestieren: In zahlreichen Demarchen an die Adresse der Alliierten verwahrte er sich gegen Bombenangriffe auf Rom, die auch den Vatikanstaat gefährdeten, und setzte sich für die Unversehrtheit der Ewigen Stadt ein.

Doch mit der trügerischen Friedensruhe war es nun dahin. Am 25. Juli wurde Faschistenführer Benito Mussolini als Staatschef Italiens gestürzt. Die neue Regierung nahm unverzüglich Verbindung mit den Alliierten auf, um diskret der Waffenbrüderschaft mit Hitler zu entkommen. Aber die Geheimhaltung mißlang. Am 10. September, zwei Tage nach der italienischen Kapitulation, marschierten deutsche Truppen in Norditalien und Rom ein. Die zerbrochene Achse wurde mit eiserner Zwinge noch einmal zusammengefügt.

Pius sah sich – unfreiwillig – wieder von Deutschen umgeben; Hitlers Soldaten standen in Schußweite vom Kirchenstaat. Der Papst mag sich dadurch subjektiv bedroht gefühlt und sein Verhalten gegenüber der Besatzungsmacht daher besonderer Vorsicht unterworfen haben. Auf den Extremfall war er jedenfalls vorbereitet. In einem hinterlegten Brief hatte er seinen Rücktritt für den Fall erklärt, daß er in gewaltsamen Gewahrsam geraten sollte. Tatsächlich hatte Hitler im kleinen Kreis einmal die Drohung ausgestoßen, den Vatikanstaat besetzen oder gar den Heiligen Vater entführen zu lassen. Aber die Ausführung dieser politischen Torheit wurde nie ernsthaft erwogen.

Ein für den Papst wesentlich beängstigenderes Déjà-vu-Szenario war mit dem deutschen Militärschlag jedoch gebannt: innere Unruhen oder gar kommunistische Umsturzversuche vor dem eigenen Kirchenportal. Auch im Weltmaßstab betrachtete der Vatikan das Deutsche Reich weiterhin als furchtbar effektive Barrikade gegen den gefürchteten Siegeszug des Kommunismus, wie Deutschlands neuer Vatikan-Botschafter Ernst von Weizsäcker – im Sinne seines Dienstherrn geschönt, aber in der Tendenz zutreffend – nach Berlin meldete: »Tatsächlich ist die Bolschewistenfeindschaft der sicherste Bestandteil der vatikanischen Außenpolitik. Was der Bekämpfung des Bolschewismus dient, ist der Kurie willkommen. Die Verbindung Anglo-Amerikaner mit Sowjetrußland ist ihr verhaßt. Das Verharren in dieser Verbindung findet sie stur und kriegsverlängernd. Am liebsten sähe sie ein kräftiges und geschlossenes Deutschland als Barriere gegen Sowjetrußland. Ihre italienische Empfindung stellt die Kurie jetzt beiseite. Sie spürt, daß es ums Ganze geht.«

Um das blanke Überleben ging es jetzt für die italienischen Juden, deren Deportierung die faschistischen Behörden, auch dank kirchlicher Vermittlung, bis dahin erfolgreich verschleppt hatten. Jetzt waren die Täter nicht mehr auf Komplizen angewiesen. Deutsche SS-Schergen erfaßten in kalter Routine die jüdischen Bewohner Roms und bereiteten ihre Festnahme vor. 1259 Menschen wurden am 16. Oktober 1943 bei Nacht und Nebel aus ihren Wohnungen geholt, 1007 von ihnen, darunter 800 Frauen und Kinder, umgehend auf die Todesreise geschickt. Zum ersten Mal verrichteten die Vollstrecker der »Endlösung« ihr mörderisches Handwerk gewissermaßen unter den Augen des Heiligen Vaters. Aber der Oberhirte, in Personalunion Bischof von Rom, vermied es auch diesmal, den Gewaltakt offen anzuprangern.

Hinter den Mauern des Kirchenstaats entfaltete er jedoch rege diplomatische Aktivitäten. Ein Abgesandter drohte dem deutschen Stadtkommandanten mit einer öffentlichen Stellungnahme des Papstes, falls die Verhaftungen nicht sofort eingestellt würden. Kardinalstaatssekretär Maglione übermittelte dem rasch herbeizitierten Vatikan-Botschafter Ernst von Weizsäcker den Protest des Kirchenführers. »Die Kurie ist besonders betroffen«, berichtete Weizsäcker von diesem Gespräch nach Berlin, »da sich der Vorgang sozusagen unter den Fenstern des Papstes abgespielt hat. Die Reaktion würde vielleicht gedämpft, wenn die Juden zur Arbeit in Italien selbst verwendet würden.« Dazu war es bereits zu spät, die Züge rollten nach Auschwitz.

Die Mehrheit der römischen Juden jedoch war der Razzia entgangen und blieb auch später weitgehend verschont. Daran hatte die katholische Kirche erheblichen Anteil. Mehrere tausend Menschen fanden auf Geheiß des Pontifex Unterschlupf in Klöstern, Kirchen, Schwesternhäusern, in Gebäuden des Kirchenstaats, Räumen der Jesuiten-Universität, selbst in der

*»Friede ist das Werk der Gerechtig- keit...«
Pius XII. und die Vögel sei- nes Wappens.*

Ein Ängstlicher, ein Scheuer. Ein Vornehmer. Vorsicht war eines seiner Hauptworte.

Karin Schauff, Witwe des nach Rom emigrierten Reichstagsabgeordneten der Zentrumspartei, Johannes Schauff

Er war immer sanft und zärtlich.

Principessa Enza Pignatelli, Vertraute von Pius XII.

Pius XII. war ein Adler, der mit zwei Flügeln flog. Ein Flügel hieß Tardini, der andere Montini.

Monsignore Loris Capovilla, Privatsekretär von Johannes XIII.

päpstlichen Sommerresidenz Castel Gandolfo. So blieben sie dem Zugriff der Verfolger entzogen. Die Palastgarde beispielsweise wuchs in jenem Jahr von 300 auf 4000 Mann, darunter etwa 400 Juden, die auf diese Weise an den lebenswichtigen Vatikan-Ausweis gelangten. Die kirchlichen Stellen versorgten die Flüchtlinge und bewahrten sie vor Razzien. Asylbereitschaft zeigte die Kirche Italiens auch im übrigen Besatzungsgebiet und trug mit dazu bei, daß beinahe 80 Prozent der jüdischen Bevölkerung den Krieg überlebten.

Ähnlich wie in Italien war auch in Ungarn Himmlers Häschern der direkte Zugriff zunächst verwehrt. Wie auf einer Insel im wütenden Vernichtungsrausch waren dort noch im Frühjahr 1944 750 000 Juden am Leben. Doch sie sollten nicht verschont bleiben. Denn auch hier zwang die Wehrmacht den abtrünnigen Waffenbruder mit Gewalt zum Verbleib im Bündnis. Mit den deutschen Soldaten kamen im März 1944 die Vollstrecker des Rassenwahns ins Land, die umgehend ihre Tätigkeit aufnahmen. Der Fahrplan des Todes führte über gewohnte Stationen: Ausgrenzung, Ghettobildung, Abtransport. Wer sehen wollte, dem konnte die Endstation diesmal nicht verborgen bleiben.

Alarmiert von jüdischen und amerikanischen Stellen, bedrängte der Vertreter des Papstes in Budapest, Monsignore Angelo Rotta, die Regierung von Admiral Miklos Horthy, Hitlers ungarischem Vasallen, unablässig mit Mahnschreiben und Appellen. Doch außer einigen Vergünstigungen für jüdische Katholiken gelang es Rotta nicht, auf den antisemitischen Kurs der Marionettenregierung Einfluß zu nehmen, wie er am 15. Mai in einem Schreiben an das Außenministerium beklagte:

»Bis jetzt ist jede Demarche ohne Wirkung geblieben; ganz im Gegenteil möchte man – wie es dieser Nuntiatur scheint – bis zur Zwangsverschickung Hunderttausender Personen schreiten (auch wenn man die Sache zu verschleiern sucht). Jeder weiß, was Zwangsverschickung in der Praxis bedeutet.«

Der Vatikan jedenfalls war ziemlich genau informiert. Die Meldungen über den organisierten Massenmord wurden immer präziser. Im Juni legten zwei slowakische Häftlinge, Rudolf Vrba und Alfred Wetzler, denen in jenen Wochen auf abenteuerliche Weise die Flucht aus Auschwitz gelungen war, dem päpstlichen Nuntius in der Slowakei einen sehr ausführlichen Bericht über das Todeslager vor, der alle grauenvollen Hinweise bis ins Detail bestätigte oder gar noch übertraf.

Als die ungarische Regierung die im Mai 1944 einsetzenden Deportationen in das Vernichtungslager als Arbeitseinsätze kaschieren wollte, wies der Gesandte des Vatikan die Zwecklüge heftig zurück: »Wenn man alte Männer von mehr als 70 oder gar 80 Jahren, betagte Frauen, Kinder und Kranke wegschleppt, so fragt man sich: zu welcher Arbeit können diese menschlichen Wesen noch taugen? Man antwortet, man habe den Juden die Möglichkeit gegeben, ihre Familien mitzunehmen; aber schon die Trennung von diesen müßte freiwillig erfolgen. Und was soll man zu Fällen sagen, wo diese Alten, Kranken etc. allein deportiert werden, die keine Eltern haben, denen sie folgen müßten?«

Ungerührt von diesen Zwischenrufen vollzog sich der erzwungene Exodus eines ganzen Volkes mit ungeheurer Perfektion. Tag für Tag trafen Transporte mit 6000 bis 12 000 Menschen aus Ungarn in Auschwitz ein, dessen Mordmaschinerie rund um die Uhr bis zur Auslastungsgrenze wütete.

Da rang sich der Papst zu einem offenen Wort an die ungarische Regierung durch: »Von verschiedenen Seiten bittet man Uns, Uns auf jeden Fall ins Werk zu setzen, damit in dieser edlen und ritterlichen Nation die schon jetzt so schweren Leiden nicht vermehrt und erschwert werden mögen, die eine große Zahl von Unglücklichen wegen ihrer Nationalität oder ihrer Rasse erdulden müssen«, telegrafierte Pius XII. am 25. Juni an Admiral Horthy und richtete einen eindringlichen Appell an die »noblen Gefühle« des Regenten, alles zu tun, »was in Ihrer Macht steht, damit so vielen Unglücklichen weitere Leiden und Schmerzen erspart bleiben«. Die bedachtsame Fürbitte war die erste und einzige direkte Intervention des Stellvertreters zugunsten der Juden, und sie blieb, begleitet von einem diplomatischen Trommelfeuer alliierter und neutraler Länder, von Luftangriffen auf die ungarische Hauptstadt und gezielten Drohungen, nicht ohne Wirkung: Im Juli 1944 befahl Horthy die Einstellung der Deportationen zumindest aus dem Gebiet, in dem seine Worte noch Gehör fanden. Adolf Eichmann, der Organisator der »Endlösung«, ignorierte die Anweisung des »alten Trottels« zwar zunächst kalt und schickte noch weitere 1500 Unschuldige nach Auschwitz. Doch danach endeten die Transporte. Für mehr als 437 000 aus Ungarn verschleppte Juden kam Horthys Verfügung zu spät.

Auch die Überlebenden waren nicht gerettet. Am 15. Oktober

verdrängte die antisemitische Pfeilkreuz-Partei der ungarischen Faschisten Admiral Horthy mit deutscher Hilfe von der Macht und eröffnete erneut das Kesseltreiben gegen die verbliebenen Juden. Mit der Ausgabe von Schutzpässen und der Gewährung von Kirchenasyl bewahrte der päpstliche Gesandte zusammen mit anderen Diplomaten in Budapest Zehntausende vor aufreibenden Todesmärschen. Es war das ungleiche und wenig aussichtsreiche Ringen der Barmherzigkeit mit dem Bösen.

. In der Ewigen Stadt war zu dieser Zeit der Krieg schon zu Ende. Am 4. Juni hatten die deutschen Truppen Rom den Alliierten kampflos überlassen. Doch seinen inneren Frieden hatte Pius XII. nicht zurückgewonnen. Auf 58 Kilogramm abgemagert, da er seine Essenration während des Kriegs solidarisch gekürzt hatte, von der Kälte gezeichnet, weil er die päpstlichen Räume in den Notjahren nicht heizen ließ, blickte der Papst, der unter dem Palmzeichen des Friedens angetreten war, auf die Verwüstung eines totalen Kriegs. »Haben wir den Frieden auf Erden? Den wahren Frieden?« fragte Pius in seiner Weihnachtsansprache 1945 und gab die Antwort: »Nein, sondern nur die ›Nachkriegszeit‹, ein schmerzlicher und allzu bezeichnender Ausdruck! Wieviel Zeit wird erforderlich sein, um die materielle und sittliche Not zu beheben, welche Mühen, bis so viele Wunden vernarbt sind!«

Sorge bereitete dem geistlichen Oberhaupt des katholischen Abendlandes auch die Erkenntnis, daß der kommunistische Machtbereich als Folge des Kriegs nun bis zur Mitte Europas reichte. Von neuem begann dort ein Martyrium für viele Diener der Kirche. Über Divisionen verfügte der Papst nicht, wie Stalin einmal spöttisch bemerkt hatte, doch *diesmal* setzte er die Mittel aus seinem Arsenal ein: Öffentlich prangerte er die atheistische Weltmacht an und erließ 1949 ein Dekret, das Kommunisten exkommunizierte. Anhängern der Kommunistischen Partei Italiens wurden die kirchlichen Sakramente verweigert. Gegen ihren möglichen Erfolg bei der ersten Parlamentswahl hatte der Vatikan zuvor in einer breiten Allianz konservativer Kräfte mit dem US-amerikanischen Geheimdienst unter Einsatz aller Mittel gefochten.

Die Doktrin des strikten Antikommunismus verleitete auch zu Milde gegenüber Tätern von gestern. So verhalfen Angehörige des Vatikan früheren Schergen des NS-Regimes, wie Adolf Eichmann, Alois Brunner oder Josef Mengele, mit Papieren und

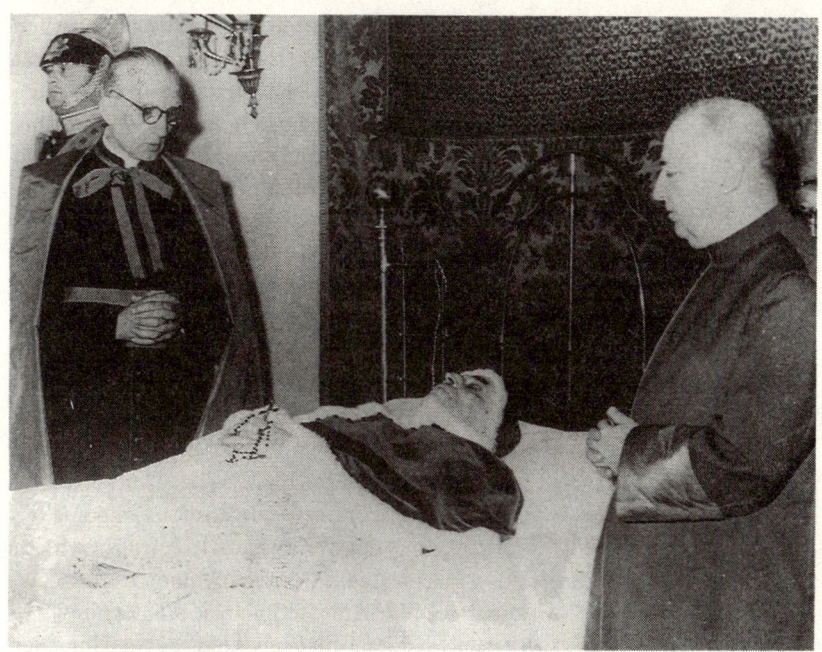

Er war ein Märtyrer, der an seiner Verantwortung und an seinem Leiden um der Menschen willen zugrunde gegangen ist. Ich bin überzeugt davon, daß er ein sehr spiritueller Mensch war.

Jan Keulen, holländischer Priester

Mehr als jeder andere haben wir Gelegenheit gehabt, die große mitfühlende Güte und Hochherzigkeit des Papstes während der Unglücksjahre der Verfolgung und des Terrors zu erfahren, damals, als es schien, daß es für uns keinen Ausweg mehr gebe.

Elio Toaff, Großrabbiner von Rom, beim Tod von Pius XII.

Als im Jahrzehnt des nationalsozialistischen Terrors unser Volk ein schreckliches Martyrium heimsuchte, hat sich die Stimme des Papstes für die Opfer erhoben.

Golda Meir, israelische Ministerpräsidentin, zum Todestag Pius' XII.

Er war ein großer Mann, ein Heiliger. Hoffentlich können wir ihn bald auf Altären verehren.

Principessa Enza Pignatelli, Vertraute von Pius XII.

*»Im Bewußtsein, unwürdig zu sein...«
Pius XII. auf dem Totenbett, 9. Oktober 1958.*

71

Reisegeld zur Flucht. »Es war meine Christenpflicht«, rechtfertigte der Direktor des vatikanischen Priesterkollegs, Bischof Alois Hudal, sein Wirken später, »jedem Flüchtling vor dem Kommunismus zu helfen.«

Tendenzen eines sozialen Aufbruchs innerhalb seiner Herde zügelte der Oberhirte rigoros. So erklärte Pius XII. das Experiment der französischen Kirche mit Arbeiterpriestern für beendet und bestritt das Vorhandensein einer speziellen Arbeiterproblematik. In seiner Enzyklika »Humani generis« erteilte er im Jahr 1950 zeitgemäßen Reformbestrebungen der Theologen eine klare Absage. Im selben Jahr erhob er die Lehre von der leiblichen Himmelfahrt Mariens zum Dogma.

Seiner Popularität tat das Beharrungsvermögen keinen Abbruch – im Gegenteil: Pius wurde als Wahrer einer einheitlichen Kirche in sturmbewegten Zeiten hoch geschätzt. Die Verehrung nahm bisweilen kultische Formen an. So bewahrten Pilger Schweißtücher, die der Papst fallen ließ, wie Reliquien auf. In der päpstlichen Basilika wurde der eher menschenscheue Kirchenvater bisweilen regelrecht bestürmt, wie sein Leibarzt beschreibt: »Abgerissene Knöpfe, Flecken von Lippenstift auf der weißen Soutane, Kratzwunden auf seinen zarten Händen waren tagtägliche Vorfälle.«

Bis ins hohe Alter empfing der Papst Heerscharen von Gläubigen aus aller Welt, mit eiserner Disziplin. Als er an einem Sonntagmorgen im Oktober 1958 den Segen für die Teilnehmer eines Notarkongresses sprechen wollte, verharrte er plötzlich in der Bewegung des Kreuzzeichens, stand eine Weile starr mit erhobener Hand und ließ den Arm schließlich sinken. Kaum einer der Anwesenden ahnte, daß dies Alarmzeichen einer Krankheit waren, die der Zweiundachtzigjährige in unerschöpflicher Arbeitsbesessenheit erstickte.

Wenige Tage später, am 9. Oktober 1958, begann noch vor Sonnenaufgang die Totenglocke der Laterankapelle zu erklingen, das Geläut von Sankt Peter fiel ein, und schließlich kündeten alle Kirchenglocken Roms vom Tod des Papstes – und vom Ende einer Epoche. Das Testament, das Pius XII. der Nachwelt hinterließ, spricht für sich: »Erbarme Dich meiner, Herr, denn Deine Barmherzigkeit ist groß. Diese Worte, die ich in dem Augenblick aussprach, als ich in meine Wahl zum höchsten Hirten einwilligte, mit dem Bewußtsein, unwürdig zu sein und es nicht zu verdienen, wiederhole ich jetzt mit desto größerer Über-

zeugung, als mein Bewußtsein der Unzulänglichkeiten, Fehler
und Versäumnisse, die in der Zeit eines so langen Pontifikats und
dazu in einer schwierigen und verantwortungsvollen Epoche ver-
übt worden sind, dazu geführt hat, daß mein Verstand noch
klarer erkennt, daß ich ungeeignet und der Rolle nicht gewachsen war.«

Dies ist nicht die Bilanz eines allmächtigen Stellvertreters, der
bis zuletzt auf der Unfehlbarkeit seines Handelns beharrt. Es ist
das Zeugnis eines tiefsitzenden Selbstzweifels.

Johannes XXIII. und der Aufbruch

Ich bin Josef, euer Bruder

Gott ist alles. Ich bin nichts. Das genügt für heute

Ich bin kein heiligster Vater – nur der Universalhirte

Man muß alles sehen, vieles übersehen und weniges korrigieren

Johannes, nimm dich nicht so wichtig!

Man kann mit einem Hirtenstab in der Hand heilig werden. Aber ebenso mit einem Besen

Ich dachte über ein Konzil nach von dem Augenblick an, als ich Papst wurde

Einmal niederknien ist genug. Meinen Sie denn, ich glaube Ihnen beim ersten Mal nicht?

Papst kann jeder werden. Der beste Beweis bin ich

Wenn ich sterbe, kommt der nächste Papst

Johannes XXIII.

Ein als Papst verkleideter Mensch.

Marie Luise Kaschnitz

Er war ein tief vom Evangelium geprägter und zugleich auch sehr humaner Mensch, der mehr intuitiv gemerkt hat, was geht und was nicht geht und mehr intuitiv die Anstöße geliefert hat, um die Kirche auf einen neuen Weg zu führen. Man muß sagen, daß mit ihm im Grunde das Mittelalter in der Kirche aufgehört hat.

Hans Küng, Theologe

Johannes XXIII. war der einzige Papst, der es schaffte, eine Brücke zur jüdischen Gemeinde und ganz gewiß zum Rest der christlichen Welt zu schlagen. Er gab das Gefühl, er habe die moralische Leidenschaft und die Liebe für die ganze Menschheit. Er war die außergewöhnlichste Gestalt des Jahrhunderts.

Rabbi Arthur Herzberg, Jewish Agency, New York

Er war ein Papst, den man verstehen konnte, den man gern hatte, zu dem man einen Zugang fand. Er brachte auch in die Kurie einen ganz neuen Stil. Das hat der Kirche gutgetan.

Erzbischof Bruno Heim, Sekretär von Angelo Roncalli in Paris

Was der Papst für den Frieden getan hat, wird in die Geschichte eingehen.

Nikita Chruschtschow

Johannes XXIII. war vertrauensselig. Er hatte Vertrauen in die Menschen, im Grunde auch in die schlimmsten. Nicht alle waren begeistert bereit, sich diesem neuen Kurs unterzuordnen.

Kardinal Agostino Casaroli, ehemaliger Staatssekretär

Ich denke sehr gerne an den für mich großen Papst Johannes XXIII.

Kardinal Franz König, Erzbischof von Wien

Vor Johannes XXIII. hatte sich die Kirche über ein Jahrhundert gegen alles Neue gesträubt. Ob Liberalismus, ob Sozialismus, ob soziale Bewegung, die Kirche hatte sich dem anfangs immer widersetzt. Und nun sagte Johannes XXIII. auf einmal: »Türen und Fenster sollen geöffnet werden.«

Edward Schillebeeckx, Theologe

Dieser Papst war kein »großer Kommunikator«, auch kein großer Diplomat, Sprachkenner, Jurist oder gelernter Theologe, und doch: vielleicht gerade weil er das alles nicht war, wurde er vom Volk geliebt. Wer heute einen Taxifahrer in Rom fragt, was die Römer vom gegenwärtigen Papst halten, kann als Antwort bekommen: »Il Papa dei Romani e Papa Giovanni!« (Der Papst der Römer ist der Papst Johannes!)

Hans Küng, Theologe

Er war ein einfacher Mann, natürlich, nicht besorgt um den Eindruck, den er machen würde.

Erzbischof Bruno Heim, Sekretär von Angelo Roncalli in Paris

Er war unverwechselbar der Papst Johannes, wie die Geschichte ihn überliefern wird. Alles an ihm außer seiner Körpergröße war groß: Augen, Ohren, Mund, Nase, Hals, Herz. Vor allem sein Herz. Sein Gesicht war wie ein Puzzle aus geborgten Stücken; sein Herz war eines von Gottes Meisterstücken.

Peter de Rosa

Die Kirche wird 50 Jahre brauchen, um sich von den Irrwegen Johannes' XXIII. zu erholen.

Kardinal Giuseppe Siri, Erzbischof von Genua

Dem Sprecher von Radio Vatikan war die freudige Erregung deutlich anzuhören. Die Stimme von Padre Pellegrino klang üblicherweise sonor und ruhig, nun war sie hektisch und euphorisch. »Es gibt keinen Zweifel, absolut keinen Zweifel«, ließ Pellegrino die Hörer wissen. »Der Rauch ist weiß!« Zum dritten Mal an diesem Sonntag quoll eine dünne Rauchfahne aus dem Konklave-Schornstein über dem Giebel der Sixtinischen Kapelle. Wieder stellten sich Tausende auf dem Petersplatz, die gebannt auf das verzinkte Ofenrohr blickten, die Frage, welche die Katholiken rund um den Erdball bewegte: schwarz oder weiß? War der Rauch tatsächlich weiß? Oder wechselte er erneut die Farbe, verdunkelte sich – zur Enttäuschung der Wartenden? Padre Pellegrino war sich seiner Sache absolut sicher. »Der Rauch ist weiß, der Papst ist gewählt.« Auf dem Petersplatz brach Jubel los. Eindeutig: »Bianco, bianco!« – »Es lebe der Papst!«

Die Freude kam zu früh. Schlagartig änderte der Rauch die Farbe. Nun war er gräulich... »No, no, nero, nero!« Schwarz, schwarz! Über den Petersplatz ging mißmutiges Murren. »Um die Wahrheit zu gestehen«, gab Konklave-Marschall Fürst Chigi vor der Weltpresse zu Protokoll, »ich habe noch nie Konklave-Rauchfahnen von so wechselnder und mißverständlicher Farbe erlebt.« Und diese Worte hatten Gewicht. Vier Konklave hatte Chigi schon erlebt. Keine Papstwahl aber war auch nur annähernd so spannend gewesen wie die des Nachfolgers von Pius XII. Einen eindeutigen Favoriten gab es nicht, mehrere Wahlgänge waren nötig, und die Wechselfarben des Rauches stürzten die wartende Menge vor dem apostolischen Palast in ein Wechselbad der Gefühle. War es überhaupt noch zeitgemäß, die Papstwahl per Rauchzeichen zu verkünden? Was Italiens Zeitungen zur Streitfrage stilisierten, war im Vatikan kein Thema. Die heutige Welt, hieß es, habe es eben viel zu eilig: Brauch sei es, beim ersten Signal drei Ave-Maria zu beten oder bis hundert zu zählen. Ende der Diskussion.

In diesen Tagen wurden mehr Ave-Maria gebetet als je zuvor

auf dem Petersplatz. Seit Sonntag, dem 25. Oktober 1958, rangen die im Konklave versammelten Kardinäle abgeschnitten von der Außenwelt um einen würdigen neuen Nachfolger des Apostels Petrus. Nach alter Tradition hatte die große Glocke im Damasushof um 17.30 Uhr alle Unbefugten aufgefordert, den Konklave-Bereich im Vatikan zu verlassen. »Extra omnes! – Alle hinaus!« Die Fenster wurden versiegelt, die Türen von außen verschlossen, Telefonverbindungen unterbrochen, Radiogeräte entfernt. Die Papstwahl hatte begonnen. 51 Kardinäle aus aller Welt waren nun unter sich. Wie im Jahre 1274 von Papst Gregor X. festgelegt, sollten sich die Türen erst wieder öffnen, wenn einer von ihnen zum neuen Oberhaupt der römisch-katholischen Kirche gewählt worden war. Nur das schmale Ofenrohr auf dem Giebel neben der Kuppel des Petersdoms wahrte den Kontakt zwischen den isolierten Kardinälen und der wartenden Menge auf dem Petersplatz.

So feierlich und prunkvoll die Prozession der pupurgewandeten Kardinäle in den Konklave-Bezirk gewesen war, hinter den dicken Mauern des vatikanischen Palastes herrschte eher Bescheidenheit. Der Konklave-Bereich umfaßte 200 Räume und war, obwohl ein bedeutender Teil des Vatikan, schlicht möbliert. Als Quartier für die Dauer des Konklave bekam jeder Kardinal eine Zelle zugewiesen: einen schmalen Raum mit eisernem Bettgestell und Waschgelegenheit im Gemeinschaftsbad. Bequem hatte es keiner. Nichts sollte die Würdenträger von ihrer Aufgabe ablenken. Dabei erfreuten sich einige der Kardinäle mit einem Durchschnittsalter von 73 Jahren nicht gerade bester Gesundheit. Zwei Mitglieder des Kollegiums, der Ungar József Mindszenty und der Jugoslawe Stepinac, waren nicht imstande, am Konklave teilzunehmen. Der sechsundsiebzigjährige Erzbischof von Detroit, Edward Mooney, erlag kurz vor Beginn der Wahl einem Herzschlag. Die erforderliche Mehrheit für die Wahl des Papstes sank auf 35 Stimmen – zwei Drittel plus eine. Wen würden die Kardinäle küren?

Die Entscheidung fiel in der Sixtinischen Kapelle, dem heiligen Ort der Papstwahl. Erbaut im 15. Jahrhundert unter Papst Sixtus IV., ist die Sixtina ein Denkmal vor allem für das künstlerische Genie Michelangelos. Prunkvolle Fresken an der gewölbten Decke zeigen Szenen der Schöpfungsgeschichte, die sieben Propheten und die fünf Sibyllen. Beherrscht wird die 40 Meter lange und nur 13 Meter breite Kapelle vom wuchtigen Altargemälde, dem weltberühmten »Jüngsten Gericht«. Vor dieser Kulisse nahmen die Kardinäle an jenem Sonntag, punkt zehn Uhr, Platz auf Thronsesseln, die mit purpurnen Baldachinen überspannt waren. Schon vor dem ersten Wahlgang stand fest: Die Konklave-Kardinäle hatten zu entscheiden zwischen Kontinuität und Wandel in einer vom Kalten Krieg zerrissenen Welt, in der sich die Kluft zwischen Ost und West bedrohlich vertiefte. In Moskau übernahm Parteichef Nikita Chruschtschow auch das Amt des Ministerpräsidenten und baute damit seine Machtposition aus; China schaffte den letzten Rest an Privateigentum ab; das atomare Wettrüsten der Großmächte nahm bedrohliche Formen an. In dieser Atmosphäre der Furcht hoffte die Menge der Wartenden auf dem Petersplatz auf einen Papst, der die globale Spannung zu überbrücken half und sich stärker als sein Vorgänger der sozialen Probleme der Welt annahm. Der neue Papst, wünschte sich Antonio Bacci, päpstlicher Sekretär für die Breven, bei einer Ansprache im Petersdom, solle vor allem ein »Vater« sein für die Völker, die von »einer absoluten, unterdrückenden Tyrannis bedroht sind«; er solle die Sache der Armen vertreten und die Rechte der Menschen »mit jedem möglichen Mittel verteidigen«. Der neue Papst müsse übernational sein, sich streng kirchlich verhalten, und er müsse karitativ sein. Mit solch deutlichen Worten hatte inner- und außerhalb des Vatikan niemand gerechnet. Baccis Ansprache verblüffte, denn er beschrieb Fähigkeiten, über die Pius XII. nicht verfügte. Bacci sprach aus, was viele Kardinäle dachten: Der neue Papst sollte »menschlicher« als sein Vorgänger sein, und er sollte die »östliche und die westliche Kirche umarmen können«.

Vier Wahlgänge standen am ersten Tag des Konklave an. Viermal wurden die Stimmzettel mit feuchtem Stroh verbrannt. Schwarzer Rauch über der Sixtina kündete vom erfolglosen Wahlgang. Was ging vor hinter den stummen Mauern? Gab es einen Favoriten? Im inoffiziellen Wahltoto der Bevölkerung Roms führte der Armenier Gregory Peter Agaganian, gefolgt von Angelo Roncalli, dem Patriarchen von Venedig. Aber auch die Kardinäle Ernesto Ruffini (Palermo), Alfredo Ottaviani (Heiliges Offizium), Aloisio Masello (Camerlengo) und Giacomo Lercaro (Bologna), hieß es, seien »papabili« – würdig für das Papstamt. So groß war die Ungewißheit, daß die offiziöse Zeitung des Vatikan, *L'Osservatore Romano*, vorsichtshalber 25 Biographien denkbarer Päpste vorbereitete.

Er ist der Sohn eines armen Bauern. Er wird ein verarmter Priester werden.

Giovanni Battista Roncalli, der Vater, um 1892

Es gibt drei Methoden, nach denen man sich zugrunde richten kann – Frauen,
Spielen und Landwirtschaft. Mein Vater wählte die langweiligste der drei.

Johannes XXIII.

Er ist nicht dumm, wenn seine Leistungen also nachlassen, dann züchtigen
Sie ihn.

Giovanni Battista Roncalli, der Vater, um 1889

Kein Gerücht drang aus der verschlossenen Welt des Konklave – Papstwahlen sind Geheimsache, und allzu redseligen Kardinälen droht die Höchststrafe: Exkommunikation. Dennoch kursierten nach der Wahl genügend Hinweise und Andeutungen, die es erlauben, sich ein konkretes Bild von der Wahl in der Sixtina zu machen. Die Kardinäle bildeten demnach drei Lager: 26 Kardinäle galten als »konservativ«, 18 als »fortschrittlich«, nur sieben wurden der »Mitte« zugerechnet, darunter Angelo Roncalli, dem Journalisten die besten Chancen einräumten. Mit 76 Jahren hätte der beliebte und so bedächtig wirkende Kardinal wohl kein langes Pontifikat zu erwarten – so die gängige Meinung. Roncalli schien kein Mann zu sein, der mit dem Willen zum Wandel für Unruhe in der Kirche sorgen würde. Der Name Roncalli stand für Kontinuität, und darauf kam es vielen »Konservativen« unter den Kardinälen an. Nachdem am Montag drei Aspiranten die Mehrheit verfehlt hatten, galt plötzlich alle Aufmerksamkeit dem Kompormißkandidaten Angelo Roncalli. Nun wurde es als Omen angesehen, daß an der Zellentür des Favoriten ein Schild mit der Aufschrift »Commandante« prangte. Zelle Nummer 15 war üblicherweise Büro des Kommandanten der Nobelgarde.

Roncalli schien am ehesten denkbar als ein Papst, der nach Baccis Worten die westliche und östliche Kirche zu umarmen in der Lage war. Roncalli verfügte über einschlägige Erfahrungen – und über besondere Talente. Als päpstlicher Gesandter in Sofia, Istanbul und Athen hatte der 1881 in Sotto il Monte bei Bergamo geborene Bauernsohn, das dritte von 13 Kindern, bewiesen, daß seine wesentliche Stärke darin lag, diplomatisches Geschick mit seelsorgerischer Gabe zu verbinden. Er selbst schrieb als »Gottes Reisender« in Bulgarien: »In meinem Verhältnis mit allen Katholiken oder Orthodoxen, Großen und Kleinen, bemühe ich mich immer, einen Eindruck der Würde und der Güte zu hinterlassen, leuchtende Güte und liebenswerte Würde.« In Istanbul, wohin ihn der Heilige Stuhl 1934 als Apostolischen Legat entsandt hatte, stattete er dem orthodoxen Patriarchen Benjamin I. einen historischen Besuch ab. Es war der erste direkte Kontakt zwischen beiden Kirchen seit 900 Jahren – ein erster Schritt auf dem langen, steinigen Weg der Annäherung. Zeit seines Lebens hieß Roncallis Programm: Versöhnung, Einheit aller Christen. Und dieser Sohn der Kirche sprach nicht nur davon. Er handelte.

»Klug sein bedeutet: Handeln – und zwar richtig«, hatte ihn

Oft konnte ich mich nur noch auf die Knie werfen und wie ein Kind weinen, unfähig, die Gemütsbewegung länger zurückzuhalten beim Anblick des einfachen und heiligen Sterbens so vieler unglücklicher Söhne unseres Volkes.

Angelo Roncalli nach dem Ersten Weltkrieg

Unser hervorragender Don Roncalli hat sogar versucht, die Telefonistinnen zu organisieren. Wenn er sich doch endlich mit einer Gewerkschaft der Mesner zufriedengeben würde.

Bürger von Bergamo zur politischen Aktivität Roncallis in den Jahren vor dem Weltkrieg

Was die Keuschheit betrifft, so kann ich wohl sagen, daß ich dank der Heiligen Jungfrau keine besonders harten Versuchungen gegen diese Tugend erlebe – aber ich muß zugeben, daß ich zwei Augen im Kopf habe, die mehr sehen wollen, als sie dürfen.

Angelo Roncalli

»Der Krieg ist ein Verbrechen...« Roncalli als Sergeant im Ersten Weltkrieg und als junger Priester.

Bischof Giacomo Maria Radini-Tedeschi von Bergamo, dem er in jungen Priesterjahren als Sekretär diente, ans Herz gelegt. Im Zweiten Weltkrieg ergaben sich für Roncalli zur Genüge Gelegenheiten, klug und richtig zu handeln. In Griechenland etwa, das zu seinem Aufgabengebiet als Legat in der Türkei gehörte. Nach dem Überfall italienischer und deutscher Truppen im Oktober 1940 drohte hier eine Hungerkatastrophe. Millionen Vertriebener irrten durch das vom Krieg versehrte Land. Tag für Tag starben Hunderte an Hunger. Roncalli war entschlossen, klug und richtig zu handeln.

Das anfängliche, naive Wohlwollen gegenüber Mussolini hatte sich endgültig ins Gegenteil verkehrt. Noch im Mai 1936 hatte Roncalli aus Athen seinen Verwandten bewundernde Worte über Mussolinis Afrika-Feldzug geschrieben: »Wie dem Duce alles gelungen ist, ein Punkt nach dem anderen, ohne Rückschlag oder Unterbrechung, verleitet einen beinahe zu glauben, eine himmlische Kraft habe Italien geleitet und geschützt. Vielleicht war es der Lohn dafür, daß er mit der Kirche [im Konkordat von 1929] Frieden geschlossen hat.« Als aber der »Duce« Frankreich 1940 mit 32 Divisionen in den Rücken fiel, war Roncalli überzeugt: »Wir sind dabei, ins Fegefeuer hinabzusteigen.« Viermal hatte er sich 1941 in Griechenland vor Ort ein Bild von den höllischen Zuständen gemacht, für die auch seine Landsleute die Verantwortung trugen. Anfangs versuchte Roncalli mit Lebensmittellieferungen, finanziert aus vatikanischen Geldern, das Schlimmste zu verhindern. Doch solange Griechenlands Häfen von britischen Marineeinheiten blockiert blieben, um deutschen und italienischen Truppen die Nachschubwege abzuschneiden, verpuffte jede Hilfe binnen kurzem. Roncalli erkannte: Rettung war nur auf diplomatischem Wege möglich. Erst seine Vermittlung machte regelmäßige Getreidelieferungen aus den USA für das besetzte Griechenland möglich. Hunderttausende bewahrte Roncalli so vor dem sicheren Hungertod. Mit seinem Einsatz war er der erste Lateiner, der sich für Griechen stark gemacht hatte. Die jahrhundertealte Tradition des Mißtrauens zwischen Griechen und Lateinern war ein erstes Mal durchbrochen. Später, im brodelnden Völkergemisch Kleinasiens, lernte Roncalli die orthodoxe Kirche zu respektieren. Hier wurde ihm bewußt, daß die Rechte ethnischer Minderheiten Schutz bedürfen. Hier machte sich Roncalli einen Namen als Kirchenmann, der nicht die Unterschiede zwischen Katholiken und Orthodoxen studierte, sondern die Gemeinsamkeiten. Das Neue hatte Reiz für Roncalli. Er war Neuem gegenüber stets aufgeschlossen, weltoffen – und bereit, Menschen in Not seine hilfreiche Hand entgegenzustrecken.

Als Diplomat in Istanbul, der Metropole der (noch) neutralen Türkei, saß Roncalli im Zweiten Weltkrieg an einem der Hauptumschlagplätze für Informationen. Der letzte Fluchtweg aus Hitlers Europa führte über den Balkan und Istanbul, wo auch zahlreiche jüdische Organisationen residierten. Roncalli ahnte oder wußte von den Verbrechen im von den Deutschen besetzten Osteuropa. »Wir haben [es] mit einem der großen Mysterien in der Geschichte der Menschheit zu tun«, schrieb er im April 1943 einer Ordensschwester in Bukarest. »Arme Kinder Israels. Täglich höre ich ihr Stöhnen um mich. Sie sind Verwandte und Landsleute Jesu. Möge der göttliche Heiland ihnen zu Hilfe kommen und sie erleuchten.«

Roms Diplomat beließ es nicht bei frommen Wünschen. Als der Holocaust im März 1944 auch Ungarn erreichte, erfuhr Roncalli von Nonnen in Budapest, die Juden mit Taufscheinen das Leben retteten. Die Idee zur Operation »Taufe« war geboren. Dem amerikanischen Komitee für Kriegsflüchtlinge sicherte Roncalli zu, so viele Taufscheine wie möglich für Juden bereitzustellen. Zehntausende – eine genaue Zahl läßt sich nicht feststellen – überlebten dank Roncalli. Es war seine letzte große Tat in der Türkei. Am 6. Dezember 1944 meldete Roncallis Sekretär, was Rom soeben in einem verschlüsselten Telegramm mitgeteilt hatte: »Seine Heiligkeit ernennt Sie zum Nuntius in Paris.«

Roncalli war überrascht. Warum hatte Pius XII. gerade ihn für diesen bedeutenden Posten auserwählt? »Sie sind nicht der einzige, der erstaunt ist«, grummelte Staatssekretär Domenico Tardini, als Roncalli im Vatikan eintraf. »Es war seine Idee«, sagte Tardini und deutete mit sachter Ironie auf die päpstlichen Gemächer. Die Kurie sah in Roncalli nur eine Notlösung. Die Wunschkandidaten waren entweder auf anderen Posten unentbehrlich oder im gerade befreiten Frankreich politisch verpönt. Roncalli gab sich keinen Illusionen hin: »In Ermangelung von Pferden läßt man Esel traben.«

Zum Erstaunen seiner Kritiker erwies sich Notnagel Roncalli als Glücksgriff, als Diplomat, der die diplomatischen Untiefen im unruhigen Nachkriegsfrankreich mit Geschick zu umschiffen wußte und die vatikanischen Interessen zur vollen Zufriedenheit

Roms vertrat. Roncalli blieb bescheiden: »Ich verdiene soviel Lob nicht. Alles kommt daher, daß meine Freunde in den Regierungen sich an diplomatische Schachzüge gewöhnt haben. Wenn sie sehen, daß ich einfach nur die Wahrheit sage, meinen sie: Wie geschickt der Mann doch ist.« Zum Abschied Roncallis aus der französischen Hauptstadt, die ihm zur zweiten Heimat geworden war, würdigte ihn der französische Außenminister Robert Schuman: »Er ist der einzige Mensch in Paris, in dessen Gegenwart man geradezu körperlich eine Empfindung von Frieden verspürt.« In den acht Jahren als päpstlicher Nuntius in Paris hatte es Roncalli zu großer Popularität gebracht, und es war zu erwarten, daß die französischen Kardinäle im Konklave für den Mann aus Sotto il Monte stimmen würden.

1953 endete Roncallis Laufbahn als Diplomat. Höhere Aufgaben warteten auf ihn. Beim zweiten großen Kardinalsschub ernannte Pius XII. ihn, der im Herzen ein Bauernsohn geblieben war, zum Kardinal und zum Erzbischof von Venedig. Für Roncalli ging ein Traum in Erfüllung: Als Patriarch konnte er endlich Aufgaben übernehmen, die seinem Verständnis von Kirche entsprachen – das Evangelium zu verkünden und die Menschen miteinander zu versöhnen. Beim feierlichen Einzug in die Dogenstadt rief er den Venezianern zu: »Ich habe nie eine andere Position als die eines einfachen Priesters in meiner Heimatdiözese Bergamo angestrebt, aber bis zum heutigen Tag hat die Vorsehung anders entschieden. Nun, da ich schließlich doch Hirte geworden bin, euer Seelenhirte, ist es mein erster Wunsch, die Schafe zu zählen, eines nach dem anderen.«

Er war jetzt 72 Jahre alt, und der Tod beschäftigte ihn sehr. Schon seit Jahren spielte dieses Thema in seinem Tagebuch, dem er sich seit seinem 14. Lebensjahr anvertraute, eine zentrale Rolle. »Das Jahr, in dem man beginnt alt zu werden«, schrieb er an seinem 60. Geburtstag im November 1940. Mit 63 glaubte er, nur noch das Grab vor sich zu haben. »Ich nähere mich endgültig dem Alter«, stellte er als Nuntius in Paris fest. »Mein Geist wehrt sich dagegen und rebelliert fast, denn ich fühle mich noch so jung, rüstig, beweglich und frisch. Aber ein Blick in den Spiegel nimmt mir alle Illusionen.« In seinem 70. Lebensjahr seufzte Roncalli: »Es besteht kein Grund, Illusionen zu hegen, vielmehr mich mit dem Gedanken an das Ende vertraut zu machen. Nicht mit Schrecken, wohl aber mit Vertrauen.« Als sich in Venedig die Umbauarbeiten am Palast des Patriarchen in die Länge zo-

»Beenden wir die Spaltung...!« Bischof Roncalli mit Bischöfen der Ostkirche in der Türkei.

Der Papst in Rom ist der erste Führer des römischen Katholizismus, der das Geheimnis des nahtlosen Rockes Christi verstanden hat.

Patriarch von Istanbul

In meinem Verhältnis mit allen Katholiken oder Orthodoxen, Großen und Kleinen, bemühe ich mich immer, einen Eindruck der Würde und der Güte zu hinterlassen, leuchtende Güte und liebenswerte Würde.

Johannes XXIII.

Überall, wo ich hinkam, hörte ich das gleiche: Wir können nicht helfen – mit einer Ausnahme. In Istanbul traf ich einen kleinen, dicken Erzbischof namens Roncalli, der päpstlicher Gesandter in der Türkei war. Als ich ihm darlegte, was mit den Juden geschah, begann er zu weinen, legte seine Arme um mich und sagte:»Rabbi, was kann ich tun, um zu helfen?«

Rabbi Arthur Herzberg, Jewish Agency, New York

gen, sagte Roncalli zum Pförtner: »Sie werden sehen, Bruno, wenn der Käfig endlich fertig ist, wird der Vogel ausgeflogen sein.« Er ging davon aus, den Lebensabend in seinem geliebten Venedig zu verbringen. Daß er das Konklave als Papst verlassen würde, daran wagte er nicht zu glauben. Einem alten Bekannten rief er in Rom nach dem Requiem für Pius XII. zu: »Don Tommaso! Besuchen Sie mich doch in Venedig nach dem Konklave!«

»Als Angelo Roncalli im Zug von Venedig nach Rom zum Konklave fuhr«, erinnerte sich Privatsekretär Loris Capovilla, »nannten die Zeitungen verschiedene Namen von Nachfolgern, auch seinen Namen. Ich dachte: Wenn Gott ihn doch nur zehn Jahre jünger machen würde.«

Während des Konklaves merkte Roncalli rasch, wie die Karten gemischt waren. »Als er begriff, daß die Stimmen der Kardinäle sich auf seinen Namen zu orientieren begannen«, schilderte Kammerdiener Guido Gusso, »überkamen ihn schlimme Befürchtungen. Ich hatte ihn nie Cognac trinken sehen, doch nun mußte ich eine Flasche auftreiben.« Er wußte, was es hieß, Papst zu werden. »Venedig ist ein Rosenbeet, verglichen mit Rom«, prophezeite er, »Rom wird ein Dornenbett sein.« In der Nacht vor dem entscheidenden Wahlgang notierte Roncalli in sein Tagebuch: »Wer aber regiert die Kirche? Du oder der Heilige Geist? Nun denn, Angelo, geh schlafen!« An Schlaf war in dieser Nacht freilich nicht zu denken. Zweifel überkamen ihn. Würde er dem Amt gewachsen sein? Befreundete Kardinäle wie der Erzbischof von Turin, Kardinal Fossati, machten ihm Mut: »Wenn Gott will, daß Sie Papst werden, dann wird er Ihnen selbstverständlich auch die entsprechenden Gaben und die nötige Kraft geben, um alle Schwierigkeiten zu meistern.« Roncalli blieb skeptisch.

Am Dienstag, dem 28. Oktober, um vier Uhr nachmittags schritten die Kardinäle zum elften Mal zur Abstimmung. Vor der Wahlurne, einem Silberkelch vor dem Altar der Sixtinischen Kapelle, sprach jeder die gleiche Formel: »Ich rufe Christus, meinen Herrn und Richter, zum Zeugen dafür an, daß ich den wähle, von dem ich glaube, daß er nach Gottes Willen gewählt werden soll.« Wahl und Auszählung dauerten 50 Minuten. Immer wieder erklang ein Name: »Der hochwürdigste Kardinal Roncalli.« Als die Entscheidung gefallen war, senkten sich die purpurnen Baldachine über den Thronsesseln der Eminenzen. Nur ein Baldachin blieb stehen: der des neuen Papstes, des

»Jener aus Elfenbein, dieser aus Eichenholz...«
Pius XII. und der Patriarch von Venedig, Roncalli.

Der Unterschied zwischen Pius XII. und Johannes XXIII. bestand eben in der Einfachheit von Papst Johannes, es war diese Bescheidenheit, die uns beeindruckte... Es war, als wehte ein frischer Luftzug durch den alten Vatikan, der auf eingefahrenen Gleisen lief.

Benny Lai, Journalist und Vatikan-Experte

Wie ich seinen Namen gehört hatte, hab' ich mir gedacht, ja Pius XII., die große hierarchische Gestalt, und dieser eher gemütlich wirkende neue Papst, kann denn das gutgehen? Das kann nur eine vorübergehende Erscheinung sein.

Kardinal Franz König, Erzbischof von Wien

obersten Hirten von 450 Millionen Katholiken. 38 Kardinäle hatten für Angelo Roncalli votiert, der auf seinem Thron in demütiger Stille und mit gesenktem Haupt saß und die rituelle Frage des ältesten Kardinalbischofs Tisserant erwartete: »Nimmst du deine nach kanonischem Recht gesetzliche Wahl zum obersten Pontifex an?« Roncalli blickte auf und entgegnete mit einem Bibelzitat: »Beim Anhören Deiner Stimme schaudert es mir, und ich fürchte mich! ... Was ich von meiner Armseligkeit und Schlichtheit weiß, genügt, mich zu betäuben. Aber nach dem Wunsch meiner Brüder, der Kardinäle der heiligen römischen Kirche, nach diesem Zeichen des Willens Gottes, nehme ich die Wahl an. Ich neige mein Haupt vor dem bitteren Kelch und der Last des Kreuzes.«

Tisserant fragte weiter: »Welchen Namen willst du tragen?«

Roncalli kniete nieder, sprach ein Gebet. Wieder lastete für einen kurzen Moment gespanntes Schweigen über dem Konklave.

»Ehrwürdige Brüder, ich will Johannes heißen.«

Die erste Überraschung war perfekt. Schon mit der Wahl seines Namens setzte Roncalli das Signal für eine neue Ära. Seit 1724 hatten sich die Päpste ausschließlich zwischen fünf Namen entschieden: Benedikt, Clemens, Pius, Leo und Gregor. Johannes XXIII. hatte sich schon einmal ein Papst im 15. Jahrhundert genannt – ein Gegenpapst namens Baldassare Cossa, ein Seeräuber, der durch Mord und Meineid zum Papst aufgestiegen, dann aber nach kurzem Prozeß 1415 als unwürdig abgesetzt worden war. Warum ausgerechnet Johannes? Roncalli zog einen Notizzettel hervor und verlas: »Dieser Name ist mir besonders lieb, weil er der Name meines Vaters war. Er ist mir auch deshalb so vertraut, weil Johannes der Patron der kleinen Pfarrei ist, in der wir die Taufe empfangen haben ... Es ist der Name, der in der langen Reihe der römischen Bischöfe am meisten vorkommt. In der Tat kennt man 22 Päpste mit dem Namen Johannes – wobei wir die Frage der Rechtmäßigkeit außer acht lassen. Fast alle hatten ein kurzes Pontifikat« – eine scherzhafte Anspielung auf sein fortgeschrittenes Alter.

Draußen auf dem Petersplatz durchlebten die Hunderttausend derweil noch einmal die Ungewißheit der vergangenen Tage. Wieder war die Farbe der schwachen, dünnen Rauchsäule aus dem Konklave-Ofen anfangs rätselhaft unentschieden. Etwas vorsichtiger geworden, meldete Pater Pellegrino von Radio Vatikan um 17.07 Uhr: »Aller Wahrscheinlichkeit nach ist der Rauch weiß.« 23 Minuten später gab es keinen Zweifel mehr: »Der Papst ist gemacht!« Der Petersplatz glich nun einem Hexenkessel. »Viva il papa!« Fremde Menschen umarmten sich, Hüte flogen in die Luft, die Glocken aller Kirchen Roms begrüßten den neuen Pontifex maximus. Wer der Auserwählte war, interessierte in diesem Moment der Euphorie weniger. Wichtiger war: Die Welt hatte endlich einen neuen Papst, die Zeit des Wartens war vorüber.

Hinter den Mauern des apostolischen Palastes, im »Zimmer der Tränen«, bemühte sich unterdessen der Schneider der Päpste, Annibale Gammarelli, dem neuen Pontifex die weiße Soutane anzupassen. Päpstliche Gewänder in verschiedenen Größen waren vorbereitet, doch selbst das größte war für Roncalli zu eng. 186 Pfund brachte der neue Papst nach Recherchen des US-Magazins *Time* auf die Waage. Nicht wenige hielten diese Zahl für untertrieben. Gammarelli improvisierte mit Sicherheitsnadeln und einem weißen Chorrock. Der neue Papst hatte Mühe, sich auf den Beinen zu halten, so eng waren die Schuhe. »Alle wollten mich«, witzelte Johannes, »nur der Schneider nicht.« Als Gammarelli fertig war, sagte Roncalli lakonisch: »Ich fühle mich eingeschnürt und fertig zum Versand.«

Es war trotz aller Witzeleien des neuen Papstes ein bewegender Moment, vor allem für Monsignore Loris Capovilla, Roncallis Sekretär. »Ich habe ihm die Hände und die Füße geküßt, und dann wollte ich ihm Herztropfen bringen – nicht, weil er krank war, nur zur Stärkung. Und er sagte zu den Sekretären, die ihn umringten: ›Sehen Sie, so ist Capovilla, auch daran denkt er.‹ Vor mir stand ein vollkommen ruhiger Mensch. Dann ging er zum Balkon und erteilte den Segen.«

300 000 Gläubige hatten sich inzwischen auf dem Petersplatz versammelt und schauten erwartungsvoll zum Mittelbalkon des Petersdoms hoch, wo Kardinal Canali zur Menge sprach: »Annuntio vobis gaudium magnum. Habemus papam!« – Ich verkünde euch eine große Freude: Wir haben einen Papst! Jubel brauste auf, und wenige Minuten später zeigte sich Johannes XXIII. im Papstornat der Welt. Er erhob die Hände, erteilte der Stadt Rom und dem Erdkreis zum ersten Mal den apostolischen Segen Urbi et Orbi. Die Freude der Gläubigen auf dem Petersplatz war fast ebenso groß wie ihre Überraschung. Rein äußerlich hätte der Gegensatz zum asketischen Vorgänger

Pius XII. nicht größer sein können. Das neue Oberhaupt der katholischen Kirche war klein und von gedrungener Statur, mit rundem Gesicht und markanter Nase. »Hätte Gott«, seufzte Johannes einmal, »wenn er mich schon zum Papst machen wollte, nicht auf diese Dinge mehr achten sollen?«

»Schön ist er ja nicht«, rief eine Mutter ihren Bambini auf dem Petersplatz zu, »aber er hat sicher ein gutes Herz.«

Schon in der ersten Rundfunkbotschaft einen Tag nach der Erhebung auf den Stuhl Petri nannte Johannes die beiden zentralen Themen seines Pontifikats: Friede auf Erden und die Einheit der Kirche: »Wie die Kirche des Abendlandes, so umfangen Wir mit derselben väterlichen Liebe die Kirche des Morgenlandes. ... Wir öffnen Unsere Arme und Unser Herz allen, die von diesem Apostolischen Stuhl getrennt sind, wo Petrus in seinen Nachfolgern weiterlebt bis zur Vollendung der Welt.« Die Staatsmänner mahnte er, die »ungeheuerlichen Waffen« aufzugeben und »Frieden mit Gerechtigkeit« zu schaffen. Er thematisierte die eingeschränkte Religionsfreiheit in den kommunistisch regierten Ländern und nährte so Hoffnungen auf einen Dialog mit Kirche und Führung der Ostblockstaaten. Schon deutete sich an: Dieser »Übergangspapst« packt den Hirtenstab mit festem Griff.

Noch am Abend der Wahl traf Roncalli erste, wegweisende Personalentscheidungen. Der neue Papst ernannte Monsignore Alfredo Cavagna zum geistlichen Ratgeber und Beichtvater. Weit mehr Aufsehen aber erregte, wen Johannes zu seinem Staatssekretär bestellte. Mit Kardinal Domenico Tardini, dem engsten Mitarbeiter von Pius XII., wählte Roncalli ausgerechnet einen seiner Kritiker, einen Mann, der über Roncallis Intelligenz und seine diplomatischen Fähigkeiten alles andere als schmeichelhafte Worte gefunden hatte. Tardinis Ernennung erwies sich dennoch als kluger Schachzug. Denn die Kurie, Verwaltung und Machtzentrum des Vatikan, war für Roncalli fremdes Terrain. Johannes wußte, daß ein Außenseiter wie er, unerfahren in Verwaltungsfragen, auf einen ausgewiesenen Spezialisten angewiesen war – einen wie Tardini. Ihn zu berufen, war ein versöhnliches Signal an die Kurie, Johannes wolle mit ihr und nicht gegen sie die Kirche regieren.

Tardini stimmte dem »Angbot« zähneknirschend zu: »Er ließ mir keine Wahl. Ich sagte dem Heiligen Vater, daß ich nicht unter ihm dienen wollte, weil neue Methoden neue Männer

brauchen; und ich erinnerte ihn, daß ich häufig mit ihm nicht
übereinstimmte; ich erinnerte ihn, daß ich müde wäre, sehr
erschöpft, und daß meine Gesundheit sich verschlechterte. ...
Es half alles nichts. Der Papst hörte mir freundlich und interessiert zu, aber zu jedem Punkt erwiderte er: ›Ich verstehe, aber ich
möchte, daß Sie mein Staatssekretär werden.‹ Schließlich kniete
ich nieder und bot ihm meinen Gehorsam an. So ist das Leben.«
Der Papst umarmte Tardini und versprach: »Wir werden wie
gute Brüder sein.«

In den ersten ungestörten Momenten nach der Wahl vertraute
Johannes seinem Tagebuch an: »Im elften Wahlgang wurde ich
zum Papst gewählt. O Jesus, auch ich kann sagen, was Pius XII.
sagte, nachdem er gewählt worden war: ›Gott sei mir gnädig nach
deiner Huld.‹ Man möchte sagen, es ist wie ein Traum, und doch
ist es, bis ich sterbe, die feierliche Realität meines Lebens. So bin
ich bereit, Herr, Dir verbunden zum Leben und zum Sterben.
Ungefähr 300 000 Menschen jubelten mir auf dem Balkon von
Sankt Peter zu. Die Scheinwerfer ließen mich nichts anderes als
eine formlose wogende Masse sehen.«

»In diesem Moment, nach dem Segen und dem Beifall der
Menge«, vertraute er seinem Sekretär Loris Capovilla an, »habe
ich mir gedacht, wenn du nicht demütig und sanft in deinem
Herzen sein wirst wie Jesus, wirst du blind sein und die seelsorgerischen Bedürfnisse der Welt nicht sehen.«

Johannes setzte von Anfang an Akzente. Kaum auf den Thron
Petri gestiegen, ernannte er im ersten Geheimen Konsistorium
nach der Wahl, am 15. Dezember 1958, gleich 23 Kardinäle,
darunter, um die Würde des eingeborenen Klerus in den Mis-
sionsgebieten zu heben, den ersten farbigen Kardinal, Laurean
Rugambwa, Erzbischof von Tansania, und Giovanni Battista
Montini aus Mailand, den Johannes für berufen hielt, dereinst
sein Erbe anzutreten. Die eigentliche Überraschung aber bestand darin, wie viele Kardinäle der neue Papst berief. Pius XII.
hatte jahrelang kein Konsistorium abgehalten, und nun sprengte
Johannes gleich zu Beginn seines Pontifikats den von Papst Sixtus V. vor 400 Jahren festgelegten Rahmen von 70 Würdenträgern. Jetzt gab es 76 Kardinäle, und schon bald folgten neun
weitere. Insgesamt erlangten unter Johannes 55 Bischöfe die
Kardinalswürde. Die Kirche sei eben gewachsen, argumentierte
der neue Papst, der damit das Kardinalskollegium internationa-

»Im Fernsehen bin ich eine Katastrophe ...« Johannes XXIII. predigt auf dem Petersplatz.

Die Huldigung des römischen Volkes an seinen neuen Bischof war bewegend und unerwartet und deshalb um so kostbarer. Der Einzug des Papstes in *seine* Kathedrale hat seine Pracht größtenteils verloren im Laufe der Zeit; aber wie sehr hat er an Geistigkeit gewonnen. Man schaut nicht mehr auf den Fürsten, den Herrscher, der sich mit den äußerlichen Zeichen von Größe und Prestige schmückt, sondern auf den Priester, den Vater, den Hirten.

Johannes XXIII.

Als Johannes XXIII. gewählt wurde, war im ersten Augenblick vielleicht eine gewisse Enttäuschung da, aber als wir am Tag darauf im TV und Radio seine Ansprache hörten, hat sich diese Einstellung geändert.

Augustin May, Kurienkardinal

Er war nicht nur sehr intelligent, er kannte sich auch mit Massenpsychologie aus.

Giulio Andreotti, ehemaliger italienischer Ministerpräsident

28. Oktober 1958 – Man möchte sagen, es ist wie ein Traum, und doch ist es, bis ich sterbe, die feierliche Realität meines Lebens. Ungefähr dreihunderttausend Menschen jubelten mir auf dem Balkon von Sankt Peter zu. Die Scheinwerfer ließen mich nichts anderes als eine formlose wogende Masse sehen.

Johannes XXIII., Tagebuch

94

Stellvertreter Christi? Ach, dieses Titels bin ich nicht würdig, ich, der arme Sohn des Battista und der Marianna Roncalli, zweier guter Christen, aber so bescheiden und so demütig.

Johannes XXIII.

Als er begriff, daß die Stimmen der Kardinäle sich auf seinen Namen zu orientieren begannen, überkamen ihn schlimme Befürchtungen. Ich hatte ihn nie Cognac trinken sehen, doch nun mußte ich eine Flasche auftreiben.

Kammerdiener Guido Gusso

Zu mir wurde gesagt, daß ich demütig bin, weil ich die »Sedia gestatoria« [die päpstliche Sänfte] nicht will. Aber ich bin nicht demütig. Ich bin dick und ich habe Angst herunterzufallen.

Johannes XXIII.

95

lisierte – und ganz nebenbei den Einfluß der Kurienkardinäle zurückdrängte. So handelte kein »Übergangspapst«. So handelte ein entschlossener Pontifex mit Mut zum Neuen, aber auch dem festen Willen, bewährte Traditionen zu bewahren. Angelo Roncalli, von Herkunft und Wesen ein bäuerlicher Mensch geblieben, war ein Kenner der Kirchengeschichte, hatte die Visitationsakten des heiligen Karl Borromäus (1538 – 1584) veröffentlicht und die Biographie des Bischofs von Bergamo geschrieben. Traditionen zu erhalten, lag ihm am Herzen, wie der Tag seiner Inthronisation, der 4. November 1958, aller Welt vor Augen führte. Roncalli wollte das volle Zeremoniell mit Fächern aus Straußenfedern und der Tiara, Krone der Päpste. Dreimal hielt ein Franziskanermönch dem Nachfolger Petri ein Stück brennenden Werg auf einer Stange entgegen und rief: »Pater sancte, sic transit gloria mundi« – Heiliger Vater, so vergeht der Ruhm der Welt –, um ihn an seine eigene Vergänglichkeit zu erinnern. Nur auf eine Neuerung im Protokoll bestand Johannes XXIII.: Er wollte eine Predigt halten, die sich in der Bescheidenheit der Wortwahl vom Pomp des Krönungszeremoniells entschieden abhob: »Der neue Papst ist durch die Ereignisse und Umstände seines Lebens wie der Sohn Jakobs, der bei der Begegnung mit seinen Brüdern in Tränen ausbrach und sagte: ›Ich bin Josef, euer Bruder!‹« So hatte noch kein Papst gesprochen; und die Menschen spürten, wie ehrlich diese demonstrative Güte gemeint war. »Ich bin Josef, euer Bruder!« Roncalli hieß mit erstem Vornamen Josef (Giuseppe). Im Oktober 1960 wiederholte er das Bibelwort vor einer Abordnung des »United Jewish Appeal«.

In all seinen Predigten und Ansprachen wählte Roncalli eine einfache, direkte Sprache, die von Herzen kam. »Er war ein Papst«, beschrieb ihn Bruno Heim, Roncallis Sekretär in seiner Zeit als Nuntius in Paris, »den man verstehen und gern haben konnte.« Johannes wußte die Menschen anzusprechen. Pius XII. hatte seine penibel ausformulierten Reden vom Blatt abgelesen. Johannes XXIII. konnte improvisieren. Bei einer spontanen Ansprache nach Don Boscos Beisetzung nannte er Rom eine »komische« Stadt. »Denn wenn einer Verdienste hat, werden sie nicht anerkannt, und wenn einer keine hat, werden irgendwelche anerkannt. Zum Beispiel, zu mir wurde gesagt, daß ich demütig bin, weil ich die ›Sedia gestatoria‹ [den Tragsessel] nicht will. Aber ich bin nicht demütig. Ich bin dick, und ich habe Angst herunterzufallen.« Menschliche Qualitäten wie Bildung, diplomatische Klugheit, Geschicklichkeit und organisatorische Fähigkeiten, erklärte Johannes bei anderer Gelegenheit, »mögen ein Pontifikat verschönern und ausfüllen, aber sie können es nicht ersetzen, der Hirte der ganzen Herde zu sein«. Was wie ein Angriff auf seinen Vorgänger klang, war in Wahrheit der Versuch, seine eigenen Vorstellungen vom Papsttum zu akzentuieren.

Auch der traditionelle Einzug in die Lateranbasilika, die Kirche des Bischofs von Rom, wurde unter Johannes XXIII. wiederbelebt – unter neuen Vorzeichen und begeisterter Anteilnahme der Bevölkerung. Überwältigt notierte er in sein Tagebuch:»Die Huldigung des römischen Volkes an seinen neuen Bischof war bewegend und unerwartet und deshalb um so kostbarer. Der Einzug des Papstes in *seine* Kathedrale hat seine Pracht größtenteils verloren im Laufe der Zeit; aber wie sehr hat er an Geistigkeit gewonnen. Man schaut nicht mehr auf den Fürsten, den Herrscher, der sich mit den äußerlichen Zeichen von Größe und Prestige schmückt, sondern auf den Priester, den Vater, den Hirten.« Johannes XXIII. war als Hirte gekommen, Seelsorger seiner Gemeinde, und es gelang ihm, mit seiner herzlichen Fröhlichkeit und menschlichen Wärme auch die Herzen vieler Nichtchristen zu gewinnen. Pius XII. war in seinem Amtsverständnis die alles überragende Gestalt gewesen. Johannes XXIII. stieg herab von diesem Thron und stellte sich auf eine Stufe mit seinen »Brüdern«. Den Chefredakteur des *Osservatore Romano*, Graf Giuseppe della Torre, bat er, die Distanz auch im Sprachgebrauch aufzuheben:»Wir leben im 20. Jahrhundert. Gebrauchen wir also einen Stil, der zur Zeit paßt.« Fortan, wünschte Johannes, solle nicht mehr vom »erleuchteten Heiligen Vater« geschrieben werden, von dessen »heiligen Lippen wir vernommen haben«, sondern schlicht: »Der Papst sagte.« Ebenso mißfiel Johannes, daß seine engsten Mitarbeiter dreimal niederknieten, wenn sie sich ihm näherten. »Einmal ist genug. Meinen Sie denn, ich glaube Ihnen beim ersten Mal nicht?«

Die internationale Presse feierte Johannes bald wie eine »Lichtgestalt«. Zwei Tage nach der Inthronisation gab er als erster Papst der Geschichte eine Pressekonferenz und begrüßte die Journalisten mit den Worten: »Ich bin auch euer Bruder; selbst vor Gott bin ich der erste der Brüder, und als Hirte muß ich die Brüder führen.« Johannes XXIII. hinterließ einen tiefen Eindruck. Nie wieder wurde über einen Stellvertreter Christi weltweit soviel Gutes geschrieben wie über diesen bis dahin populärsten Papst der Geschichte. Seine offene, gütige und humorvolle Art nahm die Menschen über alle Konfessionsgrenzen hinweg für ihn ein. Von sich selbst sagte er: »Seitdem ich Papst bin, höre ich jeden Morgen meinen Schutzengel sagen: ›Giovanni, nimm dich nicht so wichtig!‹« Roncalli hatte verinnerlicht, was er als Dreizehnjähriger auf die ersten Seiten seines Tagebuchs geschrieben hatte: »Hüte Dich vor Selbstlob und vor dem Wunsch, mehr oder auch nur ebensoviel zu gelten wie andere.«

Johannes XXIII. war ein Papst zum Anfassen. 250 000 Menschen empfing der »Pfarrer der Welt« im ersten Amtsjahr zu Audienzen – mehr als jeder Papst zuvor. Schon im ersten Jahr seines Pontifikats kam eine größere Anzahl Staatsoberhäupter in den Vatikan als in den 19 Jahren unter Pius XII. Die Namenliste der Audienzen liest sich wie ein Who's Who der internationalen Prominenz: Charles de Gaulle, Schah Reza Pahlewi, Gracia Patricia, Jacqueline Kennedy oder Königin Elisabeth II., vor deren Visite der Papst seinem Sekretär in aller Bescheidenheit wissen ließ: »Wenn man bedenkt, daß der einfache Bauernsohn aus einem kleinen bergamaskischen Dorf berufen ist, die Königin von England zu empfangen, die Herrin von Indien gewesen ist.« Daß er, der Pfarrer aus Sotto il Monte, nun Oberhaupt der Weltkirche war, davon schien er gelegentlich selbst überrascht zu sein. An das Zeremoniell, die Rituale des päpstlichen Alltags hatte sich Angelo Roncalli schnell gewöhnt, doch blieb er so, wie man ihn in Sotto il Monte gekannt hatte: demütig, genügsam, aber auch großzügig. Beim Spaziergang in den vatikanischen Gärten erkundigte er sich schon mal beim Gärtner, ob dieser auch genug verdiene. Und wenn einem Arbeiter Trinkgeld zustand, bekam Sekretär Capovilla den Wink: »Geben Sie ihm ein Andachtsbildchen! Aber eines, mit dem man seiner Frau einen Strauß Blumen kaufen kann.«

Ähnlich humorvoll gingen die Audienzen vonstatten – ein Schock für all jene, die das strenge Zeremoniell unter Pius XII. gewohnt waren. Wie denn der Papst gewesen sei, wollte Wiens Kardinal Franz König nach den ersten Audienzen wissen. »Sie haben den Kopf geschüttelt. Merkwürdig, ein Papst, der Witze erzählt. Den Besuchern aus seiner Heimat erzählte er so witzige Anekdoten, daß eine Lachsalve die andere ablöste.« Ein lachender Papst auf dem Stuhl Petri – das hatte es noch nie gegeben.

Johannes genoß den ungezwungenen Kontakt mit Menschen,

Sie müssen sich vorstellen, was das für uns bedeutete. Wir waren an einen hierarchischen, gebieterischen Papst gewöhnt. Nun kommt ein Papst, der vor laufender Kamera ein Taschentuch aus der Tasche zieht, sich die Nase putzt + und das während der Zeremonien –, das Taschentuch wieder in die Tasche steckt und sein Gewand wieder in Ordnung bringt. Es war verwirrend.

Benny Lai, Journalist und Vatikan-Experte

und ihm mißfiel, wenn ihn manche verehrten wie einen Popstar mit Heiligenschein. Wohin Johannes auch kam – er verließ hundertvierzigmal den Vatikan –, empfingen ihn Jubel und Beifall, Menschen, die ihn berühren wollten, Ordensfrauen, die bei seinem Anblick zu kreischen begannen. Johannes blieben solche Phänomene fremd. »Warum schreien die nur so?«

Trotz dieser ihm unbegreiflichen Phänomene ließ Johannes es sich nicht nehmen, unbekümmert wie ein Pfarrer in Sotto il Monte durch die Straßen Roms zu spazieren. Allen 192 Gemeinden in Rom stattete »Johnnie Walker«, wie Amerikaner den spazierenden Papst nannten, einen Besuch ab. Am liebsten aber erholte sich der Papst bei Rundgängen in den vatikanischen Gärten. Daß deswegen die Kuppel von Sankt Peter für Besucher gesperrt wurde, weil er ja hätte gesehen und fotografiert werden können, ging Roncalli nicht in den Kopf. »Ich verspreche Ihnen«, versicherte er schmunzelnd einem beunruhigten Wärter von Sankt Peter, »daß ich nichts tun werde, was Anstoß erregen könnte.« Die Absperrungen verschwanden, doch der Andrang von Menschen, die den Papst sehen oder ihm Wünsche vortragen wollten, war so gewaltig, daß ein Zaun errichtet werden mußte.

Zu anderen wiederum, die nicht zum ihm kommen konnten, ging er. In den Weihnachtstagen besuchte Johannes die Gefangenen der größten römischen Haftanstalt Regina Coeli. Umringt von begeisterten Wärtern und Häftlingen, traf er auch einen verurteilten Mörder, der ihn fragte: »Kann es denn für mich Verzeihung geben?« Roncalli streckte seine Hände aus und nahm den verzweifelten Mann in die Arme.

Der Stil des neuen Papstes war unkonventionell. Dennoch sprach alles dafür, daß das Pontifikat Johannes' XXIII. eine traditionelle Richtung nehmen würde. Das Wort vom »Übergangspapst« machte noch immer die Runde, und deutsche Gläubige spöttelten angesichts seines Alters liebevoll: »Habemus Opapam.« Daß manche ihn für eine Übergangslösung hielten, nahm Johannes mißmutig zur Kenntnis: »Die sprechen von mir, als ob ich ein Ersatzteil für ein Auto wäre.« Nur Sekretär Capovilla gewann diesem Etikett Positives ab: »Diejenigen, die vom Übergangspapst sprachen, fragte ich: ›Und Sie, sind Sie kein Übergangsmensch? Wir sind alle nur auf der Durchreise.‹«

Niemand ahnte zu diesem Zeitpunkt, daß der neue Papst eine Entscheidung erwog, die einen Erdrutsch in der Kirche auslösen

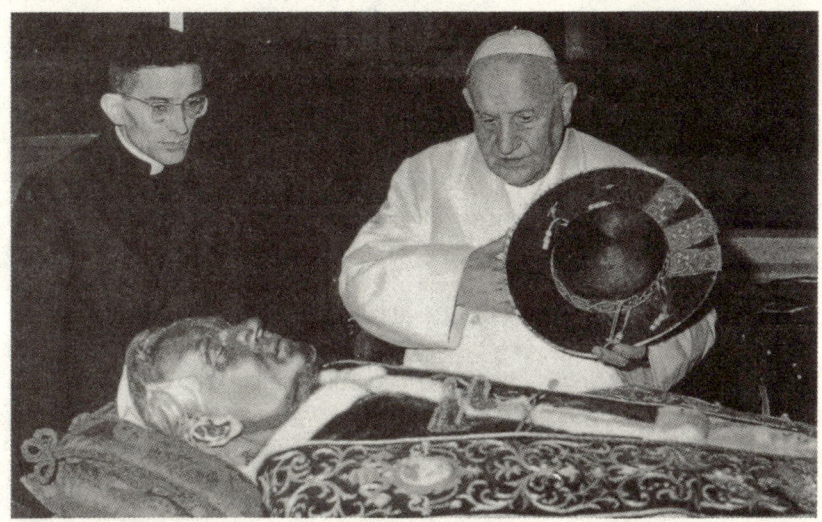

Johannes XXIII. – ein Übergangspapst? All diejenigen, die mir das sagen, frage ich immer: Und Sie, sind Sie kein Übergangsmensch? Wir sind alle nur auf der Durchreise.

Monsignore Loris Capovilla, Privatsekretär von Johannes XXIII.

Er spottete darüber, daß er nicht fotogen sei. Und doch waren die Bilder von ihm immer anziehend, oft ergreifend; dieses Gesicht ohne Arg, demütig, liebenswürdig.

Hans Küng, Theologe

Eines Tages sagte er mir, wir bräuchten ein Konzil – so nebenbei. Das hat er gesagt, sonst nichts.

Monsignore Loris Capovilla, Privatsekretär von Johannes XXIII.

»Handeln und Leiden...« Johannes XXIII. vor dem Leichnam des heiligen Pius X.

101

sollte: die Einberufung eines ökumenischen Konzils, die Versammlung aller Kardinäle, Bischöfe und anderer Würdenträger nach kanonischem Recht, um über kirchliche Dinge zu beraten und zu entscheiden. Schon am zweiten Tag des Konklaves hatte Kardinal Alfredo Ottaviani, Propräfekt des Heiligen Offiziums, der Hüterin der Glaubenslehre, dem künftigen Papst ans Herz gelegt: »Eminenz, wir müssen über ein Konzil nachdenken!« Die Idee gefiel Roncalli. Später ließ er sich zitieren: »Ich dachte über ein Konzil nach von dem Augenblick an, als ich Papst wurde.«

Sekretär Capovilla schien von dieser Idee anfangs alles andere als begeistert zu sein. Jedesmal, wenn Roncalli von seinem Vorhaben sprach, hüllte sich Capovilla in Schweigen. Als der Papst das merkte, nahm er seinen Sekretär beiseite: »Sie denken«, sagte er, »er ist alt und beginnt ein Unternehmen, das Vorbereitung verlangt. Für Sie ist nur eines wichtig: einen guten Eindruck zu machen. Für Sie müssen die Dinge vollkommen sein. Das ist nicht Gottes Wille. Niemand von uns ist berufen, sein Vorhaben zu Ende zu führen. Wir sind wie Ringe einer Kette, und es ist eine große Ehre, eine Idee auch nur auszusprechen. Es ist wie ein Samen, den man in die Erde legt. Der Haken ist, Don Loris, daß Sie sich noch nicht ausreichend von Ihrem Selbst befreit haben. Erst wenn man das Ich mit den Füßen zertreten hat, kann man vollkommen und wahrhaftig frei sein.«

Der Plan vom Konzil überraschte in zweifacher Hinsicht: Konzile beschäftigen sich in der Regel mit theologischen oder disziplinarischen Streitfragen. Doch auf beiden Gebieten gab es 1959 kaum Handlungsbedarf. Außerdem: Hatte nicht das letzte Konzil, das Erste Vatikanum von 1869/70, die Unfehlbarkeit des Papstes in Glaubensfragen »ex cathedra« beschlossen? Der Pontifex verfügte seither über die oberste Leitungsgewalt. Warum also ein Konzil? Johannes XXIII. besaß tatsächlich kein konkretes Programm für sein Vorhaben. Einzig sein Gefühl von der Notwendigkeit, die katholische Kirche einer Welt zu öffnen, die ihr Gesicht seit dem Ende des Ersten Weltkriegs in atemberaubender Geschwindigkeit verändert hatte, brachte ihn auf den Gedanken. Sein Wort vom »Aggiornamento« – Heutigwerden – der Kirche umreißt das gewaltige Vorhaben nur unvollkommen. Ziel sollte es sein, die gesamte Kirche der Gegenwart anzupassen, das Glaubensgut zeitgemäß auszulegen, letztendlich auch zu prüfen, inwieweit mehr Kollegialität an die Stelle der strenggegliederten Hierarchie treten konnte – es waren Gedanken mit Sprengkraft. Zwischen Tradition und Erneuerung drohten Kräfte freizuwerden, die die Kirche vor eine Zerreißprobe stellen konnten.

In vertraulichen Gesprächen mit ausgewählten Freunden und während einer Woche der Besinnung unter den Zedern des päpstlichen Urlaubsdomizils Castel Gandolfo wog Johannes das Für und Wider eines Konzils ab. Es wäre, wenn es denn stattfände, das wichtigste und prägende Ereignis seines Pontifikats. Im Dezember 1958 reifte der Gedanke endgültig zum Entschluß. Kurz vor Weihnachten ließ Johannes Privatsekretär Capovilla wissen: »So wie die Dinge sich entwickeln, denke ich, daß ich es versuchen muß. Ich muß das Netz ins Meer werfen. Ich muß an das Konzil denken.«

»Gerade diese Woche«, zitiert Kardinal König den Papst, »sei ihm der Gedanke gekommen, man müßte eigentlich ein Konzil einberufen.« Er selbst habe sich gesagt: »Das geht doch gar nicht; ich bin nicht vorbereitet; das ist eine Einflüsterung des bösen Feindes.«

»Ich möchte Ihnen etwas Wunderbares mitteilen«, vertraute der Papst am 9. Januar 1959 Don Giovanni Rossi an, »aber Sie müssen mir versprechen, es geheimzuhalten. Letzte Nacht hatte ich eine großartige Idee, ein Konzil abzuhalten. ... Wissen Sie, es ist nicht wahr zu sagen, der Heilige Geist steht dem Papst bei. Ich bin *sein* Helfer. Das Konzil ist seine Idee.«

Besonderen Wert legte Johannes auf das Urteil seines Staatssekretärs Tardini, der als erstes hochrangiges Mitglied der Kurie vom päpstlichen Vorhaben erfuhr. Wie würde sein früherer Kritiker reagieren? »Seine spontane Reaktion«, schrieb der Papst in sein Tagebuch, »war die erfreulichste Überraschung, die ich erhoffen durfte: ›Oh, das ist wirklich eine Idee, eine erleuchtende und heilige Idee. ... Es wird ein großer Segen für die Menschheit sein.‹«

Nun war der revolutionäre Gedanke ausgesprochen. Nun gab es kein Zurück. Die Botschaft mußte verkündet werden. Am 25. Januar 1959 stattete Papst Johannes XXIII. der römischen Basilika Sankt Paul-vor-den-Mauern einen Besuch ab, der in die Geschichte einging. Nach der Messe zog sich der Papst mit 17 Kardinälen in den Kapitelsaal des angrenzenden Benediktinerklosters zurück. Feierlich rief der Zeremonienmeister die Worte: »Extra omnes.« Die Türen schlossen sich. Die Kirchenfürsten waren nun mit dem Papst allein. Etwas Großes stand bevor.

Johannes XXIII. sollte die wichtigste Rede seines Lebens halten, eine historische Ankündigung. »Wir wissen«, wandte er sich an die Kardinäle, »daß sowohl viele freundliche und eifrig gestimmte als auch übelwollende und schwankende Kreise mit Spannung auf den neuen Papst schauen.« Er sprach von seiner Verantwortung als Oberhirte der Weltkirche und Bischof von Rom – einer Stadt, die sich besorgniserregend verändert habe und wie ein »Bienenstock voller Menschen« sei, aus dem ein »ununterbrochenes Gesumm verwirrender, aber nach Harmonie suchender Stimmen ertönt«. Und er sprach von den »›Fürsten der Finsternis‹«, die die Menschen in Knechtschaft zwängen. Dann kam der Papst auf den Punkt. Er habe, ließ er die Kardinäle wissen, einen Beschluß gefaßt. »Ehrwürdige Brüder und geliebte Söhne! Zitternd vor Bewegung und doch mit demütiger Entschlossenheit unterbreiten Wir euch den Vorschlag einer doppelten feierlichen Veranstaltung: einer Diözesansynode für Rom und eines ökumenischen Konzils für die Weltkirche.« Drei Ziele sollte das Konzil verfolgen: »Erneuerung, größere Klarheit im Denken« und »Stärkung des Bandes der Einheit«.

Die Kardinäle nahmen die Worte ihres obersten Hirten schweigend zur Kenntnis. Üblicherweise werden Entscheidungen des Papstes nicht kommentiert, aber Johannes XXIII. hatte sich eine andere Reaktion gewünscht: »Menschlich gesprochen hätten Wir eigentlich erwartet, daß die Kardinäle, nachdem sie Unsere Ankündigung gehört hatten, sich um Uns gedrängt hätten, um ihre Zustimmung und ihre guten Wünsche auszudrücken.« Nichts dergleichen geschah. »Als wir mit dem Auto in den Vatikan zurückkehrten«, erinnerte sich Loris Capovilla, »rief jemand auf der Straße: ›Es lebe das Konzil!‹ Ich fragte: ›Wie fühlen Sie sich, Heiliger Vater?‹ – ›Wie soll ich mich an einem solchen Tag fühlen? Ich freue mich, daß der Herr mir die Idee vom Konzil eingegeben hat. Jetzt begeben wir uns in Seine Hände.‹«

Die Nachricht von der Einberufung des Konzils schlug weltweit ein wie ein Blitz. Gläubige in aller Welt nahmen die Ankündigung mit großem Enthusiasmus entgegen. Die Weltöffentlichkeit reagierte mit optimistischen Schlagzeilen. Nur der *Osservatore Romano* versteckte die Meldung auf Seite zwei. Die Kurie war von der Ankündigung ihres Papstes alles andere als erfreut. »Die Kirche«, schimpfte Giuseppe Siri, Erzbischof von Genua, »wird 50 Jahre brauchen, um sich von den Irrwegen Johan-

Er war ein Mensch, der bereit war aufzunehmen und zuzuhören. Er war der Papst, den wir in dieser Zeit brauchten.

Monsignore Loris Capovilla, Privatsekretär von Johannes XXIII.

Verzeihen Sie mir bitte, wenn ich die Zeremonie und das Protokoll des neuen Amtes noch nicht ganz beherrsche. Sie wissen, die Gaben des Heiligen Geistes schließen leider nicht zugleich die Gabe des päpstlichen Stils mit ein. Aber meine guten Mitarbeiter werden mich schon erziehen, und Wir vertrauen darauf, daß Wir Uns nach und nach an die Würde und den Takt gewöhnen werden, die man von einem Papst erwartet.

Johannes XXIII., 1958

»Wir sind alle nur auf der Durchreise...« Johannes XXIII. empfängt Bundeskanzler Adenauer.

nes' XXIII. zu erholen.« Mailands Erzbischof Giovanni Battista Montini, der spätere Papst Paul VI., polterte Zeitzeugenberichten zufolge noch am selben Abend: »Dieser heilige alte Knabe scheint nicht zu merken, in was für ein Hornissennest er da sticht.«

Johannes XXIII. hatte die Marschrichtung vorgegeben – aggiornamento, eine geistige Verjüngungskur für die gesamte Kirche. Erst eine modernere Kirche könne die getrennten Brüder einladen: »Kommt zu uns!« Als ein Besucher Johannes XXIII. nach dem Ziel des Konzils fragte, soll der Papst das Fenster seines Arbeitszimmers geöffnet und gesagt haben: »Wir erwarten vom Konzil, daß es frische Luft hereinläßt.«

Das Konzil sollte nach päpstlichem Wunsch so bald wie möglich stattfinden – nicht erst nach sechs Jahren Vorbereitung wie das Erste Vatikanum, sondern bereits 1963. Dies sei unmöglich, wandte ein Prälat der Kurie ein. Der Papst entgegnete: »Gut, dann werden wir es schon 1962 eröffnen.« Er betonte: »Das Konzil muß trotz der Kurie stattfinden!«

»Der Papst«, faßte Londons *Daily Express* das erste Jahr des Pontifikats zusammen, »muß über die Bilanz seiner ersten zwölf Regierungsmonate tiefste Genugtuung empfinden. Sein Prestige bei den Gläubigen ist immens. Der von ihm ausgehende Einfluß auf die ›getrennten Brüder‹, auf die Angehörigen der nichtkatholischen christlichen Kirchen, ist größer, als ihn jemals ein Papst zuvor hatte. Mit der Ankündigung des Zweiten Vatikanischen Konzils hat er der katholischen Christenheit einen neuen großen Impuls verliehen. Johannes XXIII. ist zudem der erste fröhliche Papst, den die Kirche seit langer Zeit hervorgebracht hat.«

Die Vorarbeit für das Konzil übertrug der Papst am Pfingstfest der Ersten Vorbereitungskommission mit einem der erfahrensten Männer im Vatikan an der Spitze: dem 78 Jahre alten Kardinalstaatssekretär Domenico Tardini. Unter dessen Leitung sollten weltweit Vorschläge von 3500 Bischöfen, Prälaten, Ordensoberen und 37 katholischen Universitäten eingeholt werden – die größte Umfrage der Kirchengeschichte. Vor dem Ersten Vatikanum waren nur 64 Bischöfe befragt worden. Für das Zweite Vatikanum aber wollte Johannes die Mitarbeit aller: des Episkopats, des gesamten Klerus und der Laien. Sie alle, wünschte Johannes, sollten ihre Meinung frei äußern können. Doch in der Kommission, deren 800 Mitglieder meist der Kurie entstammten, herrschte in einem Punkt weitgehend Konsens: Das Konzil sollte einen bewahrenden und keinen erneuernden Charakter erhalten; die Kirche sollte bleiben, wie sie war, getreu dem kurialen Dogma »Roma locuta – causa finita« – Rom hat gesprochen, die Sache ist entschieden. Daß dieser Papst die Türen und Fenster öffnen wollte, damit frischer Wind den Staub von den Bänken blies, kam manchen in der Kurie fast schon sündiger Versuchung gleich. Dennoch herrschte in der Vatikan-Verwaltung Zuversicht. Man werde das Konzil schon in den Griff bekommen und dem Papst die revolutionären Flausen austreiben. Denn so war es seit jeher gewesen: »Wer die Tagesordnung kontrolliert, der kontrolliert die Sitzung.«

»Den Widerstand der Kurie gegenüber dem Konzil«, so der Schweizer Theologe Hans Küng, »kann man gar nicht groß genug einschätzen. Das geschah natürlich alles sehr verdeckt. Exponent des Kurienapparats war mit Kardinal Ottaviani, dem Sekretär des Heiligen Offiziums, der heutigen Glaubenskongregation, ein entschiedener Gegner eines neuen Kurses. Er nannte sich ›Carabiniere der Kirche‹.«

»Wenn du dem alten Carabiniere sagst, die Gesetze werden bald geändert«, beharrte Ottaviani, »ist es klar, daß er alles tun wird, damit sie doch nicht geändert werden.«

Nicht nur für Außenstehende ergab sich zunehmend der Eindruck, die Kirche werde eigentlich von der Kurie geleitet; der Papst beschränke sich auf Audienzen und humorvolle Anmerkungen. Schon witzelten Spötter: »Tardini herrscht, Ottaviani regiert, Johannes segnet.« Der Papst selbst pflegte lächelnd zu klagen: »Ich bin hier nur der Papst, keiner sagt mir was.« Nicht nur hinter vorgehaltener Hand mokierten sich Kirchenmänner, die Pius XII. nahegestanden waren, wie naiv dieser Angelo Roncalli doch sei. Für sie war nur schwer nachvollziehbar, wie Johannes im Vorfeld des Konzils nach der Maxime des heiligen Bernhard verfahren konnte: »Alles sehen, vieles übersehen und ein wenig korrigieren.«

Mit der Ankündigung des Konzils hatte Johannes zwei weitere Ereignisse verbunden: eine Revision des Kirchenrechtes und die Einberufung einer ersten Synode in der Diözese Rom. Als Roms Klerus Anfang 1960 zu dieser Konferenz zusammentrat, sahen viele dieses Treffen als einen Probelauf für das Konzil – für einen Test für die Zusammenarbeit von Seelsorgern und Theologen,

Diözesanpriestern und Ordensgeistlichen mit den Verwaltungsleuten der Kurie. Die Versammelten waren aufgerufen, Lösungen für die bedrückende pastorale Situation in Rom zu erarbeiten. Manche Stimmen sprachen von der Heiligen Stadt als Missionsgebiet. Die Gemeinden wuchsen rasant (in den letzten 20 Jahren hatte sich die Einwohnerzahl verdreifacht), und in den ausufernden Trabantenstädten ließ das Interesse der Menschen an der Kirche dramatisch nach. Johannes hatte die Pfarreien der Stadt als Bischof von Rom systematisch besucht und war über die alarmierende Lage genau informiert. In zwei Reden vor der Synode versuchte er, Roms Pfarrer auf seine seelsorgerische Linie einzuschwören. Er warnte vor wortverliebten Predigten und forderte wiederholt auf zu Nachsicht und Barmherzigkeit: »Einfachheit ist die größte Gabe des Predigers. Ihr müßt daran denken, daß ihr aufgerufen seid, eure Brüder zu stärken und nicht zu terrorisieren.«

Johannes empfahl und bat, gab aber kein Programm vor, und so beschäftigte sich die Synode vornehmlich mit Bestandssicherung. Statt Wege zu suchen, wie die Gläubigen für ein Leben in der Kirche wiedergewonnen werden konnten, entstand ein neuer Verhaltenskodex für Priester: Sie sollen stets Soutane tragen, sich weiterhin eine Tonsur schneiden lassen, nur im Notfall mit dem Auto fahren, sich vor Kommunisten, Freimaurern und Ketzern hüten. Von Aufbruchstimmung keine Spur. Die Beschlüsse wurden ohne vorherige Debatte verlesen. »Die römische Synode«, so der deutsche Bischof Heinrich Pachowiak, »bremste unsere Erwartungen; und manche waren nun sogar pessimistisch.« So hatte sich der Papst die Generalprobe zum Konzil nicht vorgestellt. In den historischen Gemäuern des Torre San Giovanni am Südende der Vatikanstadt, wo der Papst sich ein Refugium hatte einrichten lassen, um ungestört arbeiten und Einkehr halten zu können, äußerte er sich seinem Sekretär gegenüber enttäuscht. Die Synode sollte das Signal eines kirchenweiten pfingstlichen Frühlings sein. Tatsächlich war sie ein Schritt zurück. Die Kurie schöpfte Hoffnung: »Wenn das Konzil so ähnlich verläuft wie die Synode, wird es das harmloseste der Kirchengeschichte.«

Auch die Vorbereitung des Konzils ging dem Papst nicht schnell genug. Nur gegen Widerstände konnte er sein Anliegen einbringen: die Wiedervereinigung mit den übrigen christlichen Religionen, die Ökumene. Der Leiter der Vorbereitungskommission, Kardinal Tardini, befürchtete ebenso wie Kardinal Ottaviani, daß eine übermäßige Beschäftigung mit den »getrennten Brüdern« die innerkirchlichen Themen des Konzils überlagern könnte. Schließlich sollte das Ereignis ein Treffen der weltweiten katholischen Familie werden. Ottaviani war sogar der Meinung, kontroverse Angelegenheiten dürften auf dem Konzil überhaupt nicht diskutiert werden, weil dies die Gläubigen demoralisieren könne. Doch ein Konzil nach dem Vorbild der Synode von Rom wäre eine maßlose Enttäuschung gewesen – nicht nur für den Papst, sondern für Millionen Gläubige, die auf Erneuerung hofften, auf offene Fenster, durch die frischer Wind ins Haus der Kirche wehe.

Die Stimmen mehrten sich, die vom Konzil erwarteten, zeitgemäße Themen zu behandeln. Zum großen Ärger der Kurie wagte es ein junger Theologe aus Tübingen, der damals zweiunddreißigjährige Hans Küng, in seinem Buch »Konzil und Wiedervereinigung. Erneuerung als Ruf in die Einheit« eine Art Tagesordnung für das Konzil vorzugeben, und der Ärger steigerte sich noch, als dieses Buch weltweit großes Echo fand. Küngs besonderes Anliegen war, die Trennung der Christen zu überwinden. Er forderte unter anderem die Reform der römischen Kurie, einen »unpolitischen« Papst, einen Dialog zwischen Kirche und anderen Kulturen, und er regte an, den »Index der verbotenen Bücher« abzuschaffen. Die Kurie reagierte entsetzt über diesen jungen, anmaßenden Universitätsprofessor, der recht behalten sollte: Fast alle seine Vorschläge wurden vom Konzil behandelt. »Er hat«, so Wiens Kardinal König rückblickend, »ein gutes Gespür gehabt für die Fragen, die in der Luft lagen.«

Weitaus schwerer für die Kurie aber wog eine der bedeutendsten Personalentscheidungen im Pontifikat von Johannes XXIII. Da das Konzil nach päpstlichem Willen die Einheit der Christen »auf lange Sicht« vorbereiten sollte, richtete Johannes ein eigenes Konzilorgan ein, das »Sekretariat zur Förderung der Einheit der Christen«, dessen Leitung er dem deutschen Kardinal Augustin Bea, einst Rektor des römischen Bibelinstituts und Beichtvater von Pius XII., anvertraute. »Um in besonderer Weise Unsere Liebe und Unser Wohlwollen für diejenigen zu zeigen, die mit dem Namen Christi geschmückt, aber von diesem Apostolischen Stuhl getrennt sind, und damit diese den Arbeiten des Konzils folgen und leichter den Weg finden können, um jene Einheit zu erreichen, die Jesus Christus vom himmlischen Vater in heißem Gebet erfleht hat, haben Wir ein eigenes Amt und Sekretariat

*»Zwei
Kirchenober-
häupter...«
Königin Elisa-
beth II. zu Be-
such bei Jo-
hannes XXIII.*

Wenn man bedenkt, daß der einfache Bauernsohn aus einem kleinen bergamaskischen Dorf berufen ist, die Königin von England zu empfangen, die Herrin von Indien gewesen ist.

Johannes XXIII.

Vielleicht ist es nicht erlaubt, das Wort »Schlitzohr« auf einen so hohen Menschen und Führer der Kirche anzuwenden, aber genauso würde ich ihn, im positiven Sinn, bezeichnen.

Bischof Hubert Luthe, ehemaliger Assistent von Kardinal Joseph Frings

Wissen Sie, Sie haben das gestern wundervoll übersetzt. Erst nachdem ich Ihre Zusammenfassung gelesen hatte, wurde mir klar, was ich eigentlich sagen wollte.

Johannes XXIII. zu William Carew, päpstlicher Englisch-Dolmetscher

O Gott, dieser Mann wird eine Katastrophe im Fernsehen.

Johannes XXIII. über sein Spiegelbild, 1958

errichtet.« So begründete der »ökumenische« Papst Johannes XXIII. eine Entscheidung, mit der die Kurie nicht einverstanden sein konnte. Denn Beas »Sekretariat« bedeutete das Ende des Kurienmonopols bei der Vorbereitung des Konzils. Der einundachtzigjährige Bea ging seine neue Aufgabe mit geradezu jugendlichem Elan an. Er bereiste ganz Europa in ökumenischer Mission, gab Interviews – stets bestrebt, die »getrennten Brüder« an Rom heranzuführen. Erst Bea holte als Berater Theologen aus aller Welt zusammen und schlug vor, nichtkatholische, christliche Beobachter zum Konzil einzuladen. Tatsächlich erschienen Vertreter von 18 nichtkatholischen Kirchen – eine Premiere in der Kirchengeschichte.

Johannes' Initiative stieß bei Katholiken und Andersgläubigen in aller Welt auf nahezu euphorische Zustimmung. Das Exekutivkomitee des Ökumenischen Rates der Kirchen erklärte: »Die Tatsache, daß jetzt ein Gespräch mit der römischkatholischen Kirche möglich wird, muß warm begrüßt werden.« Und Johannes selbst lebte die Ökumene vor, indem er mehr Kirchenmänner anderer Konfessionen in Audienzen empfing als jeder seiner Vorgänger in der neueren Geschichte. Zum ersten Mal seit über 300 Jahren kam der Primas der anglikanischen Kirche, der Erzbischof von Canterbury, in den Vatikan. Es folgten Besuche des Bischof-Präsidenten der protestantischen Episkopalkirche der USA, des Präsidenten der nationalen Baptisten-Konvention für Nordamerika, des Moderators der presbyterianischen »Kirche von Schottland« und des Präsidenten des Weltrates der Methodisten. Zweifellos hatten sich die Jahre 1925 bis 1944 auf Angelo Roncalli prägend ausgewirkt. Schon als Vertreter des Heiligen Stuhls in Bulgarien, der Türkei und Griechenland war ihm die brüderliche Nachbarschaft mit den Bischöfen der von Rom getrennten Ostkirchen ein besonderes Anliegen gewesen. »Wie könnte ich die zehn Jahre vergessen, die ich in Sofia verbrachte, und die zehn anderen in Istanbul und Athen?« ließ er die nichtkatholischen Konzilbeobachter bei einer Audienz wissen. »Das waren 20 glückliche und reichgefüllte Jahre, in deren Verlauf ich die Bekanntschaft ehrwürdiger Persönlichkeiten und Menschen voller Großmut machte. ... Wir haben nicht lange verhandelt, sondern miteinander gesprochen; wir haben nicht diskutiert, sondern waren einander gut gesinnt.«

»Der Papst in Rom«, würdigte der Patriarch von Istanbul,

»ist der erste Führer des römischen Katholizismus, der das Geheimnis des nahtlosen Rockes Christi verstanden hat.«

Allmählich nahm das Konzil konkrete Formen an. Im Sommer 1961 begann die letzte Phase der Vorbereitung. Nach dem Tod Tardinis im Juli 1961 diente dem Papst nun Kardinal Amleto Giovanni Cicognani als Staatssekretär. Welche Theologen und Kirchenrechtler teilnehmen sollten und die Verfahrensweise bei Abstimmungen war noch immer unklar. Fest stand nur, daß die Verhandlungssprache des Konzils Latein sein sollte – eine Sprache, mit der so mancher Kirchenmann vor allem aus englischsprachigen Ländern seine Probleme hatte. Der amerikanische Kardinal Cushing bot sogar an, eine Simultananlage zu stiften. Die Kurie lehnte dankend ab. Cushing grollte: »Dann kann ich ja gleich zu Hause bleiben.«

Trotz dieser vorgezeichneten Verständigungsprobleme legte der Papst großen Wert darauf, daß alle drängenden Fragen offen zur Sprache kamen. Vor der ersten Sitzung der Vorbereitungskommission mahnte Johannes: »Nichts, was den Seelen hilft, sollte verborgen werden. Aber im Umgang mit schwerwiegenden und ernsten Angelegenheiten haben wir die Pflicht, sie mit Klugheit und Schlichtheit darzustellen, weder vager Neugier zu schmeicheln noch der Versuchung zur Polemik nachzugeben... Die Sprache, der wir uns auf dem Konzil bedienen, sollte gelassen und ruhig sein, sie sollte Mißverständnisse erhellen und aus dem Weg räumen, und sie sollte Irrtümer durch die Kraft der Wahrheit zerstreuen.« Das Konzil, stellte Johannes klar, sei keine »spekulative Versammlung«, sondern ein »lebendiger, pulsierender Organismus, der alle im Licht und in der Liebe Christi umarmt«. Der Papst war nun 79 Jahre alt und sich dessen bewußt, daß die »große Drangsal des Sterbens nicht weit sein kann«. Noch einmal definierte er im Tagebuch sein Verständnis vom Papstamt: »Worauf es ankommt, ist, mit Gott für das Heil der Seelen und der ganzen Welt zusammenzuarbeiten. Darin findet die Aufgabe des Papstes ihren höchsten Ausdruck.« Dieses christliche, unpolitische Amtsverständnis stieß in der Politik der gespaltenen Welt zusehends auf Respekt und Zustimmung. Über ideologische Grenzen hinweg erwarb sich Johannes moralische Autorität – mit ungewöhnlichen Initiativen wie im Krisensommer 1961.

Am 13. August 1961 riegelten bewaffnete Streitkräfte der DDR die Grenze zwischen den westlichen Sektoren und dem Ostteil Berlins ab. Der Bau der Mauer trieb die Welt für einen Augenblick an den Rand eines Atomkriegs. Johannes XXIII. tat, was in seiner Macht stand. Vom Urlaubsdomizil Castel Gandolfo aus sandte der Papst einen Friedensappell an die Konferenz der »Blockfreien«, die gerade in Belgrad tagte. Nikita Chruschtschow reagierte mit einem Interview in der Parteizeitung *Prawda.* Die Diktion des Kalten Kriegs war unverkennbar, doch die eigentliche Sensation bestand darin, daß zum ersten Mal seit 1917 ein russischer Staatschef den Papst mit wohlwollenden Worten bedachte: »Johannes XXIII. zollt der Vernunft Tribut. Aus allen Teilen der Welt erhebt sich ein Wunsch nach Frieden, den wir nur gutheißen können. Nun fürchten wir nicht Gottes Urteil, woran ich als Atheist nicht glaube, aber wir begrüßen den Appell zu verhandeln, ganz gleich woher er kommt.«

Die Welt horchte auf. Diese Botschaft konnte durchaus als Signal verstanden werden, Moskau wolle wegen Berlin keinen Atomkrieg riskieren. Nach Jahrzehnten der Eiszeit zwischen Vatikan und Sowjetunion war Chruschtschows Interview der erste, zaghafte Schritt, das Verhältnis zu verbessern – zu einer Zeit, da diplomatische Beziehungen nicht existierten. Der zweite Schritt folgte am 25. November 1961, dem 80. Geburtstag Angelo Roncallis. Da die Feierlichkeiten auf den 4. November vorgezogen worden waren, den Jahrestag der Krönung, verlief der Geburtstag selbst sehr ruhig. Der Papst stand wie immer um vier Uhr morgens auf, betete, zelebrierte die Messe, hielt den Vormittag über Audienzen, wie an allen anderen Tagen auch, und aß gegen ein Uhr zu Mittag. Capovilla las ihm einige Telegramme vor, als plötzlich der Staatssekretär in den Raum trat und mit ernster Miene sagte: »Eure Heiligkeit, der Botschafter der UdSSR hat eine Botschaft von Herrn Chruschtschow gesandt.«

Capovilla erinnert sich: »Der Papst sah den Kardinal an – drei, vier Sekunden –, es war wie eine Ewigkeit für mich. Dann sagte er: ›Eminenz, eine freundliche Geste ist besser als eine Ohrfeige.‹ Er schwieg eine Weile und fuhr fort: ›Es könnte auch ein Betrug sein, eine Illusion, eine Instrumentalisierung; es könnte aber auch ein Faden sein, den mir die Vorsehung schickt. In diesem Fall habe ich nicht das Recht, diesen Faden zu zerreißen. Jetzt esse ich fertig zu Mittag, ruhe mich ein wenig aus, bete, dann lasse ich Sie rufen, und wir werden gemeinsam antwor-

»Ich bin hier nur der Papst...« Johannes XXIII. in seinem Arbeitszimmer.

Er brachte in die Kurie einen neuen Stil. Früher hatte einer vor dem anderen Angst. Sobald Roncalli da war, fühlten sich alle freier.

Bruno Heim, Sekretär des Nuntius Roncalli

Ich bin nicht unfehlbar. Ich wäre nur unfehlbar, wenn ich *ex cathedra* spräche, was ich nicht vorhabe.

Johannes XXIII.

Papst Johannes XXIII. brauchte keine Weltreisen, um sich der Weltkirche zu Gehör zu bringen. Und doch haben Menschen in der ganzen Welt auf seine Stimme gehört, weil seine Worte ihnen unmittelbar zum Herzen sprachen.

Hans Küng, Theologe

ten.‹« Das hatte es noch nie gegeben: ein sowjetischer Staatschef, der dem Papst zum Geburtstag gratulierte. Mehr noch:
Chruschtschow würdigte den »Erfolg seiner hochherzigen Bemühungen um die Stärkung und Festigung des Friedens auf
Erden«. Johannes übermittelte seinerseits »dem ganzen russischen Volk seine herzlichen Wünsche für Entwicklung und Festigung des allgemeinen Friedens durch Verständigung in humaner
Brüderlichkeit«.

Ein Papst, der an den Kreml schreibt – das kam vielen einem
Tabubruch gleich. Pius XII. hatte jeglichen Kontakt mit der
kommunistischen Welt strikt untersagt. Nun aber tauschten Johannes und Chruschtschow Nettigkeiten aus. Wohin sollte das
führen? Die Kurie war irritiert. *L'Osservatore Romano* meldete
den historischen Notenwechsel erst Wochen später – natürlich
nicht auf der Titelseite. Was bewog den Papst zum Schriftwech-
sel mit Chruschtschow? »Johannes XXIII.«, sagt Kardinal Agostino Casaroli, damals Mitarbeiter des Staatssekretariats, »war
vertrauensselig. Er hatte Vertrauen in die Menschen, im Grunde
auch in die schlimmsten. Nicht alle waren begeistert bereit, sich
diesem neuen Kurs unterzuordnen.«

Es überrascht, daß die Botschaft aus Moskau gerade auf den
Papst keinen allzu großen Eindruck zu machen schien. Andere
Ereignisse hielt er für würdiger, im Tagebuch erwähnt zu werden, seinen Geburtstag zum Beispiel: »Genau achtzig Jahre:
1981–1961. Dank sei Gott. Tag heiterer Ruhe und Gnade . . . Am
Nachmittag ein gutes Schläfchen, um mich zu erfrischen, wie
gewohnt im Ledersessel. Um vier Uhr ein kurzer Gang im Garten. Von sechs bis acht Fortsetzung des schwierigen Geschäfts
mit Kardinal Confalonieri. Dann Rosenkranz und *Te Deum*
einschließlich Segen mit dem heiligen Sakrament in der Kapelle.
Abendessen. Hörte eine bewegende Rundfunksendung, die an
den Papst und seine LXXX Jahre erinnerte. Letzte Gebete in der
Kapelle . . .« Erst im Februar 1962 würdigte der Papst Chruschtschows Glückwunschtelegramm als einen »Schritt auf einen
klugen Kontakt hin. Wir sollten die Osteuropäer das wissen
lassen: Sie haben dem Papst als dem Oberhaupt der katholischen
Familie Respekt erwiesen, und zum ersten Mal haben sie seiner
Arbeit für den Frieden ihre Hochachtung erwiesen.« Das Funda-
ment für weitere Kontakte war gelegt. Aus dieser vorsichtigen
Annäherung ergaben sich auch Kontakte zu anderen Ostblock-
ländern. Johannes wollte möglichst vielen Bischöfen aus dieser

Region, auch Beobachtern der russisch-orthodoxen Kirche, die Teilnahme am Konzil ermöglichen. Wochenlang reisten der Erzbischof von Wien, Kardinal König, und der holländische Erzbischof Willebrand in geheimer Mission durch Osteuropa. Wie zu erwarten, fand das aufkommende Tauwetter in den vatikanisch-sowjetischen Beziehungen innerhalb der Kurie keine Gnade. War es nicht naiv, mit dem Kreml fast schon freundschaftlich zu verkehren und zeitgleich in Polen und Italien einen strikt anti-kommunistischen Kurs zu steuern? Johannes nahm die Spitzen aus dem vatikanischen Verwaltungsapparat gelassen zur Kenntnis. Die »Eiferer« würden sich schon wieder beruhigen. Für Johannes waren alle Menschen »Kinder Gottes«, auch Kommunisten. Warum sollte er einen Unterschied machen? Er würde nicht davor zurückschrecken, Chruschtschow, diesen »guten Mann«, zu empfangen, käme er denn nach Rom. »Ich würde ihm zuhören und ihm dann ruhig und höflich meine Gedanken über die Ansprüche der Kirche in der heutigen Zeit mitteilen: Wir wollen keinen Schutz und keine Privilegien, sondern wir wollen einfach Freiheit, das Evangelium zu predigen.« In jenen Tagen schrieb Johannes in sein Tagebuch: »Ich bemerke in meinem Körper den Anfang irgendeiner Störung. .*. Es ist nicht gut, darüber zuviel nachzudenken. Aber trotzdem fühle ich mich zu allem bereit.«

Niemand ahnte, daß der Papst den Keim einer tödlichen Krankheit in sich trug. Angelo Roncalli, der nie die Hilfe eines Arztes benötigt, der sich stets auf die bewährten Hausrezepte seiner bergamaskischen Heimat verlassen hatte, blieb nicht mehr viel Zeit. Dennoch arbeitete er mit ungebrochener Energie weiter am großen Vermächtnis seines Pontifikats – dem Zweiten Vatikanischen Konzil. An Weihnachten 1961 berief Johannes im apostolischen Rundschreiben »Humanae salutis« das Konzil ein, ohne jedoch ein genaues Datum zu nennen. Es sollte, schrieb er, »der Welt zu Diensten sein«, »die Krise in der Gesellschaft« thematisieren und die »Zeichen der Zeit« erkennen.

Die aber standen auf Sturm. Die Krise um Berlin schwelte weiter, und in Kuba entstanden Stützpunkte für sowjetische Atomraketen. Die politische Großwetterlage gab zu Pessimismus allen Anlaß. Johannes XXIII. aber schien von Zuversicht beseelt zu sein. Sein Lebensziel, das Konzil, war zum Greifen nahe. Aus dem Tagebuch des Papstes: »Drei Jahre sind vergangen, während denen wir gesehen haben, wie der kleine Samen sich entwickelte und mit Gottes Segen ein richtiger Baum wurde.«

Die Zentrale Vorbereitungskommission nahm ihre Arbeit auf. Kardinäle, Erzbischöfe, Bischöfe, Patriarchen und Generalobere aus insgesamt 59 Ländern berieten hinter verschlossenen Türen, welche Themen konzilwürdig waren. Wie beim Konklave drang auch aus diesem »kleinen Konzil« so gut wie nichts nach außen. Die Kirchenpresse kleidete ihr Schweigen in zahlreiche, jedoch nichtssagende Worte.

Papst Johannes verfolgte die Diskussionen in der Kommission mit regem Interesse. Jeder Entwurf ging über den mit rotem Leder überzogenen Schreibtisch des Papstes, auf dem ein kleines goldenes Kruzifix und zwei Telefone standen. Bis tief in die Nacht brannte an manchen Tagen Licht im höchsten Eckzimmer des apostolischen Palastes, dem päpstlichen Arbeitszimmer. Das Glockenspiel nach dem Motiv des »Ave Maria« von Lourdes schlug oft ein Uhr, ehe Johannes sein Tagewerk beendete. Die Lektüre stimmte ihn zufrieden. Die Kommission arbeitete in seinem Sinne – zielend auf »aggiornamento«, das Heutigwerden der Kirche. Doch immer wieder forderten ihn »Propheten des Unheils« zum Widerspruch heraus.

In der Kirche war es üblich geworden, die Gegenwart in düsteren Farben darzustellen und die Vergangenheit als gülden zu lobpreisen. Die Formel »Mit Besorgnis sehen wir . . .« gehörte zum Standardrepertoire von Bischöfen, die kaum Mut zusprachen, dafür um so eifriger warnten, Verbote verhängten und verurteilten. Das Konzil sollte der Schwarzmalerei mancher Seelsorger ein Ende bereiten und Zeichen der Hoffnung setzen. »Die Kirche«, sagte Johannes, »will heute lieber Barmherzigkeit als Strenge walten lassen.« Die Sendung der Kirche Christi bestehe nicht darin, über die Menschen zu herrschen und ihr Tun zu normieren, sondern sie dem Menschen von heute nahezubringen und ihm liebenswert zu machen. Die Kirche sollte umdenken und sich den Zeitläuften anpassen. Im Schatten der Atomwaffen, nach der leidvollen Erfahrung zweier Weltkriege, in einer sich atemberaubend schnell verändernden Welt käme es einer Sünde gleich, das christliche Erbe nur zu bewahren. Johannes wollte es fortführen. Dafür setzte er sich unermüdlich ein – in Aufrufen, Ansprachen, Rundfunkbotschaften, Apostolischen Briefen und Enzykliken wie »Mater et Magistra«, benannt nach dem selbstbewußten Anfangssatz: »Mutter und Lehrmeisterin der Völker ist die katholische Kirche!«

Es war die erste seiner beiden großen Enzykliken, erschienen am 15. Juli 1962, zur Siebzigjahrfeier der sozialen Enzyklika Leos XIII., »Rerum novarum«. »Mater et Magistra« unterstrich das kirchliche Interesse für die soziale Wirklichkeit: die Armut in der Dritten Welt und die Ausbeutung rechtloser Arbeiter in den Fabriken der Industrieländer . . . Nach dem Motto »Meine Familie ist die ganze Welt« forderte Johannes XXIII. mehr Gerechtigkeit zwischen den Industrienationen, die im Überfluß lebten, und den jungen Entwicklungsländern, die gerade ihre Unabhängigkeit von den Kolonialmächten erkämpft hatten. Die Spanne der Reaktionen auf diese Botschaft reichte von überschwenglicher Zustimmung bis zu vehementer Ablehnung und dem vernichtenden Urteil von Kardinal Siri aus Genua, das Pontifikat Johannes' XXIII. sei »die größte Katastrophe der jüngeren Kirchengeschichte«, wobei er mit »jünger« die letzten 500 Jahre meinte.

Nicht nur für Siri war diese Enzyklika ein Schlag ins Gesicht. Auch Kardinal Ottaviani reagierte verärgert bis fassungslos, denn »Mater et Magistra« bedeutete Wasser auf die Mühlen von Aldo Moro, dem Chef der Christdemokratischen Partei Italiens, dem eine »Öffnung nach links«, ja sogar ein Bündnis mit den Sozialisten vorschwebte. Johannes stand solchen Absichten wohlwollend gegenüber, nicht aber die »Männer Pius' XII.«, allen voran die konservativen Kardinäle Ottaviani und Siri, die Aldo Moro als einen Ketzer erachteten und mit dieser Meinung nicht hinter dem Berg hielten. Bereitwillig druckte *L'Osservatore Romano* die Botschaft der Kardinäle: Katholiken dürften Marxisten nicht unterstützen. Dies kam einem moralischen Verbot gleich – ein massiver Eingriff in die Politik. Denn damit waren Moros Christdemokraten um ihre Bündnisfreiheit gebracht. Politik gegen die Kirche war in Italien von vornherein zum Scheitern verurteilt. Kirche und Staat: Wo stand der Papst?

Johannes ließ diese Frage nicht lange offen. Er lud Ministerpräsident Amintore Fanfani in seinen Palast und erklärte in der wegweisenden Rede vom »breiteren Tiber«: »Die besondere Situation der katholischen Kirche und des italienischen Staates – zweier Organismen, die in Struktur, Charakter, Ebene und Zielen voneinander abweichen – setzt eine gewisse Zurückhaltung in der Beziehung voraus, die, gegründet auf Höflichkeit und Ach-

Papst Johannes war ziemlich offen, er mochte den unmittelbaren Kontakt mit Menschen.

Monsignore Loris Capovilla, Privatsekretär von Johannes XXIII.

Die Menschlichkeit dieses Papstes war bedeutender als sein Auftreten.

Edward Schillebeeckx, Theologe

Andere menschliche Qualitäten – Bildung, diplomatisches Geschick, organisatorische Fähigkeiten – mögen ein Pontifikat verschönern und ausfüllen, aber sie können nicht ersetzen, der Hirte der ganzen Herde zu sein.

Johannes XXIII.

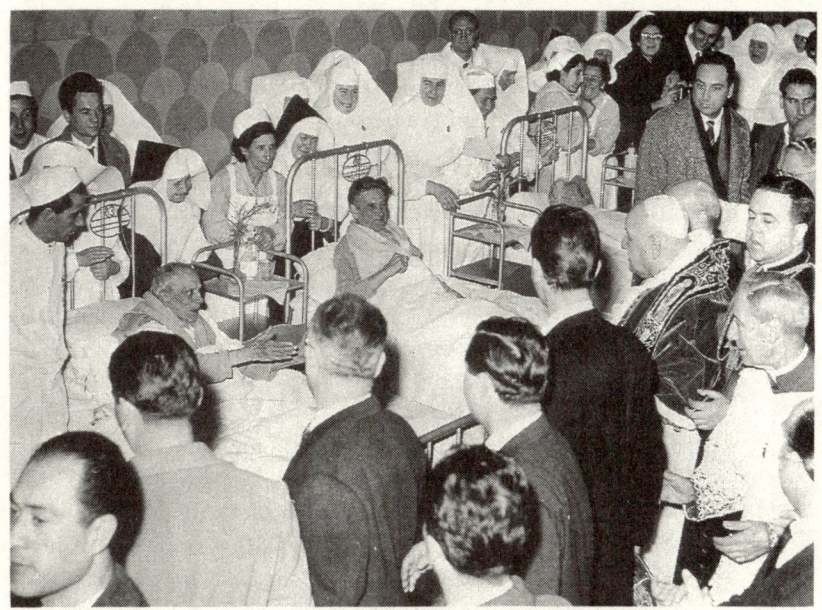

Pius XII. regierte über die Menge, Johannes inmitten der Menge.

»Ein Werk der Barmherzigkeit...«
Besuch eines Hospitals.

Benny Lai, Journalist und Vatikan-Experte

Papst Johannes war ein sehr würdiger Mensch, er hatte eine edle Seele, eine edle Haltung. Er war ein Herr.

Monsignore Loris Capovilla, Privatsekretär von Johannes XXIII.

Kranke zu besuchen ist ein Werk der Barmherzigkeit, das den Seelen immer nützt.

Johannes XXIII.

tung, die Gelegenheiten, bei denen sich ihre Vertreter von Zeit zu Zeit treffen, um so angenehmer macht.« Johannes lehnte jegliche »Einmischung über Gebühr« entschieden ab. Italiens Bischöfe, erzogen im Geiste von Pius XII., waren von dieser Ansicht schwer zu überzeugen. Viele genossen ihren Einfluß auch auf weltliche Dinge. Italiens Kirche war mit dem politischen System eng verflochten. Es galt noch vielerorts die italienische Version der Nächstenliebe: Eine Hand wäscht die andere. Nicht wenige konnten oder wollten ihren Papst in diesem Punkt nicht verstehen. Das Klima blieb gereizt – und Johannes bei seiner Meinung: »Der Papst im Vatikan ist eine Sache, der Präsident im Quirinal ist eine andere.«

Unbeeindruckt von Lob und Tadel zog Johannes in Castel Gandolfo eine Zwischenbilanz seiner Regentschaft: »Als die Kardinäle der heiligen römischen Kirche am 28. Oktober 1958 mich im Alter von 77 Jahren zum Oberhaupt der ganzen Erde Christi erwählten, verbreitete sich die Meinung, ich würde ein Papst des provisorischen Übergangs sein. Und jetzt stehe ich bereits vor dem vierten Jahr meines Pontifikats und habe ein gewaltiges Progamm abzuwickeln, auf das die ganze Welt erwartungsvoll blickt.«

Am 1. Februar 1962 unterschrieb Kardinal Gaetano Cicognani, Vorsitzender der Liturgiekommission, die Vorlage für das Konzil. Vier Tage später starb er. Hätte er nicht unterschrieben, die Kommission hätte noch einmal von vorne beginnen müssen. So aber war der Weg frei für eine reformfreudige Liturgievorlage zugunsten der Muttersprache im Gottesdienst. Für die Konservativen, denen Latein als Kirchensprache heilig war, kam das einer Revolution gleich. Endlich stand auch fest, wann genau das Konzil beginnen sollte: am 11. Oktober 1962.

Inzwischen lagen 69 Entwürfe zu den unterschiedlichsten Themen vor. Sie hatten eines gemeinsam: Sie waren wenig konkret. Lediglich die Liturgiekommission präsentierte ein klares Konzept. Kardinal Ottaviani, der zu einer Art Sprecher der »bewahrenden« Fraktion geworden war, wollte seiner Theologiekommission ein Vetorecht über alle anderen Kommissionen einräumen. Er schlug eine Art »Glaubensbekenntnis« vor, in dem die alten Irrtümer erneut verdammt, die Stellung der Priester gegenüber den Laien hervorgehoben und alle gerügt wurden, die über »Schuld und Sündhaftigkeit der Kirche« sprachen. Diese Anregung provozierte Widerspruch aus den Diözesen. Im Laufe der weiteren Sitzungen zeigte sich, daß die Vertreter der Ortskirchen kaum bereit waren, sich wie bisher von der Kurie dirigieren zu lassen – eine erste entscheidende Veränderung, noch bevor das Konzil begonnen hatte.

Ein weiterer Konflikt schwelte noch immer zwischen den Kardinälen Ottaviani und Bea, der bei Johannes in hohem Ansehen stand und den Verlauf des Konzils maßgeblich gestalten sollte. Der Streit drehte sich um die Teilnahme der nichtkatholischen christlichen Beobachter. Ottaviani plädierte dafür, sie möglichst wenig einzubinden, und versuchte über die »fundamentalistische« Bibelkommission, deren Mitglied er war, den Einfluß des progressiven Kardinals Bea zurückzudrängen. Die Meinungsverschiedenheit drohte zur offenen Auseinandersetzung zu eskalieren, als im Dezember 1960 in der Zeitschrift des Lateran-Seminars *Divinitas* eine inquisitorische Attacke auf das Bibelinstitut und zwei Jesuiten zu lesen war, die sich der Fehlinterpretation der Bibel schuldig gemacht hätten. Ziel dieser Intrige waren Bea, langjähriger Rektor des Bibelinstituts, und indirekt auch der Papst, der auf seinen Rat hörte. Der Text zog Kreise: Alle 400 Bischöfe Italiens bekamen ihn zugestellt, außer Johannes XXIII., der ja auch Bischof von Rom war. Nur durch Zufall erfuhr der Papst von diesem Affront. Er sprach dem Biblicum sein vollstes Vertrauen aus, veranlaßte den Drahtzieher, Kardinal Giuseppe Pizzardo, sich bei Bea zu entschuldigen, und überlegte sich ernsthafte Konsequenzen, falls die von Konservativen beherrschte Bibelkommission sich weiterhin wenig konstruktiv verhalten sollte. So verärgert wie nie während seines Pontifikats, schrieb der Papst Staatssekretär Cicognani: »Die Zeit ist reif, diesem Unsinn ein Ende zu machen. Entweder die Bibelkommission sputet sich, leistet ordentliche Arbeit und trägt durch ihre Vorschläge an den Heiligen Vater Nützliches zu den Bedürfnissen der Gegenwart bei, oder es wäre besser, sie abzuschaffen und von der obersten Autorität durch etwas anderes im Herrn ersetzen zu lassen.« Johannes XXIII. wußte, welchen Schaden eine wenig tolerante Bibelkommission dem Konzil zufügen konnte, und er ließ den Drohungen Taten folgen: Zwei Monate später hatte die Bibelkommission einen neuen Sekretär.

Die Zeit drängte, wollte Johannes *sein* Konzil noch selbst erleben. Die Chancen, daß das Oberhaupt der Kirche am Ende des

Konzils noch immer Johannes XXIII. hieß, schwanden, je mehr Entwürfe sich in den Büros der Zentralen Kommission stapelten. Alle 69 Schemata in einer einzigen, zweimonatigen Sitzungsperiode diskutieren und verändern zu wollen, würde, wie der Papst einsehen mußte, unmöglich sein. Es war eine bittere Erkenntnis von Johannes, das Konzil wohl nicht überleben zu können. Zur Eile zu drängen kam für ihn dennoch nicht in Frage. Das Konzil sollte frei und selbständig sein und so lange tagen, wie es die Versammlung für nötig hielt. Zwar kritisierte er so manchen Entwurf, wenn zuviel von Verboten die Rede war, in der Regel aber blieb er dem Motto »Alles sehen, vieles übersehen und ein wenig korrigieren« treu. Er ahnte längst, worin sein persönlicher Anteil bei der Vorbereitung des Konzils liegen würde. »Es wird Leiden sein.« Die »Störung im Körper« verschlimmerte sich. »Gelassen und ruhig warte ich auf den Bruder Tod«, schrieb er in der überarbeiteten Fassung seines Testaments. Kein Bild, so der letzte Wille, sollte ihn auf dem Sterbebett zeigen. Nach außen, kamen die Berater überein, sollte der Schein vom gesunden Papst gewahrt bleiben. Das Konzil hatte Vorrang.

Nur der allerengste Kreis wußte von der tödlichen Krankheit, als der Papst am 4. Oktober 1962 morgens um 6.40 Uhr im Vatikan-Bahnhof einen Sonderzug zur Wallfahrt nach Loreto und Assisi bestieg. Wie so oft hatte sich Johannes spontan zu dieser Reise entschlossen. Entsprechend begeistert jubelten Gläubige dem reisenden Pontifex entlang der Bahnstrecke, in den Bahnhöfen und insbesondere in Loreto zu, wo ihn 50 000 Menschen herzlich empfingen. »Ich bin nicht gekommen«, erwiderte Johannes die Begeisterung, »um Beifall zu erhalten, sondern um die Muttergottes für das Konzil zu bitten.« Auch am Grab des heiligen Franziskus, für Johannes Repräsentant der »Kirche der Armen«, hielt der Papst Fürbitte, damit das Konzil eine »frohe Verkündigung des Evangeliums« werde und die »guten und schönen Dinge« im Dienste des Friedens gerecht verteilt werden würden – ein Gebet ganz im Geiste des Heiligen von Assisi und Ausdruck seiner Hoffnung, der »Geist des Konzils« möge sich den Belangen der »Kirche der Armen« annehmen. Einige Tage zuvor hatte Angelo Roncalli geschrieben: »Nach drei Jahren gewiß mühevoller, aber auch glücklicher und ruhiger Vorbereitung sind wir nun am Fuße des heiligen Berges angelangt. Der Herr möge uns helfen, um alles zu einem guten Ende zu führen.«

Die letzten Tage vor dem Konzil verbrachte Johannes in der

Abgeschiedenheit seines Refugiums im Torre San Giovanni im Vatikan. Alle Audienzen waren abgesagt. Der Papst gab sich Gebeten hin, während Tausende von Bischöfen in Rom Quartier bezogen. 531 kamen aus Lateinamerika, knapp 300 aus Afrika, über 400 aus Italien, 217 aus den USA, 159 aus Frankreich, 95 aus Spanien, 68 aus Deutschland – insgesamt 2500, die, wie die gesamte katholische Welt, mit freudiger und auch sorgenvoller Erwartung dem Tag der Eröffnung entgegensahen. Die Mehrheit ging mit Johannes konform, wollte den Zeichen der Zeit gerecht werden und gemeinsam mit ihrem Papst ein Fenster in der Kirche öffnen, sie demokratisieren und auch dezentralisieren. Doch einige Kardinäle, Bischöfe und Männer der Kurie hatten Sorge, die Kräfte der Erneuerung könnten sich am Kern des christlichen Glaubens vergreifen, an vielem, was ihnen heilig war, bis hin zum Vaterunser. Kölns Erzbischof Frings unterschied zwei Richtungen:»eine sehr rechtsgerichtete, sehr konservative, die namentlich von Mitgliedern der römischen Kurie, von römischen und spanischen Bischöfen vertreten wurde, und auf der anderen Seite eine etwas freiere und der heutigen Welt mehr aufgeschlossene Richtung«.

Der Tag von Ephesus, der 11. Oktober 1962, war wolkenverhangen. Leichter Regen ging nieder auf Rom, als am frühen Morgen ein Schauspiel begann, das die Welt noch nie gesehen hatte. In einer prachtvollen Prozession zogen 2498 Konzilsväter von den Sälen des päpstlichen Palastes die Scala Regia hinab zum Petersdom. 200 000 Gläubige auf dem Petersplatz verfolgten diese eindrucksvolle Demonstration des globalen Kirchencharakters – mit Bischöfen aller Hautfarben aus 133 Nationen, mit Mitren und Rauchmänteln. Inmitten der pilgernden Bischöfe: Johannes XXIII. auf der »Sedia gestatoria«, dem Thronsessel mit prunkvollem Baldachin, gefolgt von Trägern mit Pfauenfeder und Lanzen – päpstlicher Prunk, der dem Weinbauernsohn aus Sotto il Monte mißfiel, dem er sich aber doch nicht entziehen wollte. Immerhin, Johannes trug statt der Tiara die Bischofsmitra – Zeichen kollegialer Verbundenheit mit den Konzilsvätern.»Damals«, erinnert sich Kardinal König, »habe ich mir gedacht: Ja, die Kirche ist etwas Buntes. Das war mir bis dahin so nicht bewußt geworden.« Unauffälliger als die Vertreter orientalischer Kirchen mit ihren prachtvollen Gewändern, jedoch Zeichen eines großen Triumphes von Johannes XXIII. waren zahlreiche Bischöfe aus dem Ostblock, die nach Rom reisen durften, die Vertreter von 18 nichtkatholischen Kirchen und zwei Repräsentanten der russischen Orthodoxie.

Über Rundfunk und Fernsehen nahm die gesamte Weltöffentlichkeit an diesem größten Ereignis der Kirchengeschichte teil. Im Hauptschiff von Sankt Peter erwartete die hohen Würdenträger ein gewaltiger Konzilsraum mit Lautsprecheranlage, Scheinwerfern und einer Hollerithmaschine zur Stimmzählung. Die gesamte Länge der Basilika war in einen riesigen Debattiersaal verwandelt worden, mit nach beiden Seiten ansteigenden, 90 Meter langen Sitztribünen für das »Parlament Gottes«, das Johannes vom Papstaltar unter der Kuppel mit kräftiger, sonorer Stimme begrüßte. Das Konzil, meinte Johannes, sei eine Glaubensfeier, und er spielte sogleich auf die Kurie an: »In der täglichen Ausübung Unseres apostolischen Hirtenamtes geschieht es oft, daß bisweilen Stimmen solcher Personen Unser Ohr betrüben, die zwar vor religiösem Eifer brennen, aber weder genügend Sinn für die rechte Beurteilung der Dinge noch ein klares Urteil walten lassen. Sie sehen nämlich in den heutigen Verhältnissen der Gesellschaft nur Niedergang und Unheil.« Diesen Unglückspropheten wolle er widersprechen. Ziel des Konzils dürfe es nicht sein, die alten Dogmen in der alten Sicht zu diskutieren, sondern »das authentische Dogma muß untersucht und gedeutet werden im Licht der Forschungsmethoden und der Sprache des modernen Denkens. Denn die Substanz des uralten anvertrauten Glaubensgutes ist eine Sache, und die Art und Weise, wie es dargestellt wird, ist eine andere.« Schon sahen einige der Konzilsväter ihre Glaubensfundamente wanken.

Diese kraftvolle, mutmachende Ansprache paßte so gar nicht zum angespannten Gesicht Johannes' XXIII. Der Papst war müde, und er war krank. Eine gründliche Untersuchung hatte endgülige Gewißheit gebracht: Im Körper des Papstes wucherte ein Tumor, bösartig, inoperabel. Die Ärzte gaben ihm noch sechs Monate. Niemand unter den Hunderttausenden, die am Abend der Konzilseröffnung in sternförmigen Lichterprozessionen zum Petersplatz zogen, ahnte den nahen Tod des Papstes. Eine halbe Million Menschen versammelten sich in der Dunkelheit singend und mit brennenden Kerzen vor dem päpstlichen Palast. Der Platz glich einem Lichtermeer. In den päpstlichen Gemächern öffnete Privatsekretär Capovilla das Fenster, und als der Papst sich der Menge zeigte, brach ein Sturm der Begeiste-

Auch wenn er im Garten spazierenging, sprach er die Worte laut aus, weil er einen kleinen Sprachfehler hatte: Er stotterte ein wenig.

Monsignore Loris Capovilla, Privatsekretär von Johannes XXIII.

Venedig ist ein Rosenbeet verglichen mit Rom. Rom wird ein Dornenbeet sein.

Johannes XXIII.

Es war ein Papst, der es liebte, sich als Bauer zu bezeichnen. Ein guter Hirte, die Römer nannten ihn liebevoll »pacioccone«, wohlbeleibter Spaßvogel.

Pater Gino Concetti, Theologe beim Osservatore Romano

127

rung los, der sich noch steigerte, als Johannes von der Loggia herab rief: »Liebe Kinder, liebe Kinder, ich höre eure Stimmen!« »Es war diese Begeisterung«, erinnert sich Capovilla, »die den Papst bewegte, aus dem Stegreif jenes unvergeßliche Grußwort an die Menschen zu richten: ›Wir wollen einander gern haben. Schauen wir uns in dieser Haltung an, wenn wir einander begegnen, um zu entdecken, was uns eint, und außen vor zu lassen, was uns getrennt halten kann. Wenn ihr nach Hause kommt, küßt eure Kinder und sagt, es ist vom Papst.‹«

Schon bei der ersten allgemeinen Kongregation, wie die Sitzungen des Konzils hießen, setzten sich die Unstimmigkeiten zwischen »Bewahrern« und »Erneuerern« fort. Ein neues Selbstbewußtsein griff um sich, und die freie Rede blieb nicht nur ein frommer Wunsch des Papstes. Zum ersten Mal erkannten die Bischöfe, daß in Wirklichkeit sie die Kirche verkörperten, nicht Rom allein. Doch die Kurie wollte das Konzil nicht aus der Hand geben. Eine erste Kraftprobe ergab sich, als die Besetzung der zehn Konzilskommissionen zur Debatte stand. Jede Kommission bestand aus 24 Mitgliedern. 16 wurden von den Konzilsvätern, die restlichen vom Papst ernannt. Insgesamt sollten demnach 160 Kommissionsmitglieder gewählt werden. Als die Liste der Kandidaten, von der Vorbereitungskommission ausgefertigt, an die Allgemeine Versammlung der Bischöfe verteilt wurde, machte sich Unruhe breit. Die überwiegende Mehrheit der Kandidaten kam aus der Kurie oder stand ihr sehr nahe. 20 Minuten später war die Versammlung vertagt. Zeitungen titelten: »Revolte der Bischöfe!«

Und der Papst? Johannes blieb gelassen und hielt es mit Papst Pius X.: »Es gibt drei Abschnitte im Konzil: den des Teufels, der die Papiere durcheinanderzubringen sucht; den des Menschen, der zur Verwirrung beiträgt; und den des Heiligen Geistes, der alles klärt.«

Was die Gazetten »Revolte« nannten, war nichts anderes als die demokratische Selbstverständlichkeit der freien Meinungsäußerung. Kardinal Achille Liénart aus Lille und der Kölner Kardinal Frings wollten erreichen, daß die Konzilsväter selbst über die Zusammensetzung der Kommissionen entschieden. Liénart meldete sich zu Wort, doch der Vorsitzende, der französische Kurienkardinal Tisserant, nahm davon keine Notiz. Auch die zweite Wortmeldung Liénarts blieb ohne Erfolg, so daß er einfach das Mikrofon ergriff und sein Anliegen vortrug. Kardinal Frings unterstützte ihn, ohne auf das Zeichen des Vorsitzenden zu warten: Aufruhr im Konzil. Italienische Zwischenrufe: »Scandalo, scandalo. Che spettacolo davanti al mondo!« – Was für ein Spektakel vor den Augen der Welt!

»Als auch Kardinal Frings«, schildert Hans Küng die Szenerie, »mit seiner durchdringenden Stimme, halb blind, aber mit präzisem Latein, verlangte, daß neue Kommissionen vom Konzil selbst gewählt werden, brauste Applaus durch die Aula. Das war der eigentliche Aufbruch des Konzils.«

Liénarts Antrag wurde mit großer Mehrheit angenommen, ein herber Schlag für die Vertreter der Kurie. Über Nacht erarbeiteten französische und deutsche Konzilsväter neue Vorschlagslisten, mit einem ausgewogenen Verhältnis zwischen Kurie und Bischöfen. Die Kommissionen erhielten ein völlig neues Gesicht. Das Konzil entwickelte Eigendynamik. Der amerikanische Bischof Robert J. Dwyer brachte es auf einen Punkt: »Wir merkten, daß wir ein Konzil waren – und keine Klasse von Schuljungen, die man zusammengetrommelt hatte.«

Doch war diese gigantische Versammlung – immerhin dreimal so groß wie das britische Unterhaus – auch in der Lage, zu debattieren und zu entscheiden? Die Konzilsväter waren Diskussionen nicht gewöhnt; und die Geschäftsordnung war – gelinde gesagt – nicht gerade ausgereift. »Am Anfang herrschte ein ziemliches Durcheinander«, beschreibt Kardinal König. »Johannes hatte ja auch kein Programm vorgegeben. Es fehlten Organisationspläne und anderes.«

»Wer organisiert das Konzil?« hatte der belgische Kardinal Paul Suenens den Papst gefragt. Die Antwort: »Niemand!« Diese Freiheit drohte sich rasch zu rächen. Das Konzil verlief richtungslos. Etwas mußte geschehen.

Kardinal Montini, der Erzbischof von Mailand, nahm die Sache in die Hand. In einem elfseitigen Brief an den Papst gab er inhaltlich und organisatorisch eine klare Linie vor. Das Konzil, argumentierte Montini, sollte sich mit dem Wesen und der Mission der Kirche befassen, mit dem päpstlichen Unfehlbarkeitsdogma und den Beziehungen zu den »getrennten Brüdern«, zur Gesellschaft und zu den Gegnern der Kirche. Montini, längst auf Johannes' Linie eingeschwenkt, ging von drei Sitzungsperioden aus, was maßgebliche Kräfte in der Kurie scharf mißbilligten. Vor allem Kardinal Ottaviani wünschte ein kurzes Konzil –

mit nur einer Sitzungsperiode. Je kürzer das Konzil, desto geringer war die Chance, daß sich das Plenum verselbständigen und der Kontrolle der Kurie entgleiten konnte. Doch die Mehrheit der Konzilsväter, allen voran der Belgier Suenens, unterstützte Montinis Vorschlag – für Ottaviani ein schwerer Schlag. »Während seiner Rede«, erinnert sich Kardinal Alois Grillmeier, damals theologischer Berater des Limburger Bischofs Kempf, »geriet er in höchste Erregung. Als ihm dann das Wort entzogen wurde, weil er seine Redezeit überzogen hatte, rief er laut in das Konzil: ›Altissime protestor‹ – Ich protestiere auf das schärfste!«

»Als Ottaviani«, erinnert sich Hans Küng, »nicht nur die Ablehnung merkte, sondern auch das Gelächter, war das für ihn wohl die größte Niederlage seines Lebens. Der Mann, der als Präfekt der Kongregation so ungeheuer gefürchtet war, der jedem Bischof ernsthafte Schwierigkeiten machen konnte, hatte seine Aura verloren. Nun war er nur mehr ein Bischof unter Bischöfen.« Sitzungen wie diese verfolgte der kranke Papst überwiegend am Fernsehgerät in seinen Privaträumen. Er blieb der Konzilsaula fern, damit niemand sich durch seine Anwesenheit eingeengt fühlen sollte. Erst am Ende der Sitzungsperiode zeigte sich Johannes wieder dem »Parlament Gottes«. »Alles sehen, vieles übersehen und ein wenig korrigieren« – getreu dieser Devise griff der Papst nur dann ein, wenn das Konzil in eine Sackgasse zu geraten drohte. Er gab wenig vor, ermutigte häufig und vermittelte, ohne zu manipulieren, wie im Streit um die »Quellen der Offenbarung«. Ist die Heilige Schrift einzige Quelle der göttlichen Offenbarung oder gibt es mit der Überlieferung noch eine zweite? Die Frage barg Zündstoff, denn sie rührte am Kern der Ökumene. Das Konzil lehnte den Entwurf ab, und die Lage schien vollends aussichtslos, als die Zweidrittelmehrheit für eine neue Vorlage nicht zustande kam. In dieser Situation machte Johannes sein Primat geltend und entschied, die Debatte abzubrechen, das Schema noch einmal überarbeiten zu lassen – von einer Kommission, in der sich die Kardinäle Ottaviani und Bea gegenüberstanden.

Während im Petersdom die Bischöfe um die Zukunft der Kirche rangen, spitzte sich die Krise zwischen Moskau und Washington dramatisch zu. Am 15. Oktober 1962 lieferten amerikanische Aufklärungsfotos den endgültigen Beweis: Die Sowjetunion

Wenn du nicht ein Schüler des sanften und demütigen Meisters bleibst, wirst
du nichts von den irdischen Realitäten verstehen. Dann wirst du wirklich
blind sein.

Johannes XXIII. an seinen Privatsekretär Loris Capovilla

Tardini herrscht, Ottaviani regiert, Johannes segnet.

Aus der Kurie

Ich bin hier nur der Papst, keiner sagt mir was.

Johannes XXIII.

hatte in Kuba Raketen stationiert, im Hinterhof der USA. US-Präsident John F. Kennedy reagierte mit einer Seeblockade; kein sowjetisches Nachschubschiff sollte die Insel erreichen. Das Ultimatum an Moskau forderte den Abzug der Raketen binnen 48 Stunden, andernfalls würden die USA Gewalt anwenden. Die Welt stand am Abgrund eines Atomkriegs. Nach außen demonstrierte Kennedy in dieser hektischen Woche, in der Untergangspropheten Hochkonjunktur hatten, unnachgiebige Härte. Doch hinter den Kulissen liefen fieberhafte Bemühungen ab, einen Atomkrieg im letzten Moment doch noch abzuwenden.

Kennedy wußte um die Sympathie, die Chruschtschow für Johannes empfand, und er beschloß, dieses Vertrauen zur Rettung des Friedens zu nutzen. Der Präsident sandte seinen Vertrauten Norman Cousins nach Rom, um den Papst in der Krise um Vermittlung zu bitten. Wiederholt hatte Johannes beteuert, zur Wahrung des Friedens in der Welt jedes Opfer auf sich zu nehmen. Nun war der Augenblick gekommen, da er seine moralische Autorität in die Waagschale werfen konnte. Nach Gebeten in seiner Privatkapelle kehrte der Papst an seinen Schreibtisch zurück und verfaßte eine Friedensbotschaft, die unverzüglich an Kennedy und Chruschtschow weitergeleitet wurde. Es war ein flammender Appell: »Ich flehe die Staatsoberhäupter an, sich dem Schrei der Menschheit: ›Friede, Friede‹, nicht zu verschließen. Mögen sie alles tun, was in ihrer Macht steht, um den Frieden zu retten. Auf diese Weise werden sie die Schrecken eines Krieges vermeiden, dessen entsetzliche Folgen niemand voraussagen könnte. Mögen sie weiter verhandeln.«

Morgens um sieben Uhr an diesem Mittwoch, dem 24. Oktober 1962, traf die zustimmende Antwort von Chruschtschow ein. Gegen elf Uhr begrüßte auch Kennedy den päpstlichen Appell. Mittags verlas Johannes die Botschaft im Fernsehen. Am Freitag, dem 26. Oktober, druckte die *Prawda* den Friedensaufruf des Papstes im vollen Wortlaut. Am Sonntag, dem 28. Oktober, sicherte Chruschtschow Kennedy zu, die Raketen aus Kuba abzuziehen. Die Botschaft des Papstes, würdigte der Kremlherrscher später, »war der einzige Hoffnungsschimmer«. Er geriet geradezu ins Schwärmen: »Was der Papst für den Frieden getan hat, wird in die Geschichte eingehen.« Noch bevor die Nachrichten vom Ende der Krise berichten konnten,

Das Hauptziel des Konzils besteht darin, die Entwicklung des katholischen
Glaubens zu fördern, das christliche Leben der Gläubigen zu erneuern und
die kirchliche Disziplin den Bedingungen unserer Zeit anzupassen.

Johannes XXIII., 29. Juni 1959

Wir sind doch keine Mönche, die im Chor singen.

Johannes XXIII. zum Zweiten Vatikanischen Konzil, 1962

133

verkündete Johannes einer besorgten Menge auf dem Petersplatz: »Ein neuer Geist bemächtigt sich allmählich der Gedanken von Politikern, Ökonomen, Wissenschaftlern und Schriftstellern.«

»Es war«, faßte Norman Cousins zusammen, »eines der unwahrscheinlichsten Triumvirate in der Geschichte: ein amerikanischer Präsident, ein Kommunist, ein Papst, zusammengeführt durch die Verwundbarkeit der Zivilisation gegenüber der modernen Vernichtungsmacht.«

Für den kurzen Moment der Ansprache konnte Johannes die Schmerzen vergessen. Doch das Leiden kehrte wieder. Kein Medikament, keine ärztliche Kunst vermochte ihm zu helfen. Roncalli hatte erlebt, wie seine Mutter und fünf Geschwister an Krebs gestorben waren. Nun zerfraß die Krankheit auch ihn. Das berühmte gütige Lächeln war längst nicht mehr ungezwungen; es kostete Kraft. Ausgerechnet seinem Arzt, Professor Antonio Gasbarrini, sprach er Trost zu: »Machen Sie sich um mich keine Sorgen. Mein Bündel ist geschnürt. Ich bin bereit zu gehen.« Sein Gesicht war eingefallen und die Haut aschgrau, als er am 8. Dezember 1962 die Schlußansprache der ersten Sitzungsperiode des Konzils hielt. In neun Monaten, im September 1963, sollte es fortgesetzt werden. Johannes zog ein positives Resümee und sprach vom Zweiten Vatikanum als »neuem Pfingsten«. Die Auseinandersetzungen hätten gezeigt, wie frei die Kirche sei. Alle »Bischöfe des Konzils« sollten sich intensiv auf die nächste Sitzungsphase vorbereiten. Schließlich fand Johannes versöhnliche Worte für die im Konzil unterlegenen Konservativen, allen voran die Kardinäle Ottaviani und Ruffini. In der Kirche sollte Frieden herrschen, wenn er abtrat – in der Kirche wie auch auf Erden.

Johannes' letzte Enzyklika «Pacem in terris« – Friede auf Erden – unterstrich diese Sehnsucht. Als erstes Rundschreiben der Geschichte wandte sie sich nicht nur an die Bischöfe, den Klerus und die katholischen Gläubigen, sondern an »alle Menschen, die guten Willens« sind. »Pacem in terris« gilt als Vermächtnis des Roncalli-Papstes. Erdacht auf dem Höhepunkt der Kubakrise, faßte das bedeutendste Schreiben seines Papsttums die weltweite Sehnsucht nach Frieden in warnende Worte zusammen. »Streitfragen unter den Völkern«, hieß es, »dürfen nicht dadurch gelöst werden, daß man zu den Waffen Zuflucht nimmt, sondern durch Verhandlungen.« Der Papst geißelte Atombombenversuche und

Pius XII. war aus Elfenbein, Johannes XXIII. aus Eichenholz, jener ein Mystiker, dieser ein Realist, jener ein strenges, forderndes Beispiel, dieser eine »breite«, freizügige Natur, jener ein großer Geist, dieser ein großes Herz.

Die Zeit

Wenn ein Mensch Gott vertraut, läuft er immer Gefahr, als naiv angesehen zu werden. Aber soweit ich ihn kennenlernen durfte und über ihn urteilen darf, war er alles andere als naiv. Er wußte, was er tat, und vertraute Gott darin.

Monsignore Loris Capovilla, Privatsekretär von Johannes XXIII.

Johannes XXIII. hat die Autorität des Papstes als unantastbare Gestalt menschlicher gemacht.

Hans Küng, Theologe

*»Soviel Lob verdiene ich nicht...«
Nuntius Roncalli erhält 1957 das Große Bundesverdienstkreuz für seine Bemühungen um die deutschen Kriegsgefangenen.*

das Wettrüsten, das ungeheure Geldsummen verschlinge und jeglicher »Gerechtigkeit, Weisheit und Menschlichkeit« widerspreche. »Durch den Frieden verlieren wir nichts«, schrieb Johannes, »durch den Krieg alles.« Das war fast wörtlich der Satz, mit dem Pius XII. am Vorabend des Zweiten Weltkriegs die Völker hatte warnen wollen. Der Papst lud die Welt zu einem neuartigen Dialog ein – zwischen Menschen unterschiedlichen Glaubens und politischer Überzeugungen, die dennoch, wie in einer großen Gemeinschaft, in Frieden und Harmonie miteinander leben könnten. Er forderte, die Würde des Menschen zu wahren, er unterstrich das Recht der Entwicklungsländer, ihr Schicksal selbst zu bestimmen, und er setzte sich für Minderheiten und Flüchtlinge ein. Er verurteilte nicht, sondern wies auf positive Entwicklungen hin, die er so unterstützen wollte: die bessere wirtschaftliche und soziale Situation der Arbeiter, der zunehmende Einfluß von Frauen auf das öffentliche Leben und die Beseitigung des Imperialismus – Zeichen der Zeit, die mit Hilfe des Heiligen Geistes von der Kirche wahrgenommen und geduldet werden müßten. »Pacem in terris« gab dem Konzil, das Johannes mit einem großen Schiff verglich, den Kurs an, um nach jahrhundertelanger Fahrt endlich das Ziel zu erreichen: Utopia, wo sein Traum von der friedliebenden Weltgemeinschaft verwirklicht war. Am 10. Mai 1963 erhielt Johannes XXIII. den Balzan-Friedenspreis für seinen »Einsatz zugunsten der Brüderlichkeit unter allen Menschen und allen Völkern und seine Appelle für Frieden und guten Willen«. Bei der Preisverleihung, erinnert sich Italiens späterer Ministerpräsident Giulio Andreotti, »sah er aus wie Alabaster, wie durchsichtig. Er wollte unbedingt kommen, obwohl es ihm nicht gutging.«

Trotz Krankheit und Konzil verlor Johannes das Schicksal eines Menschen nicht aus den Augen: Josif Slipyi, Metropolit der Ukraine, seit 1943 inhaftiert und verschleppt in ein sowjetisches Gefangenenlager in Sibirien. Nach der Kubakrise schienen die Chancen auf seine Freilassung besser denn je. Chruschtschow war noch immer angetan vom beherzten Eingreifen des Papstes. Zu Weihnachten tauschten der atheistische Diktator und das Oberhaupt einer der Weltreligionen erneut herzliche Botschaften aus, was im päpstlichen Staatssekretariat mit Bedenken zur Kenntnis genommen wurde. Wieder war vom naiven Papst die Rede, der sich vom internationalen Kommunismus instrumentalisieren lasse; Johannes sollte sich vor Chruschtschow besser hüten. Doch der Kontakt trug Früchte. Im Februar 1963 kam Slipyi unerwartet frei – unter der Bedingung, nie wieder in die Ukraine zurückzukehren. »Johannes XXIII.«, sagte Chruschtschow, »ist mir sympathisch. Um ihm einen Gefallen zu tun, habe ich Slipyi freigelassen... Dieser Papst ist ein Heiliger.«

Zum Entsetzen der Kurie trieb das sowjetische Gespenst jedoch weiter sein Unwesen im Vatikan. Kaum war der vielen so unangenehme Notenwechsel mit dem Kreml aus den Schlagzeilen, sorgte ein Besuch aus Moskau für erneute Aufregung. Der Herausgeber der *Istwestija*, Alexei Adjubej, pikanterweise Chruschtschows Schwiegersohn, betrat mit Gattin Rada vatikanischen Boden – im Gepäck ein Geschenk Chruschtschows für den Papst. Was tun? Sollte Johannes Adjubej empfangen? Kardinal Ottaviani warnte eindringlich. Doch Johannes handelte nach dem Prinzip »Ich kann nicht der einen oder anderen Seite bösen Willen zuschreiben. Wenn ich es tue, dann wird es keinen Dialog geben, und alle Türen werden sich schließen«. Die Audienz fand statt.

Bestürzung in der Kurie: Ein Spion des Kreml im Heiligtum der Kirche! Dies schien der letzte Beweis für die Naivität des Papstes zu sein. Als Adjubej bei der Audienz Chruschtschows Wunsch nach engeren Beziehungen zwischen dem Vatikan und der Sowjetunion vorbrachte, erwiderte der Papst diplomatisch: »Die Bibel sagt, daß Gott die Welt erschuf, und am ersten Tag schuf er das Licht. Dann ging die Schöpfung sechs Tage lang weiter. Aber die Tage der Bibel sind, wie Sie wissen, ganze Epochen, und diese Epochen dauern sehr lange Zeit. Wir schauen einander in die Augen, und wir sehen da ein Licht. Heute ist der erste Tag der Schöpfung, der Tag des Lichts. ... Wenn der Herr es will, wird er uns einen Weg weisen.« Nach der Audienz würdigte Adjubej den Papst als einen Mann »von wirklicher und großer Einfachheit, vor dem man tiefen Respekt und unmittelbares Vertrauen empfindet. In seiner Gegenwart gibt es keine Verlegenheit, keinen Zwang.«

Was in der Audienz genau geschah, hatte Johannes seinem Sekretär Capovilla und dem Pater Koulic geschildert. Ihr Bericht sollte nach päpstlichem Willen im *Osservatore Romano* veröffentlicht werden. Bis heute ist keine Zeile erschienen. Die Kurie hatte Schweigen verordnet. Enttäuscht hielt Johannes am 20. März 1963 schriftlich fest: »Die unbedingte Klarheit meiner Worte, zuerst öffentlich und dann in meiner Privatbibliothek, verdient es, bekannt und nicht unter einem Vorwand zurückgehalten zu werden. Es sollte deutlich gesagt werden, daß der Papst sich nicht zu verteidigen braucht.« Daß das Staatssekretariat seinem Wunsch nicht entsprochen habe, stimme ihn unglücklich. »Ich beklage und bedaure diejenigen, die sich in den letzten Tagen zu unaussprechlichen Manövern haben hinreißen lassen.« Er klagte, zog aber keine Konsequenzen.

Warum schwieg die Kurie? Waren es politische Bedenken? In Italien standen Wahlen vor der Tür, und Ottaviani hatte Schlimmes befürchtet: »Was könnte die Italiener mehr davon überzeugen, daß keine kommunistische Gefahr mehr besteht, als eine Audienz des Papstes für Adjubej?« Tatsächlich verlor die Democrazia Cristiana bei der Wahl eine Million Stimmen. Kommunisten und gemäßigte Sozialisten zählten zu den Siegern. Die politische Rechte hatte einen Sündenbock: den Papst, der in ihren Augen mit der Enzyklika »Pacem in terris« und der Adjubej-Audienz der Linken gleich in doppelter Hinsicht in die Hände gearbeitet habe. Johannes dachte eben in Epochen, seine Kritiker an die nächste Zukunft.

Ein Freund des Kommunismus war Johannes deshalb noch lange nicht. Ideologisch wahrte er Distanz: »Die Wachsamkeit gegen den gottlosen Kommunismus, wie er gelehrt und gelebt wird«, hatte er im August 1961 gewarnt, »möge nicht durch das Verlangen nach einem Scheinfrieden erlahmen.«

Obwohl sich die Schmerzen steigerten, behielt Johannes bis zuletzt seinen gewohnten Arbeitsrhythmus bei. Er verfügte, wie Leibarzt Gasbarrini diagnostizierte, über eine »eiserne Konstitution«. Doch in der Nacht zum Freitag, dem 31. Mai 1963, kam es zur bis dahin größten Krise. Der Papst litt an inneren Blutungen, die Schmerzen waren so stark wie nie, das Fieber stieg auf über 40 Grad Celsius. Es war der Beginn eines ungewöhnlich heftigen Todeskampfes. Bis in den Tod wollte Johannes ein Vorbild sein und vorleben, wie ein guter Christ stirbt. Um 13 Uhr an diesem Freitag erhielt er die Sterbesakramente. Kurz zuvor verlautete aus dem Vatikan, der Papst kämpfe mit dem Tode.

Noch einmal äußerte Johannes seinen sehnlichen Wunsch, daß das Vatikanische Konzil zu Ende geführt werde. In einer halbstündigen Ansprache gedachte er der Konzilsväter, betete für seine Familie in Bergamo und für das Bistum Rom. Mehrfach wiederholte Johannes, der ökumenische Papst, das Gebet

»An alle Menschen guten Willens . . .« Johannes XXIII. bei der Unterzeichnung der Enzyklika »Pacem in terris«.

Ich flehe die Staatsoberhäupter an, sich dem Schrei der Menschheit »Friede, Friede« nicht zu verschließen. Mögen sie alles tun, was in ihrer Macht steht, um den Frieden zu retten.

Johannes XXIII., 24. Oktober 1962

Es war gerade Papst Johannes XXIII., der gesagt hat: »Fenster auf, frische Luft herein, wir müssen mit der Welt sprechen.«

Kardinal Franz König, Erzbischof von Wien

Heute mehr denn je sind wir aufgerufen, den Menschen zu dienen, nicht nur den Katholiken; vor allem und überall die Rechte der Menschen zu verteidigen und nicht nur die der katholischen Kirche. Das Evangelium hat sich nicht etwa gewandelt: es ist nur so, daß wir begonnen haben, es besser zu verstehen.

Johannes XXIII.

Christi zu Gott: »Ut unum sint« – Damit sie eins seien! Für 18.30 Uhr bestellte der Papst die drei rangältesten Kardinäle, Tisserant, Capello und Ottaviani, an sein Sterbelager. Es war Zeit, Abschied zu nehmen.

Auf dem Petersplatz beteten Zehntausende für den sterbenden Papst. Über Lautsprecher ließ Johannes für die »brüderliche Liebe und Anteilnahme« danken. 60 Sonderbotschaften von Staats- und Kirchenmännern aus aller Welt gingen bis zum Abend im Vatikan ein. Neben John F. Kennedy, der englischen Königin, Charles de Gaulle, Fidel Castro und dem Erzbischof von Canterbury zeigte sich auch Nikita Chruschtschow besorgt über den Gesundheitszustand des Heiligen Vaters. Um 17.52 Uhr verlautete aus dem Sterbezimmer: Der Papst ist bei vollem Bewußtsein; er wundere sich, daß »alle um ihn herumstehen«, und versuche sie zu trösten. Kurz darauf trafen drei Geschwister Roncallis mit einer Sondermaschine in Rom ein. Zu engsten Mitarbeitern sagte der Papst: »Ich danke Ihnen für die Dienste, die Sie mir erwiesen haben. Wir werden uns im Himmel weiter gut sein. Ich gehe.«

Freitag, 19.35 Uhr: Radio Vatikan teilt mit, das Befinden des Heiligen Vaters gebe zu größter Sorge Anlaß. 15 000 Menschen beten auf dem Petersplatz. *L'Osservatore Romano* veröffentlicht Telegramme aus aller Welt.

»Ich bete für Eure Gesundheit. Ich bin ein Buddhist.«

»In dem Maße, in dem ein Atheist zu beten fähig ist, bete ich für die baldige Genesung Eurer Heiligkeit.«

Zwei amerikanische Kinder telegrafieren schlicht: »Lieber Papst Johannes, wir haben Dich lieb.«

In der Synagoge von Rom betet der Hauptrabbiner Eliseo Toaf einige Psalmen für die Gesundheit des Papstes. Es ist das erste Mal, daß in der Synagoge von Rom öffentlich für den Papst gebetet wird.

21 Uhr: Roncallis Schwester Assunta und die Brüder Saverio und Giuseppe – Alfredo kam nicht nach Rom – betreten das Sterbezimmer. Der Papst kann sie nicht mehr erkennen. Vor den päpstlichen Gemächern beziehen Mitglieder der Schweizergarde und der Nobelgarde Stellung. Gegen Mitternacht sind auf dem Petersplatz noch immer 20 000 Römer, Pilger und Touristen aus aller Welt versammelt. Der Platz wird zum Sterbevorzimmer. Hinter den Fenstern des Krankenzimmers ist kein Licht mehr zu sehen.

140

Samstag, 1. Juni, 1.18 Uhr: Der Papst fällt ins Koma, erlangt aber eine Stunde später wieder das Bewußtsein und segnet seine Verwandten, die um das Krankenbett versammelt sind. Er wiederholt immer wieder die Worte: »Jesus, Jesus: Ich bin die Auferstehung und das Leben.«

4.29 Uhr: Überraschende Besserung. Der Papst sitzt im Bett, trinkt mit eigenen Händen eine Tasse Kaffee und unterhält sich im bergamaskischen Dialekt mit seinen Brüdern. Der Puls ist gut. Die Ärzte sagen, diese trügerische Besserung sei für Schwerkranke in diesem Zustand typisch.

Um 8 Uhr verliert der Papst wieder das Bewußtsein. Wieder Sterbegebete. Der Chefredakteur des *Osservatore Romano* berichtet, der Papst liege mit ausgebreiteten Armen im Bett; auf seinem Gesicht habe er eine Sauerstoffmaske. Der diensthabende Arzt, Professor Mazzoni, zweifelt daran, daß der Papst den Abend erlebt.

Pfingstsonntag, 8 Uhr: Die 960 Insassen des römischen Stadtgefängnisses Regina Coeli, das Johannes am zweiten Weihnachtsfeiertag 1958 besucht hatte, versammeln sich zur heiligen Messe zu Ehren des Papstes. Sie senden dem Sterbenden die Botschaft: »Heiliger Vater, wir sind Ihnen in Liebe verbunden.«

Im Laufe des Nachmittags verschlechtert sich der Zustand des Papstes. Schweigend starren die Menschen auf dem Petersplatz auf die Fenster der päpstlichen Gemächer im dritten Stock des apostolischen Palastes. Um 19.30 Uhr veröffentlicht das Vatikanische Presseamt ein »Kommuniqué«. Es besteht nur aus einem Wort: »Gravissime« – es steht äußerst schlecht. Der Papst hat einen Kollaps erlitten, erholt sich wieder, schläft langsam und ruhig ein.

Pfingstmontag, 16 Uhr: Der Petersplatz und alle Zufahrtsstraßen quellen über von Menschen. Zuverlässige Schätzungen gehen von einer Million Römer, Pilger und Touristen aus aller Welt aus. Viele tragen Kofferradios bei sich und hören Radio Vatikan, das in den laufenden Sendungen immer wieder zum Gebet für den sterbenden Papst aufruft.

17.15 Uhr: Der Sprecher des Vatikanischen Presseamtes erklärt vor Journalisten: »Meine Herren, ich glaube, wir sind am Ende.«

19.04 Uhr: Auf dem Petersplatz wird für den sterbenden Papst die heilige Messe zelebriert. Millionen Menschen verfolgen die Übertragung des Gottesdienstes an den Radiogeräten.

19.50 Uhr: Im Sterbezimmer des Papstes erfüllt der Kardinal-
kämmerer seine Amtspflicht, ruft dreimal den Taufnamen Giuseppe und klopft dabei mit einem silbernen Hämmerchen gegen die Stirn des toten Papstes. Er bestätigt: »Vere Papa Johannes XXIII. mortuus est.«

Das Bronzetor des Vatikans wird geschlossen. Auf dem Petersplatz versiegen die Brunnen.

Der Fernschreiber meldet: »Papst Johannes XXIII. ist tot. Er
opferte sein Leben für das Konzil, die Kirche und den Frieden in
der Welt.«

Als Johannes' Leichnam über den Petersplatz getragen wurde,
nahmen Hunderttausende Abschied von ihm wie von einem
Vater. Kurz vor seinem Tod hatte er noch einmal an Kardinalstaatssekretär Cicognani appelliert, den Gedanken des Konzils,
das im Moment seines Todes unterbrochen wurde, fortzuführen:
»Heute mehr denn je sind wir aufgerufen, den Menschen zu
dienen, nicht nur den Katholiken; vor allem und überall die
Rechte des Menschen zu verteidigen und nicht nur die der katholischen Kirche. Das Evangelium hat sich nicht etwa gewandelt; es
ist nur so, daß wir begonnen haben, es besser zu verstehen. Der
Augenblick ist gekommen, die Zeichen der Zeit zu erkennen, die
Gelegenheit zu ergreifen und weit nach vorne zu blicken.«

In den nur fünf Jahren seines Pontifikats hatte Johannes die
Kirche mehr verändert als seine Vorgänger in den 500 Jahren
zuvor. Als »Pontifikat des Aufbruchs« beschrieb Kardinal Julius
Döpfner die kurze Amtszeit von Papst Johannes XXIII. »Papst
des Modernismus« schimpften andere, doch die Mehrheit sah
in ihm die gütige Vaterfigur: »Papa buono«. Johannes XXIII.
setzte auf Zuhören und Zuneigung statt auf Macht und Disziplin.
Er verkörperte in vielem das Gegenteil seines Vorgängers. Der
Bauernsohn aus Sotto il Monte nahe Bergamo war, wie die *Zeit*
es formulierte, aus gänzlich anderem Stoff als Papst Pius XII.:
»jener aus Elfenbein, dieser aus Eichenholz, jener ein Mystiker,
dieser ein Realist, jener ein strenges, forderndes Beispiel, dieser
eine ›breite‹, freizügige Natur, jener ein großer Geist, dieser ein
großes Herz«.

»Einen als Papst verkleideten Menschen« nannte ihn die
Schriftstellerin Marie Luise Kaschnitz. Er brauchte, formulierte
Theologe Hans Küng, keinen autokratischen, selbstherrlichen
Stil, keine Repressionsmaßnahmen gegenüber Bischöfen, Theo-

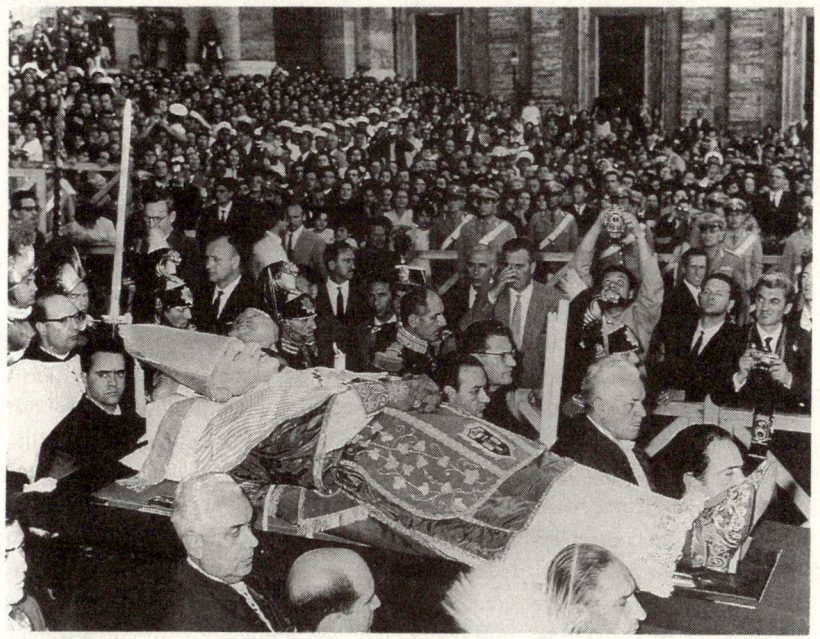

Machen Sie sich um mich keine Sorgen. Mein Bündel ist geschnürt. Ich bin bereit zu gehen.

Johannes XXIII.

Am 11. Mai 1963 habe ich ihn zum letzten Mal gesehen. Er machte mir einen schrecklichen Eindruck. Er sah wie Alabaster aus, wie durchsichtig. Man sprach von einem Magenleiden. Das habe ich von einem Arzt erfahren. Magenleiden geht von Verdauungsschwierigkeiten bis zum Krebs, und bei ihm ging es um Krebs in der Endphase.

Giulio Andreotti, ehemaliger italienischer Ministerpräsident

Ich danke Ihnen für die Dienste, die Sie mir erwiesen haben. Wir werden uns im Himmel wieder gut sein. Ich gehe.

Johannes XXIII. auf seinem Sterbebett

»Das genügt für heute...« Millionen Gläubige nehmen Abschied von Johannes XXIII.

143

logen und Ordensschwestern, um die Weltkirche zu leiten. Er war mehr dem Menschen als der Hierarchie verpflichtet, weshalb er auch die Kurie nie ganz in den Griff bekam. Doch auch die Kurie bekam ihn nie in den Griff. Ihm genügte ein unprätentiöser Stil der kleinen, aber folgenreichen Gesten, Symbolhandlungen und christlichen Zeichen, um die Herzen der Menschen zu erobern. »Ich bin nicht unfehlbar«, sagte er griechischen Seminaristen, die ihn daraufhin verwundert anblickten. »Ich bin nicht unfehlbar. Der Papst ist unfehlbar nur, wenn er ex cathedra spricht. Ich werde aber nie ex cathedra sprechen.«

Er hatte Wort gehalten. Auch als Papst blieb Angelo Roncalli der einfache Mensch aus Sotto il Monte, der Sohn armer Bauern, der seine Herkunft nicht nur nicht verleugnete, sondern fast wie eine Auszeichnung ansah. Seine Familie hat er – anders als seine Vorgänger – weder mit Titeln noch mit Privilegien bedacht. »Arm geboren, aber als Kind geehrter und einfacher Leute«, hieß es im Testament, »freue ich mich besonders, arm sterben zu können ... Meiner geliebten Familie, von der ich keine Reichtümer erhalten habe, kann ich nichts hinterlassen als einen großen, ganz besonderen Segen, verbunden mit der Einladung, jene Gottesfurcht zu wahren, die mir immer so lieb und teuer gewesen ist.«

Ist dieser Papst ein Heiliger? Zwei wundersame Heilungen, die auf Johannes XXIII. zurückgeführt werden und auch einer wissenschaftlichen Untersuchung standhielten, werden von Befürwortern ins Feld geführt. Das Konzil stand in der zweiten Session kurz davor, Johannes heiligzusprechen. »Aber die Kurie hat das sofort gebremst«, erklärt Bruno Heim, Roncallis Sekretär während seiner Zeit als Nuntius in Paris. »Kardinal Palazzini, Präfekt der Kongregation für die Selig- und Heiligsprechung, war dagegen. Er hat mir zweimal geschrieben und Fragen gestellt über das moralische Benehmen von Roncalli. Er zielte darauf ab, Roncalli habe in Paris homosexuelle Zirkel besucht.« Ein ungeheurer Vorwurf. Gibt es Beweise dafür? Bruno Heim: »Roncalli wußte nicht einmal, was das ist.« Zweimal, sagt Heim, habe er diese Frage beantworten müssen – eine Frage, mit der Palazzini offensichtlich nur ein Ziel verfolgte: Johannes XXIII. posthum zu diffamieren. »Ich habe ihm gesagt«, erinnert sich Heim: »›Wie kommen Sie dazu, solche Fragen zu stellen?‹ Er antwortete: ›Also gut, es ist nicht wahr, aber er ist schuld am Konzil...‹«

Ist das der Grund, warum Johannes Paul II. die Selig- oder Heiligsprechung seines Vorgängers Johannes XXIII. nicht vorantreibt? Fest steht: Für die Menschen ist dieser Papst ein Heiliger. Kein Kirchenoberhaupt war so populär wie der Roncalli-Papst, der die katholische Kirche erneuerte, sie auf die Ökumene vorbereitete, der als »Bruder Papst« nicht nur der Christenheit, sondern der ganzen Menschheit helfen wollte. Als Johannes starb, trauerten Millionen von Menschen auf der Welt gemeinsam um »ihren« Papst: Orthodoxe, Protestanten, Katholiken, Menschen anderer Religionen und Atheisten. Mit ihm starb das Symbol des Aufbruchs, und es ist anzunehmen, daß Johannes XXIII. über Streitfragen wie Geburtenregelung, Zölibat, Mischehe und Reform des Papsttums in der Kirche zumindest hätte diskutieren lassen. Seine Nachfolger hielten nicht viel von dieser Liberalität. Die Fenster, die Johannes aufgestoßen hatte, schlossen sich bald wieder. Der frische Wind, der durch das Kirchenschiff geweht hatte, flaute ab.

Paul VI. und die Pille

Manche sagen, der Papst sollte ein Reformer sein; andere sagen, der Papst sollte ein Traditionalist sein. Der Papst ist der Papst und damit basta

Oh, wie schwer liegen die Schlüssel des heiligen Petrus in meinen schwachen Händen

Ein Tag ohne Tränen ist kein glücklicher Tag

Vielleicht bin ich langsam; aber ich weiß, was ich will

Ich fühle mich als Vater der gesamten Menschheitsfamilie

Ein Papst lebt von einem Augenblick zum anderen

Millionen haben keinen Glauben mehr. Die Kirche muß sich öffnen

Der Papst ist das größte Hindernis auf dem Weg zur Ökumene

Ich habe »Humanae vitae« unter Schaudern verfaßt

Es gibt keine einfachen Lösungen für schwierige Probleme

Ich bin wohl eher dazu da, für die Kirche zu leiden, als sie zu leiten.

Paul VI.

Hamlet von Mailand.

Papst Johannes XXIII. über Kardinal Montini

Er war ein Mann, der sehr litt und der in seinem Gemüt die Leiden der Menschheit trug.

Professor Giuliano Vassalli, Partisan während des Zweiten Weltkriegs

Ich weiß nicht, wieviel Paul VI. von den Mafiageschäften wußte, aber ich weiß, daß er ein sehr intelligenter Mann und kein Trottel war.

David Yallop, Autor

Ich halte Paul für einen sehr großen Papst. Er war ein unglaublich demütiger Mann.

Kardinal Franz König, Erzbischof von Wien

Montini ist ein seltsamer Charakter. Man darf nicht einen Moment glauben, er sei nicht für die Faschisten gewesen.

Peter Tompkins, US-Geheimdienst

Er sah im Grunde, was hätte geändert werden müssen, aber er war konstitutionell nicht so stark, um es durchzusetzen. Er hat vieles gewollt und kam dann doch nicht so weit.

Hans Küng, Theologe

Paul VI. hatte ein richtiges Missionsbewußtsein, ein sehr starkes Bewußtsein, Papst zu sein; das Bewußtsein, seine Macht tatsächlich einsetzen zu können, auch im Falle einer Meinungsverschiedenheit mit dem Konzil.

Edward Schillebeeckx, Theologe

Ich glaube, daß Paul VI. vielfach falsch gesehen und beurteilt wird. Ich hoffe, daß die Zeit kommen wird, in der man ihn gerechter sieht.

Bischof Hubert Luthe, ehemaliger Assistent von Kardinal Joseph Frings

Man muß dafür Sorge tragen, daß genügend Brot auf dem Tisch der Menschheit steht, anstatt durch eine künstliche und widernatürliche Geburtenkontrolle die Zahl der Tischgenossen an der Tafel des Lebens zu verringern.

Paul VI. vor UN-Vertretern in New York, 4. Oktober 1964

Die Welt muß schnell begreifen, daß Papst Paul VI. mit seiner irregeleiteten und unmoralischen Enzyklika den Tod zahlloser Menschen sanktioniert hat.

Offener Brief von über 1000 Wissenschaftlern (1968)

Paul VI. ist der eigentliche große Papst des Zweiten Vatikanischen Konzils geworden.

Edward Schillebeeckx, Theologe

Ich habe Sehnsucht nach Paul VI., der ein Papst der Freiheit war. Er hat mit den Theologen Dialoge geführt. Unter dem gegenwärtigen Pontifikat habe ich nur Schläge bekommen.

Leonardo Boff, Theologe (1992)

Pius XII. hatte den Respekt der Welt, Johannes XXIII. die Liebe. Paul VI. braucht unser Verstehen.

Kardinal Franz König, Erzbischof von Wien

»Humanae vitae« war meiner Meinung nach ein Unglück. Denn es ging ja nicht nur um die Frage, ob künstliche Geburtenregelung zulässig ist, sondern es ging darum, wer in der Kirche entscheidet. Nach dem Zweiten Vatikanischen Konzil, wo man sich der Kollegialität bewußt war, war eine einsame Entscheidung des Papstes ein Unglücksfall. Er hätte die Frage offenlassen können.

Bernhard Häring, Theologe

Päpstlicher Lobpreis für die Jesus People: »Die jungen Hippies, die Wir mit der Aufschrift ›I love Jesus‹ auf ihrer spärlichen Kleidung fotografiert gesehen haben, sind ein Lichtblick in der gegenwärtigen Glaubenskrise«, verkündete Paul VI. am 12. Januar 1972 im Vatikan. Die Überschwenglichkeit der jesusbegeisterten, langhaarigen »Blumenkinder« in Hot pants, Bluejeans und kurzen T-Shirts sah das Oberhaupt der katholischen Kirche in seiner Mittwochs-Generalaudienz als »unvorhergesehene und kapriziöse Form« des Glaubens. Doch schon vier Tage später, am folgenden Sonntag, hatte ihn der vatikanische Alltag wieder. Unter dem Eindruck der beginnenden römischen Frühjahrs- und Sommermodeschauen geißelte der Mann im langen weißen Gewand die »Zügellosigkeit« der Mode. Knappe Kleider und Flitterfummel seien »Angriffe auf das weibliche Schamgefühl und die Würde der Frau«, klagte der Papst vom Fenster seines Arbeitszimmers den auf dem Petersplatz zum sonntäglichen Segen versammelten Gläubigen.

Das Hin und Her des Heiligen Vaters, das Schwanken zwischen Tradition und Moderne hat man ihm oft angekreidet. Doch wegen seines Spagats zwischen Kontinuität und Fortschritt ist Giovanni Battista Montini überhaupt erst Papst geworden. Die zum Konklave versammelten Kardinäle wählten den Oberhirten von Mailand, weil er ihnen in einem entscheidenden Moment der Kirchengeschichte die Gewähr dafür bot, das vom Reformpapst Johannes XXIII. begonnene Zweite Vatikanische Konzil, das aus ihrer Sicht in eine himmelstürmerische Eigenbewegung zu geraten drohte, wieder sicher auf die Erde zurückzuholen. »Man kann nicht fortschrittlich sein, ohne konservativ zu sein.« Mit dieser weisen Maxime suchte Paul VI. beim zehnjährigen Jubiläum seines Pontifikats nach einer Erklärung für die Widersprüche, die ihm immer wieder vorgehalten worden sind. Tatsächlich wollte er beides vereinen. Er wollte versöhnender Vater sein. Auch wenn ihn viele seiner »Kinder«, gerade die »Blumenkinder«, nicht verstanden haben. »Ich fühle mich als Vater der gesamten Menschheitsfamilie. Selbst wenn die Kinder den Vater gar nicht kennen, ist er es trotzdem«, sagte der Pontifex maximus fast trotzig in einer Zeit, in der die »Make-love-not-war«-Generation gegen die Väter aufbegehrte. Papst Paul predigte in seiner Enzyklika »Humanae vitae« sexuellen Verzicht. Die »Blumenkinder« praktizierten »freie Liebe«. Doch auch ihnen wollte er Vater sein. Diese »Vaterschaft ist allumfassend und erstreckt sich auf alle Menschen«, sagte Paul VI. und breitete gleichsam seinen weiten Mantel aus. Schon als Erzbischof von Mailand hatte er bei einem Pfarrbesuch gesagt: »Ich bin euer Vater, euer Hirte, bin verantwortlich für jeden für euch. Wir können uns also duzen, denn wir bilden ja eine Familie.«

Die Familie des späteren Papstes stammte aus dem bürgerlich katholischen Establishment Oberitaliens. Sein Vater war ein angesehener Anwalt, Geschäftsmann, Herausgeber und Chefredakteur des *Cittadino di Brescia*, einer katholischen Tageszeitung. Als Abgeordneter der katholischen Volkspartei saß er im italienischen Parlament. Als Publizist und Parlamentarier widmete er sich mit missionarischem Eifer der Verbreitung katholischen Gedankenguts. Und auch seine Geschäfte versah er mit katholischen Vorzeichen: Einer von ihm gegründeten Bank gab er den Namen »San Paolo«.

Montinis Mutter war eine sehr gläubige, kontemplative Frau, die jeden Tag zur Kommunion ging und dreimal täglich den Rosenkranz betete. Das Paar lernte sich auf einer Rom-Wallfahrt kennen. Die Besuche von Prälaten und Politikern gehörten im Hause Montini zum Alltag. Seine Eltern charakterisierte Paul VI. so: »Meinem Vater verdanke ich Beispiele der Tapferkeit, den Entschluß, sich niemals mit dem Schlechten bequem abzufinden, den Vorsatz, das Leben niemals um des bloßen Lebens festzuhalten. Meiner Mutter verdanke ich die Neigung zur Sammlung, zur Innerlichkeit, zum betenden Nachdenken, zum denkenden Gebet. Sie gab mir das Beispiel gänzlicher Hingabe.«

Als ihr zweiter Sohn wurde Giovanni Battista am 26. September 1897 im Landhaus der Montinis im Dorf Concesio bei Brescia geboren. Die Eltern gaben den späteren Papst Paul VI. zu einer Amme, der dreißigjährigen Bäuerin Clorinda Perretti, die ihn zusammen mit ihrem vierten eigenen Kind 14 Monate lang stillte. Fast seine gesamte Kindheit verbrachte »Gianbattista« auf dem Lande, zwischen den Dörfern Concesio, Bovezzo, wo die Familie ebenfalls Ländereien besaß, und Verolavecchia, der Heimat seiner Mutter. Er war ein zarter, kränklicher Junge, der privat unterrichtet wurde, nachdem ihn seine schlechte Gesundheit gezwungen hatte, das Jesuiten-Gymnasium von Brescia zu verlassen. Und ebenfalls als »Externer« begann der fast Neunzehnjährige seine philosophisch-theologischen Studien im Priesterseminar von Brescia. Der hypersensible Priesteramts-Kandidat, der sich immer wieder in psychosomatische Krankheiten flüchtete, wohnte im Gegensatz zu seinen Kommilitonen im Elternhaus, umsorgt und wohlbehütet von der Mutter. Bei seiner Primiz trug der junge Priester ein Meßgewand, das seine Mutter aus ihrem Brautkleid genäht hatte. Für sie war ihr innigster Herzenswunsch in Erfüllung gegangen.

Doch in dem Theologiestudenten Montini fanden sich auch von seinem Vater erworbene Neigungen wieder, die aus ihm ebenso einen Advokaten oder einen Journalisten hätten machen können. So gründete er im Juni 1918 mit seinem gleichaltrigen Freund Andrea Trebeschi die Studentenzeitschrift *La Fionda* (Die Schleuder). In seinen Artikeln beschäftigte sich Montini vor allem mit dem Zusammenhang zwischen Erziehung, Kultur und Glaube. Der Student verdammte das staatliche Hochschulmonopol als »Ursprung allen Übels« im Erziehungswesen. »Der größere Teil der Universitäten muß geschlossen werden. Zugleich sollte es allen kulturellen Strömungen erlaubt sein, eigene Hochschulen zu eröffnen.« 1926 setzten Mussolinis faschistische Stoßtrupps die Redaktionsräume in Brand; *La Fionda* mußte ihr Erscheinen einstellen. Trebeschi kämpfte aus dem Untergrund weiter gegen die Diktatur des »Duce«, wurde 1944 verhaftet und starb in einem deutschen Konzentrationslager.

Montini wurde nach seiner Priesterweihe in der Kathedrale von Brescia am 29. Mai 1920 vom Bischof seiner Heimatdiözese, den sein Vater gut kannte, zum weiteren Studium nach Rom geschickt. An der päpstlichen Universität Gregoriana und der staatlichen Universität studierte er Kirchenrecht, Theologie, Philosophie und Literatur. Von seinen Studienfreunden wurde er »Gibiemme« (G.B.M.) genannt, weil sie seinen Namen zu lang fanden. »Er konnte sich ganz auf etwas konzentrieren und hatte immer nur die eine Sorge, nämlich keine Minute unnütz zu vergeuden«, erinnert sich sein Kommilitone Giuseppe Guerini. 1921, als Italien das 600. Todesjahr Dantes beging, schlug ihm

Meinem Vater verdanke ich Beispiele der Tapferkeit, den Entschluß, sich niemals mit dem Schlechten bequem abzufinden, den Vorsatz, das Leben niemals um des bloßen Lebens festzuhalten. Meiner Mutter verdanke ich die Neigung zur Sammlung, zur Innerlichkeit, zum betenden Nachdenken, zum denkenden Gebet. Sie gaben mir das Beispiel gänzlicher Hingabe.

Paul VI.

Unsere Mutter empfand eine reine und tiefe Freude, als mein Bruder zum Priester geweiht wurde.

Francesco Montini

Ich danke Ihnen, daß Sie der Kirche einen solchen Sohn geschenkt haben. Sie können sich gar nicht vorstellen, was das in den kommenden Jahren für alle bedeuten wird!

Pius XII. bei einer Audienz zu den Eltern Giovanni Battista Montinis

*»Dankt, daß ihr der Kirche einen solchen Sohn geschenkt habt...«
Die Eltern Giorgio und Giuditta Montini.*

153

Montini vor, jeden Abend abwechselnd einen »canto« aus der »Göttlichen Komödie« zu rezitieren. »Leider haben wir nur 15 Tage durchgehalten«, sagt Giuseppe Guerini. Die darauffolgende Karwoche nahm den jungen Priester Montini so sehr in Anspruch, daß für Dantes »Göttliche Komödie« keine Zeit mehr blieb.

Montini wohnte im Lombardischen Seminar. Dort erhielt er eines Tages Besuch von einem Freund der Familie, Giovanni Longinotti, Mitbegründer der katholischen Volkspartei und Mitstreiter von Montinis Vater. Longinottis Kontakte zu Kardinalstaatssekretär Pietro Gaspari ermöglichten dem bürgerlichen Montini die Aufnahme in die päpstliche Diplomatenakademie, die damals noch Accademia dei Nobili ecclesiastici (Akademie der kirchlichen Edlen) hieß und eine Domäne adliger Söhne war. Longinottis Dank an Gaspari ist von prophetischem Selbstbewußtsein: »Heute ist es an mir, Eurer Eminenz dafür zu danken, daß Sie Don Battista die Aufnahme in die Akademie ermöglicht haben. Vielleicht wird es eines Tages an Eurer Eminenz sein, mir für das Geschenk zu danken, das ich damit der Kirche gemacht habe.«

Montini konnte sich über all das noch nicht so recht freuen. Er war unentschlossen über seinen weiteren Weg. Der junge, in sich gekehrte Priester, in dessen Brust viele Seelen wohnten, spielte mit dem Gedanken, einfacher Pfarrer auf dem Lande zu werden und dabei genügend Zeit für die geliebte schöngeistige Lektüre zu finden. So hatte er sich als Theologiestudent intensiv mit Oscar Wilde beschäftigt. In Wildes »De Profundis« unterstrich er dabei die Stelle »Leiden ist ein sehr langer Augenblick« und bemerkte dabei am Buchrand: »Die Armen sind weise, mehr auf Nächstenliebe und Güte ausgerichtet, viel mehr als wir.« Bei Wilde unterstrich er auch einen Satz, den er später einmal selbst sagen sollte: »Ein Tag ohne Tränen ist kein glücklicher Tag.«

Das Leiden an der Welt, das dem Papst sein Amt später so sauer werden läßt, begann über den Büchern in der Bude des Theologiestudenten. Seine Unentschlossenheit offenbarte Montini dem Freund Guerini. An ihn schrieb er: »Bete für mich, für einen, der noch nicht weiß, was er Gott geben soll, für einen, der den richtigen Weg noch nicht gefunden hat.« Doch sein Vater, der katholische Politiker, wollte ihn gern im diplomatischen Dienst des Papstes sehen, wollte die Verbindung zwischen Priestertum und Politik. Als Verfechter eines politischen Katholizis-

Er hatte überraschende schriftstellerische Fähigkeiten, auch in den trocken- sten Materialien konnte er einen blendenden und gewandten Ausdruck finden. Er wäre ein ganz großer Journalist geworden, wenn er nicht einen anderen Lebensweg gewählt hätte.

Pater Persico, SJ, ein Lehrer Giovanni Battista Montinis

Mein Bruder Battista war schon damals von apostolischem Eifer erfüllt und sehr liebenswürdig. Er bezauberte seine Zuhörer. Ich erinnere mich, daß er ausgezeichnet Geschichten zu erzählen wußte.

Francesco Montini

155

mus legte er seinem Sohn eine Karriere als päpstlicher Diplomat ans Herz. Seinen Freund Longinotti hatte er Türöffner im Vatikan spielen lassen. In patriarchalischen Verhältnissen aufgewachsen und streng religiös erzogen, war dem jungen Montini jegliche Art von Rebellion fremd. Hinzu kam seine später als Papst vielgepriesene Demut. »Christus hat das Schreinerhandwerk ausgeübt«, kommentierte er seine erste Tätigkeit im Staatssekretariat des Vatikan, »dann werde ich wohl den Büroburschen spielen können.«

Nach seiner Ausbildung an der päpstlichen Diplomaten-Akademie wurde er nach Warschau in die Apostolische Nuntiatur geschickt. Dort arbeitete er als Sekretär des Nuntius. Doch auf seinem Posten fühlte er sich nicht wohl. Das polnische Winterklima war zu rauh für seine Gesundheit. Seine Vorgesetzten befürchteten, daß er an Tuberkulose erkranken werde, und stellten seine baldige Versetzung in Aussicht. Dem Polnischen, »dieser verdammten Sprache«, wie er an seine Eltern schrieb, widmete er deshalb »weder Zeit noch Hirn, da ich sie mir doch angeblich nur einige Monate in den Ohren zischen lassen muß«. Er könne Polnisch »stottern«, fügte er hinzu, fürchte aber bei weiteren Bemühungen, »das Wenige zu vergessen an Sprachen, die leichter und wohl auch nützlicher sind«. Der junge päpstliche Diplomat konnte damals nicht ahnen, daß Polnisch nur 60 Jahre später zu einer im Vatikan vielgesprochenen Sprache werden sollte.

Nach nur knapp sechs Monaten wurde Montini von Warschau nach Rom zurückbeordert. Er begann im Staatssekretariat, dem Außenministerium des Vatikan, zu arbeiten, wurde vom römischen Kardinalvikar zugleich jedoch zum Studentenseelsorger bestimmt. 1925 wurde er geistlicher Assistent des katholischen Studentenbundes Italiens. Noch 40 Jahre später, in seinen Gesprächen mit dem französischen Philosophen Jean Guitton, idealisierte er diese Zeit. Paul VI. schwärmte vom »Anblick eines armen Priesters, bekleidet mit einer abgenutzten Soutane, die Knöpfe abgerissen, inmitten einer Gruppe von Jugendlichen, die mit ihm spielen, die studieren und nachdenken, was das Leben ist, die ihn freudig aufnehmen und an ihn glauben«. Mit seiner Arbeit im katholischen Studentenbund, zugleich eine antifaschistische Organisation, hatte Montini eine wichtige Ergänzung zu seiner Beamtentätigkeit im Vatikan gefunden. Sie bewahrte ihn

156

davor, die Welt ausschließlich aus der Sicht der kirchlichen Diplomatie zu betrachten.

Fotos aus den zwanziger Jahren zeigen Montini keineswegs in abgenutzter Soutane. Doch das Erlebnis, auf fragende, denkende junge Menschen nicht bloß durch äußere Machtsymbole, sondern kraft geistiger Autorität einzuwirken und so für die Kirche zu werben, ist für ihn eine Grunderfahrung geblieben. »Wenn ich etwas weiß, dann verdanke ich es zum Großteil den Studenten jener fernen Tage«, vertraute er dem Sorbonne-Philosophen Guitton an. »Sie waren für mich wie ein Stimulus, eine lebendige Lehre, die ich niemals aus den Büchern hätte lernen können, auch nicht aus den Vorbildern des Klerus, mögen sie in anderer Hinsicht noch so hervorragend gewesen sein.« Mit den sozial engagierten Studenten besuchte Montini in Rom jede Woche Arme und Ausgegrenzte im Elendsviertel an der Porta Metronia. Auch wurde er unmittelbarer Zeuge der Auseinandersetzungen des katholischen Studentenbundes mit faschistischen Schlägertrupps, etwa bei der Schließung der Studentenzeitung *La Fionda*. Montini sah sich als Antifaschist. Und in der Porträtskizze, die *L'Osservatore Romano* am 28. Januar 1974 abdruckte, heißt es, daß Montini nicht nur ein Gegner des Faschismus gewesen sei, sondern im Gegensatz zu Pius XII. damals auch keine Sympathien für die Deutschen gehabt habe.

Der Studentenpfarrer in der schwarzen Soutane mit dem Credo des politischen Katholizismus sammelte eine junge katholische Elite um sich. Einer der Studenten, die Montini in dieser Zeit kennenlernte, war der spätere italienische Ministerpräsident Aldo Moro. Auch andere künftige Führungsmitglieder der Democrazia Cristiana gehörten dazu.

Die Faschisten betrachteten Montini als Gegner. So beschuldigte ihn die Zeitung *Regime Fascista* 1939, in ein angebliches Komplott zum Sturz der Regierung verwickelt zu sein. Dem verfolgten einstigen Abgeordneten der katholischen Volkspartei, Alcide de Gasperi, wolle der hohe Beamte im Vatikan-Staatssekretariat mit der Verleihung der vatikanischen Staatsbürgerschaft schützen, so das Blatt weiter, und Volkspartei-Generalsekretär Don Luigi Sturzo aus dem Exil zurückholen.

Im Vatikan war Montini zunächst jedoch nur Referent. »Ich spiele den ganzen Tag Karten«, kommentierte er in einem seltenen Anflug von Ironie seine Bürotätigkeit, jonglierend mit dem italienischen Wort »carte«, das sowohl Spielkarten als auch Akten bezeichnet. Aber Montini war zu Höherem berufen. Kardinalstaatssekretär Eugenio Pacelli wurde auf ihn aufmerksam, betraute ihn 1937 mit der Leitung der Abteilung für Ordentliche Angelegenheiten, der wichtigsten Kontaktstelle zwischen dem Papst und den Bischöfen in aller Welt. Dort hatte Montini die beste Übersicht über die Weltkirche. In seinem Wartezimmer drängten sich Kardinäle, Erzbischöfe und hohe Ordensgeistliche. Für viele von ihnen endete der Weg zum Papst bei Montini. Doch sie wußten, daß ihr Anliegen bei ihm gut aufgehoben war. »Warum zum ›Monte‹ gehen, wenn das Problem schneller bei Montini gelöst werden kann?« wurde zum geflügelten Wort.

Montinis Pendant im Staatssekretariat war der Leiter der Abteilung für Außerordentliche Angelegenheiten, Domenico Tardini, zuständig für die Kontakte zu den beim Vatikan akkreditierten Diplomaten. Doch in der Praxis vermischten sich die Aufgaben. Selbst der Papst nahm die Unterscheidung nicht allzu genau, und oft genug entschied er intuitiv, ob eine Sache »ordentlich« oder »außerordentlich« war. Die Verwirrung spiegelte sich in einer Anekdote wider: Eines Tages berichtete ein Beamter Tardini atemlos: »Monsignore, seine Eminenz Kardinal X ist mit seiner Haushälterin durchgebrannt.« Ohne von seinen Papieren aufzusehen, antwortete Tardini: »Erzählen Sie das Montini – er befaßt sich mit den ordentlichen Angelegenheiten.«

Tardini und Montini waren ein ungleiches Zweigespann. Auf der einen Seite der aus dem einfachen Volk hervorgegangene Römer Tardini; klein, untersetzt, nachlässig frisiert, oft mit schlecht sitzender Soutane und speckigem Kugelkäppchen auf dem Kopf. Sein lachlustiger Mund hielt nicht einen Augenblick lang still. Dieser impulsive Antikonformist und Hitzkopf in einem so feierlichen Milieu war zugleich jedoch ein geschickter und kluger Diplomat. Das wußte Pius XII. zu schätzen. Tardini erweckte Sympathie und Vertrauen. Der großbürgerliche, ernste Norditaliener Montini flößte Achtung und Zuneigung ein, doch wehrte er jede Zutraulichkeit ab. Seine Stirn war breit und gewölbt, die hellen Augen klar und gleichzeitig undurchdringlich, wie ein vor dem Innersten herabgezogener Vorhang. Die Lippen waren schmal und zart. »Wie soll er lachen«, spöttelte Tardini, »er hat ja keinen Mund.« Konnte man zwei verschiedenartigere Menschen zusammenkoppeln zu einem Gespann? Pius XII. scheint keinen Versuch unternommen zu haben, sie

Er galt als sehr pflichtbewußt, sehr arbeitsam, und man dachte, er wird das Konzil fortführen. Deshalb ist er auch gewählt worden.

Hans Küng, Theologe

Christus hat das Schreinerhandwerk ausgeübt, dann werde ich wohl den Büroburschen spielen können.

Paul VI. zu seiner ersten Tätigkeit im Staatssekretariat

einander anzunähern. Vielmehr war ihm die latente Gegnerschaft zwischen ihnen durchaus recht. Denn sie begünstigte seine Autorität.

Nach dem Tod von Kardinalstaatssekretär Maglione 1944 hatte Pius XII. keinen Nachfolger ernannt, sondern selbst die Geschäfte des Vatikan-Ministers übernommen. Montini und Tardini waren seine wichtigsten Mitarbeiter. Oder dienten sie Pius nur als Erfüllungsgehilfen? Bei der Kardinalsversammlung 1946 erwarteten alle Vatikan-Beobachter Montinis und Tardinis Beförderung zu Kardinälen. Aber nichts geschah. Beim Konsistorium 1953 gab es für die beiden wieder keinen Kardinalshut. Da fühlte sich selbst Pius XII. unter Erklärungszwang: »Es war Unsere Absicht«, sprach er zu den versammelten Kardinälen, »in das heilige Kollegium die zwei verdienstvollen Prälaten aufzunehmen, die den beiden Abteilungen des Staatssekretariats vorstehen, und ihre Namen standen als erste auf der Kandidatenliste. Aber diese Prälaten baten Uns – ein Zeichen ihrer überragenden Tugend – so inständig, dieses sehr hohe Amt ablehnen zu dürfen, daß Wir ihren Bitten nachzugeben müssen glauben.« Die Kardinäle trauten ihren Ohren nicht. Wollte der Papst ihnen weismachen, daß diese Ablehnung ein Zeichen der Tugend war? Hatten sie selbst etwa keine Tugend? Oder hatte etwa Pius XII. den Purpur abgelehnt, als er ihm von Pius XI. angeboten worden war? Die päpstliche Version war mehr als fadenscheinig. Nach Pius' Vorstellung gestand Montini seinem Freund, »den Autobus nach oben verpaßt« zu haben. »Aber vielleicht habe ich das Wägelchen ins Paradies erobert.«

Pius XII. hatte wohl niemals daran gedacht, Montini zum Kardinal zu machen. Als er ihn im Jahr darauf zum Erzbischof von Mailand ernannte, schickte er ihn ohne Kardinalshut dorthin. Die Erzdiözese Mailand ist die größte Italiens; selbstverständlich, daß sie von einem Kardinal geleitet wird. Auch Montinis Vorgänger, Erzbischof Ildefons Schuster, trug den Kardinalshut. Die Zeit verstrich; Pius XII. starb am 9. Oktober 1958. Der Erzbischof von Mailand war noch immer kein Kardinal – und nahm nicht am Konklave teil.

Montinis Versetzung nach Mailand galt im Vatikan als »terremoto«, als Erdbeben; die übliche vatikanische Bezeichnung für drastische Veränderungen. Zwischen Pius XII. und Montini war es wegen der italienischen Innenpolitik zu Unstimmigkeiten gekommen. Pius XII. sah die Democrazia Cristiana (DC) als Partei

160

dazu bestimmt, die Staatsgewalt zur Durchsetzung katholischer Normen im gesellschaftlichen Leben zu verpflichten. Eine eigene Kompetenz und Willensbildung von »Laien« in Sachfragen lag dem Autoritätsverständnis des Papstes Eugenio-Pacelli himmelfern. DC-Vorsitzender Alcide de Gasperi, der Politik und Kirche sehr wohl auseinanderhielt, lehnte den Gebrauch seiner Partei als bloßes Machtinstrument der Kirche ab. Montini war mit ihm einer Meinung. Er zog in Zweifel, was für Pius noch selbstverständlich war: daß sich die Kirche des »weltlichen Armes« bedienen sollte, um ihre Doktrin durchzusetzen.

Pius XII. trennte sich mittels der ehrenvollen Ernennung zum Erzbischof von seinem Spitzenbeamten im Staatssekretariat. Für sein Bischofswappen wählte Montini die Losung »In nomine Domini« – Im Namen des Herrn. Unter Johannes XXIII. war er der erste, der zum Kardinal ernannt wurde.

30 Jahre hatte Montini in den geheimnisumwitterten Kanzleien des Staatssekretariats gearbeitet. Er war mit dem kurialen System aufs engste vertraut, hatte die vatikanische Schule eingeübter Gesten und vorsichtiger Stellungnahmen verinnerlicht. Vor allem wurde er Zeuge der Auseinandersetzung des Papsttums mit den totalitären Systemen des 20. Jahrhunderts: Pius' XI. Kampfansagen an Faschismus und Nationalsozialismus, die mit Arrangierungen wie dem Lateranvertrag mit Italien und dem Konkordat mit Nazi-Deutschland einhergingen. Zugleich erlebte er die scharfe Frontstellung gegen den Kommunismus und seine Kirchenverfolgungen. Ferner hatte Montini Anteil an der gescheiterten Friedenspolitik Pius' XII. und wirkte im Zweiten Weltkrieg mit am Versuch des Vatikan, mit diplomatischen Mitteln der Katastrophe Einhalt zu gebieten und die Opfer der Vernichtungswut in Schutz zu nehmen. Montini leitete das Hilfsbüro des Vatikan und begleitete Pius XII., als er nach einem Luftangriff in die Ewige Stadt ging.

Er hatte das öffentliche Schweigen des Papstes zur Judenverfolgung loyal mitzutragen. Und so nahm Montini seinen Lehrmeister Pius XII. noch kurz vor dem Konklave, aus dem er als Papst hervorging, in Schutz gegen die Attacken des deutschen Dramatikers Rolf Hochhuth, der Pius vorwarf, sich schuldig gemacht zu haben. In einem Leserbrief an die englische katholische Wochenzeitung *The Tablet* bezichtigte Montini Hochhuth der Verleumdung und meinte, ein Protest des Papstes hätte »in der schon so sehr gequälten Welt eine noch viel größere Zerstörung ausgelöst, weniger zu seinem als zum Schaden unzähliger unschuldiger Opfer«, womit er vor allem die Katholiken im Herrschaftsbereich der Nazis meinte. Montinis Urteil über Hochhuths »Stellvertreter« war eindeutig: »Die Gestalt Pius' XII., wie sie von Hochhuth dargestellt wird, ist falsch.« Zum Tag seiner Papstkrönung wurde dieser Brief in der Sonderausgabe des *Osservatore Romano* nachgedruckt. Eine loyale Huldigung an Pius XII., dessen direkter Nachfolger Montini nach Einschätzung vieler Vatikan-Beobachter geworden wäre – wenn Eugenio Pacelli ihm nicht den Kardinalshut verweigert hätte. So wurde Angelo Roncalli Papst, der als Apostolischer Delegat und Nuntius lange Jahre Montinis Untergebener gewesen war. Montini erlebte das Wirken des leutseligen Gottesmannes Johannes XXIII. nicht am päpstlichen Hof, der für das Charisma des »guten Papstes« weniger empfänglich war und ihm allerhand Widerstand leistete. Als Mailänder Erzbischof sah er dieses Charisma vielmehr aus der Kirchenprovinz, wo der neue Papst-Stil ein spontanes Echo fand und die Ausstrahlung väterlicher Liebe und Güte freudig aufgenommen wurde.

Als Montini am 4. Januar 1955 in seiner Erzdiözese Einzug hielt, regnete es. Im ersten Marktflecken nach dem Überschreiten der Diözesangrenze ließ er sein Auto anhalten und küßte das nasse Pflaster. Sein Amtsvorgänger, Kardinal Schuster, hatte ihm kein leichtes Erbe hinterlassen. Schuster war ein Mussolini-Verehrer gewesen, der den italienischen Krieg in Afrika gutgeheißen und davon schwadroniert hatte, daß »auf den Schlachtfeldern Äthiopiens die Fahne Italiens im Triumph das Kreuz Christi vorwärtsträgt«. Ihm hatte im »roten Mailand« jeglicher Kontakt zu den Arbeitern gefehlt.

Schon Pius XI., der dort Kardinal gewesen war, urteilte: »Es ist leichter, in Rom Papst zu sein als in Mailand Bischof.« Montini nahm die Herausforderung an, fühlte sich als »Arbeiterbischof«. Auch von einem Attentat auf seinen Amtssitz ließ er sich nicht einschüchtern. Der Bombenanschlag brachte einen Balkon zum Einsturz. Der Verdacht fiel auf die Kommunisten. »Kommunisten nicht. Es waren Verrückte«, reagierte der Bischof milde. Seine Mailänder Gemeinde sah er mit den Augen eines Befreiungstheologen – obwohl dieses Wort damals noch niemand kannte: »Die Arbeiterklasse blickt auf Christus als den göttli-

»Der Hamlet von Mailand...«
Johannes XXIII. mit seinem Nachfolger Montini.

Er hat nicht das umwerfende, mitreißende Wesen seines Vorgängers, aber er hat die Zähigkeit, die Ausdauer, den Willen, durchzuhalten.

Kardinal Franz König, Erzbischof von Wien

Wir waren alle froh, daß Montini gewählt wurde. Er galt als sehr ernsthaft.

Hans Küng, Theologe

Es gibt Leute, die können instinktiv entscheiden, oder andere, die sich mit einer empirischen Prüfung der gegebenen Umstände begnügen. Ich brauche eine gewisse Rationalität, die zuweilen die Schnelligkeit der Entscheidungen behindert.

Paul VI.

chen Arbeiter, der ihre Mühen geteilt hat, sie adelte, heiligte; sie sehen ihn als Propheten der Armen, der Weinenden, der nach Gerechtigkeit Hungernden.« Nicht die Arbeiter, sondern »die Großunternehmer und Wirtschaftsbarone waren die ersten, die sich von der Kirche losgesagt haben«, predigte Montini.

Seine erste Weihnachtsmesse als Erzbischof feierte er im Vorstadt-Slum »Klein-Korea«, in einer Wellblechbaracke ohne Licht. Und für die Armen gab er gar seinen Bischofsring hin: Als nach einem Seminar über den Armenseelsorger und Heiligen Vinzenz von Paul Geld gesammelt wurde, warf Montini, der kein Portemonnaie dabeihatte, den Ring in den Klingelbeutel. An die Mailänder Werktätigen richtete er lyrische Worte: »Ich werde darum beten, daß das Dröhnen der Maschinen zu Musik, daß der Qualm der Schornsteine zu Weihrauch werde.« Montini feierte Messen in Fabrikhallen. Bei ihm wurden Hochöfen zu Heilskapellen, Gießereien zu Gotteshäusern. Während einer Stadtmission schickte er Lastwagen mit aufmontierten Altären und Beichtstühlen durch die Straßen Mailands; auch wo keine Kirche war, sollte Gottes Lob erklingen. Und am 1. Mai 1955 ließ Montini ein riesiges Kruzifix von einem Helikopter über die Dächer der Industriemetropole tragen. Fellini bediente sich dieser Idee für seinen Film »Dolce Vita«. Seinen Priestern schärfte der Bischof ein: »Nutzlos, daß ihr die Glocke läutet. Niemand hört euch. Der Pfarrer muß zum Volke gehen. Er muß die Sirenen der Fabriken hören. Dort ist der Herzschlag der modernen Welt.« Diese wohlformulierte Begeisterung konnte Montini der Masse der Gläubigen jedoch nur schwer vermitteln. Der im persönlichen Gespräch aufmerksame und offene Oberhirte wollte wohl, doch er kam vor dem versammelten Gemeindevolk nicht aus der Haut des vergeistigten Intellektuellen heraus. Es blieb Distanz.

»Wird das Volk zur Kirche zurückkommen?« fragte der besorgte Bischof einen Monat vor Beginn des Zweiten Vatikanischen Konzils den versammelten Klerus seiner Diözese. Von ihnen, den Priestern, müsse eine Erneuerung der Kirche ausgehen, beschwor er sie. »Es liegt am Priester, entgegenzugehen, und nicht am Volk. Ein wahres gutes, menschliches und heiliges Priestertum könnte die Welt retten. Der Priester muß sich einer ganz großen Arbeit an sich selbst unterziehen, um zur Arbeit an den anderen fähig zu werden.« Als Mailänder »Arbeiterbischof«

war ihm nicht verborgen geblieben, daß sich die Kirche dem Volk entfremdet hatte. Deshalb mußte sich, war Montini überzeugt, nicht nur die Priesterschaft, sondern die Kirche insgesamt einer »ganz großen Arbeit« an sich selbst unterziehen. Die Nachricht von der Einberufung des Zweiten Vatikanischen Konzils begrüßte er freudig. Schon einen Tag nach der Ankündigung des Konzils veröffentlichte er in der Mailänder Zeitung *L'Italia* einen enthusiastischen Artikel: »Gewaltige Perspektiven auf Jahrhunderte hinaus öffnet uns die Geschichte. Die Kirche wird zur ›Stadt auf dem Berg‹, zum Blickfang für die Gedanken und Sehnsüchte der Menschen.« Kein anderer Bischof reagierte so schnell und positiv auf die Eingebung des Papstes Johannes XXIII. Und in einem Hirtenwort an die Katholiken Mailands trieb er seinen Optimismus noch weiter: »Es wird das größte Konzil sein in der 20 Jahrhunderte langen Geschichte der Kirche, wichtig für die Nationen und für die Herzen der Menschen, wichtig für die Kirche und den Weg der Menschheit.«

Längst nicht alle Kardinäle teilten seine Ansicht. So war der New Yorker Kardinal Francis Spellman von der Ankündigung des Konzils am 25. Januar 1959 schockiert und überrascht: »Ich glaube nicht, daß der Papst ein Konzil einberufen wollte, aber er wurde dazu von Leuten gedrängt, die seine Worte verdreht haben.« Zerreißende Konflikte kündigten sich an. Montini wußte um die bevorstehenden Auseinandersetzungen. An jenem Tag, an dem Johannes das Konzil ankündigte, telefonierte er mit seinem alten Vertrauten und Lehrer seiner Gymnasiastenzeit in Brescia, Pater Giulio Bevilacqua: »Dieser heilige alte Knabe scheint nicht zu merken, in was für ein Hornissennest er da sticht.« Ein Hinweis darauf, daß der Zauderer Montini wohl nicht den Mut gefunden hätte, ein Konzil einzuberufen. Bevilacqua reagierte optimistisch: »Keine Sorge, Don Battista, der Heilige Geist ist noch wach in der Kirche.« Später wurde Bevilacqua vom Papst Montini zum Kardinal ernannt und zugleich mit dem Privileg versehen, trotz Kardinalshut schlichter und leutseliger Provinzpfarrer bei Brescia bleiben zu dürfen. Montini, dessen Idealbild eines Seelsorgers nachhaltig von Bernanos' »Tagebuch eines Landpfarrers« geprägt worden war, erwies seinem einstigen Lehrer die Ehre des Purpurs und ließ ihm gleichzeitig die Freiheit des von höheren Pflichten freien Landpfarrerdaseins.

Als das Konzil begann, wollte Johannes XXIII. Montini in seiner Nähe haben, ließ für ihn in den vatikanischen Gemächern Quartier machen. Als einziger Kardinal, der nicht der Kurie angehörte, wohnte Montini während des Konzils im Vatikan – weil Johannes XXIII. es so wollte. Der Papst Roncalli schätzte Montini sehr, wußte zugleich aber um dessen Schwächen, etwa den ihm seit seiner Jugend anhaftenden Hang zum Zaudern, des Mit-sich-selbst-Haderns und Grübelns. Den »Hamlet von Mailand« nannte ihn ganz ohne Bosheit der so selbstsicher in sich ruhende Papst Johannes.

Auf dem Konzil saß Montini fast da wie ein Beobachter, schweigend. Den Gläubigen seiner Mailänder Diözese erstattete er jedoch jede Woche Bericht: in einem »Brief vom Konzil« in der Zeitung L'Italia. Und in Rom entfaltete er eine rege Überzeugungstätigkeit hinter den Kulissen. Energisch wandte er sich gegen Versuche, dem Konzil schon mit Hilfe der Tagesordnung eine bloß kosmetische Funktion zu geben. Bei Papst Johannes protestierte er per Brief dagegen, das Thema »Liturgie« an den Anfang der Beratungen zu stellen. Dieser formale Beginn bedeutete aus Montinis Sicht, die großen Erwartungen an eine wirkliche Reform der Kirche von vornherein zu enttäuschen und die Weltöffentlichkeit in die Irre zu führen. »Die Ankündigung, daß zuerst die Liturgie behandelt wird, obwohl dies weder über anderen Themen steht noch eine vorrangige Behandlung von irgendeiner wesentlichen Notwendigkeit bestimmt ist, scheint die Befürchtung zu bestätigen, daß das Konzil keinen vorgezeichneten Arbeitsplan hat«, schrieb Montini. Das Konzil solle sich möglichst rasch auf die zentralen Fragen konzentrieren: den Zustand der katholischen Kirche, ihr Handeln in der modernen Welt, ihre Beziehung zu den Nichtkatholiken.

Als der kranke Johannes XXIII. begriff, daß er nur noch kurze Zeit zu leben hatte, beauftragte er Montini und den Brüsseler Kardinal Leo Suenens, der zu seinen engsten Beratern gehörte, an seiner Stelle vor dem Konzil vorzutragen, wie die Beratungen fortgesetzt werden sollten; es war das erste und einzige Mal, daß Kardinal Montini zu den Konzilsvätern sprach. Dieser Auftrag muß der schmerzlichste im Pontifikat Johannes' XXIII. gewesen sein, denn er war mit der Einsicht verbunden, daß er selbst das Konzil nicht zu Ende führen konnte. Johannes XXIII. hoffte, daß Montini sein Nachfolger wurde, um das Konzilwerk fortzusetzen und die Kirche nach Jahrhunderten der Erstarrung zu

Er hat nicht den Mut gehabt, in der römischen Kurie aufzuräumen. Was nötig gewesen wäre.

Hans Küng, Theologe

Wir haben Uns niemals auch nur im geringsten Unsere Wahl gewünscht oder auch gesucht.

Paul VI.

»Eine klare Zielvorgabe...« Der neu gewählte Papst und das Kollegium der Kardinäle.

Sicher, ich kannte die Gewohnheiten des Kardinals, weil ich ihn bei Tisch bediente. Er aß wenig: eine Suppe oder einen Teller Reis mit einem Stück Fleisch und anderthalb Glas Wein. Die Ordensschwestern machten nur dann Kuchen, wenn der Kardinal Besuch hatte. Er schlief sehr wenig: vier Stunden. Wenn ich morgens seine Zimmer aufräumte, fand ich auf einem Tischchen im Schlafzimmer immer sieben bis acht Briefe, die der Kardinal nachts geschrieben hatte.

Pomelli, Hausdiener und Chauffeur des Kardinals Montini

167

reformieren. Johannes war guten Mutes. »Sie werden unter Montini weiterdienen«, sagte er zu seinem Sekretär Capovilla. Nie hatte Johannes einen Zweifel daran gelassen, daß er Montini für berufen hielt, sein Erbe anzutreten. Schon wenige Monate nach seinem Amtsantritt ernannte er den Mailänder Erzbischof als ersten Oberhirten zum Kardinal. Alljährlich durfte Montini am Jahrestag der Papstkrönung das Pontifikalamt im Petersdom zelebrieren. Und die Konzilsväter erinnerte Johannes XXIII. diskret daran, daß schon einmal, 400 Jahre zuvor, ein Mailänder Oberhirte – Karl Borromäus – ein Konzil zum Abschluß gebracht habe.

Nach dem Tode von Johannes XXIII. versammelten sich am 19. Juni 1963 80 Kardinäle zum Konklave; nur zwei fehlten: der erkrankte neunundachtzigjährige Carlos Maria della Torre von Quito in Ecuador und der ungarische Primas Jószef Mindszenty, der nach dem Ungarn-Aufstand in der diplomatischen Vertretung der USA in Budapest Zuflucht gefunden hatte und die Botschaft trotz der Zusicherung freien Geleits nicht verlassen wollte.

Während Kardinal Roncalli sich vor Beginn des Konklaves nach dem Tod Pius' XII. von seinen Gläubigen in Venedig offiziell verabschiedet und angekündigt hatte, er werde in spätestens 14 Tagen heimkehren, reiste Montini fast heimlich aus Mailand ab. Von Rückkehr war nicht die Rede. Die meisten anderen Kardinäle waren schon im Vatikan versammelt, als Montini noch nach Bovezzo fuhr, in das Dorf seiner Kindheit. Dort verabschiedete er sich von seinen Brüdern Francesco und Ludovico, Schwägerinnen und Neffen. Er kehrte nie wieder hierher zurück.

Gegen fünf Uhr nachmittags am 19. Juni zogen die Kardinäle ins Konklave ein. Montini soll als letzter gegangen sein; er war der große Favorit für das Papstamt. Doch kannte auch der Mailänder Oberhirte den Ausspruch, der vor jedem Konklave umging: »Wer als Papst ins Konklave einzieht, kommt als Kardinal aus ihm heraus.« Die einfache Tatsache, quasi designiert zu sein, war also der Grund, nicht gewählt zu werden. Montini erfüllte jedoch zwei Bedingungen, die diesmal unerläßlich waren: Der neue Papst mußte das angefangene Konzil zu Ende bringen, ohne die Einheit der katholischen Kirche aufs Spiel zu setzen. Und er mußte für den vom Konzil gewollten Aufbruch der Kirche zur Weltkirche stehen.

Montini hatte sich immer zum Konzil bekannt. Noch bei einer Messe für den toten Johannes im Mailänder Dom hatte er gepredigt: »Werden wir abweichen dürfen von dem Weg, den Johannes XXIII. mit soviel Mut für die künftige Geschichte des religiösen Lebens eröffnet hat, nämlich vom Weg eines tieferen Verständnisses der Weltweite des katholischen Glaubens? Papst Johannes hat diese wesentliche Eigenschaft der weltweiten katholischen Kirche so sehr in sich verkörpert und zum Ausdruck gebracht, daß daraus verborgene Kraftquellen fließen.« Im vatikanischen Staatssekretariat hatte Montini Kontakte zu Bischöfen aus aller Welt gepflegt. Als Mailänder Erzbischof hatte er 1962 den Sudan, Ghana und andere afrikanische Länder bereist. Er verstand Kirche als Weltkirche. Doch auch in der römischen Kurie hatte er eine Mehrheit. Die Kurienkardinäle sahen Montini als einen von ihnen, war er doch drei Jahrzehnte lang im Vatikan tätig gewesen. Vor allem aber hatte sich Montini in den letzten Monaten vor Johannes' Tod so verhalten, daß er das Vertrauen, wenn auch nicht der Reaktionäre, so doch der sogenannten Gemäßigten unter den Papstwählern gewann. Auf dem Konzil hatte er nicht eingegriffen in die Auseinandersetzungen zwischen Konservativen und Progressiven, sondern diplomatisch geschwiegen.

Bereits am 21. Juni 1963, nach einem der kürzesten Konklaven der Kirchengeschichte, wurde Montini zum Papst gewählt – im fünften Wahlgang. Die Zahl der für ihn abgegebenen Stimmen blieb geheim. Pius XII. und Johannes XXIII. hatten die Maßnahmen gegen Indiskretionen verschärft. Pius hatte verfügt, die Wahlbulletins ohne Unterschrift abzugeben. Johannes hatte bestimmt, daß die Kardinäle die Papiere, auf denen sie die Zahl der Stimmen notierten, abgeben mußten.

»Accepto!« – Ich nehme an – gab Montini zur Antwort auf die Frage des bärtigen ritterhaften Kardinals Tisserant: »Acceptasne electionem?« Um den konziliären Aufbruch der Kirche zu bekräftigen, wählte er den Namen des Apostels Paulus, an den Gott den Ruf »Steh auf und gehe zu den Völkern, zu denen ich dich senden werde« gerichtet hatte. Paul VI. verstand seinen Namen als Zeichen dafür, daß er der modernen Welt ein Missionar und zugleich Pilger sein wollte. Nach der Wahl gingen alle in den Speisesaal. Paul VI. erschien im Papstgewand, das er sich selbst angelegt hatte. Er setzte sich jedoch nicht auf den Ehren-

»Die Schwei-
zergarde
bleibt...«
Paul VI.
bringt seine
Tiara als Ge-
schenk für die
Armen zum
Altar.

Nutzlos, daß ihr die Glocke läutet. Niemand hört euch. Der Pfarrer muß zum Volke gehen. Er muß die Sirenen der Fabrik hören. Dort ist der Herzschlag der modernen Welt.

Bischof Montini zu Priestern

Montini bezog sich in der Wahl seines Namens nicht auf einen der Paulus-Päpste vor ihm, sondern auf den kühnsten, einsamsten, gefährdetsten Theologen, auf Saulus-Paulus. Paulus mußte jahrhundertelang in der frühen Kirche um Anerkennung ringen.

Friedrich Heer

Ich sah Paul VI. zweimal weinen. Einmal im Dom von Udine während des eucharistischen nationalen italienischen Kongresses und das andere Mal in Castel Gandolfo. Beim ersten Mal weinte er vor den Priestern, die sich gegen den Papst gewandt hatten. Das zweite Mal war es auch vor einem Kongreß von Priestern. Er weinte, weil er glaubte, daß die Priester die Kirche betrogen hatten.

Pater Gino Concetti, Theologe beim Osservatore Romano

Ich bin euer Vater, euer Hirte, bin verantwortlich für jeden von euch. Wir können uns duzen, denn wir bilden ja eine Familie.

Paul VI.

Dieser Montini ist einer der wenigen, die die Tragweite unserer Arbeit wirklich verstanden haben.

Pius XI. über Giovanni Battista Montini

Paul VI. hat sich durch ein geradezu übersteigertes Verantwortungsbewußtsein ausgezeichnet.

Hans Küng, Theologe

»Meine Vaterschaft ist allumfassend...«
In einem Waisenhaus der indischen Stadt Bombay.

platz der Tafel, sondern wünschte ausdrücklich, unter den Kardinälen zu sitzen, wie am ersten Tag des Konklaves. Danach mußte ihm niemand den Weg zu den päpstlichen Gemächern zeigen. Er kannte den Vatikan seit 30 Jahren. Er ging voran. Als Pauls asketische Gestalt zum ersten Mal auf der Loggia von Sankt Peter erschien, die Arme bogenförmig erhoben, dann weit ausholend zum Segen, erinnerte er viele an Pius XII. Der als gemäßigter Progressist gewählte Papst Montini kündigte schon am Tag nach seiner Wahl in einer Rundfunkbotschaft an, daß er das Konzil fortsetzen werde.

Die feierliche Inthronisation am Abend des 30. Juni 1963 spielte sich erstmals in der Geschichte unter freiem Himmel auf dem Petersplatz ab. Der Petersdom wäre zu klein gewesen, da ein Teil des Kirchenschiffs zur Konzilsaula umgewandelt worden war. Bereits seit dem Mittag waren Scharen von Gläubigen und Neugierigen auf den Petersplatz geströmt. Pilger aus fernen Ländern, Römer, Menschen im Sonntagsstaat. Ganze Familien; die römischen Mütter trennen sich nie von ihren Kindern, sie nehmen sie mit, wo auch immer sie hingehen. Volk aus der Provinz. Frauen mit braungebrannten Gesichtern, abgearbeiteten Händen. Sie warteten in flirrender Hitze bis zum Abend. Auch diejenigen, die nicht auf den Petersplatz kommen konnten, sollten nach dem Willen des neuen Papstes an der Freude teilhaben: Den Strafgefangenen in allen italienischen Gefängnissen ließ er ein Festmahl reichen. An die kranken Kinder in den römischen Hospitälern wurden Süßigkeiten verteilt. Gegen 20.30 Uhr setzte Kardinal Alfredo Ottaviani, der Chef des Heiligen Offiziums, dem Heiligen Vater die dreifache Krone aufs Haupt: »Empfange die mit den drei Kronen geschmückte Tiara und wisse, daß du der Vater der Fürsten und Könige bist, der Lenker der Welt auf Erden, der Stellvertreter unseres Erlösers Jesus Christus, dem Ehre und Ruhm sei in Ewigkeit.« Paul war der letzte Papst, der sich die prächtige, konische Papstkrone aufsetzen ließ. Bis zum 9. Jahrhundert hatten die Päpste nur eine Art Zipfelmütze mit Kopfbinde und hinten herabhängenden Enden getragen. Über die Jahrhunderte wurde diese päpstliche Kopfbedeckung dann immer prächtiger. Zunächst hatte sie nur einen Kronreif, seit Bonifatius VIII. deren zwei, und das Grab des 1342 gestorbenen Benedikt II. zeigt bereits den dreifachen Kronreif. Paul VI. kehrte zur einfachen Bischofsmitra zurück. Am 13. November 1964 legte er die Tiara auf den Altar der Peterskirche –

als Geschenk für die Armen, wie er kundtat. Fünf Tage später übergab er sie Kardinal Francis Spellman. Der Oberhirte der Finanzmetropole New York sollte sie zu Geld machen. Spellman schickte die Papstkrone auf »Tournee« durch die Vereinigten Staaten. Sie wurde ausgestellt im vatikanischen Pavillon der New Yorker Weltausstellung und in Schaufenstern von Kaufhäusern. Überall, wo die Tiara gezeigt wurde, kam Geld für karitative Zwecke in die Kasse des Vatikan.

Auch mit anderen Traditionen brach der Papst. Den Angehörigen des hohen römischen Adels, die an vatikanische Ehrenämter gewöhnt waren, beschied er mit entwaffnender Offenheit: »Ich habe Ihnen keine Privilegien mehr zu bieten.« Kungeleien waren ihm schon als Referent im Staatssekretariat zuwider gewesen. Als sein Bruder 1932 für Verdienste um das katholische Sozialwesen mit einem päpstlichen Orden ausgezeichnet wurde, versicherte Montini seinem Vater, er habe damit nichts zu tun, denn er liebe »diese Bruderschaften gegenseitiger Hilfeleistungen« gar nicht.

Im Vatikan schnitt Paul nach und nach weitere alte Zöpfe ab. Er »demobilisierte« sowohl die päpstliche Palatinergarde als auch die Nobelgarde mit ihren Helmen und Roßschweifen. Der Papst erschien nicht mehr als der Gefangene eines buntgefärbten Heeres aus dem Uniformatlas des vergangenen Jahrhunderts. Nur die Schweizergarde ließ er weiter wachen. Die Geheimkämmerer mit ihren Halskrausen und blanken Degen verschwanden ebenfalls. Und die als Platzanweiser fungierenden Cavaliere trugen anstatt feinem Frack künftig einen grauen Straßenanzug. Sankt Peter wirkte wie ein geplünderter Christbaum.

Die vatikanischen Gemächer ließ Paul umdekorieren. Sein Privatsekretär Pasquale Macchi führte im Vatikan einen befreundeten Maler und Architekten namens Dandolo Bellini ein, der sehr bald das Entsetzen aller traditionsbewußten Kunstfreunde hervorrief. Der Künstler, von dessen Existenz kein einziger vatikanischer Höfling jemals etwas gehört hatte, begann seine Arbeit damit, daß er in den päpstlichen Wohnräumen die aus dem 19. Jahrhundert stammenden Seidentapeten von den Wänden riß. Die kirchlichen Farben Rot und Violett waren in den Papsträumen verpönt. Rot war nicht einmal der Papstthron, sondern von einem hellgrauen ungemusterten Samt. Die silbern ziselierten Tischkreuze unter Glasglocken verschwanden ebenfalls. Statt dessen ließ Bellini antike Statuen, Holzskulpturen

173

und Basreliefe aus den vatikanischen Museen aufstellen, des weiteren seltsam geformte Blattpflanzen aus dem Gewächshaus. Das Ganze zeugte von einem individuellen Geschmack, wirkte aber etwas kühl. »Ein Mittelding zwischen Klinik und Vogue«, meinte ein Monsignore. Auf dem apostolischen Palast legte Bellini einen Dachgarten mit einem Kreuzgang an. »Die Mauern meines Kreuzgangs sind hoch genug, um nicht gesehen zu werden und selbst nichts sehen zu müssen«, meinte der in sich gekehrte Papst.

Hier, über den Dächern des Vatikan, pflegte Paul VI., geschützt vor allen neugierigen Augen, mit seinen intimsten Vertrauten »Cercle« zu halten. Häufig empfing er dort auch einen guten Freund, den französischen Philosophieprofessor Jean Guitton, einen der 40 »Unsterblichen« der Académie française. Brücke ihrer Freundschaft war Pauls großes Interesse für die französische Sprache und Kultur. Guitton formte aus ihren Konversationen über Gott und die Welt ein Papstporträt in Dialogform. Zum ersten Mal in der Geschichte war jemand berechtigt, Privatgespräche mit einem regierenden Papst zu veröffentlichen. Guittons Buch stützte sich auf Gespräche aus vier Jahren. Doch ist der Philosoph aus dem Papst auch danach nicht richtig schlau geworden. Pauls VI. Persönlichkeit sei »rätselhaft, geheimnisvoll, undurchsichtig«, schrieb er. »Sein Innerstes bleibt verschlossen.« Paul war allerdings mit dem Werk hochzufrieden. Auf Latein telegrafierte er aus der Ewigen Stadt an den »Unsterblichen« in Paris: »Nimis bene scripsisti de Nobis« – allzugut hast du über Uns geschrieben. Er störte sich nicht daran, daß Guitton auch seine Schwächen sezierte und öffentlich ausbreitete. Denn sein großes Vorbild, der heilige Paulus, hatte sich seiner Schwachheiten ebenfalls nicht geschämt, sich offen als zerrissen, allein und unsicher bezeichnet. Mit dem ihm seit frühester Jugend innewohnenden Sinn für Einsamkeit sei Paul nicht zum Regieren bestimmt gewesen, konstatierte Guitton. Der Philosoph nannte ihn den »einsamsten aller Päpste«.

Am 29. September 1963 wurde der neue Papst von den 2540 Teilnehmern des Konzils voll Spannung erwartet. Der Tod Johannes' XXIII. hatte die Menschen nicht nur zutiefst erschüttert – die Zukunft des Konzils und damit der katholischen Kirche erschien ungewiß. Daß es weitergehen würde, wußte man. Der neue Papst hatte sich schon kurz nach seiner Wahl zur Fortset-

Es ist das Verdienst von Paul VI., daß er das Konzil zunächst weitergeführt und dann auch zum Ende gebracht hat.

Bischof Heinrich Pachowiak, Konzilsteilnehmer

Paul VI. ließ das Konzil gewähren. Nur die heiklen Probleme hat er sich selbst vorbehalten und dadurch der Mitbestimmung des Konzils entzogen. Das wirft doch einen kleinen Schatten auf seine Offenheit und seinen Respekt vor den Konzilgängern.

Edward Schillebeeckx, Theologe

Zunächst einmal muß man Paul VI. als Papst des Konzils sehen.

Bischof Hubert Luthe, ehemaliger Assistent von Kardinal Joseph Frings

Ich muß sagen, die Substanz der Dokumente des Zweiten Vatikanischen Konzils gibt ein Bild vom Papst: sehr modern, aber auch sehr unbeweglich in seinen Prinzipien.

Giulio Andreotti, ehemaliger italienischer Ministerpräsident

»Undurchsichtig, geheimnisvoll und rätselhaft...« Paul VI. auf dem Weg zur Konzilsaula.

zung des Konzils bekannt. Doch wie sollte es weitergehen? Die zweite Sitzungsperiode des Konzils begann mit einem feierlichen Gottesdienst und einer programmatischen Rede des Papstes. Tausende drängten sich in der Nähe der Vorhalle der Basilika, um einen Blick auf Paul VI. zu erhaschen. In der Linken hielt der Papst den Stab des Bischofs von Rom, die Rechte ließ er segnend über dem Volk kreisen. Zwölf muskulöse Römer trugen ihn auf der »Sedia gestatoria«, dem päpstlichen Tragthron, zum Gottesdienst. Doch auch mit diesem päpstlichen Privileg machte Paul bald Schluß. Nach dem Konzil ging er nicht immer, aber immer öfter zu Fuß.

Das äußere Szenarium des Konzils hatte sich nicht verändert. Die Konzilsteilnehmer versammelten sich im Längsschiff von Sankt Peter. Um endlose Wege durch den weiten Kirchenraum zum Rednerpult zu sparen, waren im Plenum Mikrofone installiert. Getränke gab es in einem Nebenraum des rechten Seitenschiffs an der »Bar Jona«. Dort schlürften die Nachfolger der Apostel Espresso, erzählten Konzilswitze, heckten Intrigen aus, tranken nach hitziger Debatte einen Versöhnungsschluck. Die Bar hatte ihren Namen von dem Bibelvers »Selig bist du Simon, Sohn des Jona, denn nicht Fleisch und Blut haben dir dies geoffenbart.« Im lateinischen Text steht für Sohn des Jona »Bar Jona«. Bar ist das aramäische Wort für Sohn. Und da die Konzilsväter natürlich alle ihre lateinische Bibel im Kopf hatten, war das Wortspiel sofort zündend.

Bei der Eröffnung der zweiten Sitzungsperiode setzte Paul VI. klare Schwerpunkte: Wesen und Aufgabe der katholischen Kirche in einer modernen Welt sollten vom Konzil neu bestimmt werden. Die Weichen für die innere Erneuerung der Kirche müßten gestellt werden. Für die Einheit der Christen sollten neue Impulse ausgehen. Das Konzil hatte nun »eine klare Zielvorgabe«, wie der Konzilstheologe Bernhard Häring befriedigt konstatierte. Es sollte sich nach dem Willen Pauls deutlich von seinen Vorgängern abheben – waren die bisherigen Konzile doch in erster Linie dazu bestimmt gewesen, ein Dogma zu definieren, Ketzer auszuschließen oder Schismatiker zu bekämpfen. Das Zweite Vatikanische Konzil sollte das erste in der Geschichte sein, das gegen nichts und niemanden einen Bannstrahl schleuderte.

Als erster Papst seit dem Luther-Zeitgenossen Hadrian VI. bekannte Paul VI. feierlich die Mitschuld seiner Kirche an der

Trennung der Christen und bat die Nichtkatholiken um Vergebung: »Unsere Stimme bebt und Unser Herz schlägt schneller«,
wandte sich der Papst an die Konzilsbeobachter der anderskon-
fessionellen christlichen Kirchen. »Einmal wegen des unbe-
schreiblich tröstlichen Gefühls und der Hoffnung, die Ihre Anwesenheit in Uns hervorruft, zum anderen aber auch wegen der
tiefen Trauer, die Wir angesichts der schon so lange andauernden Trennung empfinden. Wenn irgendeine Schuld an der Trennung auf Uns fällt, so bitten Wir Gott demütig um Vergebung
und suchen auch bei den Brüdern Verzeihung, die sich von uns
gekränkt fühlen sollten.« Das Echo auf die Rede des Papstes war
ermutigend. Evangelische Konzilsbeobachter begrüßten seine
Worte als »ökumenisches Ereignis« und »epochemachend«.

Protestantische, anglikanische und orthodoxe Glaubensge-
meinschaften hatten sich damals schon zum Ökumenischen
Weltrat der Kirchen zusammengeschlossen. Die katholische Kirche wollte bis zum Zweiten Vatikanischen Konzil von der
ökumenischen Bewegung nichts wissen. Die Trennung war tief,
selbst im Alltag. So gab es damals auch in Deutschland noch
Dörfer, in denen katholische Eltern ihre Kinder mit erhobenem
Zeigefinger ermahnten, nicht mit ihren evangelischen Altersgenossen zu spielen. Junge Männer wurden angehalten, auf keinen
Fall eine »Evangelische« zu heiraten. Die Soldaten der Heils-
armee, die an die Haustüren klopften, die Bibel in der Hand,
Lobgesänge auf den Lippen, wurden mancherorts wie Sendlinge
Beelzebubs zurückgestoßen. »Evangelisch« war in solch einer
Umgebung fast ein Schimpfwort – und umgekehrt oft auch »ka-
tholisch«.

Paul schuf ein ökumenisches Nähegefühl. Martin Niemöller,
einer der Präsidenten des Ökumenischen Rates der Kirchen und
erster deutscher evangelischer Kirchenfürst, den der Papst empfing, schwärmte: »Als ich in seine vertrauenerweckenden blauen
Augen sah, glaubte ich in die Augen meiner lieben Frau zu
blicken.«

Nach der bisherigen, 1917 im katholischen Kirchenrechts-
buch, dem Codex Iuris Canonici, noch einmal bekräftigten
Lehre waren alle nichtkatholischen Christen und ihre Kirchen
nichts weiter als »Sekten«. Mit diesem Sprachgebrauch machte
das Konzil Schluß. Paul VI. redete die Vertreter der getrennten
Kirchen mehrfach mit dem Ausruf »o ecclesiae« (»ihr Kirchen«)
an. Und das vom Konzil beschlossene Ökumene-Dekret hat der

ökumenischen Bewegung neuen Auftrieb gegeben. Heute gibt es ökumenische Eheschließungen, katholische Priester und evangelische Pastoren sprechen gemeinsam ihre Gebete. Doch in der Rückschau wird deutlich: Das Zweite Vatikanische Konzil vermochte keinen konkreten Weg zur Einheit der Kirche zu weisen. Auch Paul sah dies ganz realistisch: »Es gibt da nichts Neues im eigentlichen Sinn«, so sein lapidarer Kommentar bei einem seiner Dachgarten-Gespräche mit Guitton.

Durch das Konzil wurde festgeschrieben: »Nur durch die katholische Kirche Christi, die das allgemeine Hilfsmittel des Heils ist, kann man Zutritt zu der ganzen Fülle der Heilsmittel haben. Denn einzig dem Apostelkollegium, an dessen Spitze Petrus steht, hat der Herr alle Güter des Neuen Bundes anvertraut, um den einen Leib Christi auf Erden zu konstituieren, welchem alle völlig eingegliedert werden müssen, die schon auf irgendeine Weise zum Volke Gottes gehören.« Zwar gehören die anderen Kirchen nun »auf irgendeine Weise« dazu. Die »ganze Fülle der Heilsmittel« bietet jedoch nur die katholische Kirche.

Paul VI. selbst hatte dafür gesorgt, daß dies so blieb. Das vom päpstlichen Einheitssekretariat formulierte Ökumene-Dekret, das am 20. November 1964 vom Konzil verabschiedet werden sollte, gefährdete nach Ansicht des Papstes die Lehre der Kirche über die einzig wahre Religion. Am 19. November 1964 informierte der Vorsitzende des Einheitssekretariats, der deutsche Kardinal Augustin Bea, die Konzilsväter, der Text müsse auf Wunsch des Papstes geändert werden. Im ersten Artikel hatte es über die »getrennten Brüder« geheißen: »Alle aber sind Jünger des Herrn.« Der Papst ließ den Passus in »Sie alle bekennen sich als Jünger des Herrn« umändern. Sich als Jünger bekennen und Jünger sein – dazwischen verlief für die konservative Konzilsminderheit die Grenze zwischen Katholiken und anderen Christen. Auch schrieb das Dekret fest, daß Nichtkatholiken beim Studium der Heiligen Schrift Gott nicht »finden«, wie es ursprünglich im Text stand, sondern lediglich »suchen«. Diese Änderungen, die der Papst im letzten Augenblick vorbrachte, gingen auf den Wunsch konservativer Konzilsväter zurück. Das Einheitssekretariat hatte sie zuvor bereits abgelehnt. Kommentatoren der Geschichte dieses Konzil-Dekrets, wie Kardinal Lorenz Jaeger und Pater Werner Becker, berichten übereinstimmend, daß sich die Konservativen daraufhin bei Paul VI. beklagten. Paul tat ihnen ihren Willen. Sein Unterstaatssekretär im Staatssekreta-

Wenn irgendeine Schuld an der Trennung auf uns fällt, so bitten wir Gott demütig um Vergebung und suchen auch bei den Brüdern um Verzeihung, die sich von uns gekränkt fühlen sollten.

Paul VI., 29. September 1963, über die Ökumene

Ich wünsche glühend, daß Papst Paul VI. und ich eines Tages zusammen das Wasser und den Wein in diesem Kelch mischen.

Patriarch Athenagoras beim Treffen mit dem Papst

Er wurde als erster Papst eingeladen, vor den Vereinten Nationen zu sprechen. Er war der erste Papst, der Israel besucht und dort Athenagoras getroffen hat. Das war damals eine unglaubliche Sensation.

Kardinal Franz König, Erzbischof von Wien

»Lassen wir die Fragen des Vorranges beiseite...« Patriarch Athenagoras umarmt Paul VI.

riat, Monsignore Angelo Dell'Aqua, bat Bea und den holländischen Erzbischof Jan Willebrands, zwei Protagonisten der ökumenischen Bewegung, im päpstlichen Auftrag um Verständnis: »Der Papst will nicht nur wissen, was das Konzil denkt, sondern auch ein ruhiges Gewissen haben.« Verstand sich Paul doch als Hüter des einen, des katholischen Glaubens.

Doch dieser 19. November ging aus einem anderen Grund als »schwarzer Donnerstag« in die Konzilsgeschichte ein. Das Dekret über die Religionsfreiheit war fertig. Darin sollte der Grundsatz revidiert werden, daß alle Nichtchristen von der ewigen Glückseligkeit ausgeschlossen sind. Die vatikanische Theologie vertrat bis dahin einen Absolutheitsanspruch: »Heiden« waren zum Bekehren da, und der Staat hatte grundsätzlich allenthalben den katholischen Glauben als Staatsreligion anzuerkennen; denn nur die Wahrheit der katholischen Kirche hatte das Recht auf ihrer Seite. Diese Position brachte die Kirche in der modernen Welt in Mißkredit. Und es war abzusehen, wie das Votum der Konzilsväter zur Religionsfreiheit ausfallen würde: überwältigende Zustimmung. Einzige Möglichkeit der Konservativen: Zeitgewinn. 200 spanische und italienische Bischöfe beantragten eine Vertagung auf die nächste Sitzungsperiode. Doch auch ein solcher Vertagungsantrag hatte keine Chance auf Zustimmung. Also wurde das Dekret zur Religionsfreiheit kurzerhand von der Tagesordnung abgesetzt. Wieder hatte Paul VI. Rücksicht auf die konservative Konzilsminderheit genommen. Zu Hunderten sprangen die Konzilsväter von ihren Sitzen auf, liefen wild durcheinander. Die Konzilsaula wurde zum Tollhaus. Nicht einmal an der »Bar Jona« kühlten sich die hitzigsten Köpfe ab. Drei nordamerikanische Kardinäle setzten eine Petition an den Papst auf: »Mit aller Ehrfurcht, aber mit größter Dringlichkeit bitten wir, daß vor dem Ende dieser Sitzungsperiode des Konzils über die Erklärung zur Religionsfreiheit abgestimmt wird, sonst verlieren wir das Vertrauen der christlichen und der nichtchristlichen Welt.« 441 Unterschriften kamen gleich an der »Bar Jona« zusammen, 1000 wurden es später. Es half nichts: Der Papst gab nur die Zusicherung, die Abstimmung gleich an den Anfang der vierten Sitzungsperiode zu setzen. Er wollte die Konservativen nicht vor den Kopf stoßen. Doch auf wessen Seite er stand, machte er anläßlich einer Audienz im Vatikan deutlich: »In Angelegenheiten des Glaubens darf niemand gehindert werden! Niemand darf gezwungen werden!« Am 28. Oktober 1965 schließlich wurde das Dekret zur Religionsfreiheit vom Konzil beschlossen.

Bereits bei seinem Besuch in Indien im Dezember 1964 hatte Paul VI. sich zur Religionsfreiheit bekannt. Vor hinduistischen Würdenträgern in Bombay bezeichnete er Indien als »ein Land alter Kultur, die Wiege großer Religionen, die Heimat einer Nation, die in unablässigem Verlangen, in tiefer Betrachtung, im Schweigen und in glühenden Gebetshymnen Gott gesucht hat. Selten nur ist diese Sehnsucht nach Gott in Worten so voll des Adventsgeistes ausgedrückt worden, die in Ihren heiligen Büchern viele Jahrhunderte vor Christus aufgezeichnet worden sind: ›Von der Unwirklichkeit führe mich zur Wirklichkeit, von der Finsternis führe mich zum Licht, vom Tod führe mich zur Unsterblichkeit.‹ Dieses Gebet gehört in unsere Zeit«, rief Paul aus und setzte damit ein Zeichen für die gegenseitige Verständnisbereitschaft der Religionen.

Die getrennten christlichen Kirchen allerdings kamen sich trotz aller Beteuerungen ihrer religiösen Toleranz auch nach dem Konzil in den theologischen Hauptfragen nicht wesentlich näher. Doch Paul VI. war gewiß der erste Papst, der nach Jahrhunderten der Feindschaft und des Mißtrauens mit allen Kirchen in Frieden lebte und zu einigen nichtkatholischen Würdenträgern, voran dem griechisch-orthodoxen Patriarchen Athenagoras, ein regelrecht freundschaftliches Verhältnis pflegte. Erstmals begegnete er Athenagoras am 5. Januar 1964 während seines Israel-Besuchs. Die beiden Oberhäupter der lateinischen Westkirche und der griechischen Ostkirche umarmten sich brüderlich in Jerusalem. »Es ist würdig und recht, daß wir uns hier als Pilger von Rom und Konstantinopel treffen und uns in gemeinsamen Gebeten vereinigen können«, sagte der Papst.

Pauls Pilgerreise nach Israel war in der Kirchengeschichte ohne Beispiel. Und bereits die Vorfreude des Papstes war groß: »Wir werden das Gelobte Land sehen, von wo Petrus auszog und wohin nicht einer seiner Nachfolger zurückkehrte!« Tatsächlich war vor ihm kein Papst in dem Land gewesen, in dem Jesus einst gewirkt hatte. Auch hatte noch nie zuvor ein Papst ein Flugzeug bestiegen. Pauls Pilgerflug war eine Sensation. Da wurde selbst die kleinste Routinesache der Reise im Düsenflugzeug zur Nachricht. »Sicherheitsgurte auch für den Papst«, überschrieb die Deutsche Presse-Agentur ihren Bericht über die Reisevorbereitungen. Aus der Erste-Klasse-Kabine der DC 8 der Alitalia wurden alle nicht benötigten Sessel entfernt, um dem Heiligen Vater mehr Beinfreiheit zu gewährleisten. Die Kabinenwand wurde mit einer Darstellung der Madonna von Loreto und einem Kruzifix geschmückt. Thron und Altar waren nicht an Bord. »Schließlich ist es eine Pilgerreise«, sagte Alitalia-Sprecher Giovanni Fiumicino. Als die Maschine startete, läuteten in Rom sämtliche Glocken.

Erstes Ziel war die jordanische Hauptstadt Amman. Von dort fuhr Paul mit dem Auto weiter nach Jerusalem. Israel und Jordanien, obwohl durch eine fast undurchdringliche Grenze voneinander getrennt, waren stillschweigend übereingekommen, wenigstens anläßlich dieses einmaligen Ereignisses das alte, ungeteilte Palästina für ein paar Stunden und für eine einzige Wallfahrt wiederaufersteben zu lassen. Der Papst sollte als Pilger durch das Heilige Land reisen, als ob der Stacheldraht nicht existierte. Für ihn wurde bei Megiddo eigens ein Grenzübergang geöffnet, damit er die direkte Straße benutzen konnte, die Jerusalem mit Nazareth verbindet. Der Weg führte ihn zunächst durch die braungelbe, kahle Hügellandschaft hinunter ins Jordantal. An der Jordanbrücke hatten sich die in einem großen Lager bei Jericho lebenden Palästinaflüchtlinge versammelt, um den Papst zu sehen. Am Garten von Gethsemane standen Kinder und winkten Paul mit Palmzweigen. In Jerusalem hielt die päpstliche Wagenkolonne vor dem Damaskustor. Dort stieg der Papst aus, um durch die Via Dolorosa bis zur Grabeskirche den Weg zu Fuß zu gehen, den einst am Karfreitag Christus unter dem Kreuz zurückgelegt hatte. Nur mühsam kam Paul VI. durch die Menschenmassen voran. Bei einem Gespräch mit dem israelischen Staatspräsidenten Salman Schasar wies Paul auf die jüdischen Ursprünge des Christentums hin. Und als Schasar den Papst am Mandelbaumtor verabschiedete, verteidigte dieser seinen Vorvorgänger Pius XII. erneut gegen die Anklage, er habe zu Hitlers Judenvernichtung geschwiegen.

Wegen der Reise des Papstes nach Israel hatte das Konzil eine geplante Erklärung zur Versöhnung mit dem jüdischen Volk vertagt. Eine mögliche polemische Debatte darüber in Rom sollte Pauls Aufenthalt in Jerusalem nicht beeinträchtigen. Am 28. Oktober 1965, dem siebten Jahrestag der Wahl Johannes' XXIII. zum Papst, verabschiedeten die Konzilsväter dann die sogenannte Judenerklärung. Darin bekannten sie sich zum gemeinsamen geistlichen Erbe von Christen und Juden und verurteilten »alle Manifestationen des Antisemitismus«. Theologen und Priester wurden angewiesen, aufzuräumen mit Legenden wie etwa vom »Ritualmord« an Christenkindern, der Juden im Mittelalter häufig zur Last gelegt worden war. Auch eine unter dem Hetzruf »Die Juden haben Christus ans Kreuz geschlagen« noch in unserem Jahrhundert propagierte Kollektivschuld der Juden am Tode Jesu wurde vom Konzil verworfen.

Für religiöse Hetze und Intoleranz, Judenvertreibung und Ketzerverfolgung gab es jahrhundertelang einen Namen: die Inquisition. Von Paul III. wurde sie 1542 als »Heilige Kongregation für die allgemeine Inquisition« gegründet. Ihre berühmtesten Opfer waren Giordano Bruno, auf einem Scheiterhaufen auf dem Campo dei Fiori 1600 verbrannt, und Galileo Galilei, der unter diesen Umständen glimpflich davongekommen war. Die Inquisition ließ wirkliche oder vermeintliche Ketzer foltern und hinrichten, Bücher verbrennen und Theologen zum Schweigen bringen. Die Inquisition erregte Angst und Schrecken, leitete zur Denunziation an und zur Verleumdung. 1908 änderte sie ihren Namen in »Heiliges Offizium«, doch ihre Aufgabe änderte sich kaum; diese Institution befaßte sich weiterhin mit »Gedankenverbrechen«. Sein Präfekt während des Zweiten Vatikanischen Konzils war Kardinal Alfredo Ottaviani, die fleischgewordene Opposition der konservativen Konzilsminderheit. Jeder Angriff auf das Heilige Offizium betrachtete er als Affront gegen das Papsttum. Der Kölner Kardinal Frings ließ sich davon jedoch nicht beirren: »Die Art, wie das Heilige Offizium verfährt, ist nicht unserer Zeit angepaßt, schadet der Kirche und ist ein Stein des Anstoßes für Nichtkatholiken«, sagte er in einer dramatischen Konzilssitzung. »Ich weiß, wie schwierig die Aufgabe derer ist, die viele Jahre lang im Heiligen Offizium für die Verteidigung der offenbarten Wahrheit gearbeitet haben. Aber man muß darauf bestehen, daß das Heilige Offizium akzeptiert, daß niemand angeklagt und verurteilt wird, ohne zuerst gehört zu werden, daß sein Bischof gleichzeitig informiert wird und daß der Beschuldigte die Anklage gegen ihn kennt und eine Möglichkeit erhält, zu korrigieren, was er gesagt oder geschrieben hat.« Frings' theologischer Berater, der an dieser Rede mitgeschrieben hatte, war Joseph Ratzinger, damals 36 Jahre alt. Heute ist er Präfekt des reformierten Heiligen Offiziums.

Paul VI. griff den Reformwunsch auf; er schaffte den Index

»Sicherheits-
gurte auch für
den Papst...«
Paul VI. auf
der Via Dolo-
rosa.

Als Paul VI. seine Reise ins Heilige Land ankündigte, fuhr Ottaviani auf seinem Sitz herum und starrte den Papst an, als würde die Peterskirche zusammenfallen.

Bischof Heinrich Pachowiak, Konzilsteilnehmer

Wir werden das Gelobte Land sehen, von wo Petrus auszog und wohin nicht einer seiner Nachfolger zurückkehrte.

Paul VI. vor seiner Israel-Reise 1964

Der Dialog mit den Weltreligionen, mit dem Judentum zuerst, dann als Folge davon mit dem Islam, dann schließlich mit allen Weltreligionen, ist eines der ganz großen Ereignisse dieses Konzils, das auch geblieben ist, mehr vielleicht als alles andere.

Hans Küng, Theologe

184

»Schließlich ist es eine Pilger-reise...«
Paul VI. am See Geneza-reth.

In der Kirche herrscht Ungewißheit. Man glaubte dem Konzil, daß ein Tag der Sonne für die Kirche komme, aber es sind Wolken aufgezogen, Stürme, Dunkelheit. Es gibt Zweifel, Unsicherheit, Unruhe, Unzufriedenheit, Konfrontation. Wie konnte das geschehen?

Paul VI.

Ich halte ihn für einen ganz großen Papst, weil er es vielleicht am schwersten von allen hat, weil auf ihm die größte Last ruht. Er ist hineingestellt in eine Zeit, die für die Kirche eine Zeit der großen Prüfung ist. Dieses Wissen vermag die Last nicht zu vermindern, und diese Last bedrückt gerade Paul VI. besonders. Er spürt die Schwere der Verantwortung.

Kardinal Franz König, Erzbischof von Wien

Wird das Volk zur Kirche zurückkehren? Es wird nicht zurückkommen. Es liegt am Priester, entgegenzugehen, und nicht am Volk.

Paul VI.

verbotener Bücher ab und änderte den Namen des Heiligen Offiziums am vorletzten Konzilstag in »Kongregation für die Glaubenslehre«. »Die Verteidigung des Glaubens wird heute besser gewährleistet durch die Förderung guter Theologie«, erklärte der Papst. Die Glaubenskongregation sollte also eher ermutigen als tyrannisieren, eher das Positive betonen als das Negative. Im Pontifikat Pauls VI. gab es denn auch keine Welle der Repression gegen unbequeme Theologen, kein Mundtotmachen, kein Berufsverbot für Theologieprofessoren.

In den siebziger Jahren begann die Polarisierung der katholischen Theologie. Der Tübinger Theologe Hans Küng vertrat 1971 in seinem Buch »Wozu Priester?« die provokante These, daß die Idee der Priesterweihe zwar »eine legitime Entwicklung« sei, jedoch könne man nicht sagen, sie sei »von Christus eingesetzt«. Im selben Jahr schrieb der peruanische Priester Gustavo Gutierrez sein Buch »Theologie der Befreiung«. Gutierrez war nicht der Erfinder der »Befreiungstheologie«; er gab ihr bloß den Namen. Unter dem Eindruck des Zweiten Vatikanischen Konzils hatten die lateinamerikanischen Bischöfe auf ihrer Konferenz von Medellín bereits 1968 erklärt: »Gott hat seinen Sohn gesandt, damit er leibhaftig alle Menschen befreien kann von der Sklaverei, die sie knechtet, von Sünde, Unwissenheit, Hunger, Elend und Unterdrückung – in einem Wort, von der Ungerechtigkeit und dem Haß, die aus menschlichem Egoismus stammen.« Die beste Art, die christliche Lehre der Erlösung zu übersetzen, sei »liberación«.

Der brasilianische Theologe Leonardo Boff kritisierte 1972 die kirchliche Verkrustung: Das Streben nach Sicherheit sei »stärker als das nach Wahrheit und Echtheit. Spannungen wurden und werden häufig durch Mittel einer Repression erstickt, die oft die menschlichen Grundrechte verletzt, die sogar von atheistischen Gesellschaften verkündet werden.«

Die Glaubenskongregation krümmte dem kritischen Brasilianer im Pontifikat Pauls VI. kein Haar. Unter Johannes Paul II. verurteilte sie ihn zum Schweigen und belegte ihn mit einem Lehrverbot. Im Juni 1992 trat der zermürbte Boff aus dem Franziskanerorden aus und legte sein Priesteramt nieder. An den Papst Montini erinnert er sich gern: »Ich habe Sehnsucht nach Paul VI., der ein Papst der Freiheit war. Er hat mit den Theologen Dialoge geführt. Unter dem gegenwärtigen Pontifikat habe ich nur Schläge bekommen.«

Auch der unter Johannes Paul II. mit Lehrverbot bestrafte Theologieprofessor Küng fühlte sich Paul VI. zu Dankbarkeit verpflichtet: »Der Papst hat seine Hand über mich gehalten«, überschrieb er seinen Nachruf auf den verstorbenen Paul VI. in der Wochenzeitung *Die Zeit*. Nach seinen Erfahrungen mit der Glaubenskongregation unter Johannes Paul II., dem Entzug seiner Lehrerlaubnis und den Maßregelungen gegen Boff wurde ihm klar, daß Pauls VI. Reform des Heiligen Offiziums nicht von Dauer war. »Die Inquisition ist faktisch nicht wesentlich reformiert worden«, lautet sein Fazit der Lage am Ende des Jahrhunderts.

Gleich nach dem Konzil dagegen hatten Gelehrte wie Gläubige den frischen Wind ganz hautnah empfunden. Ein Hauch von Revolution wehte durch die Gotteshäuser und Gemeinden. Die Katholiken spürten einen neuen Geist, der auch den Gottesdienst durchdrang. So feiern sie seit dem Konzil die Messe in ihrer Muttersprache. Vor der Liturgiereform »las« der Priester die Messe teils leise, teils halblaut, damit die Ministranten gegebenenfalls antworten konnten, oder flüsternd. Die Gemeinde »wohnte bei«, vernahm – verstand aber wenig. Nun werden die Gläubigen im Gottesdienst nicht mehr als passiver Teil betrachtet, als »Schafe«, die bloß »geweidet« werden. Sie sind vielmehr aktiver Teil der Kirche, nicht nur Zuschauer. Sie feiern die Messe gemeinsam mit dem Priester. Was vor dem Konzil nie in Frage gestellt wurde, wirkt heutzutage wie ein Relikt aus ferner Zeit. Kinder gehen heute in ein lateinisches Choralamt wie erwachsene Katholiken in einen ostkirchlichen Gottesdienst in griechischer oder altslawischer Sprache – beeindruckt, aber mit dem Gefühl: Das ist nicht unser Gottesdienst.

Auch den Bischöfen hat das Konzil eine aktivere Rolle in der Kirche zugewiesen. Sie wurden in ihrer Gesamtheit zu Nachfolgern der Apostel proklamiert. Wie Petrus und die übrigen Apostel sollen auch die Bischöfe und der Bischof von Rom, das »sichtbare Haupt der ganzen Kirche«, als Kollegium »zusammen das Haus des lebendigen Gottes leiten«. Paul setzte dem Konzilsbeschluß allerdings eine »nota praevia« hinzu, eine erklärende Vorbemerkung. Darin schloß er jegliche Beeinträchtigung des päpstlichen Primats durch das Bischofskollegium aus. Denn das Primat des Papstes lag in der Tradition der Kirche. Hier sollte es nach Pauls Ansicht keine Brüche geben: »Wir dürfen die Lehren des Konzils von der ererbten Lehre der Kirche nicht trennen.« Sein philosophischer Freund Guitton sah die Bischofssynode als eine der wichtigsten »Aussaaten« des Konzils. Doch die Geschichte hat seinem Optimismus nicht recht gegeben. Die Bischöfe haben zwar Mitsprache, aber keine Mitbestimmung. Es ist Sache des jeweiligen Papstes, auf sie zu hören oder nicht. Und bisher hat kein Papst der Bischofssynode besonderes Gewicht bei seinen Entscheidungen beigemessen.

Gleich auf der ersten Synode nach dem Konzil diskutierte Paul VI. nicht einmal mit den Bischöfen, hörte bloß schweigend zu, entzog sich so jeder Auseinandersetzung. Paul vertrat die Überzeugung, daß so einzigartig wie seine päpstlichen Vorrechte auch seine Pflichten waren. Andere konnten ihn beraten; entscheiden, wenn auch nach langem Zögern, wollte er allein. Diese Auffassung hatte er schon als Kardinal zu Anfang des Konzils vertreten. In einem Brief vom 18. Oktober 1962 an den damaligen Kardinalstaatssekretär Amleto Cicognani plädierte er für eine feierliche Bestätigung des Dogmas über die päpstliche Unfehlbarkeit. Und er erinnerte daran, daß es nach der Definition des Primats und der Unfehlbarkeit des Papstes zwar »Abtrünnigkeiten, einige Unsicherheiten, dann aber fügsame Zustimmung« gegeben habe. Am 25. Januar 1985 wurde dieser bis dahin unbekannte Brief vom *Osservatore Romano* veröffentlicht – anläßlich des 25. Jahrestages der Ankündigung des Zweiten Vatikanischen Konzils. Das Vatikan-Blatt »gedachte« des Zweiten Vatikanums auf bezeichnende Art.

Das Konzil, das den Dialog mit der Welt suchte, war fast zu Ende, da brach der Papst erneut zu einer Reise auf – zur Weltorganisation, zu den Vereinten Nationen nach New York. »Millionen haben keinen Glauben mehr. Deshalb muß sich die Kirche öffnen. Deshalb der Dialog mit der modernen Welt«, sagte der Papst vor seiner Abreise in einem Interview der Mailänder Zeitung *Corriere della Sera*. Jahrhundertelange Tradition der römisch-katholischen Kirche hatte den Papst zum Gefangenen des Vatikans gemacht. Paul VI. brach auf in die Welt. Und die Welt, wenn New York denn die Welt ist, nahm den Papst auf wie einen Star. Nach einem 6958-Kilometer-Flug landete »Flying Paul«, wie er bald darauf vom Volksmund getauft wurde, am 4. Oktober 1965 um 9.30 Uhr auf dem New Yorker Kennedy-Flughafen. Die beiden ersten Reisen des Papstes ins Heilige Land und nach

Indien hatten einen rein religiösen Charakter. Diesmal war Paul auf politischer Pilgerfahrt. Zum zwanzigjährigen Jubiläum der Vereinten Nationen wollte er zur UNO-Vollversammlung sprechen. In einer Lincoln-Limousine fuhr er durch die Straßenschluchten New Yorks zum Sitz der UNO. Den dicken Wagen steuerte der Chefchauffeur der Ford-Werke. »Wir haben 320 Pferdestärken unter der Haube, das müßte genügen«, sagte er den amerikanischen Journalisten, die alles wissen wollten, in die Mikrofone. Eine Eskorte von 50 weißbehelmten Polizisten auf schweren Motorrädern begleitete den Papst. Auch durch die »ärmeren Gegenden« der Metropole der Neuen Welt wollte er fahren, diesen Wunsch hatte Paul geäußert. So rollte die päpstliche Kolonne auf der 125. Straße durch Harlem. Und sie rauschte auf der glitzernden Fifth Avenue vorbei an den gläsernen Bürotürmen Manhattans, aus denen um die Mittagszeit ein paar tausend überreizte und hochhackige Sekretärinnen auf die Straße strömten, um den Papst im weißen Ornat und weißen Käppi zu sehen. Die New Yorker fanden den Papst »thrilling« und »exciting«, jubelten dem »Man in White« zu, einem besonders begehrten Exemplar aus dem Universum des Außergewöhnlichen, als dessen Hauptstadt sich New York empfindet.

In der New Yorker Baseball-Kathedrale, dem Yankee-Stadion, feierte Paul VI. die erste Messe, die je ein Nachfolger Petri auf amerikanischem Boden zelebrierte. Seine Predigt hielt er in einem rauhen Englisch, das scharfe Ohren erforderte. Sein häufigstes Wort war »peace«. Den Frieden beschwor er auch in seiner auf französisch gehaltenen Rede vor der Vollversammlung der Vereinten Nationen. »Niemals mehr Krieg, niemals mehr Krieg! Der Friede, der Friede muß das Geschick der Völker und der ganzen Menschheit leiten!« appellierte der Papst leidenschaftlich an die UNO-Delegierten von 104 Staaten. Und er zitierte den Katholiken John F. Kennedy, den ermordeten US-Präsidenten: »Die Menschheit muß dem Krieg ein Ende setzen, sonst setzt der Krieg der Menschheit ein Ende.« Der Papst beließ es nicht bei abstrakten Appellen, sondern forderte dazu auf, »einen Teil der durch Rüstungsbeschränkung erzielten Einsparungen für die Entwicklungsländer zu opfern«.

Beim anschließenden Empfang schüttelte Paul VI. 35 Minuten lang Hände, darunter die von 30 Außenministern. Über den besonders langen Händedruck, den der Heilige Vater mit dem sowjetischen Außenminister Andrej Gromyko austauschte, sagte Bischof Fulton Sheen, der den UN-Auftritt des Papstes im amerikanischen Fernsehen kommentierte: »Es wird Jahrzehnte dauern, ehe die Geheimnisse dieses Händedrucks ganz enthüllt sind.«

Paul machte überhaupt kein Geheimnis daraus, daß er die Annäherung seines Vorgängers Johannes XXIII. an den Ostblock fortsetzen wollte – wenn auch in aller Vorsicht. Die Kirche unter dem Kommunismus hatte Paul VI. in seiner Antritts-Enzyklika »Ecclesiam suam« (Seine Kirche) charakterisiert als »unterdrückte, gedemütigte Gemeinschaft, in der die Rechte des Geistes von denen vergewaltigt werden, in deren Händen die Macht liegt«. Gerade in Deutschland hatte die Kirche Sorge vor einem Techtelmechtel des Vatikan mit Moskau. Und so konstatierte beruhigt die Katholische Nachrichten-Agentur: »Die Weltpolitik betrachtet Paul VI. nüchtern und hellsichtig. Dem bolschewistischen Ostblock steht er offensichtlich reservierter und abgeklärter gegenüber als sein Vorgänger. Aber die aufgenommenen Kontakte hat er keineswegs abgebrochen.«
   Doch schon als Erzbischof von Mailand hatte sich Montini für Kontakte mit den kommunistischen Staaten stark gemacht. Der ehemalige jugoslawische Botschafter beim Vatikan, Vjekoslav Cvrlje, sah ihn gar als Urheber der neuen vatikanischen Ostpolitik unter Johannes XXIII. Als er noch jugoslawischer Generalkonsul in Mailand gewesen sei, habe Montini ihn zu sich gebeten und mit ihm über die Aufnahme diplomatischer Beziehungen zwischen Jugoslawien und dem Vatikan gesprochen. Dafür habe Montini sich dann bei Papst Johannes eingesetzt, erinnert sich Cvrlje.
   Bereits in den Sitzungen der vorbereitenden Zentralkommission des Konzils drängte Montini darauf, die Ächtung des Kommunismus nicht zu erneuern. »Die Kommunisten fühlen sich beständig zum Gegenstand des Bannfluchs und des Kirchenausschlusses gemacht, aber nicht als irrende Schafe angesprochen. Sie kennen aus Erfahrung unsere Strenge, aber nicht unsere Liebe. Wir müssen Geduld zeigen. Wenn wir geduldig sind, wird unser Glaube siegen«, sagte Montini am 4. Mai 1962.
   Pius XI. und Pius XII. hatten heimlich Bischöfe im Ostblock weihen lassen. Beide waren mit dieser Taktik gründlich gescheitert; unter ihren Pontifikaten war die Kirche im sowjetischen Machtbereich weitgehend isoliert. Hunderte von Priestern und

Paul VI. hat also die Reform – die er wirklich wollte – teilweise unmöglich gemacht, indem er zwar eine zweijährige Synode in Rom ankündigte, aber zugleich sagte: Vorläufig ist das ein beratendes, kein mitentscheidendes Gremium.

Edward Schillebeeckx, Theologe

Wir dürfen die Lehren des Konzils von den ererbten Lehren der Kirche nicht trennen.

Paul VI.

Paul VI. wollte vor allem gegen die übertriebenen Exzesse aus der Zeit nach dem Zweiten Vatikanischen Konzil vorgehen.

Edward Schillebeeckx, Theologe

»Den Progressiven zu konservativ, den Konservativen zu progressiv...«
Die Kardinäle überbringen Weihnachtsgrüße, 23. Dezember 1968.

viele Bischöfe saßen im Gefängnis. Paul mußte versuchen, der bedrängten Kirche hinter dem Eisernen Vorhang Bischöfe zu geben – mit dem Einverständnis der kommunistischen Machthaber. Doch die waren ebenfalls an einem Arrangement mit dem Vatikan interessiert. »Die Kommunisten hatten gelernt, daß sie die Kirche nicht durch Verfolgung vernichten, sondern sie allenfalls zu einem Untergrunddasein zwingen konnten«, meinte der Wiener Kardinal Franz König.

Der erste vatikanische Diplomat, der ausgedehnte Reisen nach Osteuropa unternahm, war Agostino Casaroli. Papst Johannes XXIII. hatte das diplomatische Talent Casarolis erkannt und ihn auf internationale Konferenzen über diplomatische und konsularische Beziehungen geschickt. Dort begann der Sohn eines Schneiders aus Piacenza Kontakte zu kommunistischen Diplomaten zu knüpfen. »Die Kirche hat keine Feinde«, hatte ihm der gütige Johannes ermutigend mit auf den Weg gegeben. Seit 1969 stand Casaroli an der Spitze des neugeschaffenen Rates für die öffentlichen Angelegenheiten der Kirche. Bekannt wurde er als »Henry Kissinger des Vatikans«. Ziel seiner »Ostpolitik« war zunächst lediglich, die Existenz der Kirche hinter dem Eisernen Vorhang zu sichern. Das bedeutete zum Beispiel, dafür Sorge zu tragen, daß die Bischöfe nicht einfach als Handlanger der Regierung fungierten. In einem zweiten Stadium sollten bestimmte Rechte garantiert werden, wie das Recht, Kirchen zu bauen, oder das Recht der Kinder auf Religionsunterricht. Auf Konkordate legte Casaroli keinen großen Wert. Wichtig sei vielmehr »concordia«, Eintracht. So zeigte er sich zufrieden über das »Protokoll« mit Jugoslawien, das 1966 unterschrieben wurde. Und Jugoslawiens Präsident Tito war der erste sozialistische Staatsgast im Vatikan. Er trat dem Papst im schwarzen Frack und mit Zylinder entgegen, seine Frau Jovanka trug ein schwarzes Kleid und Schleier.

Am 30. Januar 1967 gewährte der Papst dem sowjetischen Staatsoberhaupt Nikolaj Podgorny eine Audienz. Für den mit dem Orden »Held der Sowjetunion« geschmückten Kettenraucher ließ der Papst, der Rauchen während der Audienz sonst gar nicht gern sah, Aschenbecher und Zigaretten bereitlegen. Doch besonders hoch hängte der Vatikan das Treffen nicht. *L'Osservatore Romano* teilte nur wenige nichtssagende Zeilen über den Inhalt der Unterredung mit. Und nach einer Audienz des Papstes für den sowjetischen Außenminister Andrej Gromyko predigte das Vatikan-Blatt Festigkeit: »Anzunehmen, daß die Begegnung mit einem sowjetischen Minister bedeute, mit dem atheistischen Materialismus einen Vergleich zu schließen, hieße einen moralischen und geistigen Wankelmut unterstellen, der wider die Natur des Heiligen Stuhles wäre.«

Die Kontakte des Papstes zu sowjetischen Spitzenpolitikern gaben den Konservativen im Vatikan jedoch Anlaß zu dem Glauben, Paul leide an »Estifilia«, an besonderer Liebe für den Ostblock. Konrad Adenauer hatte bereits Jahre zuvor ironisch gefragt: »Wann reist der Papst nach Moskau?« Er reiste nie. Auch eine Reise nach Polen, über die in der Presse immer wieder spekuliert wurde, kam nie zustande.

Die New-York-Reise des Papstes hatte nur 14 Stunden gedauert. Noch am Abend des 4. Oktober flog er nach Rom zurück. Zwei Monate später, am 8. Dezember 1965, dem katholischen Fest der Unbefleckten Empfängnis Mariens, endete das Konzil. »Die Kirche hat Toilette gemacht, um mit der Welt reden zu können«, faßte der französische Kardinal Garonne die Ergebnisse salopp zusammen. Im Petersdom entfernten Arbeiter die Bänke, auf denen die Konzilsväter gesessen hatten, die Mikrofone, an denen 1400 Redner ihre lateinischen Texte verlesen hatten, den elektronischen Rechner, der 544 Abstimmungen ausgezählt hatte. Die »Bar Jona« wurde ebenso abgebaut wie die Kameras des Fernsehens. Paul VI. hatte, wie sein Vorgänger, den Konzilssitzungen nicht immer beigewohnt, sondern sie über sein Haus-Fernsehgerät beobachtet. Eingeweihte wußten, wann der Heilige Vater vor dem Bildschirm saß: An einer der beiden Kameras im Petersdom leuchtete dann ein rotes Licht.

An Gesten und Symbolen war Rom reich in den Tagen des Abschieds vom Konzil. Der Papst hob am Tag vor der Schlußfeier den Bannfluch auf, der 1054 den Patriarchen von Konstantinopel getroffen und die Abspaltung der Orthodoxen vom römischen Katholizismus besiegelt hatte. Er tauschte mit dem Istanbuler Abgesandten im Petersdom den Friedenskuß, den dort die Päpste bis dahin lediglich ihren eigenen Bischöfen und Kardinälen gewährt hatten. Der orthodoxe Patriarch Athenagoras vergolt Gleiches mit Gleichem: In Istanbul küßte er den päpstlichen Abgesandten, Kardinal Lawrence Shehan, um die Aufhebung des Bannfluches zu besiegeln.

In Rom lauschte Paul als erster Papst dem Lutheraner-Choral

»Empfängnis-verhütung ist ein Verbrechen...«
Paul VI. umgeben von Roms größter Familie.

Ich wußte von Kardinal Alfrink, daß Paul VI. ihm gesagt hatte: »Ja, wir müssen den Zölibat abschaffen. Aber«, so fügte Paul VI. hinzu, »ich möchte nicht in die Geschichte als der Papst eingehen, der den Zölibat abgeschafft hat.«

Edward Schillebeeckx, Theologe

Wir könnten so viele Priester haben, wie wir wollten, wenn gestattet wäre, daß sie auch Familienväter wären.

Hans Küng, Theologe

Anscheinend hat jemand eines Tages, in einer Audienz, zu ihm gesagt, er solle ein Kind nehmen. Er sah dann aus, als ob er einen tonnenschweren Klotz aufgehoben hätte. Er hat wenig Gefühl für solche Sachen gehabt.

Giulio Andreotti, ehemaliger italienischer Ministerpräsident

Wenn ihr Frieden wollt, dann verteidigt das Leben.

Paul VI.

194

»Ich bin dazu da, für die Kirche zu leiden...«
Paul VI. auf der Via Crucis.

Der Teufel ist der Feind Nummer eins, der Versucher schlechthin. Wir wissen, daß es dieses dunkle, Verwirrung stiftende Wesen tatsächlich gibt und daß es noch immer mit mörderischer Schlauheit am Werk ist.

Paul VI.

Dieser Papst ist ein ehrlicher Mann, er tut, was er kann, und was er nicht tun kann, sollte man fairerweise nicht von ihm verlangen. Dieser Papst ist kein schwacher Papst. In seinem zarten, zerbrechlichen Körper lebt ein zäher Wille.

Kardinal Franz König, Erzbischof von Wien, 1970

»Nun danket alle Gott«, als er sich bei einem gemeinsamen Gottesdienst von den nichtkatholischen Konzilsbeobachtern verabschiedete. Allen Bischöfen schenkte er als Konzilssouvenir goldene Ringe mit dem Abbild einer vom Kreuz überhöhten bischöflichen Mitra. Und fünf Konzilsvätern aus Entwicklungsländern überreichte der Heilige Vater Schecks für Krankenhäuser und landwirtschaftliche Projekte.

Dann richtete das Konzil noch besondere Grußbotschaften an die Staatsmänner, die Jugend, die Wissenschaftler und Künstler, die Armen und Kranken, die Arbeiter und die Frauen. Letzteren legte die Konzilsbotschaft ans Herz: »Ihr kennt das Geheimnis des beginnenden Lebens. Ihr tröstet im Augenblick des Todes. Unsere Technik läuft Gefahr, unmenschlich zu werden. Versöhnt die Männer mit dem Leben. Und vor allem – wir bitten euch inständig darum – wacht über die Zukunft unserer Art.«

Doch zu einem Problem, das die Frauen wirklich bedrückte, hatte das Konzil keinen Beschluß gefaßt: der Geburtenkontrolle. Pius XI. hatte im Jahr 1930 in seiner Enzyklika »Casti connubii« Empfängnisverhütung als »Verbrechen« gebrandmarkt. Pius XII. erlaubte zwar die Knaus-Ogino-Methode, rückte somit von der bisherigen Lehre ab, daß die Fortpflanzung einziger Zweck des Geschlechtsaktes sei. Doch die Schere zwischen katholischer Lehre und Realität hatte sich immer weiter geöffnet. Ein klärendes Wort war dringend notwendig.

Eine noch von Johannes XXIII. eingesetzte Kommission, die den Papst in dieser heiklen Frage beraten sollte, bestand zu einem Drittel aus Priestern, die übrigen waren Laien. Hinzu kamen 16 von Papst Paul berufene Kardinäle und Bischöfe. Binnen kurzem waren alle Laien überzeugt, daß zwischen der Knaus-Ogino-Methode und etwa einem Kondom kein moralischer Unterschied bestand. Zur allgemeinen Überraschung machte sich auch die Mehrheit der Geistlichen diese Auffassung zu eigen. Sie stützten sich auf die Lehre des Konzils, wonach Paare das Recht haben, selbst im Angesicht Gottes zu entscheiden, wie viele Kinder sie haben wollen. Gegen den erbitterten Widerstand der Konservativen war die Mehrheit der Konzilsväter abgerückt von der bisherigen katholischen Ehelehre, wonach die Ehe in erster Linie der Arterhaltung dient; das Konzil betonte vielmehr die eheliche Liebe als »innige Vereinigung und gegenseitiges Sich-Schenken« von Mann und Frau. Auf diese

Konzilsaussage bezog sich die Mehrheit der päpstlichen Kommission zur Geburtenkontrolle. Sie sah keine moralischen Einwände gegen empfängnisverhütende Mittel, wenn Sex nicht länger zuerst und immer als Zeugungsakt gesehen wird, sondern als Liebesakt. Nur vier Geistliche verschlossen sich diesem Votum.

Die Kommissions-Minderheit legte Papst Paul einen eigenen Bericht vor, gespickt mit Zitaten von Pius XI. und Pius XII. »Kein Grund, wie schwer er auch wiegt, kann vorgebracht werden, durch den etwas in sich Naturwidriges naturgemäß und moralisch gut werden kann«, hatte Pius XI. in »Casti connubii« kundgetan. »Da der eheliche Akt von der Natur zur Zeugung von Kindern bestimmt ist, sündigen die, die seine natürliche Kraft absichtlich behindern, gegen die Natur und begehen eine Tat, die schädlich und in sich lasterhaft ist.« Und Pius XII. hatte gesagt: »Wo immer man viele große Familien findet, sind sie ein Zeichen für die physische und moralische Gesundheit eines christlichen Volkes. Gesunder Menschenverstand hat große Familien immer und überall als Zeichen, Beweis und Quelle physischer Gesundheit gesehen. Tugenden erblühen spontan in Häusern, wo die Schreie von Säuglingen aus der Krippe schallen. Die Reihe glücklicher Pilgergänge zum Taufstein ist noch nicht beendet, wenn eine neue zur Firmung und Erstkommunion beginnt.«

Gestützt auf diese vorkonziliären Worte appellierte die Kommissions-Minderheit an das päpstliche Autoritätsverständnis und die jahrhundertealte Tradition der katholischen Kirche: Wenn der Papst nun anders entscheide, bedeute dies, daß Pius XI. und Pius XII. »sehr unweise unter Androhung der ewigen Bestrafung Tausende über Tausende menschlicher Handlungen verurteilt haben, die nun gebilligt werden«. Das Minderheitenpapier wies Paul außerdem darauf hin, daß es einen Dominoeffekt geben könne, wenn er auf die Kommissions-Mehrheit höre. Sobald der Hauptzweck der Ehe aufgegeben werde, würden liberale Theologen anfangen zu behaupten, außerehelicher Geschlechtsverkehr mit Pille oder Kondom sei akzeptabel.

Doch was den Papst am meisten beeindruckte, war die Stellungnahme der Minderheit zur päpstlichen Autorität. Er befand sich in einem Dilemma: Wenn er nein zur Empfängnisverhütung sagte, würde er eine ungeheure Opposition gegen sich innerhalb der Kirche anstoßen; bei einem Ja sah er die Autorität des Papsttums zerstört. Der Graben war tief. Wie tief, wurde daran deutlich, daß sich der Präsident der päpstlichen Kommission, Kardinal Alfredo Ottaviani, weigerte, dem Papst das Mehrheitsvotum zu überreichen. Er schickte einen der Vizepräsidenten vor, den Münchener Kardinal Julius Döpfer.

Auf dem Konzil brodelte es. Patriarch Maximos IV. Saigh brachte das Problem in der brechend vollen Konzilsaula auf den Punkt: »Es geht um die Kluft zwischen der offiziellen Lehre der Kirche und der gegenteiligen Praxis der überwältigenden Mehrheit christlicher Paare. Die Autorität der Kirche ist in Frage gestellt. Die Gläubigen sehen sich gezwungen, in Konflikt mit dem Gesetz der Kirche zu leben, abgeschnitten von den Sakramenten, in ständiger Angst, außerstande, einen gangbaren Weg zwischen zwei entgegengesetzten Geboten zu sehen: dem Gewissen und dem normalen Eheleben.« Der siebenundachtzigjährige Patriarch Maximos hob sich schon durch seine äußere Erscheinung von den anderen Konzilsvätern ab, da er lange dunkle Gewänder, einen runden Hut und einen üppigen grauen Bart trug. Er behauptete von sich, »niemanden außer den Herrn zu fürchten«. Er gehörte zur griechisch-katholischen Kirche von Antiochia, die sich im frühen 18. Jahrhundert dem Heiligen Stuhl unterstellt hatte. Sein Alter hat Maximos nicht versteinern lassen. »Haben wir nicht das Recht zu fragen, ob gewisse Einstellungen nicht das Produkt veralteter Ideen und vielleicht einer Junggesellenpsychose von Menschen sind, die mit diesem Teilbereich des Lebens nicht vertraut sind?« fragte er. Und der belgische Kardinal Suenens gab den Konzilsteilnehmern zu bedenken: »Wir müssen untersuchen, ob die klassische Doktrin in den Lehrbüchern den neuen Gegebenheiten der Wissenschaft hinreichend Rechnung trägt. Ich beschwöre euch, meine Brüder, laßt uns einen neuen Galilei-Prozeß vermeiden. Mit dem einen hat die Kirche genug.« Die konservative Minderheit merkte, daß ihr der Wind ins Gesicht wehte. Deshalb wollte sie einen Beschluß des Konzils verhindern. »Das göttliche Gesetz kann nicht durch eine Mehrheitswahl entschieden werden«, sagte der Erzbischof von Westminster, Kardinal Heenan.

Paul VI. war unsicher, er zögerte – doch dann lud er die ganze Verantwortung auf seine Schultern und behielt sich die alleinige Entscheidung vor. Zwar lobte er seine Kommission zur Geburtenkontrolle als »außerordentlich kompetent«, doch ließ er dieser Feststellung einen typisch hamletartigen Zusatz folgen: »Es scheint Uns dennoch, daß diese Schlüsse nicht als definitiv gelten

*»Der einsam-
ste aller
Päpste...«
Paul VI. in der
zeitgenössi-
schen Kunst.*

Dieser Papst hat keine gute Presse; sie wirft dem Papst Fixierungen vor, ist aber selbst auf ein von ihr geschaffenes Bild des Papstes fixiert. Für sie ist Paul VI. der Papst von »Humanae vitae«, der Papst der Zölibatsenzyklika. Aber ist nicht Paul VI. auch der Papst von »Populorum progressio«, der Papst der dritten Welt, der Papst der Ökumene, der unermüdliche Mahner zum Frieden?

Kardinal Franz König, Erzbischof von Wien

199

können.« Er mag an seinen Lehrmeister Pius XII. gedacht haben, der künstliche Empfängnisverhütung grundsätzlich verworfen hatte. Doch im Gegensatz zu seinem Vorgänger Pius XI. hatte Pius XII. Sexualität ohne Zeugung nicht als Sünde, sondern als rein bezeichnet.

Papst Paul breitete seine Unsicherheit öffentlich aus. In einem Interview mit der Zeitung *Corriere della Sera* sagte er: »Die Kirche hat nie in ihrer Geschichte einem solchen Problem gegenübergestanden. Dies ist ein seltsames Gesprächsthema, sogar menschlich peinlich. Die Kommissionen tagen, und Berge von Berichten türmen sich auf. Es werden eine Menge Untersuchungen angestellt; aber Wir müssen eine Entscheidung treffen. Dies ist allein Unsere Verantwortung. Wir müssen etwas sagen. Was? Gott muß Uns wahrhaft erleuchten.«

Die »Erleuchtung« kam im Sommer 1968. Das Konzil war seit zweieinhalb Jahren vorbei. Jimi Hendrix sang »Hey Joe«, auf Berlins Straßen warfen Studenten Steine auf Schupos, und Schupos verprügelten Studenten. Im Kino brach aus Mia Farrows zerbrechlichem Leib »Rosemaries Baby«. Wie der Stern von Bethlehem stand Stanley Kubricks mysteriöse »2001 – Odyssee im Weltraum« über der Wiege des Kinobabys. Und während Dustin Hoffman in »Die Reifeprüfung« artig sein Abitur und die ersten erotischen Erfahrungen machte, versuchte John Wayne in »The Green Berets« doch noch den Vietnamkrieg zu gewinnen. Und noch etwas sahen die Zuschauer erstmals auf der Kinoleinwand: Szenen einer wirklichen Geburt. Der Film hieß hübsch unschuldig »Helga«. Der Untertitel versprach Aufregendes: »Aus der Intimsphäre einer jungen Frau«. Und die Kinoplakate zeigten eine junge Blondine im Bademantel, die ihr Baby stillt. »Das seltene Erlebnis, die wesentlichen Phasen einer Entbindung verfolgen zu können, bietet dieser Farbfilm«, versprach der Werbetext.

Das Geschlechtliche war großes Gesprächsthema in jenem Sommer. Die Sexualität verlor ein gutes Stück der bis dahin üblichen Klebrigkeit. Und an der Kirchenbasis ereignete sich eine stille und nachhaltige Revolution wie kaum zuvor in der Geschichte des Katholizismus. Während der Papst noch über seiner Stellungnahme zur Geburtenkontrolle grübelte, waren viele Laien längst zu eigenen Schlüssen gekommen. Die Knaus-Ogino-Methode, bespöttelt als »Vatikanisches Roulette«, war ihnen lästig und wirklich künstlich. Selbst auf die genauesten

Berechnungen der »sicheren Tage« konnte man sich nicht verlassen. Grund zu Witzeleien dieses Typs: »Die einzig sicheren Tage sind bei Frauen im Alter von 60 bis 90 Jahren.«

Mit der am 25. Juli 1968 veröffentlichten Enzyklika »Humanae vitae« (Über die rechte Ordnung der Weitergabe menschlichen Lebens) war Papst Pauls langes Studium der Geburtenkontrolle beendet. Doch Zweifel und Nöte nagten weiter an ihm. »Wir haben ›Humanae vitae‹ unter Schaudern verfaßt«, gestand er. Die Enzyklika verurteilt »jede Handlung, die entweder vor, während oder nach dem Geschlechtsakt eigens dazu dienen soll, die Fortpflanzung zu verhindern«. Damit bannte der Papst Abtreibung und Sterilisation ebenso wie Pille und Kondom. Die eheliche Liebe sei »mit Fruchtbarkeit gesegnete Liebe, die sich nicht in der Gemeinschaft der Eheleute erschöpft, sondern dazu bestimmt ist, sich fortzusetzen, indem sie neues Leben hervorruft«. Paul betonte die »untrennbare Verbindung der zweifachen Bedeutung des ehelichen Aktes, die von Gott gewollt ist und die der Mensch nicht eigenhändig aufheben kann, nämlich die liebende Vereinigung und die Fortpflanzung. Während der eheliche Akt die Gatten aufs innigste vereint, macht er sie gemäß seiner inneren Struktur zur Zeugung neuen Lebens fähig, entsprechend den Gesetzen, die in das Sein selbst des Mannes und der Frau eingeschrieben sind.« In ihrer Toleranz schafft die Enzyklika eine naturgesetzliche, unaufhebbare Verbindung von geschlechtlicher Liebe und Zeugung. Dies sei »eine weise Einrichtung des Schöpfers«, stellte Paul befriedigt fest.

Bezüglich des ehelichen Zusammenseins kannte der Papst nur das Beispiel seiner eigenen, in Behaglichkeit und Zufriedenheit vereinten Familie. Der treusorgende Vater, der seine Frau noch auf dem Sterbebett anbetete: »Du Liebe meines ganzen Lebens.« Die hingebungsvolle Mutter, deren ganzes Dasein sich um ihren Mann, ihre Kinder, ihre geliebte Kirche drehte. Das Frauenbild des Papstes war das eines Schriftgelehrten. »Für Uns ist die Frau eine Vision jungfräulicher Reinheit, die die höchsten moralischen und emotionalen Regungen des menschlichen Herzens wiederherstellt«, sagte Paul VI. in einem Vortrag vor der italienischen Gesellschaft zur Geburtshilfe. Er forderte die »Zähmung des Fleisches, das, was die Alten Selbstbeherrschung genannt haben, Enthaltsamkeit«.

In den zehn Jahren vor der Enzyklika hatte sich die Weltbevölkerung um 500 Millionen Menschen erhöht. Indiens 500 Millionen waren um 2,7 Prozent gewachsen; Pakistan verzeichnete einen Bevölkerungsanstieg von 3,1 Prozent, Lateinamerika von drei Prozent. Doch schon in seiner Rede vor der UNO am 4. Oktober 1965 hatte Paul deutlich gemacht, daß der Bevölkerungsexplosion und der damit verbundenen millionenfachen Not in Afrika und Lateinamerika nicht mit Geburtenkontrolle begegnet werden könne: »Sie müssen danach streben, daß genügend Brot auf dem Tisch der Menschheit steht, anstatt durch künstliche Geburtenkontrolle die Zahl der Gäste beim Gastmahl des Lebens zu verringern«, verlangte er von den UNO-Delegierten.

Die simple Alternative Brot oder Geburtenkontrolle wirkte auch bei Katholiken wenig überzeugend. Carlos Lieras Restrepo, der Präsident von Kolumbien, einem erzkatholischen Land, belehrte den Papst eines Besseren: »Ich habe die ärmsten Slums der Republik besucht, und ich empfehle Leuten, die die Bevölkerung vom moralischen Gesichtspunkt her untersuchen, den gleichen Besuch. Was können wir von dem häufigen Inzest sagen, von der primitiven sexuellen Erfahrung, von der elenden Behandlung der Kinder, vom schrecklichen Überhandnehmen der Prostitution, von häufiger Abtreibung, von fast tierischer Vereinigung aufgrund alkoholischer Ausschweifungen? Es ist mir deshalb unmöglich, mich zurückzulehnen und die Moral oder die Unmoral empfängnisverhütender Praktiken zu untersuchen, ohne gleichzeitig an die unmoralischen und oft kriminellen Auswirkungen zu denken, die ein einfacher Akt der Empfängnis im Lauf der Zeit bewirken kann.«

Allerdings gab es in Lateinamerika noch die meiste Zustimmung zu »Humanae vitae«. Dies erfuhr Papst Paul bei der Generalversammlung der lateinamerikanischen Bischöfe in Medellín, die er am 26. August 1968 eröffnete. Viele Christen Mittel- und Südamerikas sahen die Kampagnen zur Geburtenregelung als Eingriff in ihre Lebensgewohnheiten, ja sogar als »imperialistische Bevormundung« der USA mit dem Ziel, die Bevölkerung der lateinamerikanischen Länder klein zu halten. Auch befürchteten lateinamerikanische Theologen Sterilisationsmaßnahmen ohne Einwilligung der Frauen.

In Europa und den USA erteilte »Humanae vitae« der Aufbruchstimmung nach dem Konzil einen großen Dämpfer. Fortschrittliche Theologen und Laien sahen sich in ihrer Befürchtung

Glauben Sie nicht, daß ich irgend jemanden überraschen will. Je nach Lage der Dinge erwäge ich Umstände, Zusammenhänge und Konstellationen der Ereignisse, die stets Momente der Notwendigkeit wie des Zufalls enthalten.

Paul VI.

Niemals mehr Krieg, niemals mehr Krieg! Der Friede, der Friede muß das Geschick der Völker und der ganzen Menschheit leiten!

Paul VI. vor der UN-Vollversammlung, 4. Oktober 1965

Wenn Sie Brüder sein wollen, dann lassen Sie die Waffen den Händen entgleiten. Man kann nicht lieben, wenn man Offensivwaffen in den Händen hat.

Paul VI. vor der UN-Vollversammlung, 4. Oktober 1965

bestätigt, daß der frische Wind, den Johannes XXIII. in die Kirche hineinlassen wollte, den alten Mief nicht wegblasen konnte. Für sie war die Enzyklika eine nachträgliche Brüskierung des Konzils und eine Rückkehr zu den einsamen Entschlüssen des Papstes nach dem alten Motto »Roma locuta, causa finita« – Rom hat gesprochen, die Sache ist erledigt. Paul VI. erachtete es dagegen als sein selbstverständliches Recht, auch gegen die Mehrheit einer päpstlichen Kommission zu entscheiden. Für ihn war das Primat des Papstes ein Grundstein des Katholizismus. »Die Ergebnisse, zu denen die Kommission gelangt war, konnten von Uns weder als endgültig betrachtet werden, noch konnten sie Uns davon entbinden, die schwerwiegende Frage persönlich zu untersuchen«, ließ der Papst wissen. Denn die Kommission hatte Lösungsvorschläge gemacht, die sich nach seiner Meinung »von der Sittenlehre über die Ehe, wie sie mit steter Festigkeit vom Lehramt der Kirche vorgelegt wird, lossagten«. Paul fühlte sich an die »unfehlbare« Lehre der Kirche gebunden. Nach Ansicht des Theologen Hans Küng hatte Paul zwar den Willen zur Reform, doch als er gesehen habe, daß er mit den Kommissions-Empfehlungen »in dogmatischen Widerspruch zur Lehre seiner Vorgänger kam, hat er zurückgesteckt«. Der Konzilstheologe Bernhard Häring, der auch der Geburtenkontroll-Kommission angehörte, meint, Paul sei zunächst nach langem Überlegen auf die Linie der reformwilligen Kommissions-Mehrheit eingeschwenkt. Dann sei der zögerliche Papst vom Konsultor beim Heiligen Offizium, Hermenegild Lio, in zwei von Kardinal Alfredo Ottaviani organisierten Audienzen jedoch zur konservativen Position »bekehrt« worden. Häring bekam den Text der mit Spannung erwarteten Enzyklika bereits fünf Tage vor ihrer Veröffentlichung von einem Reporter der amerikanischen Zeitschrift *Time* zugesteckt, der den Konzilstheologen um ein Interview dazu bat. Die Kopie habe »nur einige tausend Dollar gekostet«, antwortete der Journalist auf Härings erstaunte Frage, wie er dazu gekommen sei.

Mit seiner »Pillen-Enzyklika« sorgte Paul für große Verwirrung unter den Gläubigen. Das Echo der Weltpresse war verheerend. Katholische Kommentatoren waren ratlos und enttäuscht. »Wo ist die neue und tiefere Reflexion, die der Kirche versprochen worden war?« fragte die englische katholische Wochenzeitung *The Tablet*. Auf dem Deutschen Katholikentag in Essen im Sommer 1968 zog ein »Aktionskomitee kritischer Katholizismus«

Ich bitte euch auf Knien, laßt den Abgeordneten Aldo Moro frei, einfach, bedingungslos, nicht so sehr aufgrund meiner demütigen und liebevollen Bitte, als vielmehr angesichts seiner Würde als Mitmensch und unser aller Bruder und um der Sache eines echten sozialen Fortschritts willen.

Paul VI. in seiner Botschaft an die Entführer Moros, März 1978

Für Uns ist die Frau eine Vision jungfräulicher Reinheit, die die höchsten moralischen und emotionalen Regungen des menschlichen Herzens wiederherstellt.

Paul VI.

Weil wir den Zölibat in dieser Form aufrechterhalten haben, war es auch nicht möglich, die Frauen zum Zug kommen zu lassen. Das war eines der größten Versagen des Konzils, gegen das man nicht aufbegehrt hat.

Hans Küng, Theologe

Er war einerseits für die Aufwertung der Frau und hat sich verschiedentlich dazu geäußert, aber wenn es dazu kam, nun gerade im Testfall diese Anerkennung zu vollziehen, sah er sich nicht in der Lage, hier einen Schritt zu tun, nämlich in der Frage der Ordination der Frau, die er schließlich strikt abgelehnt hat.

Hans Küng, Theologe

alle Aufmerksamkeit auf sich, indem es den Rücktritt des Papstes forderte. Mehr als tausend Wissenschaftler aus aller Welt, darunter viele Nobelpreisträger, protestierten in einem offenen Brief: »Wir erklären, daß wir nicht länger beeindruckt sein werden von Appellen für Weltfrieden und Erbarmen von einem Mann, dessen Taten dazu beitragen, Krieg zu fördern und Armut unausweichlich zu machen. Die Welt muß schnell begreifen, daß Papst Paul VI. mit seiner irregeleiteten und unmoralischen Enzyklika den Tod zahlloser Menschen sanktioniert hat.«

Die Konservativen in der Kirche dagegen jubilierten. So lobte Kardinal Heenan von Westminster Pauls Negierung des Mehrheitsbeschlusses der Kommission zur Geburtenkontrolle mit den demagogischen Worten: »Mehrheitsbeschlüsse sind notorisch und unzuverlässig. Eine Mehrheit von Nazis beschloß die Sterilisation Behinderter und die Liquidierung der Juden.«

Die meisten europäischen Bischöfe vermieden jedoch schrille Töne; sie waren auf Schadensbegrenzung aus. Auf einer Sonderkonferenz in Königstein faßten die deutschen Bischöfe einen diplomatischen Beschluß: Die vielen Katholiken, die über die Geburtenkontrolle anderer Ansicht seien als der Papst, sollten gewissenhaft prüfen, ob sie ihren Standpunkt vor Gottes Angesicht vertreten könnten. Sie müßten die Gesetze des innerkirchlichen Dialogs berücksichtigen und jedes Ärgernis vermeiden. »Nur wer so handelt, widerspricht nicht der rechtverstandenen Autorität und Gehorsamspflicht.« Letztlich bedeutete dies, daß jeder Katholik nach seinem Gewissen entscheiden darf, auch wenn er damit der offiziellen Lehre zuwiderhandelt.

Die diplomatische Stellungnahme der deutschen Bischofskonferenz spiegelte wider, daß die Bischöfe selbst unterschiedlicher Meinung waren. Ausgerechnet der Senior im deutschen Episkopat, Bischof Simon Konrad Landersdorfer von Passau, hatte schon vor der Königsteiner Konferenz mit einem Rundbrief an seinen Klerus versucht, die Empörung im Kirchenvolk in Grenzen zu halten, und dabei künstliche Verhütungsmethoden nicht ausgeschlossen: »Soweit die Eheleute nicht aus Egoismus, sondern aus einem schwerwiegenden Grund heraus eine weitere Empfängnis vermeiden, andererseits zur Vertiefung und Befestigung ihrer Gemeinschaft und zum Reifen ihrer Liebe die innigste Hingabe brauchen, dürfen sie sich auch bei der Wahl einer anderen Methode als nicht von der Liebe Gottes getrennt betrachten und sollten deshalb auf keinen Fall sich von der gemeinsamen heiligen Kommunion ausgeschlossen wissen.« Mit dieser Weisung stand Landersdorfer in klarem Widerspruch zur offiziellen Lehre. Doch etliche Bischöfe dachten anders. Erzbischof Schäufele von Freiburg und Bischof Graber von Regensburg schickten Dankadressen für die Enzyklika an den Papst, und der Paderborner Erzbischof Jaeger machte »gewisse Theologen« für die »Verwirrung« im Kirchenvolk verantwortlich.

Auch die französischen Bischöfe achteten bei ihrer Verlautbarung auf Diplomatie. Der Bischof von Verdun, der sie der Presse vorstellte, ließ jedoch keinen Zweifel daran, daß Pille und Präservativ nichts Sündiges sind: »Ich habe während des Krieges vier Deutsche getötet. Ich habe mich des Hasses auf jene, die meine Landsleute getötet hatten, schuldig gemacht, weil ich mich im Widerstreit befand mit der Pflicht, mein Vaterland und meine Landsleute zu verteidigen. Ich habe getötet, und es war keine Sünde; dennoch ist dies viel ernster, als eine Samenzelle daran zu hindern, einer Eizelle zu begegnen.«

Paul nahm keine Unfehlbarkeit für seine Enzyklika in Anspruch. Doch drängte er auf ihre konkrete Umsetzung in die Praxis. An alle Regierungen appellierte er: »Duldet keine Gesetzgebung, die in den Familien jene Praktiken einführen würde, die dem natürlichen Gesetz Gottes entgegenstehen.« Die Enzyklika wurde zum weltweit propagierten Credo vatikanischer Familienpolitik. So erließ Kardinalstaatssekretär Jean Villot am 14. September 1970 die Weisung an alle Nuntien sowie die Vertreter des Vatikan bei den Vereinten Nationen und ihren Unterorganisationen, gegen künstliche Geburtenkontrollprogramme stets zu protestieren und sie wenn möglich zu verhindern. An ihrer Stelle empfahl der Vatikan in den siebziger Jahren die Billings-Methode: Die Frau beobachtet die Veränderungen an ihrem Zervixschleim, um festzustellen, wann der Eisprung erfolgt. Bei Italienerinnen der Mittelschicht mit Bildung und einer komfortablen Wohnung mochte diese Methode theoretisch funktionieren. In einer Favela von São Paulo, in der die meisten Menschen Analphabeten waren und in der es keine Privatsphäre, kein Badezimmer, keine Elektrizität gab, wäre es Frauen schwergefallen, ihre fruchtbaren Tage in eine Tabelle einzutragen.

Noch heute weicht der Vatikan kein Jota von »Humanae vitae« ab. So lobte Johannes Paul II.: »Wenn im ersten Augenblick der Veröffentlichung der Enzyklika noch eine gewisse Ratlosigkeit verständlich war, die sich auch in manchen bischöflichen Erklärungen niedergeschlagen hat, so hat der Fortgang der Entwicklung die prophetische Kühnheit der aus der Weisheit des Glaubens geschöpften Weisung Pauls VI. immer eindringlicher bestätigt.«

Bereits mit seiner Enzyklika »Sacerdotalis coelibatus« vom 24. Juni 1967, in der er auf dem Priesterzölibat beharrte, hatte der Papst demonstriert, daß er nach dem Konzil keine Totalreform der katholischen Traditionen beabsichtigte. »Die Katholiken dürfen der Versuchung, anläßlich des Konzils alles in Frage zu stellen, nicht nachgeben«, mahnte der Papst. Aber das Christentum sei »keine puritanische und weltverachtende Religion, die sich selbst zu bewahren sucht und sich von der Wirklichkeit, in der die Menschheit lebt, abschließt. Es ist da für die Menschheit.«

Mit »Humanae vitae« hatte sich Paul VI. allerdings ein großes Stück von der Wirklichkeit entfernt. Die Schatten über seinem Pontifikat wurden immer länger. Der Papst fühlte sich unverstanden und sah auf die Kirche Schlimmes zukommen. »Die Kirche erlebt eine Zeit der Unruhe, der Selbstkritik, fast könnte man sagen, der Selbstzerstörung«, sorgte sich der Papst, und sein Gemüt verdüsterte sich zusehends. Er sah sich zwischen zwei Fronten: Den Kritikern von »Humanae vitae« war er zu konservativ; den Konservativen, den »Traditionalisten« allemal, wie dem französischen Erzbischof Marcel Lefebvre, war er zu fortschrittlich. Lefebvre sagte, die Reformen des Konzils bedeuteten »die Ehe zwischen Kirche und Revolution, zwischen Kirche und Subversion«. Nach jahrelangen Auseinandersetzungen mit dem Vatikan wurde er zunächst von seinem Bischofsamt suspendiert. Als er dennoch nicht aufhörte, Priester und später sogar Bischöfe zu weihen, erfolgte seine Exkommunizierung. Paul VI. trafen diese Konflikte nicht unvorbereitet: »Das Konzil hat Wege geöffnet, Samen ausgestreut, Richtungen gewiesen. Die Geschichte lehrt uns aber, daß nachkonziliäre Epochen Zeiten der Stagnation und Verwirrung sind.«

Frei von solchen Problemen waren die Katholiken in Afrika. Sie brauchen nicht für jede Glaubensaussage eine wissenschaftliche Begründung, sondern für sie ist aufgrund ihres animistischen Erbes die Unsterblichkeit der Seele etwas ganz Selbstverständliches. »Wenn die Kirche in Europa mit dem in Mode gekomme-

*»Eine tragi-
sche Figur...«
Paul VI. auf
dem Stuhl
Petri.*

Gewiß konnte sich niemand vorstellen, daß der Papst, der schon die
Schmerzen der Arthrose zu ertragen hatte, um seine Hüften auch noch einen
Büßergürtel trug, dessen scharfe Spitzen ihm ins Fleisch drangen. Dieses
Bußwerkzeug hielt er verborgen und benutzte es bei den für das Wohl der
Kirche bedeutungsvollsten Gelegenheiten.

Pasquale Macchi, Privatsekretär von Paul VI.

Paul VI. war humorlos, mittelgroß und von schlanker Gestalt. Er hatte das
blasse Gesicht und die bläulichen Augen des Norditalieners – Augen, die
milchig vor Schmerz wurden, als die Jahre vergingen und die Ängste
zunahmen.

Peter de Rosa, Vatikan-Experte, 1988

nen Protest weitermacht, dann werden wir ausziehen, um Europa zu evangelisieren«, sagte Erzbischof Hyacinthe Thiandoum von Dakar. Angesichts der Ernüchterung und Enttäuschung, die sich in der europäischen Kirche über Pauls Pontifikat breitmachten, kam dem Papst die Zustimmung in Afrika gerade recht. Bei seinem Besuch in Uganda im August 1969 brandete ihm eine solch überschäumende Begeisterung entgegen, wie er sie bis dahin noch nicht erlebt hatte. »Eine der schönsten Erinnerungen Unseres Amtes«, nannte Paul seine Uganda-Reise. Am Sonntag nach seiner Rückkehr hielt er den vor seiner Sommerresidenz Castel Gandolfo versammelten Gläubigen zunächst eine Predigt, die er wie üblich vom Blatt ablas. Als er schon die gewohnten Grußworte in verschiedenen Sprachen gesprochen hatte und die Menge seinen Segen erwartete, schien ihm klar, daß das bisher Gesagte seine Empfindungen nur unzureichend Ausdruck gegeben hatte. Er hob zu einer improvisierten Rede an und forderte seine Zuhörer auf, genau die in den Zeitungen veröffentlichten Fotos, die Gesten und Haltungen der Afrikaner zu betrachten, die sich um den Papst drängten. Paul beschrieb die schönen und leuchtenden Augen der ugandischen Kinder, den Jubel der schwarzen Ordensschwestern. Und als er unter den Zuhörern eine Gruppe italienischer Nonnen erblickte, wandte er sich an sie mit der Frage: »Habt ihr jemals Schwestern tanzen sehen? Dort tanzen sie mit religiöser Hingabe.«

Der mit dem Sinn des Intellektuellen für Komplexität so schwer belastete Paul war angetan von diesem spontanen afrikanischen Katholizismus ohne Komplikationen. »Der Papst ist begeistert«, überschrieb die *Frankfurter Allgemeine Zeitung* leicht ironisch ihren Bericht über den Papst-Auftritt in Castel Gandolfo.

Schon mit seiner am 26. März 1967 veröffentlichten Enzyklika »Populorum progressio« (Über die Entwicklung der Völker) hatte Paul VI. Afrika und der gesamten Dritten Welt seine Solidarität bekundet und ein deutliches Plädoyer für soziale Gerechtigkeit gehalten. Und als Daimler-Benz dem Papst einen Mercedes schenken wollte, antwortete Paul, ein Missionar in Afrika brauche das Auto nötiger als er. In »Populorum progressio« verurteilte der Papst Katholizismus und »ungehemmten Liberalismus«, sprach von der »Pflicht zur Solidarität der reichen Länder mit den Entwicklungsländern« und konstatierte betrübt: »Die Welt ist krank. Das Übel liegt jedoch weniger darin, daß die

Hilfsquellen versiegt sind oder daß einige wenige alles abschöpfen. Es liegt am Fehlen des brüderlichen Geistes unter den Menschen und unter den Völkern.« Auch eine Revolution hielt Paul in »Populorum progressio« für legitim: »im Fall der eindeutigen und lange dauernden Gewaltherrschaft, die die Grundrechte der Person schwer verletzt und dem Gemeinwohl des Landes gefährlich schadet«.

Daß er seine Worte ernst meinte, zeigte er am 1. Juli 1970. Im Vatikan empfing der Papst Agostinho Neto, Marcolino dos Santos und Amilcar Cabral, die Führer der Befreiungsbewegungen, die in Angola, Mosambik und Guinea-Bissau gegen die portugiesische Kolonialmacht kämpften. Die Audienz war ein bisher nie dagewesenes Politikum: Der Heilige Vater empfing Guerillachefs, die sich mit der Waffe in der Hand gegen eine europäische Kolonialmacht erhoben, verschaffte ihrem Kampf damit eine gewisse Legitimation. Und diese Kolonialmacht war dann auch noch Portugal, katholische Bastion in Europa.

Um die Audienz ersucht hatte Marcella Glisenti, italienische Journalistin und Vorsitzende der »Italienischen Gesellschaft der Freunde von *Presence Africaine*«, einer in Paris herausgegebenen antikolonialistischen Zeitschrift. Unterstützt von der Kommunistischen Partei Italiens, veranstaltete sie vom 27. bis 29. Juni 1970 in Rom eine Solidaritätskonferenz für die Völker der portugiesischen Kolonien. Glisenti informierte den Papst in einem Brief von dieser Konferenz, schrieb, daß auch Neto, Santos und Cabral teilnehmen würden, und bat um eine Audienz. Die Antwort des Vatikans kam am 30. Juni: Die Audienz werde am folgenden Tag, 12.15 Uhr, stattfinden. Auch Glisenti war dabei: »Der Papst ergriff Cabral bei den Händen. Und auf französisch sagte er zu ihm: ›Mon fils, ich kenne Ihr Anliegen und Ihre Geschichte. Die Portugiesen sind nicht sehr großmütig. Doch Sie müssen Geduld haben.‹ Die Audienz dauerte etwa zehn Minuten, was ziemlich viel war für eine Begegnung dieser Art«, erinnert sich Glisenti. »Am Schluß gab der Papst jedem ein Exemplar der Enzyklika ›Populorum progressio‹ auf portugiesisch. Dann kam ein Fotograf des Vatikans und schoß ein Foto; so machte der Papst die Audienz gleichsam zu einem offiziellen Ereignis. Doch das Foto ist nie in einer Zeitung gedruckt worden.«

In den Schatten gestellt wurden bewaffnete Konflikte in Afrika vom Krieg in Vietnam, damals Krisenherd Nummer eins in der

Welt. Die brennende Sorge um den Frieden beherrschte Paul seit Beginn seines Pontifikats. Auch seine Vorgänger richteten Friedensappelle an die Welt. Doch selten zuvor hat ein Papst sich so nachdrücklich an die Regierenden gewandt und so wenig Rücksicht auf diplomatischen Stil genommen wie Paul. So machte er gegenüber US-Präsident Johnson keinen Hehl aus seiner Bestürzung, als dieser ihm bei einer Audienz im Vatikan am 23. Dezember 1967 mitteilte, die Feuerpause in Vietnam gelte nur für das Weihnachtsfest und keinen Tag länger. Johnson hatte das Gespräch in seiner leutseligen texanischen Art damit begonnen, daß er sehr einverstanden sei mit dem Übertritt seiner Tochter Lucy zum katholischen Glauben. Doch der Papst wollte davon gar nichts wissen und begann sofort eine Diskussion über Vietnam. Er appellierte an Johnson, die Bombardierung Nordvietnams auf unbestimmte Zeit auszusetzen. Doch der amerikanische Präsident lehnte dies ab und gab dem Papst zu verstehen, daß er »nicht sehr glücklich« sei über die Einmischung des Vatikan.

Von der Diskussion um Hochhuths »Stellverteter«-Drama sei Paul VI. tief beeindruckt gewesen, meint der langjährige Vatikan-Korrespondent Erich Kusch. Der Papst habe deshalb den Vorwurf vermeiden wollen, er habe zu Krieg und Kriegsverbrechen geschwiegen. Und als der New Yorker Kardinal Spellman den Vietnamkrieg als »Krieg zur Verteidigung der Zivilisation« bezeichnete und dafür betete, »daß der Mut und die Hingabe unserer Soldaten nicht vergebiich bleiben, auf daß der Sieg rasch errungen werde«, wies Paul VI. ihn in die Schranken: Nicht ein militärischer Sieg, sondern ein Verhandlungsfriede sei der richtige Weg, um den Krieg zu beenden. Der Leiter der deutschsprachigen Abteilung im päpstlichen Staatssekretariat, Johannes Dyba, betonte 1967 in einem Vortrag, daß das Wort vom gerechten Krieg bei Paul VI. nicht vorkomme. »Dieses Wort finden wir nur noch bei reaktionären Dogmatikern«, so der heutige Bischof von Fulda.

Bei der Übermittlung seiner Friedensbotschaften wählte Paul VI. auch unkonventionelle Wege. 1965 ließ er einen Brief an Ho Chi Minh vom italienischen Kommunistenführer Enrico Berlinguer überbringen. Doch die Appelle des »Friedenspapstes« fanden häufig nicht einmal eine Antwort. Davon ließ sich Paul VI. aber nicht beirren: »Welches immer ihr politisches Ergebnis ist, sie behalten ihren moralischen Wert.« Als er während seines Fluges nach Manila im November 1970 aus 10 000 Meter Höhe auf den Mekong-Fluß und die vietnamesischen Berge blickte, ließ er den Bordfunker der DC 8 Friedensbotschaften an die Staatschef Süd- und Nordvietnams schicken. Dem südvietnamesischen Präsidenten Van Thieu übermittelte er Wünsche für die »brüderliche Eintracht zwischen allen Söhnen Vietnams«. Als der Funker dann aber »Seiner Exzellenz Doktor Ton Duc-Than«, dem Nachfolger Ho Chi Minhs, neben Wünschen für einen dauerhaften und gerechten Frieden »hochachtungsvolle Empfindungen« des Papstes nach Hanoi telegrafieren sollte, vernahm er bedrohliches Murren bei der südvietnamesischen Bodenstation, die eine Weiterleitung verweigerte.

Auf seiner neunten Auslandsreise besuchte Papst Paul die Philippinen, Australien, Indonesien, Samoa, Hongkong, den Iran und Sri Lanka. Sie war mit rund 46 000 Kilometern bei weitem die längste. Auf dem Flughafen von Manila scheiterte ein Messerattentat auf den Papst. Der Täter, ein geistig verwirrter bolivianischer Maler namens Benjamin Mendoza, hatte sich mit einer Priestersoutane getarnt und versucht, Paul VI. mit einem 15 Zentimeter langen Messer zu erstechen. Er konnte jedoch rechtzeitig überwältigt werden. Der Papst wurde leicht an der Brust verletzt.

Das Attentat war das markanteste Ereignis der Papstreise. Während des Zweiten Vatikanischen Konzils, das »in seiner letzten Phase in einer Vielfalt divergierender Strömungen seine gestaltende Kraft allmählich verloren« hatte, so Hans Maier, in den siebziger Jahren Präsident des Zentralkomitees der deutschen Katholiken, »lenkten die spektakulären Reisen des Papstes nach Jerusalem, Bombay und New York den Blick der Weltöffentlichkeit wieder auf den Heiligen Stuhl«. Von solcher Aufmerksamkeit konnte nun nicht mehr die Rede sein. »Reisen ohne Magie«, kommentierte die linkskatholische Zeitung *Publik* den längsten Papsttrip. »Was in Jerusalem noch eine Weltsensation war, hatte bei der vierten oder fünften Reise den Nimbus des Außergewöhnlichen verloren«, schrieb das Blatt über den Pilgerflieger Paul VI. Kein Papst der Neuzeit war bis dahin soviel unterwegs, hatte so entschlossen wie er die Schranken des »vatikanischen Gefängnisses« durchbrochen. Doch nach seiner Reise nach Asien und Australien 1970 zog sich der nach innen gekehrte Papst, der sich vor Menschenmassen und Kameras nicht gut präsentieren konnte, in den Vatikan zurück. In den letzten acht

Der Papst hätte sich durchsetzen können, aber er hat sich nicht durchgesetzt.

Hans Küng, Theologe

Ich halte Paul VI. für einen sehr großen Papst. Er war ein unglaublich demütiger Mann. Er hat im kleinen Kreis oft gesagt: Das wissen die und die besser als ich. Ich habe das häufig fast beschämend empfunden, wenn er auf mich hingedeutet hat und gesagt hat: Sie wissen dies oder jenes besser.

Kardinal Franz König, Erzbischof von Wien

»Meine Beerdigung soll in äußerster Schlichtheit erfolgen...« Ein aufgeschlagenes Evangelienbuch auf dem Holzsarg.

Ich wünsche, daß meine Beerdigung in äußerster Schlichtheit erfolgt, und ich wünsche weder eine besondere Grabstätte noch ein Denkmal.

Paul VI. in seinem Testament

Persönlich bin ich Papst Paul dankbar, daß er in all den Jahren schützend seine Hand über mich gehalten hat.

Hans Küng, Theologe

Wenn man mit einer derart hohen Vorstellung der Papstwürde selbst Papst sein muß, dann ist das psychisch unerträglich.

Edward Schillebeeckx, Theologe

Als ich ihm etwa zwei bis drei Minuten nach seinem Tod die Hand küßte, war sie noch warm. Sein Gesicht behielt noch seine natürliche Farbe, aber ein von den Ärzten erstelltes Elektrokardiogramm bestätigte uns leider, daß der Heilige Vater diese Erde verlassen hatte, um ins Paradies einzutreten. Ich kann die Bewegung nicht schildern, die mich und alle Umstehenden in dieser Minute erfaßte. Niemand konnte ein Wort hervorbringen.

Erzbischof Giuseppe Caprio

Jahren seines Pontifikats rührte sich Paul VI. nicht mehr vom Fleck.

1970 begannen Gerüchte über einen möglichen Rücktritt des Papstes die Runde zu machen. Daß er nicht am Papstthron klebte, hatte Paul bereits 1966 mit einem symbolischen Besuch am Sterbeort des 1294 freiwillig zurückgetretenen Papstes Coelestin V. demonstriert. Dieser hatte vor seiner Wahl zum Papst als Mönch und Eremit gelebt. Er war ein Kompromißkandidat und Spielball der um das Papstamt rivalisierenden Familienclans. Nach nur halbjähriger Amtszeit dankte er aus Einsicht in seine mangelnde Eignung für das Amt des Pontifex maximus ab. Damit er in der Folge nicht von kirchlichen Schwärmern mißbraucht werden konnte, hielt ihn sein Nachfolger Bonifaz VIII. vorsorglich in der Burg Fumone in Gewahrsam.

Der alternde Paul habe sich tatsächlich mit Rücktrittsgedanken getragen, sagte der Wiener Kardinal Franz König am 26. September 1977, zehn Monate vor dem Tod des Papstes, im österreichischen Fernsehen. Ein »Kreis von Freunden« habe ihm jedoch davon abgeraten, denn ein Papst in Pension widerspreche der kirchengeschichtlichen Praxis. Ein pensionierter und ein amtierender Papst wären zwei »Pole« in der Kirche, und das brächte bloß Probleme. Paul entschloß sich weiterzumachen, weiterzuleiden an seinem Amt. So erflehte er am 25. Juni 1970 zum 50. Jahrestag seiner Priesterweihe »reichliche Gnade, um bis zu dem Ende, das nun nicht mehr weit ist, in der mir vertrauten Aufgabe zu beharren«. Vor 278 frisch geweihten Priestern aus 33 Ländern verwies er am 17. Mai 1970 auf »diese angstvolle tägliche Unruhe, die Uns in Unserem erschreckend hohen Amt bedrängt«. Am 24. April 1970 sprach er davon, daß für ihn »die Lebensuhr und das Alter ein baldiges Ende anzeigen«. Und wenn er alljährlich nach dem Ostersegen von seiner Loggia herab ein »fröhliches Osterfest« wünschte, tat er dies stets mit sauertöpferischer Miene. Das Lamento machte er nun zum Lebenselixier, das Leiden wurde sein Markenzeichen. Paul VI. suchte auch die körperliche Kasteiung. Bei bedeutenden Feierlichkeiten trug er häufig unter dem päpstlichen Ornat einen Büßergürtel mit scharfen Spitzen. Bei einem Gedächtnisgottesdienst ein Jahr nach dem Tod Pauls VI. sagte sein Privatsekretär Pasquale Macchi in seiner Predigt: »Gewiß konnte sich niemand vorstellen, daß der Papst, der schon die Schmerzen der Arthrose zu ertragen

216

hatte, um seine Hüften auch noch einen Büßergürtel trug, dessen scharfe Spitzen ihm ins Fleisch drangen. Dieses Bußwerkzeug hielt er verborgen und benutzte es bei den für das Wohl der Kirche bedeutungsvollsten Gelegenheiten.«

Der Papst fühlte, daß die Bürde seiner Aufgabe seine Kräfte überstieg. »Vielleicht rief mich der Herr zu diesem Dienst nicht, weil ich eine Begabung dafür habe oder damit ich die Kirche in ihren gegenwärtigen Schwierigkeiten lenken und retten kann, sondern damit ich etwas für die Kirche erleiden kann und es dadurch klar sein wird, daß es der Herr ist und keiner sonst, der sie führt und rettet.« Als er sein Porträt betrachtete, das der deutsche Maler Ernst Günter Hansing gemalt hatte, entfuhr dem Papst: »Sie sind fast zu tief in meine Psyche eingedrungen.« Das Bild zeigt den Papst unverhältnismäßig klein, nur sichtbar in Antlitz und gefalteten Händen, in einer übermächtigen Raumstruktur.

In seinen letzten acht Amtsjahren erregte Paul VI. Mitleid: »Pius XII. hatte den Respekt der Welt, Johannes XXIII. die Liebe, Paul VI. braucht unser Verstehen«, sagte der Wiener Kardinal König am 29. Mai 1970 und forderte, man dürfe nicht zuviel verlangen von dem alternden Papst. »Dieser Papst ist ein ehrlicher Mann – er tut, was er kann, und was er nicht tun kann, sollte man fairerweise nicht von ihm erwarten.« Paul konnte nicht zur autokratischen Einfalt Pius' XII. zurückgehen, aber er vermochte auch nicht der gewinnenden Direktheit Johannes' XXIII. nachzueifern. »So war er mit seinem gequälten Selbst allein gelassen, mit seinem Kampf, seinen Zweifeln«, schreibt sein englischer Biograph Peter Hebblethwaite.

1978, seinem eigenen Todesjahr, ging ihm der Tod des Chefs der italienischen Christdemokraten, Aldo Moro, sehr nahe. Moro war von der Terroristengruppe »Rote Brigaden« gefangen, gefoltert und ermordet worden. Paul VI. hatte sich vergeblich in einem Brief an die Terroristen für Moros Freilassung eingesetzt. »Ich bitte Euch auf Knien, laßt Aldo Moro frei«, hatte der Papst geschrieben. Seit seiner Zeit als Studentenkaplan war er ein Freund Moros gewesen. Als man die Leiche fand, brachte Paul seine Verzweiflung zum Ausdruck. »Er brach mit dem Protokoll und ging hinunter in die Basilika San Giovanni in Laterano, um dem Herrn Vorwürfe zu machen, daß er dieses schreckliche Ereignis zugelassen hatte. Es erinnerte an das Buch

Hiob«, schreibt der Papst-Biograph Hebblethwaite. Bald darauf konnte auch Paul VI. sterben.

Wie stets, wenn die stickige Schwüle am Tiber auch den Vatikan erreichte, ließ sich der Papst im Sommer 1978 in die Albaner Berge, in seine Sommerresidenz Castel Gandolfo fliegen. Im Gepäck die unvermeidlichen Akten, aber auch die geliebten Beethoven- und Brahmsplatten. Doch Entspannung wollte sich nicht einstellen. Da war nicht nur die stets peinigende Arthrose in den Hüftgelenken des Heiligen Vaters. Hinzu kamen quälende Gedächtnislücken, die sein Grübeln über Gott und die Welt und die Bürde des eigenen Amtes beeinträchtigten. Immer öfter hatte er seine Todesahnungen offen ausgesprochen, am 15. Jahrestag seiner Wahl zum Papst sein »bald beendetes Pontifikat« prophezeit. Fünf Tage vor seinem Tod trieb ihn die Unruhe ans Grab seines Lehrers an der Diplomaten-Akademie, Kardinal Pizzardo. »Wir fühlen, daß Unser eigenes Ende naht«, sagte der achtzigjährige Pontifex maximus. Am darauffolgenden Sonntag, dem 6. August 1978, dem Fest der Verklärung des Herrn, erfüllte sich die päpstliche Prophezeiung. Ein Fieber kam zu den gewohnten Schmerzen der Arthrose hinzu, packte den Körper und ließ ihn nicht mehr los. Den »Engel des Herrn«, das Gebet, das der Papst jeden Sonntag mittag, Schlag zwölf, mit den Gläubigen auf dem Petersplatz oder vor seiner Residenz in Castel Gandolfo zu beten pflegte, sprach ihm an diesem Sonntag sein Beichtvater vor. Um 17 Uhr las der Privatsekretär des Papstes am Bett des Sterbenden die heilige Messe. Dann empfing Paul VI. das Sakrament der Krankensalbung, das den Kranken zur Genesung verhelfen soll, doch meist Trost der Kirche vor dem Tod ist. Ein Herzanfall und ein Lungenödem zerstörten die letzten Hoffnungen, das Leben des Oberhauptes der katholischen Kirche zu retten. Um 21.40 Uhr italienischer Zeit starb Giovanni Battista Montini mit den Worten »Vater unser im Himmel« auf seinen Lippen. Es war der Tod, für den er immer gebetet hatte. »Was ist das größte Unheil hier unten?« hatte er einmal gefragt und geantwortet: »Unfähig zu sein, ›Vater unser‹ zu sagen.« Sein Sarg aus Zypressenholz stand zu ebener Erde auf dem Petersplatz. Er wurde nicht von der Tiara gekrönt, die Paul abgelegt hatte und keiner seiner Nachfolger wieder aufsetzen sollte. Nicht einmal eine Mitra oder eine Stola lag auf seinem Sarg; nur ein aufgeschlagenes Evangelienbuch, in dem der Wind blätterte.

Johannes Paul I. und der Tod

Gott sei Dank bin ich außer Gefahr

Das wird riskant, riskant, riskant!

Der Herr verzeihe euch, was immer ihr mir angetan habt

Einen Tag nach der Wahl habe ich es schon bereut, aber da war es zu spät

Wenn mir jemand gesagt hätte, du wirst Papst, dann hätte ich mich besser vorbereitet

Es geht nicht ums Herrschen, sondern ums Dienen

Zwei Dinge sind im Vatikan schwer zu bekommen: Ehrlichkeit und ein gute Tasse Kaffee

Von den Kuriengeschäften verstehe ich nicht viel

Ein kleines Lächeln ist besser als eine große Ansprache

Gott ist Vater und Mutter zugleich

Wojtyła wird kommen, wenn ich gehe

Johannes Paul I.

Die Einfachheit bestimmte seinen Charakter.

Monsignore Carlo Bolzan, Sekretär des Patriarchen von Venedig

Die Beziehung zu ihm habe ich immer als etwas ganz Normales betrachtet. Ich persönlich habe ihn weiterhin Onkel Albino genannt, auch als er Papst war.

Pia Luciani, Nichte des Papstes

Das was der Sozialismus will, hat das Christentum seit Jahrhunderten verfochten und verwirklicht. Die Kirche besitzt bereits alles, was es an Gutem im Programm des Sozialismus gibt. Statt dessen fehlen dem Sozialismus grundlegende Punkte, die im Programm der Kirche enthalten sind. Die Pflicht lautet also nicht: Christ, werde Sozialist!, sondern: Sozialist, werde Christ!

Albino Luciani, 1945

Als dieser Mann Papst wurde, bin ich in eine tiefe Glaubenskrise gefallen. Kommt da etwa wieder so ein Fundamentalist wie Pius X.?

Luigi Bettazzi, Bischof von Ivrea

Er hat uns nicht nur ein Märchen erzählt, er hat uns das Geschenk eines Lächelns gegeben, er hat uns erlaubt, einen Blick in das Innere des »wahren Menschen zu werfen«, etwas vom verlorenen Paradies einzusehen.

Kardinal Joseph Ratzinger

Johannes Paul I. hat uns sofort für sich gewonnen, durch die Weise seiner Katechese, seiner Ansprache und auch durch seine Güte. Durch das Lächeln auf seinem Gesicht, das nicht gestellt war, sondern Ausdruck seiner ganzen, väterlichen Haltung. Auch der Mut, mit dem er über Dinge gesprochen hat, hat uns vollständig für ihn eingenommen.

Augustin May, Kurienkardinal

Er bat uns um Gebete für denjenigen, der gewählt werden würde, denn derjenige sollte eine große Last tragen und Verantwortung übernehmen. Er sagte, daß er sich außer Gefahr fühlte, er sagte es so, als ob er sich wünschte, nicht gewählt zu werden. Wenn wir so zurückblicken, haben wir den Eindruck, daß er wußte, was ihn erwartete.

Pia Luciani, Nichte des Papstes

Jenseits des Lächelns, das er immer versuchte auszudrücken, um die Leute, denen er begegnete, zu ermuntern, blieb stets die tiefe Sorge gegenüber der Tradition, die er gut kannte.

Don Piergiorgio Da Canal, Privatsekretär von Johannes Paul I.

Er war nicht nur intelligent und hatte ein gutes Gedächtnis, ihn prägten auch seine Güte und Einfühlsamkeit. Wenn er im Priesterseminar eine gute Note bekam, freute er sich bescheiden darüber. Er war wirklich ein kleiner Heiliger.

Don Luigi Perotto, Studienfreund

Ich hatte von Anfang an die Befürchtung, daß er nicht stark genug sein würde für das Amt des Papstes, denn er war nicht nur bescheiden, sondern auch ohne Energie.

Monsignore Carlo Bolzan, Sekretär des Patriarchen von Venedig

Wir hatten nicht die Gewohnheit, uns zu umarmen und zu küssen beim Abschied. Vielleicht gaben wir uns mal die Hand. Aber damals, an dem Tag, als ich nach Australien flog, hat er mich bis zum Aufzug gebracht, er hatte mich schon davor umarmt, dann wollte er mich noch einmal umarmen. Das hat mich wirklich beeindruckt. Ich dachte, was ist mit ihm, er hat sich verändert. Im nachhinein läßt sich sein Verhalten erklären.

Edoardo Luciani, Bruder des Papstes

Luciani ist wie ein Komet vorübergezogen und hat Zeichen hinterlassen.

Don Luigi Perotto, Studienfreund

Als ich gestern abend mit Seiner Heiligkeit zusammentraf, war er bei allerbester Gesundheit.

Kardinal Jean Villot am Todestag des Papstes

Der Vatikan lügt. Und er lügt auch noch heute.

David Yallop, Autor

Yallop ist ein Scharlatan.

Victor Willi, Autor

Im Morgengrauen des 29. September 1978 schob Schwester Vincenza Taffarel ein Kännchen Kaffee auf einem Rollwagen in das Arbeitszimmer des Papstes. Vor der Schlafzimmertür des Heiligen Vaters stellte sie den Wagen ab. Es war 5.30 Uhr. Als die Nonne vom Orden der »Heiligen Marienschwestern« nach einer Viertelstunde das Zimmer erneut betrat, fand sie den Kaffee unberührt. Niemand reagierte auf ihr Klopfen. Sie öffnete die Tür zum Schlafzimmer.

Zwei Stunden später, gegen 7.30 Uhr, sendete Radio Vatikan eine erschütternde Meldung: »Gegen 5.30 Uhr ging der Privatsekretär des Papstes auf der Suche nach dem Heiligen Vater in das Schlafzimmer und fand ihn bei eingeschaltetem Licht tot im Bett sitzend mit der Lektüre ›Von der Nachfolge Christi‹ in seinen Händen. Dr. Buzzonetti bestätigte, daß der Tod gegen elf Uhr gestern abend eingetreten sei, ein plötzliches, als Folge eines akuten Myokardinfarktes zu deutendes Ableben.« In dieser Meldung steckten einige Fehler, und sie sollten noch eine wichtige Rolle spielen.

Die Nachricht vom Tod des Obersten Hirten erschütterte die Menschen. Tausende von Römern auf dem Petersplatz an jenem Morgen konnten es nicht fassen. Erst vor 33 Tagen hatten sie seine Wahl bejubelt. Während die Glocken von Rom die traurige Nachricht verkündeten, kam der Verkehr in der Stadt fast zum Erliegen. Das Bodenpersonal der italienischen Luftfahrtgesellschaft Alitalia brach einen Streik ab. Fassungslos gaben die Menschen die Nachricht an Bekannte, Freunde und auch Fremde weiter: Johannes Paul I., der »lächelnde Papst«, war tot. Doch schon hörte man neben der allgemeinen Bestürzung Stimmen, die gar nicht so unglücklich darüber schienen, daß die göttliche Fügung den vormaligen Patriarchen von Venedig abberufen hatte. Die Nichte des Papstes, Pia Luciani, berichtet von einem Dialog zweier Priester in Venedig. »Siehst du«, sagte der eine, »den Patriarchen, den du nicht riechen konntest, den hat der Heilige Geist zum Papst gemacht.« Worauf der andere ant-

222

wortete: »Na ja, offensichtlich hat der Heilige Geist seinen Fehler erkannt – und sofort rückgängig gemacht!«

Ganz so einfach wie die beiden Priester machten sich die meisten anderen Zeitgenossen den mysteriösen Papsttod freilich nicht. Während der Dekan des Kardinalkollegiums in den päpstlichen Gemächern Fischerring und Siegel des Verstorbenen zerbrach – ein mittelalterliches Ritual –, glühten in der Telefonzentrale des Vatikanstaats die Drähte. Hunderte riefen an, um zu erfahren, welche Seite im Buch »Von der Nachfolge Christi« Johannes Paul I. im Moment seines Todes aufgeschlagen habe. Und manche gaben offen zu, sie hofften, von den entsprechenden Worten aus dem Werk des rheinischen Augustinermönches Thomas von Kempen, der nach der Bibel meistgelesenen religiösen Schrift der Christenheit, Trost und Erkenntnis zu erlangen. Doch bald schon mußte der Vatikan dementieren. Nicht das bewußte fromme Buch, wie zunächst behauptet, hatte der Papst in den Händen gehalten, sondern lediglich einige Blätter mit persönlichen Aufzeichnungen – ein erster Widerspruch.

Einen Tag später veröffentlichte die italienische Nachrichtenagentur ANSA eine erstaunliche Meldung. Ihr zufolge wurden die Gebrüder Signoracci vom renommiertesten Bestattungsunternehmen Roms an jenem Todestag bereits im Morgengrauen geweckt und um fünf Uhr früh mit einem Wagen des Vatikan zu Hause abgeholt. Unverzüglich hätten sie dann in der Leichenhalle des Vatikan mit ihrer Arbeit begonnen und den Leichnam des Papstes einbalsamiert. Diese Meldung ließ den Schluß zu, daß die Bestatter zu einem Zeitpunkt aus dem Bett geholt wurden, als der Tod des Papstes überhaupt noch nicht entdeckt war. Was steckte dahinter? In den Schmerz über den jähen Verlust des Obersten Hirten mischten sich erste Zweifel. War Johannes Paul I. wirklich eines natürlichen Todes gestorben? Oder war er etwa Opfer krimineller Machenschaften? Hatte man ihn gar vergiftet? Nach einer Einbalsamierung lassen sich Vergiftungen nicht mehr feststellen.

Die Nichte Pia ist noch heute darüber erschüttert, auf welche Weise sie vom Tod ihres Onkels erfahren mußte. Der Privatsekretär des Papstes, Don Diego di Lorenzi, hatte die Familie angerufen und nichts verschwiegen. Er berichtete wahrheitsgemäß, daß Schwester Vincenza den Papst gefunden hatte. Don Diego schwor die Familie auf Stillschweigen ein. Weil nach Ansicht des Kardinalstaatssekretärs Villot ein toter Papst keine

Arbeitspapiere in seinen Händen halten dürfe, habe man dem Leichnam eben ein religiöses Buch in die Hand gedrückt. Als aus anderen Quellen die Wahrheit langsam durchsickerte, hielt es die Familie nicht mehr für notwendig, weiterzulügen. Sie ließ offiziell verlauten, daß es nicht der Privatsekretär, sondern die Ordensschwester Vincenza Taffarel gewesen war, die den Toten gefunden hatte. Die Ungereimtheiten nährten einen Wildwuchs an Spekulationen.

Selbst nüchternen Gemütern kamen die verqueren Widersprüche um den Tod des Papstes seltsam vor, einige munkelten schon Tage später, es sei Mord gewesen. Wer sich in diesen Tagen im römischen Volk umhörte, vernahm immer wieder: Meuchlings haben »die vom Vatikan« den freundlichen Mann aus dem Norden Italiens vom Stuhle Petri geschafft. Und warum? »Weil«, sagte die Portiersfrau eines deutschen Korrespondenten, »er ein Mann des Volkes war. Er liebte die Armen. Das paßte denen im Vatikan nicht.« Zur Entkräftung der Gerüchte bildete sich unter der Führung von Kardinal Silvio Oddi eine »inoffizielle« Kommission zur Untersuchung des Falles. Ihr Fazit war, zumindest für die Öffentlichkeit, nicht erhellend. Der Papst, hieß es lakonisch, sei eines natürlichen Todes gestorben. Dies war bedauerlich, jedoch nicht überraschend, denn es entsprach der Tradition des Heiligen Stuhls: Zögerliche Informationspolitik ist altbewährte Taktik. Vorsicht bietet stets die Möglichkeit, notfalls wieder einen Schritt zurückzugehen. Es ist Brauch, keine Präzedenzfälle zu schaffen, denn morgen könnte ja der Gegenbeweis angetreten werden.

Diese Taktik war dem Vatikan nach dem Tode von Johannes Paul I. nicht von Nutzen, und die Folgen waren unvermeidlich. 1984 erschien ein Buch, das in über 40 Ländern bislang mehr als sechsmillionenmal verkauft wurde, weil seine These dem bislang nie widerlegten Mißtrauen des Publikums erst richtig Stoff bot: »Im Namen Gottes?«. Der britische Autor David Yallop prägt seitdem das Bild des Vatikan mit einem niederschmetternden Befund: Mord an Papst Johannes Paul I.! Der Autor machte aus den Widersprüchen um den Tod des Papstes ein kriminalistisches Schlachtfest. Seine Argumentation schien schlicht, doch einleuchtend: Dort, wo gelogen wird, gebe es etwas zu verbergen! Und warum sollte der Vatikan etwas verbergen, wenn Papst Johannes Paul I. eines natürlichen Todes gestorben war? Mehr denn je ist Yallop (den wir natürlich ein-

224

*»Ein mysteriö-
ser Tod...«
Die Menschen
auf dem
Petersplatz
können die
Nachricht vom
Sterben des
»lächelnden
Papstes« nicht
fassen.*

Der Vatikan ist keine Festung. Er besteht aus Fleisch und Blut. Der Vatikan
atmet, er tratscht, und er lügt. Der Vatikan log, wer die Leiche entdeckt hat.
Der Vatikan log über die Papiere, die der tote Papst in den Händen hielt. Der
Vatikan log über den Gesundheitszustand des Papstes, er log über die
versäumte Autopsie, und er lügt bis heute!

David Yallop, Autor

gehend vernommen haben) heute von der Richtigkeit seiner Thesen überzeugt: »Der Vatikan ist keine Festung. Er besteht aus Fleisch und Blut. Der Vatikan atmet, er tratscht und lügt. Der Vatikan log über den Zeitpunkt des Todes. Der Vatikan log darüber, wer die Leiche entdeckt hatte. Der Vatikan log über die Papiere, die der tote Papst in Händen hielt. Er log über den Gesundheitszustand des Papstes und über die versäumte Autopsie. Und er lügt noch heute.«

Das sind schwere Vorwürfe. Sind sie auch haltbar? Ermordete Päpste oder Gerüchte darüber gibt es fast so lange wie die Kirche selbst. Gruselgeschichten aus dem Vatikan bargen oft den Schimmer von Wahrscheinlichkeit, weil die Geschichte der Papstkirche in fast zweitausend Jahren Existenz mehr Skandalöses hervorgebracht hatte, als es klerikale Schönfärber wahrhaben wollen. Es sind eben Menschen – und es ist der alte Fehler antiklerikaler Schwarzfärber, die grandiose Botschaft mit dem Treiben ihrer sündigen Verkünder zu verwechseln. Meuchelmorde? Aber ja: Johannes VIII. wurde im Jahre 882 von seiner Gefolgschaft vergiftet. Der Trank wirkte freilich so langsam, daß man ihn zusätzlich zu Tode prügeln mußte. Schlimm soll es auch Alexander VI. im Jahre 1503 getroffen haben. Sein vergifteter Leichnam war so angeschwollen, daß die Bestatter auf seinen Bauch springen mußten, um den Sargdeckel zu schließen.

Nur Schauergeschichten aus grauer Vorzeit? Bitte, auch das 20. Jahrhundert konnte mit Gerüchten dienen. Im Jahre 1939 wogten düstere Munkeleien um den Tod von Pius XI. Hatte man ihn umgebracht, bevor er seine Anti-Nazi-Enzyklika verkünden konnte? Der angebliche Täter hieß Dr. Francesco Petacci und hatte als Vertreter des päpstlichen Leibarztes dem kranken Pontifex eine Injektion verabreicht. Abgesehen von Petaccis ärztlichen Pflichten im Vatikan war er der Vater von Clara Petacci, der Geliebten Benito Mussolinis. Für manche Auguren reichte diese familiäre Bindung schon als Mordmotiv. Die These steht freilich auf tönernen Füßen.

Posthum läßt sich ein Mord nur durch die Autopsie des Leichnams nachweisen. 1978 wurde sie massiv von Zeitungen gefordert. Doch für den Vatikan stand eine Obduktion bis dato außer Frage: Den Heiligen Vater schneidet man nicht auf.

Statt dessen warfen Vatikan-Verteidiger dem Bestsellerautor Yallop allzu leichtfertigen Umgang mit der Wahrheit vor. Doch »Gegen-Bücher« wie das Werk des schweizerischen

Rom-Korrespondenten Victor Willi (»Im Namen des Teufels?«) haben Yallop nie getroffen. Das Publikum ist nach wie vor auf seiner Seite. Acht von zehn Deutschen neigen, demoskopisch nachweisbar, der Meinung zu, Johannes Paul I. sei ermordet worden. Es ist die spannendere Variante. »Search for the truth and the truth will set you free!« – Suche nach der Wahrheit, und die Wahrheit wird dich erlösen! widmete uns Yallop ein Autorenexemplar. In einem Nachsatz fügte der mit 15 Jahren aus der katholischen Kirche ausgetretene Schriftsteller bedeutungsvoll hinzu: »Und bedenke, daß man im Vatikan lügt. Alle lügen!« Die Frage nach einem plausiblen Motiv für einen Mord ist damit allerdings noch nicht beantwortet.

Worin hätte das Motiv gelegen, einen Papst umzubringen, der gerade erst begann, die Geschicke der katholischen Kirche zu leiten? Was hatte Papst Johannes Paul I. in den 33 Tagen seiner Amtszeit getan, oder was wollte er tun, das es aus krimineller Sicht begründet hätte, ihn beseitigen zu müssen? Für die Gilde der Verschwörungstheoretiker war ein stichhaltiges Motiv nicht unabdingbar, denn sie war schon so an Mord gewöhnt, daß ein natürlicher Tod nicht einmal in Betracht kam. Überdies war 1978 ein Spitzenjahr des Terrors. Links- und Rechtsextremisten, Faschisten, Mafiosi und Rote Brigaden schaukelten sich gegenseitig hoch, eine tödliche Spirale der Gewalt. Allein in Italien verstörten bis zum Sommer 60 politisch motivierte Morde die Gesellschaft. Höhepunkt war die Entführung und Ermordung des Ministerpräsidenten Aldo Moro. Niemand konnte nachweisen, daß auch der Papst ermordet worden sei, doch es paßte so gut ins Bild. Und war es nicht höchst merkwürdig, daß der Heilige Vater nach 33 Tagen eines natürlichen Todes gestorben sein sollte, wenn alle anderen »mysteriösen Fälle« ermordet worden waren?

Doch nicht allein der Extremismus nährte die Zweifel. Auch intern zeigte die Republik Italien Auflösungserscheinungen. Korruption in Politik und Wirtschaft und die dunklen Machenschaften einer mächtigen Freimaurerloge, der »Propaganda 2«, die wie ein Krake ihre Fühler über die Eliten legte, drohten die Demokratie zu lähmen. Auch der Vatikan geriet ins Zwielicht. In den Sümpfen jener Jahre suchte David Yallop nach dem Mordmotiv.

1978 ermittelte Richter Emilio Allessandrini gegen den Bankier Roberto Calvi, Chef des Mailänder Bankhauses »Banco

Ambrosiano«. Diese galt als achtbar geführte Bank und war der katholischen Kirche seit dem Anfang des Jahrhunderts eng verbunden. Bis zum Jahre 1940 mußten Kunden, die dort ein Konto eröffnen wollten, ihren Taufschein vorlegen. Mit Calvi machte auch der Vatikan Geschäfte. Richter Allessandrini hatte den Bankier wegen Devisenvergehens im Visier. Ein mehrere hundert Seiten schwerer Prüfungsbericht war schon erstellt. Doch dann erhielt der Bankier eine Schonfrist. Richter Allessandrini wurde an einer Ampel von den »Roten Brigaden« erschossen.

Vier Jahre später, im April 1982, schrieb der stellvertretende Vorstandsvorsitzende der Banco Ambrosiano zusammen mit Aktionären einen Beschwerdebrief an den Vatikan: eine Anklageschrift. Sie verwies auf Calvis Mittlerrolle zwischen Freimaurerloge und der Mafia. Roberto Rosone erwischte es wenig später vor einer Filiale der Banco Ambrosiano. »Gambizzazione« hieß der Fachausdruck für den italienischen Brauch, einem potentiellen »Verräter« als Warnung in die Beine zu schießen. Rosone überlebte schwer verletzt und ist heute im Exil in Monte Carlo. Für ein Interview stellt er sich aus »verschiedenen, wohl einleuchtenden Gründen« nicht mehr zur Verfügung.

Kaum war Rosone genesen – noch humpelte er an Krücken –, wurde an seinem Arbeitsplatz, der Mailänder Zentrale der Banco Ambrosiano, ein Abschiedsbrief gefunden, der aus einem Schwall von Verwünschungen gegen Roberto Calvi bestand. Die Autorin, Graziella Corrocher, Calvis Sekretärin, war aus dem vierten Stock des Bürohauses gesprungen. Einen Tag später, am 18. Juni 1982, fand ein Jogger im frühen Morgengrauen unter der Black Friars Bridge in London, an einem Strick baumelnd, den geheimisvollen Übeltäter selbst: Roberto Calvi. Es war das Ende eines Spekulanten: 1,3 Milliarden US-Dollar waren spurlos verschwunden, in dubiosen Kanälen der Mafia versunken. Die Affäre geriet zum größten Bankskandal der italienischen Geschichte.

Ob es Selbstmord aus Verzweiflung oder Mord war, konnten die ermittelnden Behörden bis heute nicht eindeutig feststellen. Die Londoner Polizei geht nach wie vor von Selbstmord aus. Die Umstände des »Suizids« waren jedoch äußerst merkwürdig. Die Leiche hing an einem Baugerüst, das unterhalb der Brücke für Restaurationsarbeiten installiert worden war. Der Name der Brücke (»Black Friars Bridge«) bedeutet zwar dem Sinn nach

Dominikanerbrücke, ihn aber wörtlich zu übersetzen (»Brücke der schwarzen Brüder«), macht für die Verfechter einer Ritualmord-These allemal mehr Sinn.

Der Todeszeitpunkt konnte nie eindeutig festgestellt werden. Ungeklärt bleibt daher, ob Calvi bei Hoch- oder Niedrigwasser starb. Seine Leiche wurde in der Mitte des Baugerüsts gefunden. Ein Selbstmord läßt sich aber nur dann plausibel erklären, wenn der nicht besonders sportliche Bankrotteur bei Niedrigwasser von oben das Gerüst hinuntergeklettert wäre, um sich in der Mitte aufzuhängen. Ein schwieriges Unterfangen, zumal die Polizei mehrere Ziegelsteine in seinen Anzugtaschen gefunden hatte. Und es gibt weitere Rätsel. Der Bankier wurde zuletzt von einem Augenzeugen noch am Abend des 16. Juni im Aufzug eines Londoner Hotels gesehen. Calvi sah aus wie immer: edler Zwirn, Halbglatze, Schnurrbart. Er befand sich in Begleitung zweier heftig diskutierender Männer, die sich, so der Zeuge, ertappt fühlten, als er, ein Hotelgast, den Fahrstuhl betrat. Der Tote vom nächsten Morgen trug keinen Schnurrbart mehr. Warum sollte sich ein Selbstmörder vor seinem Exitus rasieren?

Macht die Rasur hingegen Sinn, wenn ein Mörder die Identifikation seines Opfers vorübergehend erschweren möchte, um Zeit zu gewinnen? 1990 wurde ein »Mordhergang« per Gerichtsbeschluß rekonstruiert und gefilmt. Die Witwe Calvi hatte auf Auszahlung der Lebensversicherung ihres Gatten geklagt. Im Fall eines Selbstmords wollte die Versicherungsgesellschaft nicht zahlen. Der Filmrekonstruktion zufolge wurde das betäubte Opfer mit einem kleinen Motorboot an die Mitte des Gerüsts herangefahren, mit einem Strick daran aufgeknüpft und durch Steine beschwert, um das Gewicht des im Wasser Treibenden zu erhöhen. Die Taschen eines Toten mit Steinen zu füllen, ist ein alter Brauch der Mafia, um »Verräter« zu brandmarken.

Auch wenn der Film keinen Mord beweisen kann, die Witwe Calvi hat ihren Prozeß gewonnen und ergeht sich seither in bizarren Täterphantasien: »Das waren mit Sicherheit die Priester des Vatikan«, meint sie. »Jemanden umzubringen« sei für diese ja nach eigenem Bekunden »keine Sünde«. Sie würden ja nur »eine Seele aus dem Körper befreien«.

Der Vatikan geriet tatsächlich ins Visier der Staatsanwaltschaft. Freilich nicht in Sachen Mord, sondern wegen Mitschuld an betrügerischem Bankrott. Der Heilige Stuhl hatte mit Calvi Geschäfte gemacht. An der Porta Sant' Anna, einem Seitenein-

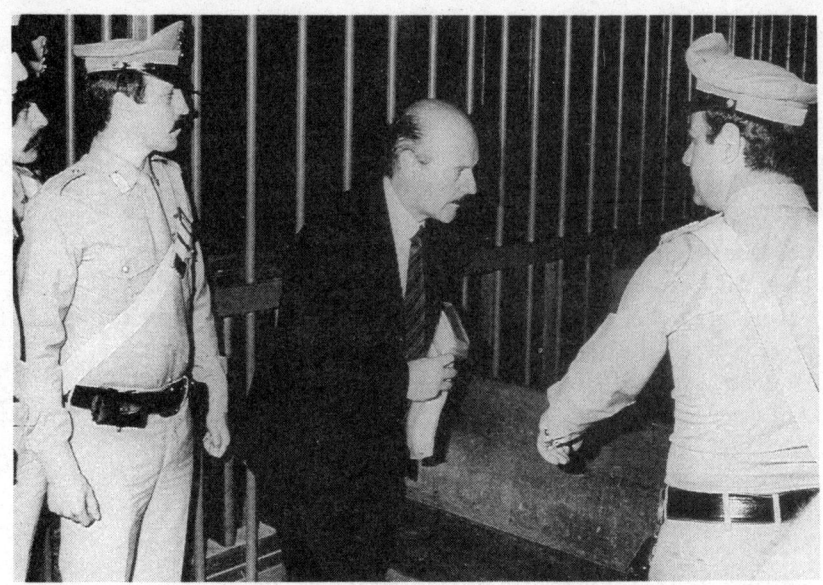

»Selbstmord
oder
Mord...?«
Roberto Calvi,
Präsident der
Banco Am-
brosiano und
Mitglied der
Loge P2, wird
verhaftet.

Man muß einen gewissen Kapitalismus zurückweisen und bekämpfen, jenen, der die Quelle so vieler Leiden, Ungerechtigkeiten und Bruderkämpfe ist.

Albino Luciani, Dezember 1976

33 Tage war er, wie er immer war. Er war der lächelnde Papst. Aber wenn er allein war, lächelte er nie.

Carlo Bolzan, Sekretär von Kardinal Luciani in Vendig

Das waren mit Sicherheit die Priester des Vatikan. Das hat mein Mann uns schon vorher gesagt. Jemanden umzubringen ist für sie keine Sünde, sagten sie zu ihm. Sie würden ja nur eine Seele aus dem Körper befreien. Dann, sagten sie, ziehen wir uns in unsere Festung zurück und kommen erst wieder heraus, wenn alles vorbei ist.

Witwe von Bankier Roberto Calvi

Der Papst wurde ermordet, um den andauernden Diebstahl der 1,3 Milliarden Dollar zu verschleiern. Die Mörder hatten Erfolg, insofern, als daß sie noch weitere dreieinhalb Jahre stehlen konnten!

David Yallop, Autor

»Der Bankier Gottes...« Erzbischof Paul Marcinkus, Präsident der Vatikan-Bank.

Ich hätte Erzbischof Marcinkus keine Bank anvertraut. Nicht weil er unzuverlässig, sondern weil er dafür nicht ausgebildet war. Es gab wohl eine gewisse Oberflächlichkeit. Weil er Amerikaner ist, meinte man, kenne er sich mit Finanzen aus. Genauso denkt man, daß Italiener gut singen können. Es gibt aber Italiener, die können überhaupt nicht singen.

Giulio Andreotti, ehemaliger italienischer Ministerpräsident

Niemand kann beweisen, daß der Papst umgebracht wurde. Aber schauen Sie sich den Aldo Moro an – ein Ministerpräsident. Es scheint doch äußerst merkwürdig, daß der Papst nach 33 Tagen eines natürlichen Todes starb, wenn alle anderen ermordet wurden!

Peter Tompkins, US-Geheimdienst

gang zur Vatikanstadt, liegt das I.O.R., das »Institut für die religiösen Angelegenheiten« – die Vatikanbank. Hinter den verwitterten Mauern dieser Festung zu Füßen des apostolischen Palastes war Roberto Calvi ein häufig gesehener Gast. Chefbankier des I.O.R. war Erzbischof Paul Marcinkus, ein stämmiger Amerikaner mit Vorliebe für Golf und kubanische Zigarren. Der geistliche Bankier hatte ein Vermögen von mehreren hundert Millionen Dollar zu verwalten, und er spekulierte auch damit, zum Wohle der Kirche, versteht sich. Fataler als die Anteile des Vatikan an der Banco Ambrosiano war die aktive Hilfe, die Marcinkus seinem Geschäftspartner Calvi zukommen ließ. So saß der Kirchenmann im Aufsichtsrat einer Ambrosiano-Tochterfirma auf den Bahamas. Als Calvi in Liquiditätsschwierigkeiten geriet, bat er Marcinkus um Hilfe. Der Bischof war in einer Zwickmühle: Fallenlassen konnte er den Partner nicht. Calvi schuldete ihm über 300 Millionen Dollar, deren Rückzahlung schon fällig war. So händigte Marcinkus dem Spekulanten bürgschaftsähnliche »Patronatsbriefe« aus, die zwar nicht rechtsgültig waren, aber Calvi einen guten Leumund boten. Vorsichtshalber ließ Marcinkus sich die Herausgabe der »Bürgschaften« quittieren, mit der Fußnote, daß der Vatikan für die Schulden des Geschäftsfreundes Calvi nicht aufzukommen habe. Doch dem war dies egal, er ging mit dem vatikanischen Empfehlungsschreiben hausieren – mit üblen Folgen für den Heiligen Stuhl. Er zahlte nach dem Bankcrash 241 Millionen US-Dollar an die Gläubiger der Ambrosiano-Gruppe, wobei es hieß, dies sei kein Schuldbekenntnis, sondern lediglich ein »freiwilliger Beitrag«.

Finanziert wurde die moralische Notwendigkeit zur Befriedigung der Gläubiger von den Spenden der Gläubigen aus aller Welt. Der gegenwärtige Kardinalstaatssekretär, Angelo Sodano, bestätigt uns, daß dies dem Vatikan nicht leichtgefallen sei: »Was für Legenden hat man da gestrickt über die Reichtümer des Vatikan. Tatsächlich leben wir von den Opfergaben der Kirchen in aller Welt – vor allem dank der Großzügigkeit der deutschen Katholiken!«

Autor Yallop sieht in der »Affäre Calvi« das entscheidende Indiz für einen Mord am Papst. Seine Logik heißt: »Johannes Paul I. wurde ermordet, um den andauernden Diebstahl der 1,3 Milliarden Dollar zu verschleiern. Die Mörder hatten Erfolg, insofern, als sie noch weitere dreieinhalb Jahre stehlen konnten!« Eine attraktive Story – doch beweisbar ist sie nicht.

232

In Sachen Bankskandal erließ die Mailänder Staatsanwaltschaft tatsächlich 1987 Haftbefehl gegen den Chefbankier. Doch vor Gericht erschien Marcinkus nie. Die italienische Justiz mußte ihre Forderung zurückziehen. Der Vatikan berief sich auf die Lateranverträge aus dem Jahre 1929, die dem Heiligen Stuhl Autonomie zusicherten. Erzbischöfe liefert man nicht aus. Marcinkus blieb bis zum Oktober 1990 im Amt. Ehrenvoll ging seine Ära zu Ende, die den Vatikan alles zusammengerechnet mehr als eine halbe Milliarde Dollar kostete. Heute lebt er zurückgezogen in einem Rentnerparadies in Arizona: ein agiler, braungebrannter Endsiebziger, Golfspieler in Polohemd und Shorts, der immer noch als Reverend, als Seelsorger für Millionäre tätig ist.

Für David Yallop war der Erzbischof Kopf einer Verschwörerbande: »Die Banco Ambrosiano ist kollabiert. 1,3 Milliarden Dollar sind verschwunden. Warum Papst Johannes Paul I. umgebracht wurde, liegt doch auf der Hand: Weil er dabei war, den Dieben die Grundlage zu entziehen. Er war dabei, sie zu enttarnen – ohne es selbst zu wissen. Am letzten Tag seines Lebens wollte er Marcinkus kündigen. Der Erzbischof sollte nicht weiter die Vatikan-Bank führen. Es gab noch andere Gründe, aber das war das Schlüsselmotiv!«

Einen Tag vor seinem Tod, bei seiner letzten großen Generalaudienz, empfing Johannes Paul I. eine Gruppe deutscher Pilger. Zum ersten und zum letzten Mal als Papst sprach er in deutscher Sprache: »Gott gibt uns die Kraft, das Böse durch die Liebe zu besiegen!« War dem Stellvertreter Christi diese Kraft versagt? Wußte er so viel vom drohenden Finanzskandal, daß er im Wege war? Oder war er einfach nur ein kranker Mann? Das Geheimnis um den Tod des Papstes – gibt sein Leben eine Antwort?

Albino Luciani wurde am 17. Oktober 1912 in Canale d' Agordo in der Provinz Belluno geboren. Hier, inmitten der Dolomiten, fast 1000 Meter hoch gelegen, herrschten hohe Arbeitslosigkeit und bittere Armut. Der Vater war Maurer, Wanderarbeiter und meist auf Montage, oft auch in Deutschland. Er war Mitglied der Sozialistischen Partei Italiens, die damals ausgesprochen antiklerikal war. Vater Luciani agitierte gegen Staat und Kirche und mußte zeitweise in die Schweiz emigrieren. Erst als er Glasbläser in Murano wurde, ließen seine politischen Ambitionen nach.

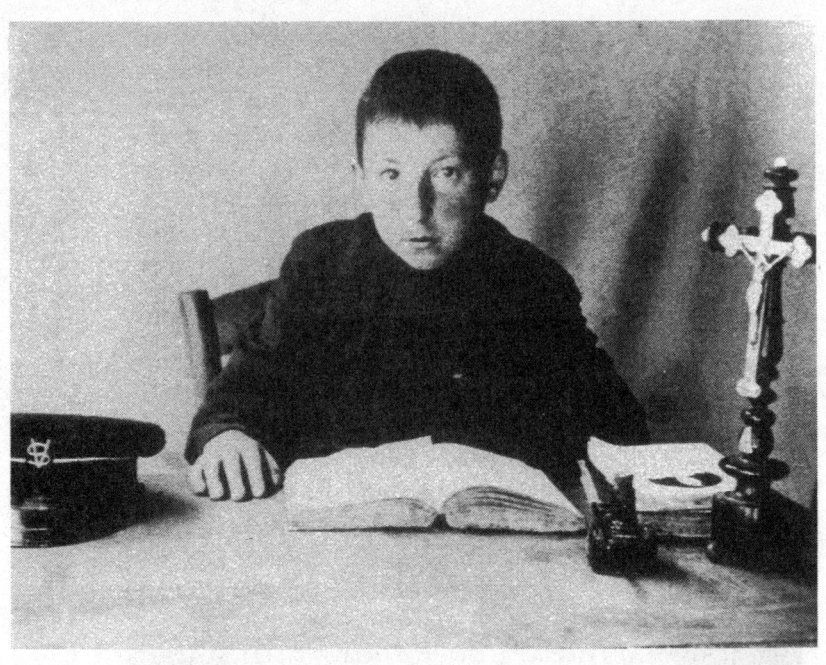

»Die Schule war sehr teuer...« Albino Luciani als Seminarschüler.

Als Albino fünf Jahre war, wußte er schon, was Hunger ist. Unsere Familie zählte zu den ärmsten im Dorf. Von Mai bis Oktober liefen wir Kinder barfuß, um Schuhe zu sparen.

Edoardo Luciano, Bruder des Papstes

Meine Mutter sagte immer, daß er Quecksilber im Leib habe. Er sprang auf die Tische, er krabbelte in der Schule unter dem Katheder des Lehrers herum, er zog den Mädchen an den Zöpfen.

Edoardo Luciani, Bruder des Papstes

In der Schule konnte er an seinem Platz nicht ruhig bleiben, fing mit den Mitschülern leicht Streit an. Nachdem er in das Seminar eingetreten war, fühlte er, daß dies sein Weg war, und veränderte sich völlig. Er war fast nicht mehr er selbst.

Pia Luciani, Nichte des Papstes

Luciani hatte immer Angst, nicht genügend zu wissen.

Don Luigi Perotto, Studienfreund

234

»Arm und gottes-fürchtig...«
Soldat Luciani
mit seinen
Eltern und
seinen zwei
Schwestern.

Unsere Mama war sehr einfach und sehr katholisch. Sie kannte fast den ganzen Katechismus von Pius X. auswendig und brachte ihn uns beim Waschen oder Anziehen bei. In ihrer Jugend hatte sie einmal in Venedig die Gelegenheit, Kardinal Sarto zu begegnen. »Denkt euch«, sagte sie zu uns Kindern, »ich habe den Mann gesehen, der dann Papst geworden ist.«

Antonia Luciani, Schwester des Papstes

Sein Traum war, Dorfpfarrer zu werden und seine Mutter als Haushälterin zu haben.

Pia Luciani, Nichte des Papstes

235

Die Mutter hingegen, tief verwurzelt im Glauben, erzog die Kinder streng katholisch. Noch bis vor wenigen Jahren fanden sich in der Ortskirche von Canale d'Agordo ihre Initialen, eingeschnitzt in das dunkelbraune Gestühl unter der Kanzel. Der kleine Albino war bei seiner Geburt so schwach, daß man um sein Leben fürchtete; die Hebamme spendete ihm die Nottaufe. Noch heute ist dies im Register des Dorfes verzeichnet. Pfarrer Don Zanetti erkannte die Gültigkeit dieses ersten Sakramentes großzügig an.

Vom späteren Priester des Ortes, Don Carli, war der junge Albino besonders begeistert. Dieser kümmerte sich rührend um die Kinder des verarmten Dorfes, in dem auch die Töchter des Arztes von Mai bis Oktober barfuß herumliefen, denn Schuhe waren Luxuswaren. Mit sanfter Führung seiner Mutter faßte Albino den Entschluß, Priester zu werden. Im Alter von elf Jahren trat er auf Empfehlung des Dorfpfarrers in ein Priesterseminar ein. Zu diesem Zeitpunkt war das Kind äußerst lebhaft. Seine Mutter überlieferte, er sei »wie Quecksilber« gewesen, sprang auf Tische, krabbelte in der Schule unter dem Katheder des Lehrers herum, zog Mädchen an den Zöpfen. Das änderte sich abrupt mit dem Eintritt in das Seminar. Edoardo Luciani, der fünf Jahre jüngere Bruder, erinnert sich im Gespräch mit uns, daß Albinos Eintritt in das Seminar für die Familie eine enorme Belastung war: »Die Schule war für unsere Verhältnisse sehr teuer. Die übrigen Kinder mußten ja auch noch ernährt werden.« Albino hatte ein schlechtes Gewissen, widmete sich um so intensiver seinen Studien. Es war ihm peinlich, Nutznießer zu sein. Er wurde ernst, gelegentlich verbissen.

In den Dolomiten lebten die Menschen damals buchstäblich von der Hand in den Mund. Was sie brauchten, stellten sie meist selbst her. Gekauft wurde nur das Nötigste: Salz oder Nähnadeln – Dinge, die man nicht selbst produzieren konnte. Ein vorzeitiger Winter genügte, um die Sterblichkeit der Kinder sprunghaft ansteigen zu lassen. Doch auch in einem Priesterseminar war das Leben nicht gerade rosig. Der Jugendfreund und Banknachbar Albinos erinnert sich schaudernd: »Wir litten immer an Hunger. Daß es uns gelungen ist, Priester zu werden und halbwegs gesund das Seminar zu verlassen, grenzt an ein Wunder.« Wie spartanisch die Verhältnisse waren, läßt sich daraus ersehen, daß die Nonnen, die die jungen Herren im Refektorium bedienten, sich von deren Essensresten ernährten.

Luciani wird von seinen wenigen noch lebenden Kommilitonen als eher einfaches Gemüt beschrieben. Nie tat er sich hervor. »Er wollte nicht glänzen«, hieß es. Allein sein Gedächtnis soll »phänomenal« gewesen sein. Aus dem einst lebhaften Buben wurde ein stiller, strebsamer Geistlicher. Demut, Fleiß und Gehorsam, solche geistlichen Primärtugenden wurden den Seminaristen mit fast dogmatischer Strenge eingetrichtert. Auf sämtlichen Fotos dieser Zeit sieht man den späteren »lächelnden Papst« todernst, ausgemergelt, mit fast wehmütigem Blick. Überliefert ist, daß ihm besonders die enge Beziehung zu seiner Mutter fehlte. Sein größter Traum war es, Dorfpfarrer zu werden und seine eigene Mutter als Haushälterin zu beschäftigen. Immer wieder hat er später davon gesprochen. »Die Mutter ist es, die ihrem Kleinen vom Jesuskind erzählen muß, von der Madonna und dem Schutzengel. Das erste Religionsbuch sind die Eltern selbst.« Dem mütterlichen Frauenbild seiner Jugend ist Luciani treu geblieben. Noch 1973 schreibt er in einem fiktiven Brief an Lemuel, den König von Massa: »Eure ideale Frau ist arbeitsam, unermüdlich, eine wahre Martha, sie gürtet kraftvoll die Hüften und strengt ihre Arme an. Nie erlischt des Nachts ihre Lampe. Und ihre Arbeit erfüllt sie mit Freude. So schaut sie froh in die Zukunft. Wenn ihr Ehemann müde von der Arbeit nach Hause kommt, braucht er diese fröhliche Heiterkeit! Eine solche Frau heiligt sich nicht nur in der Familie, sondern mit der Familie zusammen, indem sie ihren Gatten und die Kinder mit sich zu Gott führt.«

Albino Luciani machte Karriere, »kraftvoll gegürtet« durch die eiserne Selbstdisziplin eines Buben aus den Bergen. Nach dem Studium der Theologie und Philosophie folgten 1935 die Priesterweihe und noch im selben Jahr die Ernennung zum Hilfsvikar. Zwei Jahre spater wurde er Vizerektor seines Seminars. Er war bekannt dafür, von seinen Studenten viel zu verlangen, noch mehr forderte er jedoch von sich selbst. Sein Jugendfreund Luigi Perotto erinnert sich: »Wenn einer seiner Schüler nicht antworten konnte, verzog er sein Gesicht zu einer derartigen Grimasse, daß alle lachen mußten. In Wahrheit tat er dies, weil es ihm Unbehagen bereitete, zu schelten oder böse zu sein.« Ein wenig erinnerte Luciani schon in jungen Jahren an einen liebenswerten Kauz.

Die spärliche Heizung zählte zu den größten Mängeln der Schule. Im Winter strahlte eisige Kälte von den Wänden. Selbst bei frostigen Minusgraden saß Luciani in einem Soldatenmantel in seinem Zimmer über Bücher gebeugt, oft starr vor Kälte. Seine Schüler beschworen ihn, den Ziegelofen zu befeuern, der direkt neben ihm stand. Doch er weigerte sich: »Es ist nicht richtig, wenn ich im Warmen sitze, weil eure Zimmer auch nicht geheizt werden!« Oft war er krank. Seine Studenten beobachteten, wie er sich nur schleppend vorwärtsbewegte, mit fahlem Gesicht, beim Reden innehaltend, um die Schmerzen zu verbergen. Er litt an Hämorrhoiden. Kollegen waren befremdet: Er könne, meinten sie, gesund werden, unterzöge er sich nur einem chirurgischen Eingriff. Doch Luciani lehnte ab. Er glaubte, trotz der Schmerzen weiterarbeiten zu müssen. Nach einer kriegsbedingten Pause, in der Luciani der Resistenza gegen die deutsche Besatzung half, nahm er seine Studien wieder auf.

1947 promovierte er in Theologie, wurde Professor für Dogmatik und machte sich mit wissenschaftlichen Veröffentlichungen einen Namen. Doch in seinem Selbstverständnis war er stets mehr Seelsorger denn Wissenschaftler.

Sein Lebenstraum von einer Dorfpfarrei wurde 1958 zunichte gemacht. Luciani war überqualifiziert. Der Mann, der seine Talente erkannte, Johannes XXIII., war selbst ein Bauernsohn und in seinen Absichten unverhohlen geradeaus. Der »Betriebsunfall« aus Bergamo wollte frischen Wind im Kirchenschiff, notfalls auch gegen den Widerstand der Kurie. Dafür benötigte er frische Kräfte. Der Privatsekretär von Papst Johannes XXIII. erinnert sich an ein Gespräch mit seinem Stab. »Warum«, so fragte Johannes, »sind die Unterlagen über diesen Luciani liegengeblieben? Warum ist er noch nicht Bischof?« Die Antwort: »Eure Heiligkeit, das allgemeine Urteil über ihn lautet, er sei zwar ein heiliger Mann, gütig, ein Theologe. Aber es gibt zwei Probleme. Erstens: Er ist nicht gesund! Zweitens: Er ist scheu!« Darauf der Papst:»Na ja, wenn die Gesundheit das Problem ist, mache ich ihn trotzdem zum Bischof. Wenn er stirbt, stirbt er eben als Bischof. Und wenn er scheu ist und seine Stimme zu schwach – es gibt ja Mikrofone!«

Von seiner Beförderung erhielt Luciani telefonisch Kenntnis. Er sprach gerade mit einem Freund, als das Telefon klingelte. Luciani hörte zu, legte auf und setzte die Unterredung fort, als ob nichts geschehen wäre. Nichts ließ den Zeugen die Besonderheit des Telefonats erahnen. Kein Zeichen der Freude, keines der Bestürzung, nicht einmal der Überraschung. Albino Luciani

238

strebte nicht nach Beförderung. Er machte Karriere wider Willen.

Später hielt Johannes XXIII. seinem Protegé vor Augen, daß der pastorale Dienst nicht von hochgestochener Wortwahl geprägt sein solle, sondern allein »durch die vollständige Verfügbarkeit für Gott und die Menschen«. Und er gab Luciani einen guten Rat: »Lesen Sie das 13. Kapitel im Buch ›Von der Nachfolge Christi‹!« Das 13. Kapitel trägt den Titel »Demut und Gehorsamkeit«. Luciani wählte sich als bischöflichen Wappenspruch gehorsam »Demut«.

Ein neuer Lebensabschnitt: Bischof in Vittorio Veneto, einer ruhigen und beschaulichen Provinzstadt. Der neue Hirte veröffentlichte in der Monatszeitschrift *Messagero di San Antonio* fiktive Briefe an Persönlichkeiten der Geschichte, in die er die Gedanken seiner Predigten einflocht. Unter den imaginären Adressaten finden sich Goethe und Gregor der Große ebenso wie Pinocchio und Mark Twain. Nach eigenen Worten wäre Albino Luciani am liebsten Journalist geworden, wenn er nicht diese »unwiderstehliche Berufung« zum Priester gefühlt hätte.

Doch gleich zu Beginn seiner Amtszeit in Vittorio Veneto wurde diese »Berufung« erschüttert. Der Bischof geriet ohne eigenes Verschulden in einen Skandal. Es ging schon damals um Geld. Ratsuchend wandte er sich an seinen Bruder Edoardo, der ihm auch nicht helfen konnte, sich aber heute noch genau an die Folgen erinnert: »Albino wurde mit einer finanziellen Situation konfrontiert, die praktisch Konkurs bedeutete. Schuld waren ein unvorsichtiger Verwalter und sicher sein Vorgänger. Mein Bruder wollte deshalb zurücktreten, aber er mußte bleiben!«

Luciani und das Geld – zwei Welten. In der Kasse seiner Diözese fehlten umgerechnet vier Millionen D-Mark. Eine schwere Belastungsprobe für den jungen Bischof, der stets dazu neigte, weltliche Probleme zu verdrängen. Zwei Priester waren von einem skrupellosen Geschäftemacher zu gewagten Spekulationen verführt worden. Sie verloren ihren Einsatz – allesamt Mittel aus dem Etat der Diözese. Luciani sah sich plötzlich in der mißlichen Lage, die Finanzen bereinigen zu müssen. Er verkaufte Grundbesitz der Kirche und hatte am Ende immer noch ein Minus von einer Million Mark in der Kasse. Nilo Faldon, ein Mitarbeiter, erlebte, wie verzweifelt Luciani war: »Von Verwaltung verstehe ich nichts. Ich muß mich da auf andere verlassen. Ich brauche jemanden, der ehrlich ist und mitarbeitet.« Luciani hegte eine tiefe Abneigung gegenüber jeder Art von Finanzen. Unter der Überschrift »Augenmaß und Liebe auch in den schmerzlichsten Augenblicken« schrieb er im August 1962: »Wenn ich je mit Geld zu tun hatte, dann in einer eher abstrakten, idealistischen Weise, wie damals, als ich das Wunder von der Münze aufbrachte, die im Bauch eines Fisches gefunden wurde, und ich mir gewünscht habe, der Verwalter des Seminars möge auf hoher See möglichst einen Walfisch fangen und aufschlitzen, um dadurch seine Auslagen finanzieren zu können.«

Doch die Menschen in seiner Gemeinde arbeiteten im stillen für den Bischof, den sie längst ins Herz geschlossen hatten. Sie erkannten seine peinliche Verlegenheit – und halfen. Für Luciani war die Lösung des Finanzproblems so etwas wie das Wunder von Vittorio Veneto. Eines Tages wollte der Bischof gerade verreisen, als eine ältere Dame vor seiner Tür stand und ihm ein Kuvert in die Hand drückte. Er steckte es ein, fuhr weg und erledigte seine Geschäfte. Auf der Rückfahrt dachte er: »Jetzt hab' ich Zeit, ich lese mal den Brief.« Er öffnete das Kuvert und fand einen Scheck über 100 Millionen Lire, genau die Summe, die reichte, um alle Probleme zu lösen. Die Dame, eine Gräfin, hatte einen Bauernhof verkauft.

Es war die Zeit des Zweiten Vatikanischen Konzils. Johannes XXIII. stieß Fenster und Tore der Kirche auf, um frischen Wind hereinzulassen. Erneuerung war angesagt – nicht überall fand das Zuspruch. Doch Luciani war begeistert. Der Bischof von Vittorio Veneto saß weder auf den Bänken der Reformer noch auf denen der Bewahrer – er gehorchte dem, was Papst Johannes vorzugeben schien. Als nach dessen Tod die Kardinäle nur einen Nachfolger sahen, der das Konzil vollenden konnte, den Erzbischof von Mailand, Giovanni Battista Montini, Paul VI., folgte Luciani auch ihm, getreu seinem Wahlspruch, demütig. Es gehe, meinte er, für einen Bischof »nicht ums Herrschen, sondern ums Dienen«! Er war nicht gegen Reformen und für die Tradition, er war aber auch nicht für Reformen und gegen die Tradition. Er war vor allem einer, der kein Aufsehen erregen wollte – weil ihm das peinlich war. Wenn er zu harten Handlungen gezwungen war, tat ihm dies leid. Als er einen reformsüchtigen Studentenkreis auflösen mußte, war es ihm äußerst unangenehm: »Don Luigi . . .«, sagte er zu seinem Jugendfreund, ». . . sei froh, daß du nicht Bischof bist. Die ersten, die dich kritisieren, sind die Priester. Sie beklagen sich dauernd über die Bischöfe!«

»Karriere wider Willen...«
Albino Luciani, Bischof von Vittorio Veneto, 1958.

Wenn einer meiner Mitschüler im Internat traurig war, habe ich ihm gesagt: »Lächle doch – das ist die beste Waffe.« Dieses Lächeln hat ihm neue Kraft gegeben.

Johannes Paul I.

Mein Bruder war ein guter Mensch, aber er war auch schlau!

Edoardo Luciani, Bruder des Papstes

Er hatte keine langfristigen Pläne. Er wußte, er würde es nicht lange aushalten.

Edoardo Luciani, Bruder des Papstes

241

Kritik kam freilich mehr und mehr von außen. In den wilden sechziger Jahren erhielten Sekten regen Zulauf, die Jungen probten alternative Formen des Zusammenlebens, bildeten Kommunen, sangen »Jesus loves you!« – auch im Drogenrausch. Die Kirche trug ihr Kreuz mit freier Liebe – und stand verstört vor Freiheitsdrang und sexueller Revolution. (»Wer zweimal mit derselben pennt, gehört schon zum Establishment!«) Am 25. Juli 1968 erschien nach langem Hin und Her die Enzyklika »Humanae vitae« – Über das menschliche Leben. Albino Luciani war an der Erstellung eines Gutachtens für den Papst beteiligt, hatte Mediziner, Soziologen, Psychologen konsultiert und plädierte vor allem aus seelsorgerischen Gründen für die Erlaubnis des Gebrauchs von Verhütungsmitteln, »unter bestimmten Umständen«. Die Enttäuschung des Bischofs nach dem Erscheinen der Enzyklika war enorm. Luciani fühlte sich verletzt und ratlos. Bis zuletzt war er davon überzeugt gewesen, daß sich eine offenere Auffassung durchsetzen würde. Zu dieser Hoffnung hatte Paul VI. Anlaß gegeben, als er sich über das von Luciani mitverfaßte Dokument anerkennend geäußert hatte. Dennoch erkannte der Bischof die Entscheidung des Papstes bedingungslos an, vertrat fortan mit Vehemenz die in »Humanae vitae« geäußerte Einstellung und verteidigte sie gegen jede Kritik. Sein Sekretär und Vertrauter Mario Senigaglia hatte seine innere Zerrüttung miterlebt: »Es ist wahr, daß er diesen Problemen gegenüber sehr aufgeschlossen war. Doch nach ›Humanae vitae‹ ging Luciani in die Kathedrale beten. Er unterwarf sich der Linie der Kirche!« Humilitas – Demut.

Und schon wieder wurde er befördert. Papst Paul VI. berief den Bischof nach Venedig: erneut Karriere wider Willen. Nur ungern tauschte er sein Amt. Der Abschied von Vittorio Veneto fiel ihm schwer. Venedig war ein Vorgeschmack auf das, was kommen würde. Der Posten eines Erzbischofs mit dem Ehrentitel »Patriarch« war eine heikle Aufgabe für den Bischof vom Lande. Am 8. Februar 1970, einem neblig feuchten Sonntag, zog Albino Luciani aus Canale d'Agordo in der Lagunenstadt ein. Vereinzelt nur gab es Glockengeläut, spärlich waren die Begrüßungsadressen an Hausmauern und Bretterwänden. Die Serenissima hatte nicht gerade das Festtagsgewand angelegt, um ihren neuen Oberhirten zu ehren. Die Venezianer zeigten sich zurückhaltend. Der erzbischöfliche Sekretär Don Carlo Bolzan weiß, warum: »Die Venezianer waren ein wenig enttäuscht. Sie waren

an große Redner gewöhnt, an pompöse Patriarchen, an Kirchenfürsten. Er aber konnte diese Erwartung nicht erfüllen. Deshalb
die Enttäuschung!«

Enttäuscht war freilich auch der neue Patriarch. Der Glanz
Venedigs war nicht seine Welt. Hier regierte wiederum das Geld,
dessen Dunstkreis er verabscheute. Die Dekadenz der Stadt, sie
spiegelt sich im brackigen Wasser, wo Fäulnis an den Eichen
nagt, auf denen die Prachtbauten lasten. Für die Restaurierung
war und ist kaum Geld da, obwohl sich die Kaufleute der Seressi-
ma ähnlich am Fremdenverkehr mästen wie die fettgefütterten
Tauben auf dem Markusplatz.

Dies alles haßte der neue Patriarch genauso wie Schreibtisch-
arbeit. Nur ungern hielt er sich im Prachtbau seiner Kurie auf,
unmittelbar neben dem Markusdom, einer der prunkvollsten
Kirchen der Welt. Lieber war er unterwegs, betrieb Seelsorge in
den Pfarreien. Verwaltungsfragen überließ er seinem Stab. Er
wollte Priester sein, kein Kirchenmanager. Seine Lieblingsnichte
Pia kann seinen Aufstieg noch heute nicht fassen: »Er war überhaupt nicht ehrgeizig. Im Gegenteil, lieber hielt er sich in allem
zurück. Als er Kardinal geworden war, lief er herum wie ein ganz
normaler Priester. Und das Kreuz versteckte er immer. Er wollte
sich nicht produzieren. Wäre es nach ihm gegangen, wäre er
heute noch Kaplan.«

Statt dessen mußte Onkel Albino Kirchenfürst sein. Er tat es
auf seine Art. Am Altar des Markusdoms predigte er immer
wieder Demut, Bescheidenheit, Verzicht. Er war ein Seelsorger
buchstäblich bis zum Umfallen: »Jeden Sonntag«, erinnert sich
sein früherer Mitarbeiter Carlo Bolzan, »besuchte er die Pfarreien. Zu Fuß. Und abends regnete es oft. Wer Venedig kennt,
der weiß, wie kalt und stürmisch es hier sein kann. Und Luciani
war gelassen, den ganzen Tag bei der Arbeit. Aber abends litt er
immer unter Fieber und mußte sich hinlegen.«

1974 hielt Papst Paul VI. großen Einzug in Venedig. Er besuchte einen Mann, den er besonders schätzte. Nur wegen der
bekannten Tugenden Lucianis, Demut und Gehorsam? Unter
dem Beifall der Bevölkerung legte ihm der Papst auf dem Markusplatz seine päpstliche Stola um die Schultern: ein Zeichen,
daß Luciani würdig war, sie einmal zu tragen. Er selbst meinte:
Nein! Sein Sekretär Mario Senigaglia hatte die Stola am Tage
danach morgens zurechtgelegt. Luciani reagierte untypisch energisch: »Was hast du getan. Was soll die Stola da?« Senigaglia

erwiderte: »Aber Eminenz, nehmen Sie sie doch. Sie ist ein Geschenk des Papstes.« Darauf der Patriarch: »Leg sie auf der Stelle weg, und wir sprechen nie mehr darüber!« Ein paar Wochen später war er Kardinal.

Vier Jahre darauf starb Paul VI. Wen brauchte man als Nachfolger? Einen völlig anderen Oberhirten oder einen ähnlichen? Aus aller Welt reisten die Kirchenfürsten an, um den nächsten Stellvertreter Christi zu bestimmen. An Lucianis Abfahrt aus Venedig erinnern sich zwei Zeugen intensiv. Sein Sekretär rekonstruiert: »Ich war den ganzen Tag in seiner Nähe. Bevor er abfuhr, hat er gescherzt. Mein Eindruck war, daß er verschiedene Dinge abschließen wollte, damit in Venedig nichts offenbleibt. Er hatte soeben seine pastoralen Visiten beendet und schrieb Berichte. Wir schrieben sie zusammen, einen nach dem anderen, fast im Akkord. Dann fragte er: ›Mario, wie weit bist du gekommen?‹ Ich antwortete, sollten wir nicht fertig werden, könnten wir ja den Rest nach seiner Rückkehr erledigen. Es kam keine Antwort. Erst nachdem alles fertig war, fuhr er ab nach Rom.« Kurz vor der Abfahrt telefonierte Albino mit seinem Bruder, der das Gespräch noch genau rekonstruieren kann: »Er ahnte schon was. Vielleicht wegen dieser Geschichte mit der Stola in Venedig. Er sagte: ›... das wird riskant, riskant, riskant!‹ Aber inständig hoffte er, daß sie einen anderen wählen.«

Hochkonjunktur für Schreinermeister im Vatikan! Sie schlossen die Sixtinische Kapelle von der Außenwelt hermetisch ab. Die Eingänge wurden mit dicken Bohlen vernagelt, Durchreichen für Essen und andere Nichtigkeiten installiert, die Innenräume ausgestattet für eine der geheimnisvollsten Konferenzen dieser Welt. Einhundertelf Kardinäle hatten nach uraltem Ritus einen neuen Papst zu wählen. Die über 80 Jahre alten Kardinäle blieben freilich ausgeschlossen – seit einem päpstlichen Erlaß von 1969. Der Geist sollte scharf sein für eine Wahl, die so zukunftsweisend für die Kirche war. Es war die Stunde der Kardinäle: Einmal hatten sie die Macht. Hinter den Mauern der Sixtina wurde heiß diskutiert. »Sie haben sich die Köpfe zerbrochen, vor allem politisch«, erinnert sich Loris Capovilla, Sekretär von Johannes XXIII. »Aber die Tatsache, daß sie einen Mann von echter evangelischer Einfachheit ernannt haben, zeigt, daß es in erster Linie darum ging, einen wahren Jünger Christi, einen Nachfolger Petri zu bestimmen.«

Sie suchten einen Papst, der die Identifikation der Gläubigen

»So zu leben – nicht einen Monat . . .«
Der Bruder von Johannes Paul I., Edoardo Luciani, und seine Frau.

So um die 60 starben viele unserer Verwandten ganz plötzlich. Mein Großvater zum Beispiel hatte seine Enkelin Holz holen geschickt. Als sie wiederkam, war er tot, ohne daß er vorher geklagt hätte.

Edoardo Luciani, Bruder des Papstes

Es wäre für ihn undenkbar gewesen, sich nur dem Studium zu widmen; aber er war ein phantastischer Leser, auch hier mußte er Tag und Nacht lernen, auch während der Ferien. Wenn man zum Mähen ging, nahm er ein Buch mit, bis oben auf den Berg, und in jeder freien Minute hat er darin gelesen.

Edoardo Luciani, Bruder des Papstes

245

mit ihrer Kirche erleichterte, der die Kluft zwischen den kirchlichen Flügeln überbrückte, der den schlicht gelebten Glauben gegenüber den extremen Rationalitäten in den Mittelpunkt rückt. Sie suchten einen, der in keine der politischen und ideologischen Schablonen paßte, der inmitten Tradition und Fortschritt wirkte, neue Brücken zwischen Kurienapparat und Weltkirche zu bauen in der Lage war. Paul war ein politischer Papst gewesen. Jetzt wollten sie ganz offenkundig eine repräsentative, pastorale Gestalt, einen Seelsorger – eine Zäsur! Ein Kardinal aus Belgien meinte vor dem Konklave, das kommende Pontifikat sei eigentlich »zuviel für einen Mann allein«!

Noch vor der ersten Sitzung trafen die Kardinäle zusammen, um dringende Verwaltungsangelegenheiten zu beraten. Dabei kam auch die Lage der Vatikan-Bank, des I.O.R., auf die Tagesordnung. Der Kurienkardinal Pietro Palazzini forderte Einsicht in die Bilanzen des »Instituts für die religiösen Angelegenheiten«. Erst kürzlich war die »Banca italiana privata« zusammengebrochen. Ihr Chef, Michele Sindona, hatte den Vatikan in Finanzfragen beraten. Schlimm genug, doch es war nur die Ouvertüre für das Fiasko des Roberto Calvi. Palazzinis Anliegen hatte keinen Erfolg. Das I.O.R. blieb vorerst autonom und nur dem jeweiligen Papst direkt Rechenschaft schuldig.

Dann begann das Konklave. Was davon offiziell nach außen drang, klang wie Kirchenmusik. Man beschränkte sich auf Anekdoten. In der deutschsprachigen Ausgabe des *Osservatore Romano* vom 1. September 1978 hieß es in der Rubrik »Rund um den Papst«, daß in der Druckerei derselben Zeitung ein Arbeiter die Fotos der einhundertelf in Frage kommenden Kardinäle an eine Wand gepinnt habe, um schnellen Zugriff auf die zur Veröffentlichung als »papabile« geltenden Kandidaten zu haben. Ein einziges Foto soll sich gelöst haben und sei zu Boden gesegelt: das Bild des Patriarchen von Venedig. Freilich will sich heute beim *Osservatore Romano* niemand mehr an diese Legende erinnern.

Fest steht, daß Albino Luciani von Anfang an als papabile galt, obwohl es eine Reihe anderer Favoriten gab. Er selbst wollte dies nie wahrhaben. An seine Nichte Pia schrieb er noch am 24. August: »Ich weiß nicht, wie lange das Konklave dauern wird. Es ist schwer, die geeignete Person zu finden, die den gewaltigen Problemen gewachsen ist, die wie ein schweres Kreuz auf der Kirche lasten. Es ist schon eine sehr schwere Verantwortung, in

246

Papst Johannes hat mich mit seinen Händen hier in Sankt Peter zum Bischof geweiht. Dann bin ich in Venedig sein Nachfolger auf dem Stuhl des heiligen Markus geworden. Papst Paul ernannte mich zum Kardinal. Deswegen, habe ich mir gesagt, nenne ich mich Johannes Paul.

Johannes Paul I.

Als er Papst wurde, sagte er: »Ich habe nicht darum gebeten. Sie haben es von mir verlangt, ich werde es so gut machen, wie ich kann.«

Edoardo Luciani, Bruder des Papstes

dieser Situation seine Stimme abzugeben. Gott sei Dank bin ich
außer Gefahr!« Er selbst gab seine Stimme einem Ausländer:
dem brasilianischen Kardinal Aloisio Lorscheider, den er während
einer Pastoralreise nach Brasilien im Mai 1975 kennen- und
schätzengelernt hatte.

Aber auch über einen Kardinal aus Polen hatte sich Luciani
mehrfach positiv geäußert. Bei seinem irischen Privatsekretär
John Magee, den er von Paul VI. übernommen hatte, klagte er
später über die Wahl: »Warum haben sie mich gewählt? Sie
hätten andere nehmen können, die viel geeigneter gewesen wären.
Sie hätten den Kardinal wählen sollen, der mir in der Sixtina
gegenübersaß!« Ihm gegenüber hatte Karol Wojtyła gesessen.
Die prophetische Voraussicht Lucianis ist nicht ganz so überraschend,
wenn man weiß, welche Bedeutung der polnischen
Kirche Ende der siebziger Jahre zukam. Luciani selbst hatte
geschrieben: »In ihrer Einheit liegt das Geheimnis der polnischen
Kirche, die trotz der Feindseligkeiten blüht wie in keinem
anderen Land der Welt. Ich glaube, daß sich in Polen die Bischöfe
wirklich als Wegweiser fühlen, denen man folgt. Wenn
wir Bischöfe uns (hier) nicht ändern, werden die Gläubigen
schweren Schaden erleiden. Ich bin überzeugt, daß nur die polnische
Kirche uns retten kann. Ich weiß nicht, aber ich bin mir
sicher, daß Polen eine große Aufgabe zu erfüllen hat. In den
kommenden Jahren wird man viel über diese Nation sprechen,
die die Madonna so verehrt.«

Noch aber war es nicht soweit. Erst kam die Stunde des Albino
Luciani. Schon nach dem vierten Wahlgang stieg weißer Rauch
auf aus dem Schornstein der Sixtinischen Kapelle. Als die Schwester
Lucianis in der Fernsehübertragung nach dem »Habemus
papam« des Kardinaldiakons Felici das »Albinum ...« hörte, fiel
sie auf die Knie und bedauerte ihren Bruder: »Armer Albino,
armer Albino!« In der Familie Luciani war sie die einzige, die
den Ernst der Lage begriffen hatte. Für die Kardinäle hatte der
neue Papst nach dem Konklave nur eine sanfte Rüge übrig: »Der
Herr möge euch verzeihen, was ihr mir angetan habt!«

»Diesen Papst hat uns wahrlich Gott beschert«, schwärmte der
Erzbischof von Florenz, Kardinal Giovanni Benelli. Die schöne
Bescherung verdankte die katholische Christenheit vor allem
Benelli selbst. Der einflußreiche Toskaner, der bis 1977 eine Art
Chef-Manager im vatikanischen Staatssekretariat war, hatte
schon zu Beginn des Konklaves, am Abend des 25. August,

Albino Luciani für den Stuhl Petri vorgeschlagen. Im vierten Wahlgang hatte er sein Ziel erreicht. Auf Luciani konnten sich all jene Eminenzen einigen, die wieder einen Italiener küren wollten, aber keinen Mann der Kurie wünschten – keinen Politiker, sondern einen Seelenhirten.

Mit Albino Luciani nahm ein Nachfolger des Petrus zum erstenmal in der Geschichte einen Doppelnamen an: Johannes Paul. Dies war jedoch kein revolutionärer Akt, sondern lediglich eine diplomatische Geste: die Verbeugung vor dem Wirken seiner beiden Vorgänger. Ein freundliches Signal für alle – für Reformer und Bewahrer. Einen Tag nach seiner Wahl, am 27. August 1978, verkündete er sein päpstliches Programm. Es versprach nichts Neues, eher Kontinuität denn Aufbruch. Das Erbe des Zweiten Vatikanischen Konzils wolle er weiterführen, sich für die Einheit der Christen einsetzen, den Frieden der Welt fördern. Neu an diesem Papst war nicht der Inhalt, sondern die Form. Luciani warf überflüssigen Ballast von Bord. Er verzichtete demonstrativ auf den Pluralis majestatis, das »Wir« der päpstlichen Herrscher.

In seiner ersten Rede vor gut 200 000 Menschen, die auf den Petersplatz gekommen waren, sprach der neue Papst ungewöhnlich frei und offen über seine Wahl. Vor allem sei es Mut gewesen, den ihm die anderen Kardinäle hätten spenden müssen, um das Amt des Stellvertreters Christi anzunehmen. Die Menschen auf dem Petersplatz begrüßten diese Offenheit. Sie feierten den neuen Pontifex euphorisch: Siehe da, ein Mensch im Papstgewand! »Viel Johannes, wenig Paul«, leitartikelte das römische Abendblatt *vita*.

Der so Gepriesene fühlte sich jedoch nicht wohl in seiner Rolle. Albino Luciani, der immer wieder ohne Ambitionen die Karriereleiter hinaufgefallen war, der sich mit Vorliebe zurückzog und Probleme gern verdrängte, stand nun im Scheinwerferlicht der Weltöffentlichkeit. In seiner Verzweiflung rief er daheim an, in seinem Bergdorf Canale d'Agordo, bat seine Familie, nach Rom zu reisen – als Seelenstütze. Doch sein Bruder Edoardo hatte selbst Lampenfieber: »Wir haben uns gesträubt, vielleicht aus Feigheit, aber wir wollten da wirklich nicht hin. Wer weiß, welche Schlußfolgerungen die da ziehen, wenn sie uns sehen. Es war eine fremde Umgebung für uns. Wir leben in einem Bauerndorf. Wir sind eine Familie von Grundschullehrern. Wir gehen im Sommer Holz hacken oder Heu mähen.

Dorthin zu gehen, war unangenehm für uns. Dort waren der König von Belgien, der Herzog von Luxemburg, der König von Spanien. Denen mußten wir die Hände schütteln!« Wie mußte sich da Albino Luciani gefühlt haben, der nach eigenem Bekunden lieber Dorfpfarrer geworden wäre? Nun wollte man ihn in einer feierlichen Zeremonie zum Papst krönen.

Eine regelrechte Krönung kam natürlich nicht in Frage. Ihm schwebte eine Zeremonie vor, die möglichst schlicht sein sollte – soweit das möglich war im Vatikan. Man fand mit Mühe einen Kompromiß. Nach der feierlichen Prozession seiner Kardinäle trat der neue Papst ins Rampenlicht und feierte statt einer Krönung eine Messe – freilich mit den Mächtigen der Welt, vor denen er Bescheidenheit und Demut predigte. Und auch mit einer anderen tausendjährigen Tradition brach der neue Papst. Er verzichtete auf die Tiara, die dreifache Superkrone der Päpste, die selbst von treuen Dienern der katholischen Kirche als bombastische »Artilleriegranate« beschrieben wird – eine doppeldeutige Bezeichnung für das prächtige Symbol auch weltlicher päpstlicher Macht. Luciani zog es vor, Autorität ohne alte Herrschaftszeichen zu vermitteln: Er ließ sich lediglich das Pallium, ein wollenes Band, um die Schultern legen – Symbol für pastoralen Anspruch. Als Kopfbedeckung eines Oberhauptes der Kirche schien ihm gerade mal die Mitra des Bischofs von Rom angemessen. Es waren dies jedoch, entgegen einem Mißverständnis, keine Zeichen für Erneuerung und Aufbruch, sondern es war nur das Klammern an Bescheidenheit, die für den neuen Mann gewohnt war, also lebensnotwendig.

Luciani wollte mit der Macht, die ihm die Kardinäle zugesprochen hatten, nicht so umgehen wie ein absoluter Herrscher. Er gedachte eine Weltkirche zu regieren wie eine Diözese – verbindlich in der Form, hart in der Sache. David Yallop mag auch das nicht akzeptieren: »Wenn Luciani nicht umgebracht worden wäre, hätte er ohne Zweifel eine Situation geschaffen, in der Katholiken die Pille hätten nehmen können. Er wollte einen Weg finden, um immerhin einer Milliarde Menschen die künstlichen Empfängnisverhütung zu gestatten.« Dies ist pure Sciencefiction.

1978 war Vincent O'Keefe, Assistent von Pater Pedro Arrupe, General der Jesuiten, an die Öffentlichkeit getreten und hatte dringliche Reformen in drei zentralen Streitfragen angemahnt: Zölibat, Empfängnisverhütung und Frauenpriestertum. »Die

Ich denke, Gott bedient sich oft der demütigen Menschen, um die großen Probleme der Kirche zu lösen. Der Hochmütige fand nie Eingang bei Gott. Gott bedient sich oft der Demütigen, um die Starken zu verwirren.

Albino Luciani

Papst Paul hat mich nicht nur zum Kardinal gemacht, sondern er hat mich an der Anlegestelle für die Boote beim Markusplatz, vor zwanzigtausend Leuten, über und über rot werden lassen, als er sich seine Stola abnahm und sie mir auf die Schulter legte. Ich bin noch nie so rot geworden!

Johannes Paul I.

Als der Papst ihm die Stola umlegte, war er ganz erschrocken. Ich habe es als Angst aufgefaßt, denn er hatte der Sache ganz offensichtlich die richtige Bedeutung, die Vorherbestimmung, beigemessen.

Edoardo Luciani, Bruder des Papstes

Ich hatte am nächsten Tag die Stola hergerichtet, die ihm Paul VI. auf dem Markusplatz umgelegt hatte. Und er reagierte sehr energisch. »Was hast du da getan, wieso diese Stola?« – »Aber Eminenz, so nehmen Sie sie doch, sie ist ein Geschenk des Papstes.« Er antwortete: »Leg sie weg, und wir sprechen nicht mehr darüber.«

Mario Senigaglia, Privatsekretär Kardinal Lucianis in Venedig

*»Ich wurde über und über rot...«
Paul VI. und Patriarch Luciani in Venedig, September 1972.*

Zahl der Priester«, sagt O'Keefe noch heute voller Sorge, » geht in den Keller. Könnte es nicht helfen, wenn wir den Zölibat abschaffen? Es muß ja nicht für alle gelten, nur sollte man selbst entscheiden können.«

Die Audienz, die einer Delegation von Jesuiten unter O'Keefe bei Papst Johannes Paul I. zugesagt worden war, fand nie statt. Sie war auf den 30. September 1978 terminiert, zwei Tage nach dem Tod des Pontifex. Die Rede aber, die der Papst für diesen Anlaß vorbereitet hatte, existiert noch heute. Sie liegt unveröffentlicht im Archiv des Jesuitenordens in Rom. Pikanterweise wurde sie den renitenten Ordensbrüdern später von Papst Johannes Paul II. zugesandt. Dem Schriftstück ist zu entnehmen, daß Johannes Paul I. die strikte Befolgung der katholischen Morallehre anmahnte. Abweichende Meinungen seien unzulässig. Eindringlich stellte der Papst fest, daß christliche Hoffnung nicht mit menschlicher Befreiung verwechselt werden dürfe. Für Katholiken gelte prinzipiell, alle Glaubenswahrheiten anzunehmen. Der Christ dürfe nicht nur jene Glaubensaussagen annehmen, die ihm ». . . leichtfallen, er muß konsequenterweise auch die ihm weniger genehmen akzeptieren«!

Er wäre ein bewahrender Papst geworden. Triumphiert hätte nicht die Reform, sondern die Kontinuität. Bei solchen festen Grundsätzen verwundert um so mehr die freilich sympathische Scheu, die der Papst in der Öffentlichkeit bewies. Schüchtern beschwor er seine Mitbrüder, die Kardinäle, ihm zu helfen, da er doch nur ». . . ein armer ›Teufel‹« sei. Sein Privatsekretär John Magee berichtet, wie er einem leicht konfusen Papst zum ersten Mal begegnet war: »Ich sortierte gerade im Arbeitszimmer des verstorbenen Papstes Bücher, um sie fortzutragen. Da kam der neue Papst, und ich fiel auf die Knie. ›Sie sind ja Pater Magee‹ rief er. ›Hören Sie, können Sie mir einen Gefallen tun? Kennen Sie diese Wohnung gut? Wissen Sie, wo die Küche ist? Ich brauche einen Kaffee. Ich habe schreckliche Kopfschmerzen!‹« Am nächsten Tag wurde Pater Magee exakt mit dem gleichen Anliegen konfrontiert. Diesmal zog der Papst den Iren auf die Seite: »Sie sind sicher empört, weil ich Sie um Kaffee gebeten habe, nicht wahr? Ich brauche aber schon wieder einen! Kennen Sie dieses Haus gut?« Er erwiderte: »Ja!«, worauf ihm der Papst anvertraute, daß er sich noch nicht so gut eingewöhnt habe und er Hilfe brauche: »Können Sie wiederkommen?« fragte Luciani. »Wie, gleich?« Magee verstand sein Anliegen nicht. »Sie müssen als Sekretär wiederkommen. Gehen Sie ins Staatssekretariat und sagen Sie, daß ich Sie zu meinem Sekretär erwählt habe!« Das Laissez-faire des Papstes in Personalfragen zeigte sich auch in einer weiteren praktischen Entscheidung: Er bestätigte die gesamte Kurie in ihren Posten. Dies war ungewöhnlich. Unter den Bestätigten finden sich auch zwei Tatverdächtige des Autors Yallop: Kardinalstaatssekretär Villot und Erzbischof Paul Marcinkus.

Aus zuverlässigen vatikanischen Quellen wissen wir von einer Audienz, die Marcinkus wenige Tage vor dem Tod des Papstes erhalten hatte. Dies steht in krassem Gegensatz zu Yallops Interpretation und stellt klar, daß Johannes Paul I. den Chefbankier keineswegs entlassen wollte. Im Gegenteil: Der Papst hatte überhaupt keine sachlichen Kontroversen mit dem Mann aus Chicago besprochen, sondern lediglich gescherzt, ob alle Amerikaner so groß seien, worauf Marcinkus die Antwort gab, er sei doch nur die zweite Garnitur. Johannes Paul I. ließ intern alles beim alten. Was er beschwor, waren freilich die Maximen seines bisherigen Lebens: Gehorsam und Demut, Bescheidenheit und Disziplin. Die Kirche solle »... die inneren Spannungen überwinden, die entstanden sind, indem der Versuchung, sich dem Geschmack und den Sitten des weltlichen Augenblicks anzupassen, widerstanden und auf die Schmeicheleien des ersten Applauses verzichtet wird«.

Reformfreudige Kirchenfürsten wie der Bischof von Ivrea, Luigi Bettazzi, bezeichnen Papst Johannes Paul I. deshalb gar als reaktionär. Zufällig saßen Bettazzi und Luciani einmal während einer Zugfahrt im selben Abteil und verfingen sich prompt in einem Disput. Hochnäsig soll Luciani die Theorien des als »links« verschrienen Bischofs abgewiegelt haben. »Als dieser Mann Papst wurde, bin ich in eine tiefe Glaubenskrise gefallen«, erinnert sich Bettazzi: »Kommt da etwa wieder so ein Fundamentalist wie Pius X.? Ich habe dann noch einmal Lucianis Buch ›Illustrissimi‹ gelesen – er hat diese Briefe an historische Figuren wie Rousseau oder Voltaire geschrieben. Und damals schrieb er schon so streng, so fundamentalistisch!«

Hier müssen wir dem guten Bischof freilich widersprechen. »Illustrissimi« sind wunderbare Briefe eines Menschen voller Lebensklugheit, Einsicht – eines Menschen, der ein Herz hat. Johannes Paul I. hätte auch als Eheberater einer Sonntagszeitung sein Auskommen finden können. »Ihr müßt lernen, die

»Gott sei Dank bin ich außer Gefahr...«
Die Kardinäle Luciani und Felici auf dem Weg ins Konklave, 25. August 1978.

Gestern, am Morgen, bin ich ganz ruhig in die Sixtinische Kapelle zum Wählen gegangen. Nie hätte ich mir vorgestellt, was dann passierte.

Johannes Paul I.

Albino ahnte schon was. Er sagte, das wird riskant, riskant, riskant. Aber er hoffte, daß sie einen anderen wählen.

Edoardo Luciani, Bruder des Papstes

Ich weiß nicht, wie lange das Konklave dauern wird. Es ist schwer, die geeignete Person zu finden, die den gewaltigen Problemen gewachsen ist, die wie ein schweres Kreuz auf der Kirche lasten. Es ist schon eine sehr schwere Verantwortung, in dieser Situation seine Stimme abzugeben. Gott sei Dank bin ich außer Gefahr!

Albino Luciani an seine Nichte Pia

Er hatte alles mögliche getan, um nicht Papst zu werden.

Don Piergeorgio Da Canal, Privatsekretär des Papstes

Als nach dem »Habemus Papam« meine Mutter dann den Namen Albinum hörte, fiel sie auf die Knie und sagte: »Armer Albino, armer Albino.«

Lina Petri, Nichte des Papstes

Wenn sich Päpste krönen ließen, wurde ihnen die Tiara aufgesetzt, die dreifache Krone. Sie sah aus wie eine Artilleriegranate. Aber sie war das Symbol der Macht. Johannes Paul I. änderte das und trug nur ein schönes Band, das wir Pallium nennen. Es bedeutet pastorale Autorität. Das ist was völlig anderes.

Pater Vincent O'Keefe, Jesuit in Rom

Nach seiner Wahl war ich erfreut und besorgt zugleich, denn ich wußte um seine Schwäche.

Mario Senigaglla, Privatsekretär Kardinal Lucianis in Venedig

Er war herzkrank und hat gesagt: »Die wissen nicht, was sie mir angetan haben, mich zum Papst zu wählen.«

Erzbischof Bruno Heim, Sekretär von Nuntius Roncalli in Paris

»Armer Albino, armer Albino...«
Krönungszeremonie für Johannes Paul I.

eigene Liebe zu erneuern. Der Gatte höre nie auf, seiner Frau den Hof zu machen. Die Frau versuche immer, den Mann mit liebenswürdigen Aufmerksamkeiten zu umgarnen.« Hätte das Johannes Paul II. sagen können? Nein, nur Johannes Paul I.

War Luciani also ein Fundamentalist? Nein, er war ein wertkonservativer Theologe. Schließlich war er Schüler des Kardinals Ottaviani gewesen, der während des Konzils zum fleischgewordenen Symbol des traditionalistischen Flügels der Kurie geriet. Im Jahre 1974 hatte Luciani den Tübinger Theologen Hans Küng im *Osservatore Romano* scharf angegriffen – unter Namensnennung, was höchst ungewöhnlich war. Für ihn begannen die Übel der Moderne mit der »sogenannten Reformation Martin Luthers«, wie er noch im Februar 1977 erklärt hatte. Doch andererseits war der Stil dieses Papstes alles andere als konservativ, er war so erfrischend unkompliziert, daß er wiederum den Konservativen verdächtig war. Nein, dieser Albino Luciani war nicht so ohne weiteres in eine Schublade zu stecken.

Wenn gläubige Besucher ihn um etwas baten, konnte er nichts abschlagen – vorausgesetzt, es widersprach nicht der katholischen Lehre. Zwar hatte er anfangs entschieden, sich nicht mehr auf der »Sedia gestatoria« durch die Menge tragen zu lassen. Lieber ging er auf die Menschen zu. Doch bald schon saß der Pontifex wieder auf dem päpstlichen Tragsessel, den er nicht leiden konnte. Bittbriefe waren im Vatikan eingegangen, in denen Gläubige sich beschwert hatten. Sie forderten, daß der Heilige Vater wieder auf der »Sedia« getragen werden sollte – damit ihn während öffentlicher Audienzen auch wirklich alle sehen konnten. Seiner Nichte Lina Petri tat er leid: »Als ich ihn da im Fernsehen auf dem Tragsessel sah, tat mir das weh. Wir wußten ganz genau, daß er nicht getragen werden wollte. Er hatte eine Abneigung, im Mittelpunkt zu stehen. Zur ersten Audienz ging er noch zu Fuß. Er scherzte: ›Auf dem Ding da werde ich dauernd seekrank!‹«

Dies war nur ein Indiz. Er wollte nicht getragen werden, aber er tat es doch, weil er keinen Streit heraufbeschwören wollte. Er haßte Streit. »Auch wenn er 33 Tage lang ein ›lächelnder Papst‹ war«, meint Ex-Sekretär Carlo Bolzan über seinen ehemaligen Patriarchen, »in Wirklichkeit war er einfach und auch schwach geblieben. Wenn er allein war, lächelte er nie!«

Auch nach irdischen Maßstäben ist das Amt des Obersten

Hirten in der katholischen Kirche ein anstrengender Chefposten. Es bedeutet, der ältesten noch existierenden Wahlmonarchie auf Erden vorzustehen. Die historische Größe des Papsttums entspricht dem selbstbewußten Anspruch mittelalterlicher Päpste: »Ohne Papsttum kein Abendland.« Sinnfällig wird die Stellung in den offiziellen Titeln, die ein Papst zu tragen hat: Bischof von Rom, Statthalter Jesu Christi, Nachfolger der Apostelfürsten, Summus Pontifex, Patriarch des Abendlandes, Primas von Italien, Erzbischof und Metropolit der römischen Provinz, Souverän des Vatikanstaates, Diener der Diener Gottes!

Albino Luciani aus Canale d'Agordo war nun einer der größten Arbeitgeber dieser Erde; Oberhaupt eines autonomen Staates, dessen Bürger keine Steuern zahlen, aber weltweit operieren müssen. Brisante Informationen prasselten jetzt ständig auf den neuen Papst hernieder. Johannes Paul I. hatte Schwierigkeiten zu verstehen, daß sich ihm das Weltgeschehen plötzlich ganz anders darstellte, als es bislang, wie gewohnt, Zeitungen und Fernsehen vermittelt hatten. Auf sein Wort hörten von nun an nicht mehr nur seine Diözese, sondern 800 Millionen Menschen. Edoardo machte sich angesichts der Arbeitslast Sorgen um seinen Bruder: »Er war schon so verbraucht. Zeit seines Lebens stand er jeden Morgen um 5.30 Uhr auf und ging um 22.30 schlafen. Dann mußte er dort diese ganzen Audienzen überstehen. Jedes Wort wollte genau überlegt sein; ein falsches hätte gereicht, um eine Katastrophe herbeizuführen. Man muß sich vorstellen, wie er sich am Ende eines Tages gefühlt hat. Obwohl ich in der Familie der Bär war – immerhin hatte ich in der Artillerie gedient –, dieses Leben hätte ich nicht einmal 33 Tage führen können!«

Ein Papst wird nicht geschont. Albino Luciani kannte die Kurie nicht. Sicher hätte auch er im Laufe der Zeit Mitarbeiter gefunden, die ihm geholfen hätten, den Umgang mit der neuen Wirklichkeit zu meistern. Doch zu Beginn seines Pontifikats war der neue Papst nichts anderes als ein Seelsorger ohne diplomatische Erfahrung. Der Apparat des Vatikan war ihm nicht recht geheuer. Auf seine neuen Amtsgeschäfte angesprochen, antwortete Albino Luciani entwaffnend: »Davon versteh' ich nicht viel. Ich habe mir zunächst einmal das ›Annuario Pontificio‹, das Päpstliche Jahrbuch, vorgenommen, um die Organisation des Heiligen Stuhls genau kennenzulernen!«

Weit über die bürokratischen, politischen und finanziellen

Verästelungen hinaus aber reicht die Verantwortung eines Summus Pontifex. Der Vatikan hat Sitz und Stimme in verschiedenen internationalen Gremien. Die Fäden der vatikanischen Diplomatie, die Vertretungen in über 100 Ländern unterhält, laufen beim Papst zusammen. Albino Luciani sollte nun im Schnellkursus zum Manager im Papstgewand getrimmt werden. Dabei galt es, sich von alten Gewohnheiten zu lösen. Jugendfreund Luigi Perotto berichtet uns von einem Telefonat: »›Hier Luciani‹, er sagte nicht Papst Luciani. Mir fiel fast der Hörer aus der Hand. Aber er war herzlich wie immer. Ich sollte nach Rom fahren, um ihn am 3. Oktober zu treffen. Er sagte aber auch am Telefon: ›Bitte hab Verständnis, daß ich dich nicht wie sonst zum Essen einlade. Wir werden nach der Messe frühstücken, und dann muß ich dich leider rauswerfen, sonst wird mir hier vorgehalten, daß ich Bekannte, Verwandte, oder wer weiß noch wen, in den Vatikan einlade.‹« So klingt kein Papst, der Neuerungen plant. Bei einer der regelmäßigen Mittwochsansprachen, die der Pontifex aus den apostolischen Gemächern heraus an die Menge auf dem Petersplatz richtete, sprach Luciani offen, fast mit klagender Stimme: »Wenn mir jemand gesagt hätte, daß ich Papst werde, hätte ich mehr studiert und mich besser vorbereitet.«

Außer den üblichen Audienzen und Ansprachen verliefen die 33 Tage dieses Pontifikats ohne bemerkenswerte Vorkommnisse – bis auf den Besuch des Metropoliten Nikodem von Leningrad, der im Alter von 48 Jahren bei einer Privataudienz in den Armen des Papstes an einem Herzinfarkt starb. Im Buch von David Yallop wurden hier natürlich die Kaffeetassen verwechselt, und der Mörder hatte »versehentlich« den Metropoliten vergiftet statt den Papst. Die Wahrheit ist so einfach wie banal. Nikodem war zuckerkrank. Er hatte schon seit Jahren Herzprobleme. Sein Tod kam für seine Umgebung keineswegs überraschend. Es war Zufall, daß es in den Armen des Papstes passierte.

Die Menschen, die Luciani mochten, machten sich auch um dessen Gesundheit Sorgen. In Venedig fürchtete Carlo Bolzan »... ständig um sein Wohlbefinden, denn er hatte doch immer Schmerzen und zog sich abends schon früh zurück«.

Der Papst liebte die Menschen – doch das kostete Kraft. Sie überstieg, was er zu leisten imstande war. Seinen Tagesablauf konnte Johannes Paul I. nicht mehr selbst gestalten. Anfänglich liebte er es, nach einem kurzen Mittagsschlaf in den vatikanischen Gärten spazierenzugehen. Doch die Sicherheitsbeamten,

»Abends litt er immer unter Fieber...« Johannes Paul I., der »lächelnde Papst«.

Ich habe weder die Weisheit und das Herz von Johannes noch die Schulung und Kultur von Paul, aber ich stehe an ihrer Stelle.

Johannes Paul I.

Er hatte ein sehr offenes Lachen, ich habe es heute noch im Ohr, ein wirklich spontanes Lachen.

Pia Luciani, Nichte des Papstes

Sein Verstand war stark, hart und scharf wie ein Diamant. Das war das wirkliche Geheimnis seiner Kraft. Er hatte die Fähigkeit, ein Problem zu begreifen und sogleich zum Wesentlichen vorzudringen. Man konnte ihn nicht überrumpeln. Während alle Welt dem lächelnden Papst applaudierte, wartete ich auf den Augenblick, in dem er seine Krallen zeigen würde. Ihm konnte man ungeheuer viel zutrauen.

Pater Busa, ein Freund des Papstes

die ihm dorthin folgten, gaben ihm ein Gefühl der Unsicherheit. Nie ließ man ihn allein! Immer häufiger nutzte auch Kardinalstaatssekretär Villot die Momente der Entspannung, um den Papst mit wichtigen Fragen zu konfrontieren oder Korrespondenzen vorzulegen. Berge von lästigen Akten waren seit dem Tode Pauls VI. in den Ämtern unbearbeitet liegengeblieben. Scherzhaft beklagte sich Luciani bei seinem Privatsekretär John Magee, er brauche eigentlich keine Schreib-, sondern eine Lesemaschine. Das private Leben von Johannes Paul I. spielte sich hauptsächlich in den Räumen der päpstlichen Gemächer und auf dem durch Mauern abgegrenzten Dachgarten ab.

Der schlechte Gesundheitszustand des Papstes blieb im Vatikan weitgehend unbemerkt. Nur die engste Umgebung wußte Bescheid. Albino Luciani, so berichten seine Sekretäre und Haushaltsschwestern, litt an geschwollenen Beinen und massiven Kreislaufproblemen. Er kam bereits als kranker Mann nach Rom. Schon 1975 wurde er an einer Augenembolie behandelt. Die Ursache: Arterienverkalkung in einer Halsschlagader. Dies war ein eindeutiges Warnsignal, auch für schlimmere, lebensbedrohliche Thrombosen. Während einer Audienz in der Peterskirche vor 8000 Gläubigen gab der Pontifex einen Blick auf seine Krankengeschichte frei. In der ersten Reihe hatte sich eine Gruppe von Kranken und Gelähmten niedergelassen. An sie gewandt sagte der Papst: »Ihr habt ein schweres Los, doch vergeßt nicht, der Herr ist bei euch. Und ihr sollt wissen, ich selbst habe schon achtmal im Krankenhaus gelegen und mußte mich viermal operieren lassen!«

Hatten die Kardinäle mit Absicht einen Kranken gewählt? Nein, sie wußten manches über seinen Geist und seine Seele, über seinen Körper aber nichts. Den prekären Gesundheitszustand des Albino Luciani kannten lediglich seine Familienangehörigen und die nächsten Mitarbeiter aus Belluno, Vittorio Veneto und Venedig. Amerikanische Bischöfe plädierten nach dem Tod Johannes Pauls I. für einen allgemeinen Gesundheitscheck vor einem Konklave. Er wurde abgelehnt, denn welcher Kardinal möchte schon nur wegen seiner guten Gesundheit als »papabile« gelten?

Luciani selbst nahm seinen Gesundheitszustand nicht sehr ernst. Er sei ihm, sagte er, »von Gott gegeben«. Nichte Pia erinnert sich an ein Gespräch über die besorgniserregende Augenembolie: »›Zum Glück‹, so flachste er, ›ist ja nur das Auge betroffen. Stell dir mal vor, das Blutgerinnsel wäre im Kreislauf gelandet, oder in der Lunge. Ich hätte sterben können, ohne es zu merken!«‹ Der persönliche Leibarzt Lucianis, Dr. Antonio da Ros, führte eine Praxis für allgemeine Medizin in Vittorio Veneto, der beschaulichen Provinzstadt. Er hatte seinen prominentesten Patienten kurz nach der Wahl in Rom besucht und befunden, daß der Papst in einer guten gesundheitlichen Verfassung sei. Seine Diagnose lautete, daß das Klima von Venedig ihm besser bekomme als das Klima von Vittorio Veneto. Und das Klima von Rom bekomme ihm noch besser als das Klima von Venedig. Auf die Frage des Papstes nach dem Grund für seine geschwollenen Beine kam der Rat: Er solle sich doch häufiger bewegen.

Dr. da Ros will heute mit all dem nichts mehr zu tun haben. Er beruft sich auf die ärztliche Schweigepflicht. Aussagefähige, medizinische Akten über den Patienten Luciani aber gibt es nur bei ihm. Sie bleiben unzugänglich. Es drängt sich der Verdacht auf, daß da Ros mit seiner Diagnose völlig falschlag. Schon der Patriarch von Venedig hätte gut daran getan, sich einen anderen Arzt zu suchen.

Es sind aber Details, die zeigen, daß es schlimm stand um den Papst. Völlig unvermittelt für die Sicherheitsleute tauchte der Pontifex einmal an der Porta Sant' Anna auf – mit der Begründung, er wolle sich mal den Verkehr von Rom anschauen. Es war wie ein Ausbruchversuch aus dem goldenen Käfig der Vatikanstadt. Spürte Albino Luciani, daß er dem Druck physisch und psychisch nicht gewachsen war? Ein Schweizergardist alarmierte eines Tages den päpstlichen Privatsekretär Magee. Auf den Cortile di Sisto Quinto würden seitenweise Papiere vom Himmel flattern. »Die Papiere tragen das Wappen des Pontifex!« Der Sekretär stürmte in Sorge, Papa Luciani sei etwas zugestoßen, auf den Dachgarten. Dort sah er, wie Johannes Paul I. sich verzweifelt bemühte, einzelne Blätter wieder einzufangen, die ein Windstoß von einem Aktenstapel geblasen hatte. Magee brachte den aufgewühlten Papst in sein Schlafzimmer und rief dann die vatikanische Feuerwehr, um mit ihrer Hilfe die geheimen Dokumente wieder einzusammeln. Als er dem Heiligen Vater nach einer halben Stunde Vollzug melden wollte, fand er ihn zusammengekauert auf dem Bett, betend, die Hände mit dem Rosenkranz über dem Kopf gefaltet.

Die Last des höchsten Amtes der katholischen Kirche wog zu

schwer für den sensiblen Albino Luciani. Immer wieder betonte er im Kreis der Vertrauten, daß eigentlich auf seinen Stuhl ein anderer gehöre: der »Ausländer« aus Krakau, der ihm beim Konklave gegenübergesessen hatte. Auch Nichte Pia erinnert sich an die Hochachtung, die der Onkel dem Kardinal Wojtyla entgegenbrachte: »Schon als Paul VI. krank war, referierte er ständig, die Zeit sei reif für einen ausländischen Papst. Es war seine tiefe Überzeugung! Er schätzte Wojtyła sehr, hielt ihn für einen fähigen Kopf und sagte immer wieder: ›Ha, wenn ihr den Erzbischof von Krakau kennen würdet!‹«

Die 44 Hektar des Vatikan verließ Papst Johannes Paul I. in den 33 Tagen seines Pontifikats nur ein einziges Mal. In der Lateranbasilika ergriff er als römischer Bischof von seiner Gemeinde Besitz – nach alter Tradition. Einer der prominenten Gäste, der ehemalige Ministerpräsident Italiens, Giulio Andreotti, war von der Wirkung, die der Papst auf ihn ausübte, beeindruckt und erschreckt zugleich: »Als wir uns begrüßten, sagte er: ›Ich freue mich, ich habe heute den Segen für Ihre Tochter unterschrieben, die bald heiratet.‹ Ich erzählte dies meiner Tochter und sie war gerührt. Ich sagte aber auch, daß der Papst sehr schlecht aussah. Er schwitzte und machte einen total fertigen Eindruck!«

Lina Petri, eine der Nichten Lucianis, studierte damals in Rom und sah ihn bei dieser Gelegenheit in der hoffnungslos überfüllten Lateranbasilika zum letzten Mal. Um einen Blickkontakt mit ihm herstellen zu können, wurde sie von Freunden inmitten der frenetisch jubelnden Menschenmenge auf die Schultern genommen. Was beiden, Onkel und Nichte, blieb, war ein wehmütiger Gruß über die Köpfe der Menschen hinweg: »Ich habe allerdings wegen des Chaos nicht viel von ihm sehen können. Später aber hat mir Schwester Vincenza gesagt, er habe ihr erzählt, daß er mich gesehen hat, und gesagt: ›Laß sie uns doch einladen!‹« Auch der Kontakt zu seinen engsten Familienangehörigen in Canale d'Agordo wurde nun auf eine harte Probe gestellt. Seine älteste Nichte Pia, für die er, nach ihren Worten, wie ein Vater war, versuchte hartnäckig, den Kontakt auch gegen den Widerstand des Vatikan aufrechtzuerhalten: »Der Sekretär ging an den Apparat und sagte mir: ›Pia, dein Onkel ist sehr beschäftigt, störe ihn jetzt nicht!‹ Ich habe gesagt, dann richten Sie ihm schöne Grüße aus. Aber Onkel Albino bemerkte im Hintergrund, daß jemand am Apparat war. Ich hörte ihn fragen: ›Don

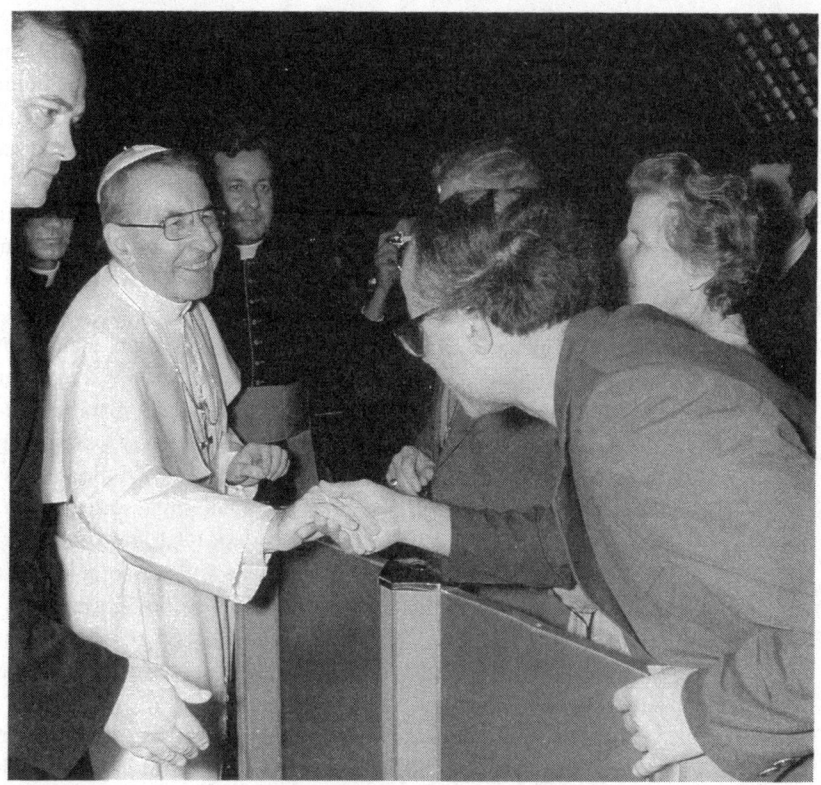

Von den Kuriengeschäften verstehe ich nicht viel. Ich habe mir zunächst einmal das päpstliche Jahrbuch vorgenommen, um die Organisation des Heiligen Stuhls kennenzulernen.

Johannes Paul I.

Er hatte einmal eine Embolie. Zum Glück war nur das Auge betroffen. Mein Onkel scherzte: »Stell dir vor, das Blutgerinnsel wäre im Kreislauf gelandet oder in der Lunge. Ich hätte sterben können, ohne es zu merken!«

Pia Luciani, Nichte des Papstes

Mein Vater sagte immer, mein Onkel habe eine eiserne Faust in einem Samthandschuh gehabt. Er war stets extrem höflich, er übte eine besondere Barmherzigkeit an allen, weil er immer Angst hatte, jemanden zu beleidigen. Aber wenn es etwas gab, was er für richtig hielt, gab es nichts, das ihn von der Sache abhalten konnte.

Pia Luciani, Nichte des Papstes

Er war ein einfacher Mensch und vermittelte nicht den Eindruck, etwas Besonderes zu sein.

Don Luigi Perotto, Studienfreund

263

Diego, wer ist dran?‹ Und Don Diego sagte: ›Es ist Pia, immer
die gleiche!‹ – Da rief er aus der Ferne: ›Gib sie mir, gib sie mir!‹«

Hatte Albino Luciani sein Ende vorausgeahnt? Sein Bruder
Edoardo mußte aus beruflichen Gründen nach Australien reisen. Nie zuvor hatte Albino so herzlich von ihm Abschied genommen wie damals bei ihrer letzten Begegnung: »Uns zu umarmen oder zu küssen bei einem Abschied, das gab es nicht. Vielleicht gaben wir uns mal die Hand. Aber damals – er hatte mich
zum Aufzug gebracht, mich umarmt und wollte mich noch einmal drücken. Das hat mich wirklich beeindruckt. Ich dachte, was
ist mit ihm, er hat sich verändert. Im nachhinein läßt sich sein
Verhalten erklären.«

Der 28. September 1978 war der letzte Tag im Leben des
»lächelnden« Papstes. Traf er Entscheidungen von »mörderischer« Tragweite? Nein, er tat es nicht. Am Vormittag empfing
Johannes Paul I. in verschiedenen Audienzen philippinische Bischöfe, Apostolische Nuntien aus Brasilien und den Niederlanden. Den Nachmittag verbrachte der Papst hauptsächlich mit
Aktenstudium. Gegen 18.30 Uhr empfing er Kardinalstaatssekretär Villot, der über eine Stunde bei ihm blieb. In einem
Interview berichtete Villot der Presse am Tag danach: »Als ich
gestern abend mit Seiner Heiligkeit zusammentraf, war er bei
allerbester Gesundheit!« Doch der Kardinalstaatssekretär irrte.
Drei Zeitzeugen gibt es, die miterlebt hatten, wie Albino Luciani
an diesem Tag über sein Befinden geklagt hatte.

Der erste, Sekretär Diego Lorenzi, wollte nach den Mordge-
rüchten mit der Presse nichts mehr zu tun haben. Er hat sich auf
die Philippinen versetzen lassen und wirkt dort als Religionslehrer. Immerhin war er bereit, uns gegenüber Aussagen von damals zu bestätigen: »Privataudienzen am Vormittag für Leute,
deren Namen er schon kannte und vielleicht auch die Probleme,
die sie ihm vortrugen. Den Nachmittag verbrachte er hauptsächlich mit Lesen; gegen 17 Uhr ging Luciani auf die Terrasse, um
das Gebet oder die Lektüre mit etwas körperlicher Bewegung zu
verbinden; diesen Spaziergang absolvierte er fast täglich, und
zwar immer allein. Um 18.30 empfing er Kardinal Villot. Kurz
vor 20 Uhr war der Papst dann mit uns beiden Sekretären im
Speisezimmer zum Abendessen. Danach rief der Heilige Vater
den Erzbischof von Mailand, Kardinal Colombo, an. Nach dem
Gespräch erschien er in der Tür und wünschte uns gegen 21.30
Uhr – wie jeden Abend – eine gute Nacht.«

»Nie ließ man ihn allein . . .« Johannes Paul I. in den vatikanischen Gärten mit Kardinal Jean Villot.

Man kann keine Reformen ohne Risiko machen.

Johannes Paul I.

Johannes Paul I. deutete an, offen in dogmatischen Fragen zu sein. Aber bei künstlicher Verhütung oder Ehescheidung denke ich nicht, daß es einen Wechsel gegeben hätte.

Pater Vincent O'Keefe, Jesuit in Rom

Luciani tat nichts, mit dem er sich Kritik hätte einhandeln können.

Don Luigi Perotto, Studienfreund

265

Der Privatsekretär John Magee ist heute Bischof von Cloyn, einer kleinen Diözese in Irland. Er berichtet noch präziser von den unbewußten Ahnungen, die der Papst geäußert habe: »Bei Tisch kam es zu einem merkwürdigen Gespräch. An jenem Abend hatte ich ihn daran erinnert, frühzeitig einen Exerzitienmeister für die Fastenzeit zu bestimmen. Er sagte: ›Ja, ich habe alles schon getan, alles in Ordnung. Aber die Einkehr, die ich jetzt halten möchte, ist die Einkehr im Hinblick auf einen guten Tod.‹ Es war 20.15 Uhr. Ich wollte einlenken, aber er sagte: ›Doch, doch, ich möchte so eine Einkehr haben.‹ Don Diego spielte auf ein Gebet an. Er aber korrigierte ihn: ›Nein, so ist es nicht richtig. Die ursprüngliche Fassung des Gebetes lautet: O Gott, schenke mir die Gnade, daß ich den Tod auf jede Weise annehme, in der er mich trifft.‹ Gegen 21.30 Uhr erschien er noch einmal, und ich sagte: ›Also Heiligkeit, gute Nacht, Sie scheinen sehr müde zu sein!‹ Er antwortete: ›Ja, ich habe Kopfschmerzen!‹ Er hatte häufig Kopfschmerzen. ›Ich habe zuviel gelesen!‹ Die Frage, ob man einen Arzt holen sollte, verneinte der Papst.

Kardinal Oddi, Sekretär für das zweite Konklave des Jahres 1978, hatte mit seiner »inoffiziellen Kommission« – aufgestellt in weiser Voraussicht auf die Fragen, die ihm die Kardinäle beim zweiten Konklave stellen würden – den Abend ebenfalls rekonstruiert. »Der Papst hatte sich am Tag zuvor über stark geschwollene Füße beklagt und hier und da einen Druck auf der Brust verspürt. Im nachhinein einfach zu beurteilen. Es waren Symptome von Herzbeschwerden. Er hatte mit seinem Arzt [da Ros] telefoniert. Dieser versprach ihm, am folgenden Montag [vier Tage später] nach Rom zu reisen und die Unterlagen samt Röntgenbildern mit den Ärzten im Vatikan zu besprechen.«

In der folgenden Nacht zum 29. September 1978 starb der Papst. Nichts spricht für eine unnatürliche Todesursache. Worauf aber stützt David Yallop seinen Mordvorwurf tatsächlich? Es sind drei Grundvoraussetzungen, ohne die seine These nicht auskommt. Erstens: Im Vatikan wird gelogen, und wo gelogen wird, gibt es etwas zu verbergen. Zweitens: Der Papst war schlecht bewacht. Jeder hätte ihn umbringen können. Höchstwahrscheinlich hat man seine Medikamente vergiftet. Drittens: Der Papst wollte Marcinkus entlassen. In seinen Händen hielt der tote Papst in Wirklichkeit die Umbesetzungslisten für die Kurie.

Wie war es wirklich? Die »Lügen« des Vatikan wurden offiziell formuliert, weil die Verantwortlichen Rücksicht auf fromme

Klischees nahmen. Inoffiziell machte freilich niemand ein Hehl aus der Wahrheit. Schwester Vincenza Taffarel schob wie üblich ihr Kännchen Kaffee auf einem Rollwagen in das Arbeitszimmer. Als sie nach einer Viertelstunde den Kaffee unberührt vorfand, klopfte sie an das Schlafgemach des Papstes. Doch es kam keine Antwort. Schwester Vincenza öffnete die Tür und fand den Pontifex, regungslos in seinem Bett sitzend, er hatte seine Brille auf, als wolle er lesen, der Kopf hing zur Seite, in seinen Händen ein Paar Blätter Papier. Wie übereinstimmend alle Zeugen bekräftigen, handelte es sich hierbei keinesfalls um Besetzungslisten für kuriale Posten, sondern um alte Predigten aus Vittorio Veneto. Schwester Vincenza versuchte den Puls zu fühlen, aber der war nicht spürbar. »Es war ein Wunder, daß ich das überlebt habe«, sagte sie später. »Ich habe ein schwaches Herz.« Dann rief sie verzweifelt nach dem Sekretär John Magee: »Am Morgen um halb sechs weckte mich die Schwester in heller Aufregung«, erinnert sich dieser: »Der Papst ist tot.‹ Ich stürmte hinunter und betrat sein Zimmer. Von außen schien alles in Ordnung zu sein, man sah keinen Lichtstrahl, es gab eine Doppeltür. Ich öffnete die erste und sah den Lichtschein. Ich öffnete die zweite, aber das reichte auch nicht aus, um irgend etwas zu sehen, denn es gab einen dicken Vorhang. Hinter diesem Vorhang stand das Bett von Johannes XXIII., das Paul VI. nie benutzt und fast wie eine Reliquie aufbewahrt hatte. Paul VI. schlief auf einem kleinen Eisengestell, aber Johannes Paul I. in dem Bett von Johannes XXIII. Ich sah, daß die Leselampe brannte. Ich rief den Papst an, aber er antwortete nicht: ›Heiligkeit!‹ Ich näherte mich ihm, um seine Hand zu berühren. Sie war steif und kalt. Ich fiel auf die Knie und betete, dann stand ich auf und ging zu den Schwestern. Sie standen in der Tür. Ich sagte Ihnen: ›Der Papst ist tot. Sie müssen Don Diego rufen!‹«

Es war 5.45 Uhr, als Don Diego seinen Namen rufen hörte. Zwei Gedanken fuhren ihm durch den Kopf: »Ich habe verschlafen, oder dem Heiligen Vater ist etwas zugestoßen!« Er schlüpfte in seinen Talar und lief in das Zimmer des Papstes. Zwischen der Tür und dem Bett des Papstes hing ein großer Vorhang, der von der Decke bis zum Boden reichte; dahinter sah man im Schein der Lampe den toten Papst. »Papa Luciani«, bemerkte Lorenzi, »lag friedlich in den Kissen, den Kopf nach unten geneigt, die Brille auf der Nase, den Mund leicht geöffnet, in den Händen einige Blätter bedruckten Papiers.«

Von Don Diego erhielt als erste Pia Luciani telefonisch die traurige Nachricht. Der Sekretär beschwor die Nichte, die Wahrheit für sich zu behalten, denn was sollten die Gläubigen denken: eine Nonne und ein Papst im Bett? »Wenn sie gesagt hätten, daß eine Nonne ihn tot aufgefunden hat«, erinnert sich Pia, »das wäre ein Skandal gewesen – absolut unmöglich! Damit haben alle Mißverständnisse angefangen. Es war auch nicht denkbar, daß ein Papst im Bett arbeitet. Doch Onkel Albino hat es immer getan!«

Kardinalstaatssekretär Villot wollte die Nachricht zunächst nicht glauben, genausowenig wie der Vatikan-Arzt Dr. Renato Buzzonetti, der kurze Zeit später eintraf, um den Totenschein auszufüllen. Noch bevor die Sonne aufgegangen war, strickten die überforderten Verantwortlichen schon an einer »Heiligenlegende«. Es war, wie gesagt, Kardinal Villot, der dachte, daß es schöner sei, wenn man verkünden würde, der Papst sei mit der »Nachfolge Christi« in Händen gestorben. Dies war ein schwerer Fehler, denn aus einer Lüge – und es war bereits die zweite in der offiziellen Verlautbarung – entstehen meist andere.

Aber auch für die weiteren Unstimmigkeiten, auf die sich David Yallop beruft, gibt es plausible Erklärungen. Die Leichenwäscher, die schon aufgetaucht sein sollen, als der Leichnam des Papstes noch gar nicht gefunden worden war – sie waren eine Presseente der Nachrichtenagentur ANSA. Der Monat September war heiß. Schon sieben Wochen zuvor hatte man mit der Bestattung Pauls VI. schlechte Erfahrungen gemacht. Auf Filmaufnahmen sah man schon deutlich die Grünfärbung seiner Haut. Kardinal Villot entschloß sich, die Leichenwäscher augenblicklich zu informieren, damit schon in den Nachmittagsstunden der einbalsamierte Leichnam des Papstes in der Aula Clementina des apostolischen Palastes aufgebahrt werden konnte. In der Tat waren die Bestatter früh aufgebrochen, keinesfalls jedoch, nach eigenen Aussagen, vor Sonnenaufgang und schon gar nicht vor 5.30 Uhr.

Wie aber steht es mit dem nächsten Vorwurf Yallops? Ist auch er an den Haaren herbeigezogen? Ist es wirklich einfach, einen Papst umzubringen? Wird ein Pontifex mehr schlecht als recht bewacht? David Yallop war wohl durch das Attentat beeinflußt, das Ali Agca auf Papst Johannes Paul II. 1982 verübte, vier Jahre später. Doch dies geschah mitten auf dem Petersplatz. Die Sicherheit im päpstlichen Palast zumindest stand schon 1978 auf

Warum haben Sie mich gewählt? Sie hätten andere nehmen können, die viel geeigneter gewesen wären.

Johannes Paul I.

Unter der Bedingung, daß der Glaube unverändert bleibt, kann ein Katholik christlicher Demokrat oder sogar Kommunist sein.

Johannes Paul I.

Ein anderer, besserer Mann als ich hätte gewählt werden müssen. Paul VI. hatte seinen Nachfolger schon bestimmt. Er saß direkt vor mir in der Sixtinischen Kapelle – Wojtyła. Er wird kommen, wenn ich gehe.

Johannes Paul I. zu Kardinal Jean Villot

»Ein Besserer hätte gewählt werden können...« Johannes Paul I. nach seiner Wahl im Gespräch mit Kardinal Wojtyła.

269

professionellem Niveau. Die Schweizergardisten in mittelalterlichen Uniformen sehen nicht nur repräsentativ aus, die Männer mit den Hellebarden sorgen auch tatsächlich für die Sicherheit der Zugänge zum päpstlichen Palast. Für die Sicherheit des Papstes selbst ist seit 1982 eine eigene Spezialeinheit zuständig. 1978 war dies noch die Aufgabe der Schweizergarde. In der Nacht zum 29. September 1978 gab es in Sachen Sicherheit keine besonderen Vorkommnisse. Der apostolische Palast hat drei Zugänge. Sie sind bewacht. Es gibt einen Lastenaufzug, auch der wird jeden Abend kontrolliert. Zugang zu den päpstlichen Privatgemächern hat nur der engste Stab: die Sekretäre, die Schwestern, die den Haushalt führen, und der Kardinalstaatssekretär. Vorausgesetzt, jemand hätte die Sicherheitsschleusen durchbrochen, welche Medikamente hätte er vergiften können? Yallop behauptet, aus dem Sterbezimmer des Papstes sei ein Fläschchen mit einem blutdrucksenkenden Mittel verschwunden. Das ist blanke Erfindung.

Lucianis Lieblingsnichte Pia hat in dieser Angelegenheit selbst recherchiert und dazu eine feste Meinung: »Er nahm keine Medizin für das Herz ein oder ähnliches. Er nahm nichts ein. Schwester Vincenza brachte ihm höchstens ab und zu mal ein Vitamin C!« Auf Antrag der Verwandten hätte der Vatikan sogar eine Autopsie durchführen lassen: »Aber wir wollten es damals nicht«, sagt Pia, »und wir wollen es nach wie vor nicht. Wir sind nie auf den Gedanken gekommen, daß es sich nicht um einen natürlichen Tod handeln könnte.« Der plötzliche Tod des Papstes – für die Familie war er keine Überraschung. Bruder Edoardo berichtet von ähnlichen Todesfällen aus der näheren Verwandtschaft. Viele Lucianis starben, »bevor sie 60 Jahre alt waren«!

Und auch der allerletzte Angelpunkt, den Yallop als »Motiv« ins Feld führt, entpuppt sich bei genauerer Betrachtung als Makulatur. Wußte Luciani vom »drohenden« Bankskandal, der vier Jahre später passieren würde? Wollte der Papst den Erzbischof Marcinkus entlassen? Marcinkus blieb bis 1990 im Amt. Auch unter Luciani wäre er geblieben. Es gab keine konkreten Entlassungspläne des Papstes. Bestätigt hatte ihn Johannes Paul I. in ebenjener Privataudienz, in der er noch über die Größe des amerikanischen Bischofs gescherzt hatte. Wie hätte der Seelsorger Luciani, der schon in Vittorio Veneto wegen umgerechnet vier Millionen D-Mark zurücktreten wollte, auf über eine halbe

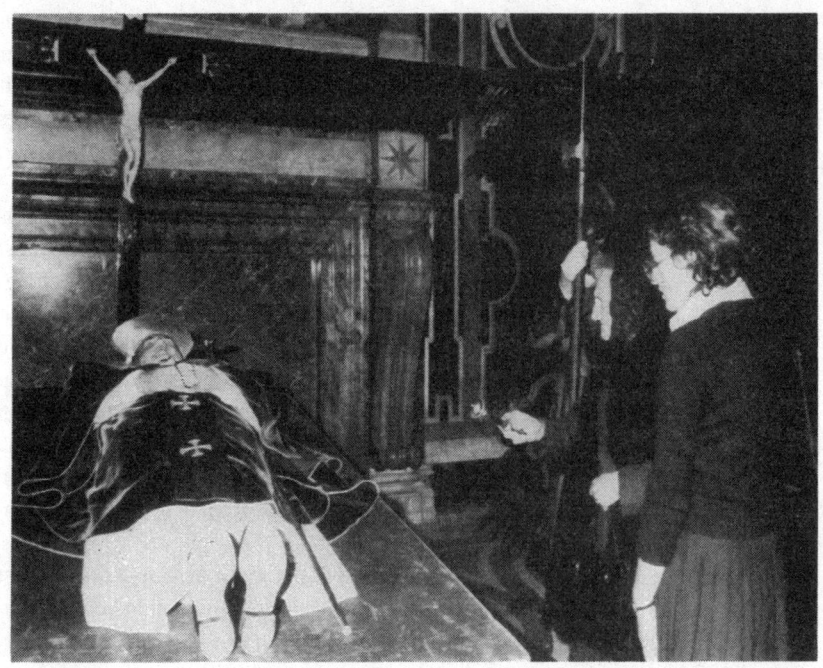

Die Gerüchte um seinen Tod haben uns sehr weh getan, weil sie uns in unserem Schmerz quälten und weil sich dadurch viele Leute um einen Menschen betrogen fühlten, den sie liebten.

Pia Luciani, Nichte des Papstes

Den ersten Fehler hat Staatssekretär Villot gemacht, indem er gesagt hatte, der Papst sei mit der »Nachahmung Christi« in der Hand gestorben. Wenn man mit einer Lüge anfängt, dann wird es schwierig.

Giulio Andreotti, ehemaliger italienischer Ministerpräsident

Daß er ermordet wurde, ist völlig ausgeschlossen.

Erzbischof Bruno Heim, Sekretär von Nuntius Roncalli in Paris

Er ist zusammengebrochen unter einer Bürde, die zu groß war für seine schmalen Schultern, und unter der Last seiner unermeßlichen Einsamkeit.

Monsignore John Magee, Sekretär des Papstes

»Seine Hand war kalt und steif...«
Die Schwester, Antonia Luciani, und die Nichte, Lina Petri, nehmen Abschied von Johannes Paul I.

271

Milliarde US-Dollar reagiert? Die makabre Assoziation drängt sich auf, er hätte unter diesem Vorzeichen nicht einmal 33 Tage überlebt. Und ist wegen Mitverschulden eines Bankcrashs der Erzbischof gleich ein Verbrecher? Giulio Andreotti beschreibt den Leidensgenossen treffender als sonst jemand: »Ich hätte Marcinkus auch keine Bank anvertraut. Nicht, weil er unzuverlässig, sondern weil er dafür nicht ausgebildet war. Da gab es im Vatikan wohl eine gewisse Oberflächlichkeit. Weil er Amerikaner ist, meinte man, kenne er sich mit Finanzen aus. Genauso denkt man, daß Italiener gut singen können. Es gibt aber viele Italiener, die können überhaupt nicht singen.«

Der Vatikan hat aus den schmerzlichen Erfahrungen gelernt. Heute ist der Nachfolger des Erzbischofs kein Prälat mehr, er ist Laie. Nach der Amtszeit von Marcinkus hatte Papst Johannes Paul II. nach den Worten des heutigen I.O.R.-Chefs »in seiner unendlichen Weisheit und Güte« befunden, daß es Zeit für einen Wechsel sei. Schmunzelnd berichtet Dr. Angelo Caloia vom ersten Eindruck, den er von der Hinterlassenschaft Marcinkus' hatte: »Jeder, der damals ins I.O.R. reingeschaut hätte, hätte den Eindruck gewonnen, es handle sich um eine unordentliche Sakristei!«

Das Fazit heißt: Es gab kein Mordmotiv und keinen Mord. Der Autor Yallop irrt. Der ehemalige Aufnahmeleiter eines Fernsehsenders residiert heute in einem schloßähnlichen Landgut nördlich von London, erschrieben durch sein Papst-Buch. Von der Geheimniskrämerei des Vatikan profitiert er noch heute. »Ich habe nicht einen Moment zu träumen gewagt, daß das Buch den Erfolg haben würde, den es hatte. Nicht einmal in meinen wildesten Träumen hatte ich gehofft, daß ein Buch, das ich geschrieben habe, sich so verkaufen läßt: sechs Millionen Exemplare in 40 Sprachen. Das hätte ich nie geglaubt.«

Erfolg ist schön, wir gönnen ihn dem Autor. Er hat einen exzellenten Kriminalroman geschrieben. Doch was legerer Umgang mit der Wahrheit anrichten kann, berichtet Pia, die Nichte Albino Lucianis: »Dieses Gerede, diese Gerüchte haben uns so weh getan. Sie haben uns in unserem Schmerz gequält. Und sie haben viele Menschen um einen Papst betrogen, den sie liebten!«

Oft meinen die Menschen, daß die Dinge nicht so sind, wie sie erscheinen, und daß hinter den Kulissen eine andere, brutale Wahrheit auf sie wartet. So verwundert es nicht, wenn noch heute in der Gruft der toten Päpste Pilger vor dem Sarkophag

Johannes Pauls I. raunen, es sei Mord gewesen. Eine Legende! Sie hält einer Prüfung nicht stand und lebt doch weiter fort. Die Wirklichkeit sah anders aus. Albino Luciani, der »lächelnde Papst«, ist nicht ermordet worden. Er ist zerbrochen an der Kälte seines Amtes. Er starb an einem Blutpfropf, der sein Herz verschloß – einsam und in aller Stille.

Johannes Paul II.
und die Freiheit

Nur Christus weiß, was in unserem Innern vorgeht

Der Schmerz über den Tod meiner Mutter führte dazu, daß ich die Muttergottes noch mehr liebe

Dank sei dir, Frau, dafür, daß du Frau bist

Jesus wählte nur Männer als seine Jünger, die Kirche hat es ihm gleichgetan

Als ich auf dem Petersplatz zusammenbrach, hatte ich das sichere Gefühl, gerettet zu werden

Wahrt Christus, seinem Kreuz und der Kirche die Treue!

Der Glaube an Polen hat mich vorangetrieben

Die Polen haben mich enttäuscht

Widersetzt euch allem, was gegen die menschliche Würde verstößt

Der Kampf gegen Gott und die Religion ist ein Kampf gegen die Menschen

Ihr dürft die Freiheit nicht mit Unmoral verwechseln

Johannes Paul II.

Wenn Sie gewählt werden, dann müssen Sie annehmen. Für Polen.

Kardinal Stefan Wysziński, Primas von Polen

[Der Papst] ist der oberste Glaubenshüter, das ist richtig, aber auch da entscheidet er nicht absolutistisch, sondern wesentlich im Hinhören auf das Bischofskollegium.

Kardinal Joseph Ratzinger

Zur Zeit haben wir wieder ein mittelalterliches theokratisches System, wo der Papst, wie Ludwig XIV., an der Spitze entscheiden kann, was er will.

Hans Küng, Theologe

Er hat den Kommunismus nicht zum Einsturz gebracht, aber er hat entscheidend an den Fundamenten gerüttelt.

Kardinal Franz König, Erzbischof von Wien

Ohne diesen Papst wäre der Wandel in Osteuropa so nicht klar gewesen.

Michail Gorbatschow, ehemaliger sowjetischer Staatspräsident

Die Tatsache, daß ein Mensch aus dem kommunistischen Machtbereich Papst werden konnte, hat man schon als Vorzeichen für einen endgültigen Sieg über den Kommunismus ansehen können.

Bogdan Borusewicz, Solidarność-Gründer

Ich bin davon überzeugt, daß die Gründung von Solidarność ohne diesen Papst nicht stattgefunden hätte.

Lech Wałesa, ehemaliger polnischer Staatspräsident

Ich danke Gott, daß Johannes Paul II. zu einem entscheidenden Zeitpunkt der modernen Geschichte Papst war.

Vernon Walters, ehemaliger CIA-Vizedirektor, US-»Sonderbotschafter«
beim Vatikan

Ich glaube, daß er alle Gespräche voller Ernsthaftigkeit, Wärme und Offenheit führt. Andererseits fehlen nach wie vor sehr entscheidende Schritte für die Ökumene.

Richard von Weizsäcker, Alt-Bundespräsident

Vielleicht müssen wir auf einen neuen Papst warten, der wieder neuen Schwung in die Kirche bringt.

Christian Weisner, Initiator Volksbegehren

Das große Geheimnis der Vereinigten Staaten aus der letzten Periode des Kalten Krieges ist, daß die USA 30 Millionen Dollar ausgegeben haben, um die Solidarność am Leben zu erhalten. Der Vatikan wußte davon.

Carl Bernstein, Biograph Johannes Pauls II.

Wenn die Solidarność nicht vom Papst unterstützt worden wäre, befänden wir uns vielleicht noch im Kalten Krieg. Johannes Paul II. hat durch die Schlüssigkeit seiner Vision der sowjetischen Tyrannei den fundamentalen Schlag versetzt.

Giulio Andreotti, ehemaliger italienischer Ministerpräsident

Der polnische Papst erfährt jetzt eine herbe Enttäuschung: Er dachte, daß die Polen aufgrund ihrer tiefen Verbundenheit mit der Kirche alle dem Papst nahestehenden Werte bewahren würden. Dies hat sich als unrealistisch erwiesen.

Wojciech Jaruzelski, ehemaliger polnischer Staatspräsident

An der Überwindung der totalitären und glaubensfeindlichen Ideologie, durch die unser Kontinent, unser Land Deutschland und die Stadt Berlin gespalten wurde, haben Sie, Heiliger Vater, einen entscheidenden Anteil. Wir Deutsche verdanken Ihnen viel.

Helmut Kohl, Bundeskanzler

Meinem Vorgänger haben sie gesagt, was er wann zu tun habe, und das war möglicherweise schuld an seinem frühen Tod. Sie werden mir nicht vorschreiben, was ich wann tun muß. Ich treffe die Entscheidungen. Sie werden mich nicht umbringen.

Johannes Paul II., 1978

Dieser Papst hat mit falschen Entscheidungen die Frauen und die Jugend aus der Kirche förmlich hinausgetrieben.

Hans Küng, Theologe

»Kondome statt Dome« – das provokante Johlen der meist jugendlichen Störenfriede schien der hohe Gast zu überhören. Mit steinerner Miene nahm Johannes Paul II. die »Grußbotschaft« der Berliner Szene entgegen. Scheinbar ungerührt segnete der Papst weiter den dünnen Saum von Schaulustigen, die sich an der Allee »Unter den Linden« eingefunden hatten. Auch der Lärm des minutenlangen Pfeifkonzerts schien am Panzerglas des Papamobils abzuprallen – wie die Farbbeutel, gegen deren Spuren beflissene Leibwächter mit einem Lappen kämpften. Ein Großaufgebot der Berliner Polizei sorgte dafür, daß wenigstens die schrillsten Formen des Protests aus dem Blickfeld des Besuchers verbannt blieben: die lesbische »Gegenpäpstin« im lila Ornat etwa; das Kreuz, an dem Homosexuelle eine Jesusfigur ganz ohne den üblichen Lendenschurz festgeschnallt hatten, und ebenfalls die Informationsstände der aufmüpfigen Basis, die per »Kirchenvolksbegehren« millionenfach gegen die Lehre ihres obersten Hirten mobil gemacht hatte.

Von solch unerhörtem Aufbegehren wollten sich Gast und Gastgeber den eigentlichen Hauptakt nicht vermiesen lassen. Höhepunkt der zweiten Deutschlandreise des Papstes im Sommer 1996 sollte sein Gang durchs Brandenburger Tor werden – der Triumphzug des Mauerbrechers an der Stätte seines größten Sieges. Der Papst aus Polen, der den Kommunismus in seinen Grundfesten erschüttert hatte wie einst Josua die Mauern Jerichos, war sichtlich ergriffen. Vergessen schienen eierwerfende Demonstranten und das Konzert der Trillerpfeifen. Vor Dutzenden von Fernsehkameras beschwor Johannes Paul II. den »unermeßlichen Wert der Freiheit«, der gerade hier, am ehemaligen »Symbol der Trennung«, offenbar werde. Wie so oft schon schien das aufgebaute Mikrofon den Papst zu verwandeln. Derselbe Mann, der eben noch, von Krankheit gezeichnet, dem Papamobil entstiegen war, schleuderte jetzt seine Sätze mit sonorer Stimme gegen die Windböen, die von nahendem Unwetter kündeten. Es war die Stimme des Predigers, jener Zauber, mit dem er im Laufe seines Pontifikats Menschenmassen in seinen Bann gezogen hatte wie kein Sterblicher vor ihm.

Auch in Berlin hallte ihm jetzt Applaus entgegen. Die Bewohner der einst geteilten Stadt würdigten den jahrzehntelangen Kampf des Kirchenmannes gegen den Kommunismus. Als Bundeskanzler Kohl in seiner Rede ausrief: »Wir Deutsche verdanken Ihnen viel!«, da war dies mehr als nur protokollarische Höflichkeit, es war die Verbeugung vor einer religiösen Mission mit weltgeschichtlichen Folgen.

Selten standen beide Seiten dieses Papstes so kraß gegeneinander wie an jenem trüben Sonntag in Berlin. Jubel und Protest, Licht und Schatten sind im Herbst der Ära Wojtyła schärfer konturiert denn je. Der 264. Bischof von Rom ist ein Kirchenführer, der polarisiert, der auch für seine Anhänger voller Widersprüche steckt – »Papa Jekyll« und »Karol Hyde«, wie Kritiker spotten. Er kämpft mit heiligem Zorn für Freiheit und Bürgerrechte in der Welt, während er unter dem Dach seiner Kirche unbedingten Gehorsam einfordert. Er liebt die Muttergottes über alles und widmete ihr sein Wappen, während er den anderen Frauen im Kirchenschiff Amt und Mitsprache verweigert. Er predigt die Öffnung der Kirche hin zur Welt und fördert nach Kräften die Geheimniskrämer vom Opus Dei.

Die Folgen solcher Janusköpfigkeit scheinen das Christenvolk zu teilen. Eine Lawine von Kirchenaustritten und akuter Priestermangel gelten den einen als Zeichen tiefer Krise, die nur durch rasche Reformierung überwunden werden kann. »Dieser Papst hat mit falschen Entscheidungen die Frauen und die Jugend aus der Kirche förmlich herausgetrieben«, klagt Hans Küng, einer der prominentesten Papstkritiker in Deutschland. Andere, wie Kardinal Joseph Ratzinger, der Chef der einflußreichen Kongregation für Glaubensfragen im Vatikan, propagieren eine »schlanke« und schlagkräftige Kirche, die, vom Ballast des westlichen Hedonismus und Materialismus befreit, zur Neuevangelisierung antreten könne. Ratzinger fordert, die Wahrheit, wie er und der Papst sie verstehen, »nicht ins Gesichtslose abgleiten zu lassen« – auch um den Preis des Verlustes an Seelen. So ist die katholische Welt nach fast zwei Jahrzehnten Wojtyła vom Ziel der inneren Einheit weit entfernt. Im Vorfeld des 2000. Geburtstages Christi ist, zumindest im Westen, der Abstand zwischen »oben« und »unten«, zwischen Hirte und Herde so groß wie nie. Ja, dieser Papst polarisiert. Er sammelt seine Bataillone kraftvol-

Habt keine Angst, reißt die Türen weit auf für Christus.

Johannes Paul II.

Eine Welt, aus der Gott ausgesperrt ist, ist eine Welt ohne Hoffnung.

Johannes Paul II.

Die Kirche des Papstes ist den Palästen Cäsars näher als dem Boot des Petrus.

Leonardo Boff, Befreiungstheologe

Die Saat, die der Heilige Vater gesät hat, ist aufgegangen.

Kazimierz Majdańksi, Bischof von Stettin

Wenn wir glauben wollen, müssen wir auch Gehorsam üben können. Ich verstehe, daß es heutzutage schwierig ist, in der Kirche von Gehorsam zu sprechen, aber ich muß doch unterstreichen, daß wir Teil unserer Kirche sind und daß dies die Grundlage unseres Glaubens ist.

Kardinal Angelo Sodano, Kardinalstaatssekretär

Die polnischen Genossen halten Johannes Paul II. in kirchlichen Angelegenheiten für reaktionärer und konservativer, im ideologischen Bereich für gefährlicher als seine Vorgänger.

Aus dem Bericht des Rates der UdSSR für religiöse Angelegenheiten des Politbüros

280

Ich bitte euch auf Knien: Laßt ab von diesem Tun! Abtreibung ist nichts anderes als Mord an einer unschuldigen Kreatur.

Johannes Paul II.

Seitdem in Sachen Geburtenregelung die falschen Entscheidungen gefallen sind, haben wir die Krise in der Kirche.

Hans Küng, Theologe

In sexuellen Dingen ist er unschuldig, sonst überhaupt nicht.

Anna-Teresa Tymieniecka, polnische Philosophin

Wenn das gemeinsame Leben der Ehepartner aus wirklich schwerwiegenden Gründen unmöglich wird – insbesondere wegen ehelicher Untreue –, gibt es nur die Möglichkeit der Trennung: die Entfernung der Ehegatten ohne Auflösung der Ehe.

Johannes Paul II.

Wojtyła sieht Frauen nie in der gleichen Weise als Personen, wie er einen Mann als Person sieht. Ich denke, daß er tief in seinem Innern die Rebellion der Frauen fürchtet. Seine harten Verbote, insbesondere der Abtreibung ohne Rücksicht auf die persönliche Situation, lassen einen unbewußten Haß auf die Freiheit der Frau erkennen.

Ida Magli, Anthropologin und Autorin

»Kondome statt Dome...« Anti-Papst-Demonstration von Schwulen und Lesben beim Besuch von Johannes Paul II. in Berlin 1996.

281

ler als je ein Papst vor ihm. Und er erfährt jenseits der gläubigen Welt soviel Abneigung, ja Haß, wie nie zuvor ein Mann in den Schuhen des Fischers.

Am Anfang seines Weges auf den Fels Petri stand ein Kreuz. Stahlarbeiter hatten es inmitten einer Großbaustelle nahe Krakau aufgerichtet. Vor den Toren der alten Hauptstadt, Heimstatt des polnischen Katholizismus, begann der kommunistische Staat nach dem Krieg eine monströse »Musterstadt« zu errichten: Nova Huta. In dieser Brutstätte des »neuen Menschen« entstanden großzügige Magistralen, komfortable Einkaufszentren sowie Schulen und Kindergärten nach neuestem Standard. Nur der liebe Gott fehlte auf den Planungsskizzen. Eine Kirche war nicht vorgesehen.

Als die ersten Bewohner von Nova Huta spontan ein meterhohes Holzkreuz errichteten und lauthals den Bau eines Gotteshauses forderten, fanden sie in Karol Wojtyła, dem jungen Erzbischof von Krakau, einen unermüdlichen Bundesgenossen. Jede Weihnacht feierte er fortan die Christmette unter freiem Himmel mit Tausenden von Arbeitern aus der »Musterstadt« des polnischen Marxismus, »unter den Sternen, wie das Jesuskind«, schwärmte der Papst noch Jahre später. Mehr als ein dutzendmal rückten Bulldozer der Behörden an, um das Holzkreuz von Nova Huta wieder einzureißen. Doch stets umringten die Arbeiter wie ein lebender Schutzwall das Symbol des Glaubens. Dank Gottes Hilfe und auch durch die hartnäckigen Verhandlungen Wojtyłas mit den örtlichen Vertretern der Staatsgewalt konnte nach mehr als 20 Jahren Kampf mit der Grundsteinlegung einer Kirche in der »Musterstadt« begonnen werden. 1977 weihte der inzwischen zum Kardinal erhobene Vorkämpfer das Gotteshaus, das fortan wie ein Siegeszeichen des Glaubens inmitten sozialistischer Plattenbauten an den Kirchenkampf von Krakau mahnte. »Ihr habt nicht zugelassen«, lobte der Patron die Bewohner der Krakauer Vorstadt, »daß Gott hier stirbt.«

Die internationalen Medien und die Mitarbeiter Wojtyłas hatten immer wieder an den Streit von Nova Huta erinnert und auf diese Weise dazu beigetragen, den Kardinal aus Krakau ins Gespräch zu bringen. 1978, nach dem Tod Pauls VI., gehörte er schon zum Kreis der »papabili«. Eine amerikanische Zeitschrift zählte ihn bereits zu den Favoriten für die Nachfolge – obwohl die Kardinäle dafür mit der jahrhundertealten Tradition hätten brechen müssen, nur Italiener auf den Stuhl Petri zu wählen. Doch nach dem vorsichtigen, oft zaudernden Montini wünschten sich viele in der Kurie einen aktiveren Chef, einen unbeugsamen Streiter für das Kreuz – eben einen wie Wojtyła.

Paul VI. hatte ihn gefördert, wohl auch deshalb, weil der Pole jene Aktivität ausstrahlte, die der Papst selbst an sich vermißte. Für die Grundsteinlegung der Kirche von Nova Huta hatte Montini demonstrativ einen Stein der ersten Basilika geschickt, die der römische Kaiser Konstantin auf dem Vatikan hatte errichten lassen. Er berief Wojtyła in vier päpstliche Kongregationen und auch in die Kommission, die über die Haltung der Kirche zur Geburtenkontrolle zu befinden hatte.

Dort trat dem konservativen Polen zum ersten Mal die Kluft zwischen seiner Landeskirche und der Mehrheit der westlichen Bischöfe vor Augen. Die Mehrheit der Amtsbrüder in dieser so heiklen Kommission befürwortete eine Liberalisierung der kirchlichen Haltung zur künstlichen Geburtenkontrolle – eine Tendenz, die nicht mit Wojtyłas moraltheologischer Überzeugung zu vereinbaren war. Aus seinem Verständnis bedeutete der Gebrauch von Verhütungsmitteln eine unannehmbare Degradierung der Frau zum Lustobjekt. Fortan boykottierte er die Sitzungen der liberaleren Kollegen und sorgte durch seinen direkten Draht zu Paul VI. dafür, daß »Humanae vitae«, die heftig umstrittene Anti-Pillen-Enzyklika von 1966, genau das Gegenteil der Kommissionsempfehlung verkündete. Pater Andrzej Bardecki, ein Weggefährte Wojtyłas aus jenen Jahren, meint, daß 60 Prozent des Textes von »Humanae vitae« auf den Einfluß des Krakauer Kardinals zurückzuführen seien. Es war eine der folgenschwersten Entscheidungen der Kirche in diesem Jahrhundert. Ihr kategorisches Nein zu jeder Fleischeslust ohne eheliche Zeugungsabsicht löste im Westen die umfangreichste Säkularisierungswelle seit der Französischen Revolution aus. Es gehört zu den ironischen Seiten der Kirchengeschichte, daß die große Krise, die auf dem Pontifikat des Papstes Johannes Paul II. lastet, auch durch die Hinterzimmerdiplomatie des Kommissionsmitglieds Wojtyła ihren Anfang genommen hatte.

Kämpferisch und konservativ – mit diesen Empfehlungen im Stammbuch reiste der Kardinal aus Krakau im Sommer 1978 nach Rom, um einen Nachfolger für den verstorbenen Paul VI. zu wählen. Von den Chancen, die ihm Insider und Freunde

Mutter Wojtyła sagte oft: »Mein Karol wird ein großer Mensch sein.«

Franciszek Zadora über seinen Schulfreund Karol Wojtyła

Meine Mutter war eine kranke Frau. Sie mußte hart arbeiten und hatte nicht viel Zeit für mich.

Karol Wojtyła

Bei Johannes Paul II., dessen Lebensgeschichte ich ein wenig kenne, hat der Aspekt der christlichen Frömmigkeit in der Familie, in der Pfarrei und in der Nation eine besondere Rolle gespielt. Ich glaube, es gehört irgendwie zur Sphäre des persönlichen Erlebnisses, die ihn zum Entschluß geführt hat: Ich werde nicht Schauspieler, ich werde nicht Jurist, sondern ich werde katholischer Priester.

Kardinal Franz König, Erzbischof von Wien

Von allen Schülern, die ich unterrichten mußte, kam er einem Genie am nächsten.

Pfarrer Zacher, der ehemalige Religionslehrer Wojtyłas

284

»Fürchtet euch nicht...« Karol Wojtyła (ganz rechts) bei der militärischen Ausbildung, Juli 1939.

Karol Wojtyła war ein Junge, für den jedes Mädchen durchs Feuer gegangen wäre.

Franciszek Zadora, Schulfreund des Papstes

Lolek war ärmlich, aber immer anständig gekleidet. Er trug gewöhnlich eine Jacke aus Militärstoff, die sicher aus einer Uniform seines Vaters geschneidert war, und dazu dunkelblaue Hosen und ein weißes Hemd. Er trug immer eine Mütze auf dem Kopf. Man sah, daß man bei ihm zu Hause nicht in Geld schwamm.

Schuldiener des Gymnasiums in Wadowice

Von Anfang an hat er Menschen nicht nach der Religion eingestuft. In jedem sah er seinen Freund. Er lebte auch mit seinen jüdischen Freunden sehr gut zusammen.

Franciszek Zadora, Schulfreund des Papstes

Karol hatte viele Freunde in der Schule, auch später im Gymnasium. Darunter waren auch viele Juden. Sogar in der Fußballmannschaft hat er mit ihnen gespielt.

Franciszek Zadora, Schulfreund des Papstes

285

ausrechneten, wollte er nichts wissen. Sein alter Jugendfreund Mieczysław Maliński scherzte noch am Tag der Abfahrt: »Der nächste Papst soll doch ein armer Mann sein, und du, du kaufst noch einen Rückfahrschein, wo du doch weißt, daß du Pontifex werden wirst.« Wojtyła antwortete: »Wir wählen in Rom, es wird daher ein Italiener sein.« Maliński: »Vergiß nicht, Petrus war ein Jude, kein Italiener.«

Bei jeder Papstwahl lenkt der Heilige Geist das Votum des Konklave, doch gewisse Absprachen im Vorfeld erleichtern ihm die Entscheidung. Zu den ungeschriebenen Regeln für die Prozedur in der Sixtinischen Kapelle zählt: Wer als Papst ins Konklave geht, kommt als Kardinal wieder heraus. Auf Favoriten fällt die Gunst des Heiligen Geistes nur höchst selten, vor allem nicht auf allzu selbstbewußte. Nur Demut und Bescheidenheit sind Charaktereigenschaften, welche die Stimmen der Unentschlossenen gewinnen können.

Mit ebendiesen Eigenschaften gewann der Patriarch von Venedig überraschend das Rennen um die Nachfolge Pauls VI. Albino Luciani war der Inbegriff des stillen Klerikers, gutmütig und lächelnd. Seine Wahl galt als Kompromiß, geboren aus dem Patt, in das der Wahlkampf die Anhänger des konservativen Giuseppe Siri aus Genua und des eher weltoffenen Giovanni Benelli aus Florenz manövriert hatte. Auch Karol Wojtyła erhielt schon erste Stimmen – ein Achtungserfolg. Doch schließlich wurde neues Oberhaupt der Christenheit ein Mann, dessen Traum es einmal war, als Dorfpfarrer zu wirken. Als Wojtyła nach Krakau zurückkehrte, lachte er Maliński fröhlich an: »Du mit deinen Vorhersagen.« Von den Kardinälen, die ihm ihre Stimme gegeben hatten, sprach er nicht.

Die Nachricht vom überraschenden Tod von Johannes Paul I. überraschte Wojtyła beim Morgenkaffee. Eine Schwester hatte im erzbischöflichen Palast Maliński alarmiert und gerufen: »Der Papst ist tot.« Maliński versuchte, die Nonne zu beruhigen: »Ich weiß, aber wir haben doch schon einen neuen.« – »Nein, der neue ist auch gestorben, heute morgen.« Als der Kardinal die Nachricht beim Frühstück hörte, ließ er den Löffel in die Tasse fallen. Dann packte er wieder seine Koffer und flog erneut nach Rom – mit dunklen Vorahnungen.

Bevor der Ruf des vatikanischen Zeremonienmeisters, »Extra omnes« (»alle hinaus«), am Abend ertönte und sich die Tore hinter dem Konklave schlossen, hatte er noch zwei Dinge zu erledigen. Zuerst besuchte Karol Wojtyła ein Haus in einer Seitenstraße Roms, in dem er schon häufiger zu Gast gewesen war: die römische Zentrale des Opus Dei. Hier betete er am Grab des drei Jahre zuvor verstorbenen Gründers, des Spaniers Escrivá de Balaguer. Dessen Laienorden, erzkonservativ und zu Geheimhaltung verpflichtet, hatte den Mann aus Krakau schon lange unterstützt, seine Reden gedruckt und an Interessierte verteilt. Auf Wojtyłas Reisen, die ihn bereits vor seiner Wahl um den halben Erdkreis führten, hatten Gelder des Opus diskret die Reisekasse aufgefüllt – eine Unterstützung, für die sich der zukünftige Papst bald dankbar zeigen sollte.

Dann fuhr der Kardinal mit dem Auto zur kleinen Wallfahrtskirche von Montarella, etwa 100 Kilometer von Rom entfernt. Jedesmal wenn er den Vatikan besucht hatte, stand ein Besuch des Marienheiligtums auf dem Programm. Auch an diesem so wichtigen Tag ließ er es sich nicht nehmen, die letzten zwölf Kilometer zum Heiligtum auf dem Berg zu Fuß zurückzulegen, als Zeichen seiner Verehrung für die Madonna. Diesmal hätte ihn die Wanderung beinahe um das höchste Amt der Christenheit gebracht. Am Abend begann Monsignore Noé, der Zeremonienmeister des Konklave, schon mit dem Zählen. Er kam bis 110, ein Kardinal fehlte. Mit wehender Soutane rauschte Wojtyła herbei – wenige Minuten später, und er hätte vor verschlossenen Türen gestanden.

Interna einer Papstwahl dürfen nicht verraten werden, so verlangen es die alten Regeln. Doch die Weisheit von Geheimagenten – wenn mehr als zwei Menschen ein Geheimnis kennen, ist es keines mehr – gilt auch für Kardinäle. Wieder standen sich die beiden italienischen Kontrahenten Siri und Benelli gegenüber. Schon die ersten Wahlgänge zeigten: Keiner der beiden würde die erforderliche Zweidrittelmehrheit auf sich vereinen können. Der Wiener Kardinal Franz König und andere Eminenzen aus dem Westen machten sich wie ein paar Wochen zuvor erneut für den Mann aus Krakau stark. Zu ihrem Erstaunen wurde Wojtyła zunächst nicht von der eigenen Landeskirche unterstützt. Als König den polnischen Primas Stefan Wyszyński fragte, ob nicht ein Pole in Frage käme, antwortete der erstaunt: »Was, ich soll nach Rom gehen? Das wollen die Kommunisten ja, die möchten mich ja weghaben. Auf keinen Fall!« König blieb hartnäckig: »Es gibt da noch einen.« Darauf Wyszyński: »Der kommt auch nicht in Frage. Er ist zuwenig bekannt.«

Tatsächlich war Wojtyła außerhalb der Grenzen Polens nur in Kirchenkreisen ein Begriff. Doch als der Primas sah, daß die Mehrheit der Eminenzen seine Bedenken nicht teilte, unterstützte er den Mann, den er eigentlich lieber als seinen Nachfolger im Amt des polnischen Primas gesehen hätte. Am Morgen des 16. Oktober kam im sechsten Wahlgang die Wende. Die Stimmenzahl für den polnischen Kandidaten stieg sprunghaft an. Es war klar, daß die Italiener diesmal keine Chance hatten. Karol Wojtyła spürte, daß ihm die größte Bürde seines Lebens auferlegt werden sollte. Nach dem Mittagessen wurden er und Wysziński in der Zelle des Primas gesehen, Wojtyła war aufgeregt und bedrückt zugleich. Die beiden Kirchenführer, die stets intellektuelle Distanz zueinander gehalten hatten, lagen sich in den Armen. »Wenn Sie gewählt werden«, beschwor ihn Wysziński, »dann müssen Sie annehmen. Für Polen.«

Wojtyła nahm an. Zwei Wahlgänge später gaben mehr als zwei Drittel aller Wahlmänner ihre Stimme für ihn ab, nach unterschiedlichen Berichterstattern waren es 91, 94 oder 99 Kardinäle. Diesmal wurden die Stimmzettel ohne feuchtes Stroh verbrannt. Weißer Rauch stieg aus dem kleinen Schornstein der Sixtinischen Kapelle. Es war Abend geworden, noch immer warteten Zehntausende auf ihren neuen Hirten. Als der päpstliche Camerlengo, der Zeremonienmeister für die Papstwahlen, auf dem großen Balkon von Sankt Peter erschien und die traditionelle Formel »Habemus papam« verkündete, brandete ohrenbetäubender Jubel auf. Die Christenheit begrüßte ihr neues Oberhaupt. Doch als dann der Name des Neuen verlesen wurde, mit deutlichen Artikulationsschwierigkeiten des italienischen Camerlengo, blieb der Jubel zunächst gedämpft. Wojtyła? »Un straniero«, raunten sich die Römer zu, »ein Fremder«. Zum ersten Mal seit 455 Jahren war der Stuhl Petri nicht mehr mit einem Italiener besetzt. »Er ist ein Neger«, soll einer der Wartenden bestürzt gerufen haben.

Der neue Papst aber fegte alle Bedenken und Zweifel der Wartenden hinweg. In mühelosem, nur leicht gefärbtem Italienisch rief er seiner Herde zu: »Ich komme aus einem fernen Land. Falls ich Fehler machen sollte in eurer, ich meine in unserer Sprache, müßt ihr mich verbessern.« Jetzt jubelten die Römer laut und irgendwie erleichtert. Ihr neuer Bischof hatte Charme und Charisma. Er schien vom hohen Balkon Sankt Peters nach ihren Händen zu greifen.

Die Königmacher betrachteten mit Wohlwollen ihr Werk. Schon die ersten Auftritte Wojtyłas als Papst machten klar, daß er neuen Wind in die Segel des Kirchenschiffs bringen würde. Die internationalen Medien berichteten in den ersten drei Monaten der Regentschaft von Johannes Paul II. mehr über den Papst als in einem ganzen Jahr der Ära Pauls VI. Wojtyła gab unbefangen Interviews und ließ sich geduldig mit Kindern auf dem Arm fotografieren. Bald tauchten die ersten Fotos aus seiner Krakauer Zeit auf. Sie zeigten einen dynamischen, aufgeschlossenen Kleriker, der Berg- und Kajaktouren unternahm, mit Studenten und Studentinnen Ausflüge machte und im Winter skifahren ging. »Am Anfang war die ganze Aufmerksamkeit nur auf seine Person gerichtet«, erinnert sich der Pressesprecher des Papstes, der Spanier Joaquín Navarro-Valls, und es klingt fast ein wenig wehmütig. »Seine Botschaft kam erst viel später in den Mittelpunkt, und mit der Bedeutung und den Inhalten der Botschaft gab es dann auch die erste Kritik.«

In Polen verbreitete der staatliche Rundfunk die Meldung von der Wahl eines Polen zum Papst als kurze, nüchterne Nachricht. Minuten später brach das Telefonnetz des Landes zusammen. Jeder wollte seine Liebsten über das unerwartete Geschenk Gottes an das polnische Volk informieren. Die Straßen der Städte füllten sich mit Menschen, die zu den Kirchen eilten, um dort Kerzen für das neue Oberhaupt der katholischen Christenheit anzuzünden. Im ganzen Land läuteten die Glocken.
In den Ohren eines Generals klang der Glockensturm wie das Grollen eines drohenden Unwetters. Wojciech Jaruzelski war zwar von Benediktinermönchen erzogen worden, hatte dann aber in der Kaderschmiede der Roten Armee jeglichen Glauben an ein höheres Wesen eingebüßt. Der polnische Verteidigungsminister ahnte, daß die Nachricht aus Rom nichts Gutes für das Regime bedeutete, dem er diente. Er kannte Wojtyła. Er hatte erlebt, wie der Kardinal die marxistisch-leninistische Ideologie mit beharrlicher Verachtung gestraft und ihr mitten im kommunistischen Polen jegliche Legitimität abgesprochen hatte. Jaruzelski wunderte sich, daß die meisten Kollegen im Warschauer Politbüro anders dachten: »Viele waren voll patriotischem Stolz.« Stanisław Kania zum Beispiel, der oberste Aufseher der Partei über die Kirche und bald darauf auch Parteichef, wiegelte Befürchtungen ab: »Der vatikanische Hügel«, scherzte er, »liegt

höher als der Wawel in Krakau, wo Wojtyła bislang residiert hat.« Die Hoffnung Kanias, die universalen Aufgaben des neuen Pontifex würden seinen Blick vom Heimatland ablenken, erfüllte sich nicht.

Die Genossen in Moskau sahen das realistischer. In einem Protokoll des Politbüros kam man hellsichtig zu dem Schluß, mit dem polnischen Papst werde eine »ideologische Offensive« gegen die Sowjetvölker beginnen. Eilig beschloß das Zentralkomitee propagandistische Maßnahmen gegen die zu erwartende Stärkung der Kirche auch auf dem Territorium der Sowjetunion. Als der neue Papst seine erste Grußbotschaft demonstrativ auch in litauischer und ukrainischer Sprache formulierte, fühlten sich die Mahner im Kreml bestätigt. Johannes Paul II. signalisierte, daß ihm das Schicksal der Katholiken in der Sowjetunion ebenfalls am Herzen lag. Doch noch tasteten sich die Gegner ab. Offiziell kam aus Moskau kein unfreundliches Wort gegen den neuen Papst. »Wahrscheinlich«, so der Wiener Kardinal Franz König, »waren die Russen in einer gewissen Verlegenheit und wußten nicht, was zu tun sei.«

Nicht nur in Moskau wurden die ersten Schritte des neuen Oberhauptes der katholischen Kirche aufmerksam beobachtet. Bei seiner offiziellen Einsetzung auf dem Petersplatz hielt der Papst eine Rede, die wie ein Ruf zu den Fahnen klang. »Non abbiate paura!« – Fürchtet euch nicht! –, hallte seine Stimme über den gefüllten Platz, und es hörte sich an, als erklängen diese Worte nicht aus dem 20. Jahrhundert, sondern geradewegs aus dem Galiläa Jesu Christi. »Fürchtet euch nicht«, das war die Botschaft des Papstes an eine Welt, in der die Menschen vor sich selbst Angst haben, in der die Stimme der Bergpredigt kaum noch gehört wird. Nicht nur gläubige Katholiken hatten das Gefühl, hier sei ein Prediger zum Oberhaupt der Christenheit gewählt worden, der sich mit dem Niedergang seiner Kirche nicht abfinden wollte – ein moderner Apostel des Herrn.

Am 4. März 1979 legte Johannes Paul II. seine erste Enzyklika vor: »Redemptor hominis« – Erlöser des Menschen. Sie wirkt im Rückblick wie ein Programm des Pontifikats: Eine Welt, in der sich immer weniger Menschen bereitfinden, als Priester oder auch als Laien Zeugnis abzulegen, braucht die Botschaft Christi mehr denn je. Die politischen Herrschaftsformen, die sich im Osten wie im Westen gebildet haben, so die Enzyklika, hätten

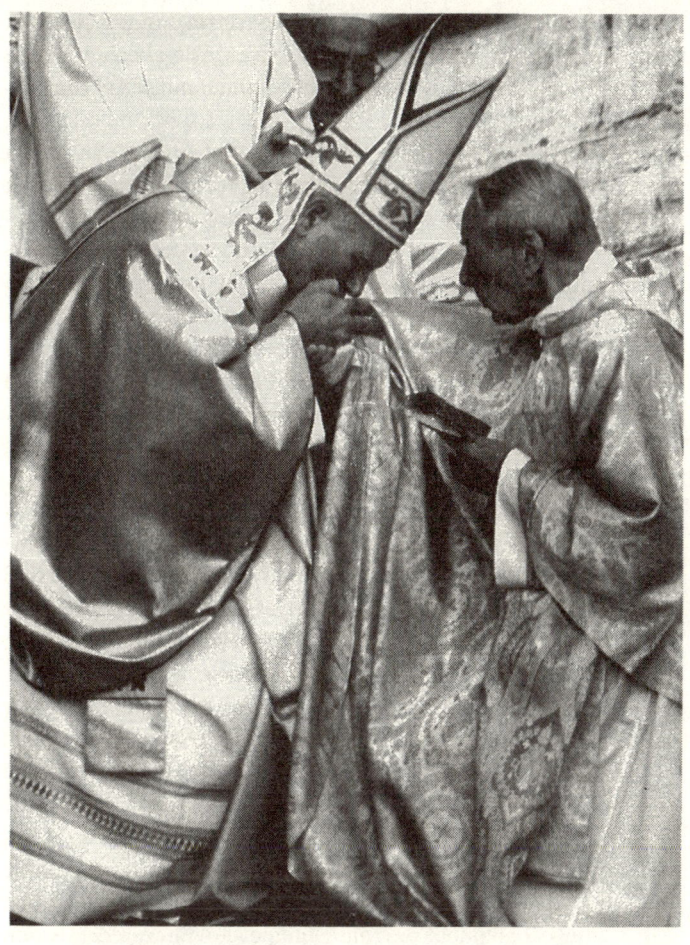

*»Oh, dieser alte Mann . . .«
Der Papst erweist dem polnischen Primas Wysziński seine Ehrerbietung.*

Ich werde niemals das Bild vergessen, das sich mir bot, als die Stimmen ausgezählt wurden. Da saß der neu ernannte Heilige Vater, den Kopf in seinen Händen vergraben, ganz einsam und allein am Tisch unter Michelangelos »Jüngstem Gericht«.

Kardinal John J. Król, Erzbischof von Philadelphia

Ich hatte Angst, die Wahl anzunehmen.

Johannes Paul II.

Die Papstwahl wurde vom Politbüro und vom Zentralkomitee als absolutes Desaster empfunden. Es war ein totaler Schock.

Victor Sheymov, KGB-Überläufer

die Menschen »von den Forderungen der Moral und der Gerechtigkeit« entfernt. Der Papst aus Polen prangerte gleichermaßen alle Formen von »Materialismus und Totalitarismus« an, die den Menschen »auch im Frieden zum Leiden« verurteilten. Der Mensch und die Menschenwürde müßten im Mittelpunkt auch allen politischen Wirkens stehen. »Redemptor hominis« beanspruchte einen neuen Platz für die Kirche und eine neue Autorität für das Papsttum. Abseits aller weltpolitischen Spannungen forderte Johannes Paul II. beide politischen Systeme gleichzeitig heraus: die materialistisch orientierten Demokratien im Westen ebenso wie die atheistischen »Volksdemokratien« im Osten.

Die Heilsbotschaft weckte besonders beim östlichen Adressaten neue Besorgnis. Als dem sowjetischen Parteichef Leonid Breschnew gemeldet wurde, daß die polnischen Genossen mit dem Vatikan über eine Reise des Papstes in sein Heimatland verhandelten, griff er sofort zum Telefonhörer und rief den Chef der polnischen Schwesterpartei, Edward Gierek, an. Breschnew warnte: »Hören Sie auf mich und empfangen Sie ihn nicht, das wird nur Schwierigkeiten geben.« Der Pole erwiderte: »Wie könnte ich mich weigern, den polnischen Papst zu empfangen, angesichts der Tatsache, daß die Mehrheit meiner Landsleute katholisch ist?« Minutenlang stritten die beiden KP-Führer über die geplante Reise, doch Gierek blieb unnachgiebig. Auch viele polnische Kommunisten waren stolz auf ihren Landsmann auf dem Felsen des Petrus. Breschnew resignierte schließlich: »Tun Sie, was Sie wollen. Aber sorgen Sie dafür, daß Sie es später nicht bereuen müssen.«

Am 2. Juni 1979 landete die Maschine von Johannes Paul II. auf dem Warschauer Flughafen. Es war der erste Besuch eines Papstes hinter dem Eisernen Vorhang. Eine Kapelle der polnischen Volksarmee spielte die vatikanische Hymne. Wie stets, wenn er als Papst zum ersten Mal ein Land besuchte, küßte Johannes Paul II. dessen Boden und ehrte damit die Heimat seiner Gastgeber. Auf den Straßen der Hauptstadt und auf dem Siegesplatz im Zentrum der Stadt hatten sich mehr als eine Million Menschen versammelt – viel mehr, als die Behörden erwartet hatten. Die Fahrt des Papstes im offenen Wagen durch die Straßen Warschaus wurde zum Triumphzug. Studenten grüßten ihn mit Tausenden kleiner Holzkreuze, die sie wie zum Zeichen des Sieges gen Himmel reckten.

General Jaruzelski mußte an diesem Tag daran denken, daß ohne seine Partei dieser Mann wohl kaum bis in sein hohes Amt gelangt wäre. 1963 hatte die KP Polens massiv die Besetzung des freigewordenen Krakauer Bischofssitzes beeinflußt. Primas Wysziński hatte der Partei, wie es das Prozedere verlangte, schon sechs Kandidaten vorgeschlagen. Erst wenn die Staatsmacht zustimmte, so das Arrangement von Kirche und Behörden, duften diese Vorschläge nach Rom weitergeleitet werden. Zenon Kliszko, der damalige zweite Mann der KP in Warschau, wartete, bis endlich Wojtyła auf der Liste stand. Er schätzte ihn als dialogbereiten Bischof ein, mit dem sich auskommen ließ. »Der Heilige Geist bediente sich also des Fingers des kommunistischen Zenon Kliszko, um auf den zukünftigen Papst zu zeigen«, kommentierte Jaruzelski den folgenschweren Irrtum.

Die Millionen, die den Papst in diesen Tagen seiner ersten Polenreise bei den Messen in Tschenstochau, in Gnesen und in Krakau sehen wollten, kamen, um Hoffnung zu schöpfen. Die Atmosphäre im Polen jener Jahre war bedrückend. Scheinbar unüberwindbare wirtschaftliche Schwierigkeiten und die rigide Unterdrückung jeglicher Form von politischer Opposition hatten ein Klima der Unzufriedenheit geschaffen.

Der Papst mußte darauf achten, keine Lunte in das Pulverfaß zu werfen. Seine Predigten wollten Mut machen, aber keine Aufrufe zur Revolution sein. Er kam nicht »mit dem Flammenschwert«, wie Kardinal König befriedigt feststellte. Dafür sorgte schon Seine Eminenz Agostino Casaroli, der neue Kardinalstaatssekretär. Der »Architekt« der Ostpolitik Pauls VI. mäßigte die Predigten seines Chefs und hielt gleichzeitig Kontakt zur Regierung. »Jeden Abend«, berichtet Casaroli, »kamen die Vertreter des Regimes zu mir und beschwerten sich: Der Papst hat hier zuviel gesagt, er war da zu kritisch. Und der Heilige Vater hat sich all die Beschwerden von mir berichten lassen und dann versucht, darauf einzugehen.«

Erst in Tschenstochau, dem Zentrum des katholischen Polen, setzte sich Johannes Paul II. über alle Warnungen und Mahnungen hinweg. Nach seiner Predigt legte er das vorformulierte Manuskript beiseite und beschwor die Regierung: »Auch in meinem Vaterland sollen die Menschenrechte geachtet werden und soll Frieden herrschen, so wie das allen Nationen in Europa zusteht.« Minutenlanger Beifall unterbrach die Predigt. Spontan stimmte die Menge die alte polnische Freiheitshymne an: »Gott schütze unser freies Polen.« Es war eine kaum verhüllte Kampfansage an das Regime. Die mühsam austarierte Ostpolitik des Dialogs, die den Kirchen im Ostblock das Überleben sichern sollte, hatte Karol Wojtyła mit wenigen Sätzen hinweggefegt. Ihr geistiger Vater, Kardinal Casaroli, der auf der Ehrentribüne saß, verzog keine Miene. Er nahm mit Bewunderung und auch mit Bestürzung zur Kenntnis, daß dieser Papst immer wieder für Überraschungen gut war.

Karol Wojtyła blieb noch bis zum Abend auf dem Hellen Berg von Tschenstochau, dort wo, nach der Legende, das Bildnis der Schwarzen Madonna ganz Polen im 17. Jahrhundert vor schwedischer Besetzung gerettet haben soll. Als es dunkel wurde, spielten Jugendgruppen Kirchenlieder auf der Gitarre, und der Papst sang mit ihnen. Die Aufbruchstimmung, die in solchen Momenten des Besuches entstand, breitete sich über das ganze Land aus. Über Nacht schienen alle Symbole der kommunistischen Herrschaft verschwunden. Dörfer und Städte, auch die, welche der Papst nicht besuchte, waren mit Tausenden kleiner Fähnchen in Gelb-Weiß, den Farben des Heiligen Stuhls, geschmückt. Vereinzelt kam es im Überschwang der Gefühle zu kurzfristigen Besetzungen protestantischer Kirchen durch besonders enthusiastische katholische Jugendliche.

Das Regime indes hielt sich vorsichtig zurück. Die Miliz stand bereit, doch nirgends gab es Ausschreitungen oder Anzeichen von Gewalt gegen die Staatsmacht. Das polnische Fernsehen berichtete live von den Papstauftritten, allerdings zensiert. Die Kameras durften den Papst und nur möglichst wenige seiner Anhänger zeigen, »nicht seine Millionen Jünger«, erinnert sich ein Mitarbeiter des damals verantwortlichen Parteibüros für Kirchenfragen. Es war ein hilfloser Versuch – nach behutsamen Schätzungen lockte der Papst auf seiner ersten Polenreise rund zehn Millionen Gläubige zu den Messen, mehr als ein Viertel der polnischen Gesamtbevölkerung. Mieczysław Rakowski, der spätere stellvertretende Ministerpräsident des Landes, ahnte: »Es wird nichts mehr so sein, wie es war.« Der Danziger Pfarrer Henryk Jankowski erinnert sich an seine Gefühle: »Ein Volk, das Jahrzehnte unter den Knüppeln der kommunistischen Besatzer lebte, hatte auf einmal seine eigene Identität wiedergefunden.« Als Beichtvater und Berater eines Elektrikers namens Lech Wałesa sollte Jankowski noch mit den Folgen dieses Besuches zu tun haben.

Der Urheber der politischen Veränderung in Osteuropa war der Heilige Vater. Er hat die gewaltige Kraft befreit, die in uns Gläubigen schlummerte.

Lech Wałesa, ehemaliger polnischer Staatspräsident

Das gab es noch nie in der ganzen Geschichte des Kommunismus, daß sich Millionen Menschen versammelten, die nicht der Partei angehörten. Und eine Million kann man nicht mehr unter Kontrolle halten, nicht einmal mit Maschinengewehren. Wir wußten von diesem Moment an, daß Polen nicht länger kommunistisch war.

Vernon Walters, ehemaliger CIA-Vizedirektor,
US »Sonderbotschafter« beim Vatikan

Es gibt keinen Zweifel daran, daß die Arbeiterstreiks im August 1980 ihren Nährboden im Papstbesuch von 1979 hatten.

Wojciech Jaruzelski, ehemaliger polnischer Staatspräsident

Von heute an wird nichts mehr so sein, wie es war.

KP-Funktionär Mieczysław Rakowski nach dem
ersten Papstbesuch in Polen

»Von heute an wird nichts mehr so sein, wie es war...« Johannes Paul II. auf dem Siegesplatz in Warschau, Juni 1979.

»Dank sei dir,
Frau, dafür,
daß du Frau
bist...«
Polinnen wäh-
rend einer
Messe des
Papstes in
Warschau,
Juni 1979.

Im Marienkult des Papstes begründet sich seine Achtung für die Frauen.

Pater Michal Jagosz, polnischer Priester

Für uns ist es nun mal eine wichtige Tatsache, daß ans Kreuz ein Mann geschlagen war und unter dem Kreuz eine Frau stand, nicht umgekehrt. Das Kreuz ist das Zentrum, und dicht an diesem Zentrum ist Maria. Aber sie ist eben nicht das Zentrum.

Professor Grygiel, Berater des Papstes

Im Grunde geht es um die Macht. Man will den Frauen nicht die Macht und den Einfluß geben, der ihnen zukommt. Man läßt lieber die Gemeinde verhungern, indem man ihr keine verheirateten Priester oder Frauen gibt, die diese Stelle einnehmen könnten.

Hans Küng, Theologe

Johannes Paul II. sieht die Frau immer nur in ihrer biologischen Dimension: entweder als Mutter oder als Jungfrau, die dem Vorbild Marias folgen muß.

Ida Magli, Anthropologin und Autorin

Er mag Frauen nicht. Ich habe etwas mehr Barmherzigkeit im Angesicht von Leid und Tod erwartet.

Nafis Sadik, UN-Abgeordnete

Der Sohn ist gekommen, seinen Vater zu besuchen.

Lech Wałesa, ehemaliger polnischer Staatspräsident

Johannes Paul II. ist ein Mensch von starkem Charakter, der auf andere Menschen einwirken kann. Sein schauspielerisches Talent ist nicht ohne Bedeutung.

Wojciech Jaruzelski, ehemaliger polnischer Staatspräsident

Er ist Pole, er fühlt polnisch, er schreibt polnisch.

Pater Mieczysław Maliński, polnischer Priester und Freund des Papstes

Ohne diesen Papst wären Veränderungen nicht möglich gewesen. Ich meine nicht nur die Veränderung in Polen, sondern auch in ganz Osteuropa. Dazu gehört natürlich auch der Fall der Mauer.

Lech Wałesa, ehemaliger polnischer Staatspräsident

»Der Sohn besucht den Vater...« Johannes Paul II. empfängt Lech Wałesa, Januar 1981.

Das Erdbeben, das der Papst in seiner Heimat auslöste, wurde aufmerksam registriert. Während in Moskau die Besorgnis wuchs, frohlockten aufmerksame Beobacher in Washington. General Vernon Walters, ein ehemaliger Vizedirektor der CIA und überzeugter Katholik, dachte an die Aufstände in Prag 1968 und Budapest 1956. Doch Polen 1979 hatte aus seiner Sicht eine neue Qualität – statt Hunderttausenden waren jetzt Millionen auf die Straßen gegangen. »Eine Million Menschen ist etwas, was eine Regierung nicht mehr unter Kontrolle halten kann«, dachte Walters, »nicht mal mit Maschinengewehren. Und wir in den USA wußten von nun an, daß Polen nicht länger kommunistisch war.« In den kommenden Monaten sollte diese Einschätzung weitreichende Folgen für die US-Außenpolitik mit sich bringen.

Auch Wadowice lag auf der mit der Warschauer Regierung ausgehandelten Reiseroute des Papstes durch Polen – seine Heimatstadt im Süden des Landes. Eigentlich sollte diese kurze Stippvisite zu Hause privater Natur sein. Doch auch in Wadowice war der Marktplatz so überfüllt mit Jublern, Journalisten und Kamerateams, daß sich Johannes Paul II. nur mühsam einen Weg zur Pfarrkirche bahnen konnte.

Hier in der Marienkirche, wenige Meter von seinem Geburtshaus entfernt, hatte der junge Karol Wojtyła als Meßdiener den Weg durch die Instanzen des katholischen Apparats begonnen. Nun fragte die Journalistenschar nahezu jeden Einwohner Wadowices nach der Vergangenheit des Papstes: die noch lebenden Lehrer, die Nachbarn, die Jugendfreunde. Doch die Suche nach der Vita Johannes Pauls II. gestaltete sich schwierig. Traditionell ranken sich um die Jugendzeit der Päpste zahlreiche Legenden, die dort, wo sie aufgewachsen sind, besonders liebevoll gepflegt werden. Das ist beim ersten polnischen Papst nicht anders. So soll im Moment seiner Geburt aus der nahen Kirche ein glockenklares Ave-Maria zu hören gewesen sein. Auch erzählen ehemalige Schulfreunde, der junge Karol sei niemals in Raufereien verwickelt gewesen. In seiner Gegenwart, so die Erzählung, habe man nicht einmal gewagt, Schimpfworte zu verwenden, und Flirts mit der holden Weiblichkeit habe es für Karol ohnedies nie gegeben. Es scheint, als ob die Aura Seiner Heiligkeit seit seiner Wahl rückwirkend auch auf die gesamte Biographie ausgeweitet worden sei.

Wie verlief die Jugend des Papstes wirklich, ungetrübt von jeglicher Legendenbildung? Was hat ihn geprägt? Seine Schulzeugnisse weisen Wojtyła als Klassenprimus aus, überdurchschnittlich begabt und auch im Betragen »vorbildlich«. Er hatte viele Freunde und nahm aktiv am religiösen Leben in Wadowice teil. Noch vor der Schule betete er in der Kirche zur Muttergottes. Mit 15 Jahren trat er einer landesweiten Marienbruderschaft bei. Es war der Beginn einer lebenslangen Widmung.

Die Marienfrömmigkeit im polnischen »Herrgottswinkel« rund um Krakau ist noch heute sprichwörtlich. An den Straßenrändern grüßen ungezählte kleine Madonnen in Holz und in Stein. Als Papst hat Karol Wojtyła in jedem Land, das er bereiste, Marienheiligtümer besucht. Sein päpstliches Wappen zieren ein großes »M« und der Wahlspruch »totus tuus« (ganz der Deine), gewidmet der Heiligen Jungfrau. Bei vielen Christen, vor allem in der westlichen Welt, trifft diese Frömmigkeit, die eng mit dem Glauben an Erscheinungen und tätige Wunder verbunden ist, auf Befremden. Kritiker verweisen darauf, daß mit der Verehrung Marias ein sehr traditionelles Frauenbild einhergeht, das sich mit westlichen Vorstellungen von Emanzipation und Gleichberechtigung kaum verträgt.

Noch ein weiterer Schlüssel zum päpstlichen Verständnis der Frau in der Gesellschaft findet sich in seiner Jugendzeit – das Verhältnis zu seiner Mutter. Emilia Wojtyła war eine fromme Frau. Sie brachte ihrem Sohn Karol, den sie liebevoll »Lolek« nannte, bei, wie man sich bekreuzigt und den Rosenkranz betet. Doch über ihr lag schon in jungen Jahren der Schatten von Krankheiten. Ihr Sohn erlebte regelmäßig ihre Schwindel- oder Ohnmachtsanfälle, oft war sie bettlägrig oder konsultierte Mediziner in Krakau. Ihr Leiden verschlimmerte sich, als sie kurz nach der Geburt eine kleine Schwester Karols verlor: Olga. Der Schmerz über diesen Verlust zehrte noch mehr an ihrer Gesundheit, bis sie 1929, Karol war gerade acht Jahre alt, starb. Wie und wann die kleine Schwester des Papstes gestorben war, hat Karol Wojtyła nie preisgegeben, doch scheint jedesmal, wenn sich Johannes Paul II. mit dem Thema Mutterschaft beschäftigt, die Erinnerung an das erlebte Leid erneut aufzubrechen. Als er 1995 eine Italienerin seligsprach, die sich trotz Lebensgefahr gegen eine Abtreibung aussprach und so ihr Leben verlor und das des Kindes rettete, klang das ferne Echo jener Tragödie seines eigenen Lebens mit. Aus dem Kindheitstrauma des jungen Karol

aus Wadowice lassen sich Eckpfeiler des Pontifikats Johannes
Pauls II. erklären: seine kompromißlose Ablehnung der Abtreibung, sein kompromißloser Einsatz für das ungeborene Leben
und auch sein Glaube an »einen besonderen weiblichen Genius«,
der zwar uneingeschränkte Verehrung verdiene, aber andererseits die Funktionen der Frau innerhalb der Kirche aus theologischen Gründen einschränke.

»Lolek« versuchte den frühen Verlust der Mutter mit noch
mehr Gebeten zu überwinden. Franciszek Zadora, ein Nach-
barsjunge, der später Bankdirektor in Wadowice wurde, hat
noch heute vor Augen, wie Karol »stundenlang in der Kirche
knien konnte. Er sah dann aus, als sei er hypnotisiert.«

Doch außerhalb der Marienkirche Wadowices unterschied
sich Karol kaum von seinen Altersgenossen. Er spielte leidenschaftlich gern Fußball, am liebsten als Torwart. Die meisten
Freundschaften schloß »Lolek« auf dem Sportplatz – auch mit
jüdischen Jungen seines Alters. Die antisemitische Stimmung,
die sich auch in Polens Metropolen wie Warschau und Krakau in
jenen Jahren breitmachte, erreichte das verschlafene Wadowice
nicht. Hier funktionierte das Zusammenleben von Christen und
Juden noch leidlich. Die Familie Wojtyła wohnte im Haus eines
Juden zur Miete, und der junge Karol interessierte sich neben
dem Rosenkranz auch für die religiösen Traditionen seiner
Nachbarn.

Es ist die zweite prägende Erfahrung der Jugendzeit des Papstes: der ungezwungene Umgang mit dem Judentum, dessen
Träger damals von vielen Katholiken noch als »Christusmörder«
verunglimpft wurden. Nach dem deutschen Überfall auf Polen
mußte Karol Wojtyła – inzwischen Student in Krakau – mit
ansehen, wie die einstigen Freunde von den Besatzern deportiert
wurden. Und er wußte zudem, was mit ihnen in den Lagern
geschah. Auschwitz liegt nur wenige Kilometer von seinem Hei-
matort Wadowice entfernt.

Für den Papst war es daher auch persönlich ein Höhepunkt
seiner ersten Polenreise, als er vor der Todesmauer von Auschwitz niederkniete und anschließend auf dem Gelände des Ver-
nichtungslagers Birkenau eine Messe zelebrierte. Zwar hatte
Karol Wojtyła als Bischof und Kardinal von Krakau schon öfter
das Gelände des ehemaligen Konzentrationslagers besucht, doch
jetzt kam er im weißen Gewand des Oberhaupts der katholischen
Christenheit und trug den Namen Johannes Paul II. In seiner

Predigt sprach er ausdrücklich von den Rechten »aller Nationen, deren Rechte verletzt und vergessen wurden«. Das Fernsehen übertrug die bewegenden Bilder in alle Welt. Es war ein unmißverständliches Signal, daß dieser Papst auch die Juden um Verzeihung bat – für die Unterlassungen und das Schweigen seiner Kirche während des Holocaust.

Der Papstbesuch in Auschwitz steht am Beginn einer der tiefgreifendsten Veränderungen, die vom 263. Nachfolger des Petrus in seiner Kirche eingeleitet worden sind. Die Wagenburg-Mentalität vieler seiner Vorgänger, die gegenüber den anderen Weltreligionen das Terrain der katholischen Kirche zu verteidigen suchten, hat Johannes Paul II. konsequent ins Gegenteil gewandelt. Er betrat als erster Papst die Synagoge von Rom, er fand den Weg in eine anglikanische Kirche, betete zusammen mit evangelischen Bischöfen genauso wie mit islamischen Mullahs und buddhistischen Mönchen. Sosehr Karol Wojtyła jeglicher innerer Öffnung seiner Kirche einen Riegel vorschiebt, so sehr betreibt er die Öffnung der Fenster des Kirchenschiffs nach außen hin. Schon die erste Enzyklika,»Redemptor hominis«, sprach von einem päpstlichen Selbstverständnis als Verteidiger *aller* Religionen. In einer Zeit, in welcher der Glaube auf dem Rückzug ist, sieht der Papst die Zukunft der Religionen in einer Allianz des Gebets gegen Unglauben und Materialismus. Diese Leitlinie seines Papsttums stieß bisweilen sogar auf Widerstand der eigenen Kurie, die sonst nur selten aufmüpfig geworden ist. Die Enzyklika »Ut unum sint« aus dem Jahr 1996 bot den anderen christlichen Konfessionen offen einen Dialog über das Papsttum an. Es war ein revolutionäres Angebot: Denn Themen wie die Unfehlbarkeit in Glaubensfragen oder die päpstliche Autorität bei Bischofsernennungen auf der ganzen Welt werden vor allem von protestantischen Kirchenführern als Haupthindernisse auf dem Weg zu Ökumene verstanden. Die Offerte von »Un unum sint« versandete. Kardinalstaatssekretär Angelo Sodano, neben Joseph Ratzinger der wichtigste Kurienkardinal, betonte, an der Autorität des Papsttums sei laut Evangelium auch in Zukunft nicht zu rütteln: »Jesus hat nur eine Kirche mit der Autorität des Menschen gewollt, er hat den Aposteln Macht gegeben.« Auch ein weiteres medienwirksam geplantes Signal des Papstes für die Ökumene scheiterte am Widerstand der Bischöfe. Für seinen dritten Deutschlandbesuch 1996 hatte der

Papst einen Abstecher zur Wartburg ins Auge gefaßt, um an historischer Stätte die Aufhebung des Kirchenbannes über Luther zu verkünden. In seltener Allianz wurden liberale und konservative katholische Würdenträger in Rom vorstellig und erklärten, die Zeit sei noch nicht reif für solch ein Zeichen. Die Wartburg wurde aus dem Programm gestrichen, der Reformer Luther bleibt mit dem Bann belegt.

Den 14. August 1980 verbrachte der Papst in Castel Gandolfo, der päpstlichen Sommerresidenz, 32 Kilometer vom Vatikan entfernt, in den Albaner Bergen. Die drückende Hitze des römischen Hochsommers ließ sich dort besser ertragen als in den päpstlichen Gemächern am Petersplatz. Außerdem hatte sich Johannes Paul II. hier ein Schwimmbecken einrichten lassen. Der Drang nach Bewegung konnte mit ein paar Bahnen im Wasser gestillt werden – eine Vorliebe, die in den Büschen der Umgebung Paparazzi Stellung beziehen ließ. Als es einem von ihnen tatsächlich gelang, einige unscharfe Bilder vom Papst in Badehose zu »schießen«, hatten Italiens bunte Blätter ihre sommerliche Sensation. Doch an diesem 14. August gab es nichts zu fotografieren. Fast den ganzen Tag verbrachte Johannes Paul II. am Schreibtisch.

Während der Papst in das Studium von Berichten aus Polen vertieft war, kletterte in Danzig ein untersetzter Elektriker der Leninwerft auf eine Baggerschaufel und begann zu seinen Kollegen zu sprechen. An den vereinzelten Streiks, die in den Sommermonaten in verschiedenen Städten des Landes ausgerufen worden waren, hatte sich die Belegschaft der größten und renommiertesten polnischen Werft, die den Namen des Sowjetführers trug, nicht beteiligt. Auch jetzt schien es so, als ob neue Lohnversprechen des Direktors einen Ausstand verhindern könnten. Doch der Elektriker auf der Baggerschaufel lehnte alle Zusagen ab. Er forderte freie Gewerkschaften für Polen, und zum Schrecken der Werkleitung schlossen sich ihm die Arbeiter jetzt an. Es war das Fanal zum Aufstand im ganzen Land. Die Geburtsstunde der Gewerkschaft Solidarność. Binnen drei Tagen beteiligten sich zahlreiche Betriebe von der Ostsee bis zum schlesischen Industrierevier an dem Ausstand.

Der Papst las mit Freude, daß die streikenden Arbeiter auf dem Werftgelände Messen besuchten. Wałesas Gemeindepfarrer Jankowski nahm sogar im Freien die Beichte ab. An die

Werkstore hängten die Streikenden neben Spruchbändern auch Bildnisse der Schwarzen Madonna von Tschenstochau und Fotos des Papstes. Das Regime verstand das Signal: Die Arbeiter stellten sich unter den Schutz der Kirche. Am 20. August erteilte der Papst in einer kurzen Ansprache an polnische Pilger dem Aufbegehren in aller Öffentlichkeit seinen Segen. »Herr, hilf diesem Volk«, betete Johannes Paul II., »und bewahre es vor allem Bösen und jeder Gefahr.«

Doch die Kirche Polens konnte nicht so handeln wie der Papst in Rom. Vor allem Primas Wysziński stand dem Aufstand der Arbeiter distanziert gegenüber. Vom Naturell her eher Aristokrat und Diplomat, besaß er für Ereignisse »auf der Straße« wenig Sinn. Außerdem hatte er Verständnis für die Notlage der polnischen Kommunisten, die vom »großen Bruder« aus Moskau mit jedem neuen Streiktag mehr unter Druck gesetzt wurden, endlich Panzer rollen zu lassen. Am 26. August hielt der Primas in Tschenstochau eine Predigt, die das staatliche Fernsehen übertrug. Er ermahnte die Arbeiter, »nicht alles auf einmal zu fordern und nicht die Nation einer Gefahr auszusetzen«. Viele der Aktivisten des Streiks waren entsetzt. Bogdan Borusewicz erinnert sich, »daß die Kirche später behauptete, die Predigt sei von den Medien manipuliert worden. Das ist aber nur die halbe Wahrheit.« Auch Johannes Paul II. verstand den Primas nicht. »Oh, dieser alte Mann«, sagte er enttäuscht zu polnischen Priestern in seiner Sommerresidenz.

Doch der polnische Episkopat hörte lieber auf den Papst als auf den zaudernden Primas. Einen Tag nach der Ansprache Wyszińskis veröffentlichten die Bischöfe des Landes eine Erklärung, die auf einen Vorschlag aus Rom zurückging: Sie forderten von der Regierung, »das Recht auf die Unabhängigkeit der Arbeiter« zu respektieren. Dem Regime standen jetzt nur noch zwei Alternativen zur Verfügung: nachzugeben oder gegen Arbeiter *und* Kirche Gewalt mit ungewissem Ausgang anzuwenden. Es entschied sich für Verhandlungen.

Die Unterzeichnung der Danziger Verträge am 31. August wurde in der ganzen Welt als Sensation empfunden. Freie Gewerkschaften in Polen – zum ersten Mal gab ein kommunistisches Regime das ideologische Monopol auf die Interessen der Werktätigen auf. Lech Wałesa wurde wie ein Volksheld gefeiert. Seine Unterschrift unter das historische Abkommen hatte er mit einem überdimensionalen Füllfederhalter vorgenommen, den

»Ein direktes Eingreifen Gottes...« Johannes Paul II. auf dem Petersplatz kurz vor dem Attentat.

Ich denke, daß der Attentäter und das Kommando auf dem Petersplatz gar nicht genau wußten, wer hinter ihnen steht. Es wäre ganz normal, wenn der Auftraggeber versucht, den Täter über sich im unklaren zu lassen.

Rosario Priore, Untersuchungsrichter

Ich wollte Zeichen in der Weltgeschichte setzen. Ich bin zum Vatikan gegangen und habe auf den Papst geschossen. Das ist alles.

Ali Agca, Papst-Attentäter

Es hat vor dem Papst-Attentat mehrere Warnungen gegeben, aber es ist leider Tatsache, daß sie nicht ernst genommen wurden.

Rosario Priore, Untersuchungsrichter

Ich habe gedacht: Entweder sterben wir beide zusammen, oder wir leben beide vor Gott.

Ali Agca, Papst-Attentäter

304

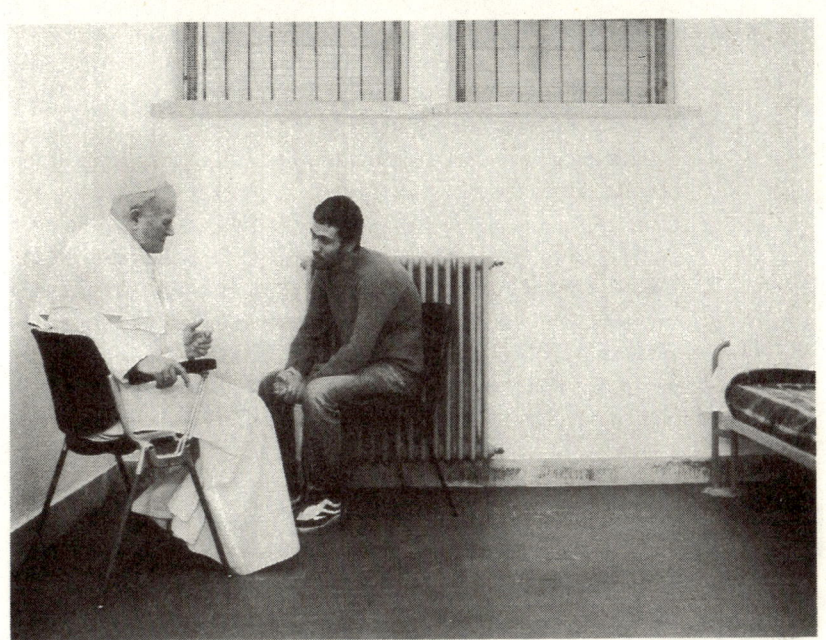

Er ist für mich wie ein Freund, wie ein Bruder. Er ist in meine Zelle gekommen und hat mich umarmt.

Ali Agca, Papst-Attentäter

Es gibt einfach zu viele Indizien dafür, daß Ali Agca Komplizen gehabt hat – bei der Vorbereitung hier in Rom und auch auf dem Petersplatz.

Rosario Priore, Untersuchungsrichter

Der bulgarische Geheimdienst war der verläßlichste Verbündete des KGB und schon in der Vergangenheit häufiger mit gefährlichen und heiklen Missionen betraut.

Victor Sheymov, KGB-Überläufer

»Ich bezahle für die Hintermänner...« Johannes Paul II. besucht den Attentäter Ali Agca im Gefängnis, 23. Dezember 1983.

ihm jemand über das Werkstor gereicht hatte. Es war ein Souvenir der ersten Polenreise des Papstes und zeigte deutlich das Porträt Johannes Pauls II. Auf diese Weise hatte der ferne Papst in Rom symbolisch mit unterzeichnet.

In Polen kehrte jetzt trügerische Ruhe ein. Die Streiks wurden beendet, doch jeder konnte spüren, daß der Kampf noch lange nicht entschieden war. Am 15. Januar 1981 empfing Johannes Paul II. Lech Wałesa in Privataudienz. »Der Sohn besucht den Vater«, kommentierte der Arbeiterführer hinterher ebenso artig wie geschickt. Beide Männer wußten, daß die erste freie Gewerkschaft Polens in Wahrheit nur ein zartes Pflänzchen war, das wie die Freiheitsbewegungen in Budapest 1956 oder in Prag 1968 binnen weniger Stunden von Panzerketten zermalmt werden konnte.

Das Politbüro in Moskau hielt freilich diese »Lösung« des Problems noch immer für den besten Weg. Seit der Unterzeichnung der Verträge von Danzig hatte sich der Kreml zu einer Drohgebärde nach der anderen hinreißen lassen. Sowjetische Divisionen führten an den Grenzen Polens demonstrativ Manöver durch.

Verteidigungsminister Jaruzelski war durch unsanften Druck des großen Bruders im Februar zum Ministerpräsidenten ernannt worden. Nur ein General, so die Logik hinter dieser Personalentscheidung, könne jetzt die Sache noch im Griff behalten. Am 2. April 1981 erklärte der sowjetische Chefideologe Michail Suslow im Politbüro: »Ich glaube, daß sich ein Blutvergießen nicht wird vermeiden lassen. Wenn wir uns davor fürchten, dann werden wir gezwungen sein, eine Position nach der anderen aufzugeben.« Die alten Männer im Kreml reagierten auf die hergebrachte Art: Wo die »Konterrevolution« wütete, half nur noch rohe Gewalt. General Jaruzelski wundert sich noch heute darüber, daß Moskau die »lokal begrenzte Solidarność als Bedrohung für das ganze Imperium einschätzte«. Doch noch blieben die Dinge in einem fragilen Gleichgewicht. Das Zögern Moskaus, die demonstrativ schützenden Gesten des Papstes, diskrete Drohungen aus Washington, Gewalt in Polen zumindest mit Sanktionen zu beantworten, und das vorsichtige Taktieren der Solidarność in Polen hielten ein empfindliches Gleichgewicht aufrecht. Dann aber fiel einer dieser Faktoren im Spiel der Kräfte für mehrere Wochen aus.

Am 13. Mai 1981, um 17 Uhr, fuhr das offene Papamobil wie jeden Mittwoch durch die Reihen der Gläubigen auf dem Petersplatz zur wöchentlichen Generalaudienz. Nichts deutete darauf hin, daß etwas Besonderes geschehen würde. Der Papst ließ mehrfach stoppen, hob ein kleines Kind zu sich auf den Wagen und plauderte mit Pilgern. Doch um 17.17 Uhr geschah das Unfaßbare. Ein ohrenbetäubender Krach brach sich an den Säulen von Sankt Peter. Zwei Schüsse hatten den Papst getroffen. Johannes Paul II. sank blutüberströmt zusammen. Mit quietschenden Reifen raste das Papamobil in Richtung Krankenhaus. Der Privatsekretär des Papstes, Stanisław Dziwisz, gab dem Heiligen Vater die Letzte Ölung.

In der Gemelli-Klinik kämpften die Ärzte fünf Stunden lang um das Leben des Papstes. Ein Projektil hatte seinen Arm verletzt und dann noch zwei Zuschauerinnen getroffen. Das andere aber war in den Unterleib Karol Wojtyłas eingedrungen und hatte zu einem großen Blutverlust geführt. Der Schußkanal verlief nur um wenige Millimeter am Rückgrat und an einer Hauptschlagader vorbei. Die Ärzte und auch der Papst glaubten später an ein Wunder. Hätte die Kugel die Ader getroffen, der Papst wäre noch auf dem Weg ins Krankenhaus verblutet.

Auf dem Petersplatz hatte sich sofort nach den Schüssen eine Nonne auf den Attentäter gestürzt. Passanten kamen ihr zu Hilfe. Als ihn die Polizei festnahm, rief der Schütze laut: »Ich bin allein!« Sein Name war Ali Mehmet Agca – kein Unbekannter für das Sicherheitspersonal des Papstes. Im Herbst 1979, zwei Tage vor der Ankunft Johannes Pauls II. in Istanbul, hatte Agca in einem Brief an die Zeitung *Milliyet* angedroht, den »Anführer der Kreuzfahrer, Johannes Paul II.« zu töten. Wenige Tage zuvor war er unter noch immer ungeklärten Umständen aus einem Hochsicherheitsgefängnis des Militärs geflohen, wo er wegen des Mordes an einem liberalen türkischen Journalisten einsaß. Obwohl Agca erst 21 Jahre alt war, hatte er schon einschlägige Erfahrungen mit Terroranschlägen, Drogen- und Waffenschmuggel gesammelt.

In einem Schnellverfahren wurde der Attentäter von einem italienischen Gericht zu lebenslanger Haft verurteilt. Doch von Beginn an gab es Zweifel an seiner Alleintäterschaft. Auch aus dem Vatikan verlautete bald, »eine Hand« habe die Pistole abgefeuert, »eine andere Hand« habe »gelenkt«. Kardinalstaatssekretär Agostino Casaroli ließ durchblicken, er halte es für wahrscheinlich, daß die Sowjets den Papst ausschalten wollten, um Solidarność den wichtigsten Rückhalt zu nehmen.

Agca selbst weiß einiges, aber nicht alles. Mit offenkundiger Absicht verstrickte er sich in Widersprüche. Bald nach seiner ursprünglichen Version, allein gehandelt zu haben, beschuldigte er den bulgarischen Geheimdienst, dann den sowjetischen KGB, ein drittes Mal die rechtsradikalen türkischen »Grauen Wölfe«, Auftraggeber der Schüsse auf den Papst gewesen zu sein. Seiner Glaubwürdigkeit fügte er weiteren Schaden zu, als er in Interviews erklärte: »Ich bin Jesus Christus, und der Papst weiß das auch.«

Dem Verdacht, daß die bulgarische Staatssicherheit hinter dem Anschlag steckte, ging die italienische Justiz in einem sehr aufwendigen zweiten Verfahren nach. Am Ende mußten die fünf angeklagten Bulgaren, zum Teil Angehörige des Geheimdienstes, aus Mangel an Beweisen freigesprochen werden. Doch obwohl die Verteidigung der Staatsanwaltschaft schlampige Ermittlungen nachweisen konnte, war es ein Freispruch zweiter Klasse. Der Verdacht blieb.

Nach dem Verschwinden des Eisernen Vorhangs kam nach und nach ans Licht, wie verschiedene Geheimdienste im Fall »Papstattentat« mitgespielt hatten. Als sicher gilt heute, daß die amerikanische CIA die bestehenden Verdachtsmomente für eine gezielte Kampagne gegen ihre östlichen Gegenspieler nutzte. Der ehemalige CIA-Chef William Casey, der zwar persönlich überzeugt von der Schuld des Ostens war, aber keine stichhaltigen Beweise hatte, lancierte über eine ihm verbundene Journalistin ein Gemisch aus Informationen und Mutmaßungen an die Öffentlichkeit, das eher zu noch mehr Verwirrung als zur Klärung der Angelegenheit führte.

Ali Agca hat uns gegenüber behauptet, ihn hätten zu Beginn seiner Haft italienische Geheimdienstmänner besucht und ihm baldige Haftverschonung angeboten, falls er die Bulgaren beschuldige. Wurde so der Attentäter selbst in das Verwirrspiel um die Tat eingebunden? Oder ist die Aussage des Türken nur eine weitere Finte, um den wahren Hergang zu verschleiern?

Aus den Archiven der Gauck-Behörde in Berlin tauchten jedenfalls Stasi-Dokumente auf, die eine großangelegte Desinformationskampagne auch der anderen Seite belegen. In Kooperation mit dem bulgarischen Geheimdienst sollten gezielt Verdachtsmomente von einer »östlichen Fährte« abgelenkt und Be-

An der rechten oder der linken?

Johannes Paul II.

Ich glaube, daß wir noch eine Reihe von Botschaften seitens des Papstes zu erwarten haben.

Kardinal Joseph Ratzinger

Papst Johannes Paul II. ist ein Freund der Deutschen, nicht in einer schwärmerischen Form, denn er kennt unsere Schwächen und Stärken.

Bischof Karl Lehmann

Das Zölibat ist kein Dogma. Es ist eine Lebensform, die in der Kirche gewachsen ist und die natürlich immer die Gefahr des Absturzes mit sich bringt.

Kardinal Joseph Ratzinger

Man soll keine noch so tief verankerte und begründete Lebensgewohnheit der Kirche für ganz absolut erklären.

Kardinal Joseph Ratzinger

Nicht die zukünftige bessere Welt ist Gegenstand der Hoffnung, sondern das ewige Leben.

Kardinal Joseph Ratzinger

»Johannes Paul der Zweite, wir steh'n an deiner Seite...« Der Papst mit den beiden deutschen Kardinälen Ratzinger (links) und Höffner.

lastungszeugen unglaubwürdig gemacht werden. Nach dem Freispruch für die bulgarischen Angeklagten in Rom dankte ein »Genosse Stojanow« von der bulgarischen Staatssicherheit hochoffiziell dem Genossen Mielke für die Schützenhilfe in der »Operation Papst«, wie der Vorgang Stasi-intern firmierte.

Doch unter dem Gestrüpp von Desinformation und Propaganda tauchte noch einiges an neuen Fakten auf. So enthüllte der französische Geheimdienst, daß er vor dem Attentat die Warnung eines Agenten im Netz des KGB erhalten habe, der zufolge ein Anschlag auf den Papst geplant sei. Diese Warnung »aus verläßlicher Quelle« sei an die italienischen Behörden und an den Vatikan weitergegeben worden. »Es ist leider eine Tatsache«, ärgert sich Untersuchungsrichter Rosario Priore noch heute, »daß diese Warnungen nicht ernst genommen wurden.« Aus Kreisen der Nationalen Sicherheitsagentur der USA (NSA), dem elektronischen Pendant der CIA, sorgte die Meldung für Aufsehen, daß sich in den Wochen vor dem Attentat der verschlüsselte Funkverkehr zwischen der bulgarischen Botschaft in Rom und dem Stab des bulgarischen Geheimdienstes in Sofia verdächtig erhöht habe.

Zwei Überläufer aus der Welt der kommunistischen Geheimdienste erhärteten den Verdacht. In Paris klopfte schon im Juli 1981, nur wenige Wochen nach den Schüssen von Sankt Peter, ein gewisser Jordan Mantarow, Handelsattaché der bulgarischen Botschaft, an die Pforten des französischen Geheimdienstes und gab zu Protokoll, er wisse vom hiesigen Residenten der bulgarischen Staatssicherheit, daß Geheimdienstmänner aus Sofia Agca angeworben hätten. Mantarow erklärte, eine Figur wie Agca sei in einem so heiklen Fall der ideale Attentäter, weil seine Zurechnungsfähigkeit schon von den türkischen Behörden als schwankend eingeschätzt und er als politisch rechtsextrem beurteilt worden sei. Kaum jemand würde einem offensichtlich verwirrten Killer mit rechtsradikalem Hintergrund abnehmen, er sei von Kommunisten gedungen worden.

Ähnliche Interpretationen lieferte ein Mann, dessen Existenz zehn Jahre lang zu den bestgehüteten Staatsgeheimnissen der Vereinigten Staaten gehörte. Sein Name ist Victor Sheymov. Aus Sicherheitsgründen lebt er noch heute, sieben Jahre nach dem Zerfall der Sowjetunion, unter falschem Namen irgendwo in den USA. Rosario Priore, der leitende Untersuchungsrichter für den mittlerweile eingestellten Fall Agca, hat zahlreiche Rechtshilfeersuchen an die USA gestellt, um Sheymov vernehmen zu lassen. Eine Antwort blieb bis heute aus.

Sheymov arbeitete bis 1980 in der Dechiffrierabteilung des KGB, über seinen Tisch liefen die geheimsten Befehle der Zentrale an die Außenstellen des Dienstes. Sheymov berichtete in einem Interview, das er uns gab: »Ich kann bezeugen, daß im November 1979 ein Befehl von KGB-Chef Juri Andropow kam, Informationen zu sammeln, wie sich dem Papst physisch zu nähern sei. Und im KGB-Slang hieß das ganz eindeutig, daß die Entscheidung gefallen war, den Papst umzubringen.« Ist diese Aussage die lang gesuchte Spur zur Wahrheit über das Attentat auf Johannes Paul II.?

Wir trafen Victor Sheymov in einem Hotelzimmer im Osten der Vereinigten Staaten. Er bestand darauf, nur mit Perücke und falscher Brille vor unsere Kamera zu treten. »Man kann nie wissen«, scherzte der Ex-KGB-Major, »die alten Kameraden glauben immer noch an die Ehre unseres Dienstes. Verräter schweben noch heute in Lebensgefahr.« In einer abenteuerlichen Aktion hatten ihn US-Experten 1980 samt Familie aus Moskau herausgeschleust. Um den KGB zu täuschen, hatte die CIA Spuren hinterlassen, die auf einen tödlichen Unfall der Familie hinweisen sollten. »Ich habe nie allzu genau wissen wollen, wie sie das gemacht haben«, schmunzelt Sheymov. Für die Amerikaner war der Major ein »großer Fisch«. Er verriet Verschlüsselungscodes des KGB und versetzte so die USA in die Lage, geheime Funksprüche aus Moskau mitzuhören.

Zum Papstattentat berichtet der Überläufer, daß es »Standard war, die Bulgaren für hochsensible Operationen heranzuziehen. Sofia war der als am verläßlichsten eingeschätzte Verbündete des KGB.« Auch zur Frage, warum ein Mann wie Agca gewählt wurde, kann Sheymov Auskunft geben: »Es ist nichts Ungewöhnliches, daß ein Geheimdienst eine instabile Person ausfindig macht und diese dann zu beeinflussen versucht, um die wahren Auftraggeber zu schützen, falls der Attentäter geschnappt wird.« Russische Behörden bestätigen heute, daß Victor Sheymov in der hochgesicherten, bestinformierten Kommunikationszentrale des KGB gearbeitet hat.

Gab es einen Mordbefehl aus Moskau im Herbst 1979? Also noch vor der Gründung von Solidarność, aber nach der ersten Polenreise des Papstes? Akten von Politbürositzungen aus diesen Wochen zeigen, wie hysterisch die Kremlherren auf den neuen Papst reagierten. Am 13. November 1979 stimmte das gesamte Politbüro einem umfangreichen Maßnahmenkatalog gegen das Oberhaupt der katholischen Christenheit zu. Das Protokoll vermerkt, es müsse dringend »etwas gegen die Haltung des Vatikans gegenüber den sozialistischen Staaten unternommen werden«. Ob KGB-Chef Andropow daraufhin wirklich befohlen hat, auch die letzte denkbare Maßnahme tatsächlich zu ergreifen, oder ob er vorerst nur prüfen ließ, wie dies am besten möglich sei – der endgültige Beweis fehlt. Solange die Akten der Geheimdienste in Moskau und Sofia unter Verschluß gehalten werden und die Beteiligten schweigen, wird das Rästel ungelüftet bleiben.

Untersuchungsrichter Rosario Priore, der sich jahrelang mit den Hintergründen des 13. Mai 1981 beschäftigt hatte, bedauert, daß die Staatsanwaltschaft das Verfahren inzwischen eingestellt hat. »Da, wo vitale Interessen von Staaten berührt werden«, meint er resigniert, »versagen die Mittel unserer Justiz.« Sein Fazit: »Ich denke, daß der Attentäter und das Kommando auf dem Petersplatz gar nicht genau wußten, wer hinter ihnen stand. Es wäre ganz normal, wenn der Auftraggeber versucht, den Täter über sich im unklaren zu lassen.«

Der Papst selbst hat alle Spekulationen über Hintermänner mit großer Vorsicht behandelt. Er wußte, daß Enthüllungen über eine Verwicklung der Sowjetunion eine internationale Krise heraufbeschwören könnten. Als er am Tag vor Heiligabend 1983 Ali Agca in dessen Zelle besuchte, ging diese Geste als Symbol der Vergebung um die Welt. Mehr als 20 Minuten sprachen Opfer und Täter auf italienisch miteinander. Bei der Verabschiedung kniete Agca nieder und küßte Johannes Paul II. die Hand. Worüber sich die beiden unterhalten haben, wurde nie veröffentlicht. Uns gegenüber berichtet Agca, der Papst habe ihn damals »wie einen Bruder behandelt« und mit ihm vor allem »über das Geheimnis von Fátima« gesprochen.

Den Tag des Attentats mit dem Gedenktag der Madonna von Fátima zu verbinden, ist für den Papst eine leichte Übung. Der 13. Mai, Datum des Anschlags auf dem Petersplatz, ist zugleich auch Jahrestag der ersten Marienerscheinung in dem kleinen portugiesischen Ort. Johannes Paul II. reiste genau ein Jahr nach den Schüssen zu den Feierlichkeiten dorthin und dankte der Madonna für seine Rettung. In der goldenen Krone der Marien-

Daß unsere Jugend weitgehend verlorengegangen ist, das ist das Schlimmste unter dem Pontifikat von Johannes Paul II.

Hans Küng, Theologe

Die Predigten des Papstes, zumindest Passagen daraus, waren für uns eine ungeheure Provokation. Aus unserer Sicht ging alles in die völlig falsche Richtung.

Wojciech Jaruzelski, ehemaliger polnischer Staatspräsident

»Das Produkt Papst wird verkauft wie Coca-Cola...«
Weltjugendtreffen in Tschenstochau, 1983.

Wojtyła wollte keinen Kampf in Polen. Er verfolgte keine umstürzlerischen Aktivitäten. Er forderte bloß, daß die Bergleute einen arbeitsfreien Sonntag haben, um in die Kirche gehen zu können.

Pater Mieczysław Maliński, polnischer Priester und Freund des Papstes

Ich bin froh, daß es diesen Papst und seinen Einsatz für die Freiheit gegeben hat. Doch ich muß betonen, daß es auch Millionen andere waren, die daran mitgewirkt haben.

Bogdan Borusiewicz, Solidarność-Gründer

statue, die Jahr für Jahr bei Kerzenschein in einer nächtlichen Prozession über den Platz der Erscheinung getragen wird, ließ der Papst die Kugel einfassen, die ihn beinahe getötet hatte. Die Prophezeiungen der Heiligen Jungfrau besitzen seitdem besonderen Wert für ihn: Unter einer Eiche in der Nähe des Dorfes Fátima soll 1917 drei Kindern eine weißgewandete Frauengestalt erschienen sein und ihnen die Zukunft vorausgesagt haben. Die erste Prophezeiung, der frühe Tod von zweien der drei Kinder, traf tatsächlich ein. Nur die älteste von ihnen, die damals zehnjährige Lucia, erreichte die Volljährigkeit. Sie lebt noch heute in einem portugiesischen Kloster, abgeschirmt von neugierigen Fragen. Der Inhalt der zweiten Prophezeiung soll noch vor der Oktoberrevolution gelautet haben, daß »von Rußland aus Irrtümer« in die Welt verbreitet werden würden. Erst die Kraft des Glaubens würde das Land wieder zur Umkehr bewegen. Für den Papst ist dies die Schlüsselstelle der Botschaft von Fátima, eine Art weltpolitisches Vermächtnis. Johannes Paul II. empfand sie als persönlichen Auftrag. Der Sturz des Kommunismus als Beginn der Umkehr Rußlands zum Glauben – das war der Leitgedanke, unter dem er in den Kampf gegen die gottlose Ideologie gezogen war, deren Aufstieg die Jungfrau so wundersam vorhergesagt hatte. 1994 schrieb Johannes Paul II.: »Vielleicht hat das Attentat auf dem Petersplatz gerade am 13. Mai 1981, dem Jahrestag der ersten Erscheinung von Fátima, stattfinden müssen, damit alles durchsichtiger und verständlicher würde, damit die Stimme Gottes, die in der Menschengeschichte in ›Zeichen der Zeit‹ spricht, einfacher zu hören und zu verstehen sein werde.« Zum Dank an die Madonna für die Erfüllung der zweiten Prophezeiung haben die Organisatoren der jährlichen Fátima-Wallfahrten ein Teilstück der Berliner Mauer vor dem Heiligtum aufgestellt. Täglich liegen frische Blumen davor.

All die Ungereimtheiten um die drei Prophezeiungen von 1917 halten den Papst nicht von seiner großen Verehrung ab. Lucia, die nach Erzählungen als einzige der drei Hirtenkinder mit der Erscheinung sprechen konnte, soll die Worte der Madonna erst Jahre später niedergeschrieben und sie immer wieder ergänzt haben. Wem dem so wäre, meinen Kritiker auch innerhalb der katholischen Kirche, dann wäre Fátima kein Wunder der Madonna, sondern vielmehr nur eine Vision in der Einbildung der kleinen Schafhirtin Lucia.

Der Vatikan jedoch machte die Angelegenheit zur Chefsache,

prüfte das Wunder und befand es für glaubhaft. Entgegen dem Wunsch Lucias wurde das dritte Geheimnis, das die »Seherin« schriftlich in Rom niedergelegt hat, bislang nicht veröffentlicht. Nur der jeweilige Papst und einige wenige Eingeweihte kennen es, was nicht nur im Vatikanstaat große Neugierde weckt. Die gängigsten Spekulationen über das dritte Geheimnis der drei Hirtenkinder reichen von der Voraussage eines vernichtenden Nuklearkriegs bis hin zur alles andere als mysteriösen Erkenntnis, daß Portugal seine sämtlichen Kolonien verlieren werde. Joseph Kardinal Ratzinger, Präfekt der Kongregation für Glaubensfragen, ließ verlauten, der Text des Geheimnisses habe gottlob keinen solch apokalyptischen Inhalt, wie manche Auguren glauben, und man möge doch die Mutmaßungen nicht so übertreiben. Warum der Text dennoch nicht verraten werden darf, bleibt wohl ein spezielles Geheimnis des Vatikans.

Es zählt zum Dilemma der katholischen Kirche in der modernen Welt, daß die mystische Seite des Glaubens zwar weiterhin ein fester Bestandteil ihrer Existenz ist, man aber angesichts einer skeptischen Gesellschaft besser nicht so häufig davon spricht. Johannes Paul II. hat dieses Dilemma deutlich sichtbar gemacht. Keiner seiner unmittelbaren Vorgänger verstand sein Wirken so sehr in Glaubenstraditionen verwurzelt wie er. Keiner hat sich so offen zur Welt der Wunder und der Erscheinungen bekannt wie der Papst aus Polen. Karol Wojtyła hat eine wahre Flut von Heilig- und Seligsprechungen ausgelöst. Die dafür zuständigen Instanzen im Vatikan kommen kaum nach, all die Berichte über Wundertaten zu prüfen, die für die Einleitung von Heiligsprechungsverfahren notwendig sind.

Auch die tiefe Verwurzelung des päpstlichen Glaubens in der katholischen Mystik hat ihren Ursprung in seinen Jugendjahren. Schon früh kam er mit Marienbünden und der Bruderschaft des »Lebendigen Rosenkranzes« in Verbindung. Damals begann er, die Werke des heiligen Johannes vom Kreuz zu verschlingen, eines frühbarocken Mystikers. Dessen Lehre, der Weg zu Gott über unermüdliche Kontemplation und das Entsagen aller weltlichen Genüsse, prägte sich tief im Gottesbegriff des zukünftigen Papstes ein. Nahezu folgerichtig hatte sich der junge Karol Wojtyła gewünscht, als Mönch die Exerzitien und Gebete durchzuführen, die ihn auf dem so vorgezeichneten Weg zu Gott führen sollten. Doch die Zeitumstände verhinderten ein Leben hinter

Klostermauern. Nach dem Aderlaß des Zweiten Weltkriegs suchten Polens Bischöfe händeringend talentierte Priester, um den von den Deutschen blutig dezimierten Klerus wieder aufzufrischen. Wojtya wurde als Seelsorger gebraucht. Am 21. Dezember 1945 erhielt der junge Mann aus Wadowice die niederen Weihen zum Akolythen, einer 1969 abgeschafften Vorstufe zum Amt des Diakons, sowie zum Exorzisten – ein herkömmlicher Schritt auf dem damals in Polen üblichen Weg zur Priesterweihe. Doch den Titel Exorzist trug Karol Wojtya nicht nur der Form halber. Tatsächlich hat er im Laufe seiner kirchlichen Karriere mehrfach »Teufelsaustreibungen« persönlich vorgenommen, wie er dem ehemaligen Exorzisten der Diözese Rom, dem Prälaten Corrado Balducci, anvertraute. »Nur in besonderen Fällen und bevor er Papst wurde«, schränkt Balducci vorsichtig ein. Hinter diesem düster anmutenden Ritual, das heute in der Kirche leicht euphemistisch »Befreiungsgebet« genannt wird, steckt die Überzeugung, daß die irdischen Diener Gottes im Kampf gegen das Wirken Satans auf dem Erdball mithelfen müssen. Rund 300 Exorzisten weltweit erkennt die Kirche an. Weil jedoch viele selbsternannte Scharlatane mit exorzistischen Riten einiges Unheil angerichtet haben – bis hin zum Exitus des angeblich vom Teufel Besessenen –, sind die »Befreiungsgebete« zu Tabuthemen der katholischen Welt geworden. Die meisten der zahlreichen Biographen Karol Wojtyłas ignorieren diese Seite des Papstes völlig.

Am 30. November 1981 passierte ein unauffälliger Wagen der römischen US-Botschaft die Schweizergardisten an der Pforte der Vatikanstadt. Im Wagen saß ein glühender Verehrer des Papstes, ein gläubiger Katholik. Der Herr mit dem fülligen, aber markanten Gesicht war ehemaliger Vizedirektor der CIA im Rang eines US-Generals und gehörte zu den engsten Vertrauten des amerikanischen Präsidenten Ronald Reagan. Der Besucher wurde sofort zum Heiligen Vater geleitet. Vernon Walters erinnert sich: »Das erste, was ich tat, war, seinen Ring zu küssen. Dann richtete ich ihm auf italienisch die besten Grüße von Präsident Reagan aus.« Der Papst sagte: »Sie sind also gekommen, um meine Unwissenheit zu erleuchten?« Walters erwiderte: »Heiliger Vater, selbst Ihre schlimmsten Feinde würden Sie nicht als unwissend bezeichnen. Sie haben immerhin den ältesten und größten Geheimdienst der Welt.« Der Papst lachte, denn Walters hatte recht.

In diesem Geheimnis um Fátima kommt das Wort Krieg vor. Die Madonna spricht von Waffen, die in wenigen Augenblicken Millionen von Menschen umbringen können. Das bedeutet Atomkrieg.

Corrado Balducci, Exorzist im Vatikan

Sieben Jahre nach dem Attentat – ich hatte die Gelegenheit, den Heiligen Vater nach Fátima zu begleiten – sagte der Papst explizit, daß er, als er nach Fátima ging, der Jungfrau danken wollte für etwas, das er einer besonderen Intervention der Jungfrau zuschreibt.

Joaquín Navarro-Valls, Pressesprecher des Vatikans

Der Papst hat später gesagt, unsere Begegnung sei von Jesus, Gott und der Vorsehung bestimmt gewesen. Wir haben vor allem über das Geheimnis von Fátima gesprochen.

Ali Agca, Papst-Attentäter

Wer kann sich vorstellen, welche großen Vorteile sich für die Seelsorge ergeben werden, welch neue Schönheit das Antlitz der Kirche gewinnen wird, wenn der Genius der Frau in den verschiedenen Bereichen ihres Lebens voll zum Tragen kommen wird?

Johannes Paul II., 1995

»Und die dritte Prophezeiung...?« Johannes Paul II. und die Ordensschwester Lucia Santos, letzte lebende Zeugin der Erscheinungen von Fátima.

Im Gepäck hatte der US-General Fotografien von US-Spionagesatelliten. Er zeigte sie dem Papst und erklärte:»Das hier ist die Leninwerft in Danzig. Und diese dunklen Schatten hier sind Militärfahrzeuge, Panzer und Truppentransporter der polnischen Armee.« Walters hatte von Reagan den Auftrag bekommen, den Heiligen Vater über Erkenntnisse der US-Geheimdienste ins Bild zu setzen, wonach General Jaruzelski plante, mit Gewalt gegen Solidarność vorzugehen. Hauptquelle dieser Informationen war ein Spion der CIA im polnischen Generalstab, Oberst Ryszard Kuklinski. Der Maulwurf hatte detaillierte, aber nicht datierte Pläne über die bevorstehende Verhängung des Kriegsrechts in Polen nach Washington übermittelt. Johannes Paul II. hörte seinem ungewöhnlichen Besucher aufmerksam zu.

Seit dem Sommer 1981 hatte sich die Lage in seiner Heimat dramatisch zugespitzt. In der Gewerkschaftsbewegung Solidarność hatten radikalere Kräfte die Oberhand gewonnen und wieder landesweite Streiks ausgerufen. Polens Wirtschaft stand kurz vor dem Zusammenbruch. Vor Tankstellen und Bäckereien bildeten sich lange Schlangen. Die Stimmung in der Bevölkerung drohte gegen die Gewerkschaft umzuschlagen. In Polen machte sich die Erkenntnis breit, daß irgend etwas geschehen mußte. Gleichzeitig hatten die Sowjets den Druck auf Jaruzelski stetig erhöht. Der General nahm an, wenn er nicht handelte, dann würden bald die Sowjetpanzer rollen.

Auch Kardinal Casaroli bekam die geheimen Aufnahmen der US-Himmelsspione zu sehen. Er wußte, daß die USA den Vatikan nicht ohne Absicht in Top-secret-Informationen einweihten. Es war die Einladung zu einer Allianz mit dem gemeinsamen Ziel, die begonnenen Entwicklungen im Heimatland des Papstes am Leben zu halten. Doch der Vatikan mußte vorsichtig sein. Der Heilige Stuhl versteht sich als supranationale Instanz, er will und kann keine Bündnisse mit einzelnen Staaten eingehen. Casaroli wiegelt noch heute ab:»Diese Fotos waren für uns natürlich hochinteressant, aber das war nur eine Art Dienst für uns. Von einem Pakt kann man auf keinen Fall reden.« Tatsächlich aber arbeiteten die weltliche und die moralische Supermacht in Sachen Polen fortan Hand in Hand.

In der Nacht zum 13. Dezember rollten in Polen die Panzer. Als die Bevölkerung an diesem Sonntagmorgen aus den Fenstern sah, standen an allen wichtigen Straßenkreuzungen Militärposten und Schützenpanzer. Wer telefonieren wollte, hörte die Stimme einer automatischen Ansage, die dem Anrufer mitteilte, daß alle Gespräche vom Militär abgehört würden. Das staatliche Fernsehen sendete eine Ansprache General Jaruzelskis, der die Verhängung des Kriegsrechts verkündete und erklärte:»Bürger und Bürgerinnen der Volksrepublik Polen. Ich wende mich an Sie als Soldat und Regierungschef! Unser Heimatland steht am Rande des Abgrunds.« Die führenden Köpfe der Solidarność wurden noch aus ihren Betten heraus verhaftet. Die meisten waren nicht gewarnt worden, obwohl die USA – wohl auch der Papst – von dem bevorstehenden Schritt Jaruzelskis wußten. Henryk Jankowski, der Beichtvater Lech Wałesas, ist noch heute enttäuscht:»Ich verstehe immer noch nicht, warum wir nicht gewarnt worden sind.«

Noch am ersten Tag des Kriegsrechts nutzte Johannes Paul II. das sonntägliche Angelus-Gebet auf dem Petersplatz, um sich an sein Volk zu wenden. Er wußte, daß Millionen seiner Landsleute an den Empfängern Radio Vatikan eingeschaltet hatten, um die Stimme des Papstes zu hören.»Zuviel polnisches Blut ist schon vergossen worden«, mahnte er,»polnisches Blut darf nicht mehr fließen.« Zwar rief der Papst auch das Militär dazu auf, die Menschenrechte zu achten, doch die Botschaft war unmißverständlich: Gewaltsamen Widerstand gegen das Kriegsrecht lehnte er entschieden ab. Den Freiheitsdrang, den er selbst mit entfacht hatte, galt es jetzt zu zügeln.

Mit der Verhängung des Kriegsrechts begannen Monate, in denen Johannes Paul II. zur Schlüsselfigur der polnischen Innenpolitik geriet. Am 18. Dezember schrieb der Papst einen Brief an General Jaruzelski:»Herr General«, appellierte Johannes Paul II. an seinen Landsmann,»kehren Sie zu den Methoden des friedlichen Dialogs zurück, mit dem wir uns seit August 1980 darum bemühen, eine gesellschaftliche Erneuerung herbeizuführen. Das wird vielleicht mit gewissen Schwierigkeiten verbunden sein, ist aber nicht unmöglich.« Aus den päpstlichen Zeilen sprach sowohl der Schmerz über die zahlreichen Opfer, welche die Verhängung des Kriegsrechts schon gefordert hatte, als auch Verständnis für die Lage Jaruzelskis. Beide Männer waren sich im stillen darüber einig, daß das Kriegsrecht»das geringere Übel« darstellte. Die Bedrohung durch eine sowjetische Intervention mit mutmaßlich viel mehr Toten war abgewendet. General Jaruzelski sieht das heute noch so:»Ich bereue vieles, was ich

»Ich wollte den Papst zum Verbündeten machen...« Johannes Paul II. trifft US-Präsident Ronald Reagan und seine Frau Nancy, Mai 1984.

Für mich war klar, daß Johannes Paul II. niemals die Größe unseres Verteidigungsetats kritisieren würde, weil wir dadurch die Macht der Sowjetunion brechen konnten.

Vernon Walters, ehemaliger CIA-Vizedirektor, US-»Sonderbotschafter« beim Vatikan

Auf beide Männer ist geschossen worden, beide sind nach den Attentatsversuchen, die nur um sechs Wochen auseinanderlagen und bei denen die Hauptschlagader nur um wenige Millimeter verfehlt wurde, fast gestorben. Als Reagan den Papst das erste Mal traf, sagte er: »Es ist erstaunlich, wie uns die Vorsehung gerettet hat für unsere Aufgabe in Osteuropa.« Der Papst stimmte zu.

Carl Bernstein, Papst-Biograph

Heute bereue ich vieles, was ich damals gesagt habe. Ich schäme mich für vieles, was ich befohlen habe. Aber so ist eben damals die Wirklichkeit gewesen.

Wojciech Jaruzelski, ehemaliger polnischer Staatspräsident

Ich glaube, die Veränderungen hätten auch ohne diesen Papst stattgefunden, aber mit viel größeren Schwierigkeiten.

Bogdan Borusiewicz, Solidarność-Gründer

Der Papst war, militärisch ausgedrückt, der Sprengzünder des Aufstands.

Wojciech Jaruzelski, ehemaliger polnischer Staatspräsident

Ich habe noch nie jemanden wie Papst Johannes Paul II. getroffen. Als Katholik danke ich Gott dafür, daß er in jenem kritischen Moment der Weltgeschichte Papst war.

Vernon Walters, ehemaliger CIA-Vizedirektor, US-»Sonderbotschafter« beim Vatikan

»Die Kommunisten haben sich verrechnet...« Johannes Paul II. wird in Warschau vom polnischen Staatschef Wojciech Jaruzelski empfangen, Juni 1987.

damals befohlen und gesagt habe«, räumt der Warschauer Pensionär ein, »doch so habe ich eben damals die Wirklichkeit in Polen eingeschätzt.« Neue Erkenntnisse aus den Protokollen des sowjetischen Politbüros, wonach der Kreml nur mit Interventionsdrohungen bluffte und in Wahrheit gar nicht daran dachte, Divisionen nach Polen zu schicken, hält der General für irreführend.

Mit dem Schreiben des Papstes an Jaruzelski begann ein Dialog der Entspannung zwischen Kirche und Staat, der die Situation in Polen langfristig entschärfen sollte. Gleichzeitig bemühte sich Johannes Paul II., die im Untergrund agierenden Solidarność-Aktivisten so weit wie möglich zu unterstützen. Mit Hilfe des US-Geheimdienstes CIA flossen Gelder, Funkgeräte und Druckerpressen an die verbotene Gewerkschaft – insgesamt im Wert von mehr als 50 Millionen US-Dollar. Wichtige Umschlagplätze für diese Unterstützungsleistungen waren die Sakristeien katholischer Gotteshäuser. Pfarrer Henryk Jankowski erinnert sich an derartige Hilfsaktionen:»Ich war überrascht, daß all diese Dinge so leicht über die Grenze zu bringen waren. Aber ich wußte, daß die Grenzbeamten auch Polen waren und es außer denen, die die Solidarność offen unterstützten, viele gab, die das heimlich taten.«

Am 7. Juni 1982 trafen sich die beiden wichtigsten Helfer der Solidarność im Vatikan. Ronald Reagan und Karol Wojtyła sprachen eine gute Viertelstunde allein, ohne Dolmetscher, im Arbeitszimmer des Papstes. Zwei Männer, die vieles gemeinsam hatten: Beide hatten 1981 innerhalb von nur sechs Wochen einen Mordanschlag überlebt, beide hatten Schauspielererfahrung – der Papst als Student in Krakau, der Präsident in Hollywood –, und beide waren davon überzeugt, daß die Tage des Kommunismus gezählt waren. Sowohl Ronald Reagan als auch Karol Wojtyła glaubten, daß das Sowjetimperium an innerer moralischer Schwäche zugrunde gehen würde. Johannes Paul II. benutzte später das Gleichnis von einem Baum, der im Inneren schon morsch war:»Wir brauchten nur noch kräftig zu schütteln, und dabei sind die verfaulten Äpfel heruntergefallen.« Nach dem Fall der Mauer erzählte Ronald Reagan dem US-Journalisten Carl Bernstein, der als Watergate-Enthüller zu journalistischem Weltruhm gelangt war, daß er »den Papst zum Verbündeten machen« wollte. Sein Werben hatte zumindest begrenzten Erfolg.

Doch die Haltung des Papstes gegenüber den USA blieb zwiespältig. Die Gesellschaftsform des Westens mit all ihrem Materialismus empfand er als Übel – gefährlicher noch als den Atheismus des Ostens. Um allerdings dem polnischen Volk – und mit ihm auch den anderen Nationen Osteuropas – die Freiheit zu bringen, schien eine kontrollierte Zusammenarbeit mit der westlichen Supermacht der beste Weg zu sein. Daß Reagan diesen Weg auch über eine erneute Verschärfung des Rüstungswettlaufs beschreiten wollte, widersprach zwar der Grundüberzeugung des Papstes, doch als die US-Bischöfe kurz vor der anstehenden Wiederwahl Reagans eine scharfe Erklärung gegen die steigenden Rüstungsausgaben des Pentagon vorbereiteten, griff er diskret ein und sorgte dafür, daß die Mahnung der Hirten erst nach der Präsidentschaftswahl veröffentlicht wurde. Es war eine Gefälligkeit gegenüber dem neuen Partner. General Walters, der von Reagan zweiundzwanzigmal als Bote in den Vatikan geschickt worden war, erklärt das heute so: »Wir versuchten eben dem Papst unsere Lage und die Bedrohung aus dem Osten zu zeigen. Und Reagan wollte damit auch sicherstellen, daß der Heilige Vater unsere großen Verteidigungsausgaben nicht kritisiert.«

Die zweite Reise des Papstes nach Polen im Sommer 1983 wurde weltweit mit noch größerer Spannung erwartet als die erste 1979. Ein zähes Tauziehen zwischen der Regierung in Warschau und dem Vatikan war der Visite vorausgegangen. Danzig, das Zentrum des Aufstands von 1980, durfte der Papst nicht besuchen, und das Regime machte zur Bedingung, daß er in seinen Predigten die verbotene Gewerkschaft Solidarność nicht beim Namen nannte. Wie vier Jahre zuvor machten sich wieder Millionen Polen auf den Weg, um ihren Papst zu hören – die meisten zu Fuß, weil das Regime weder Busse noch Sonderzüge zur Verfügung stellte. Noch immer herrschte Kriegsrecht – wenn es auch längst nicht mehr so streng gehandhabt wurde wie im Winter 1981.
Am 16. Juni, dem ersten Tag der Reise, trafen der Papst und der General – jene beiden Männer, in deren Händen das Schicksal der Nation lag – zum ersten Mal aufeinander. Der nach außen, hinter den dunklen Gläsern seiner Sonnenbrille so kühl wirkende Soldat war tief bewegt. Er hatte das Gefühl, »einen großen Mann zu begrüßen, nicht nur als Gast, sondern als Landsmann«. Jaruzelski beschrieb die Atmosphäre als »freundschaft-

lich«. Er war sich der Tatsache bewußt, daß die Fernsehbilder vom Händedruck zwischen ihm und Johannes Paul II. als Zeichen gegenseitiger Anerkennung gewertet werden würden. Die Kluft zwischen dem General und dem polnischen Volk würde durch diese Geste schmaler werden. Bei seinen Reden in Tschenstochau und Krakau schonte der Papst das Regime. Nur vorsichtig mahnte er die »fremde Herrschaft« an, unter der die Polen litten. Bogdan Borusewiscz, einer der Gründer von Solidarność, verfolgte diese Ansprachen in einem Versteck: »Ich war überrascht, daß der Papst zur Mäßigung aufrief. Aber ich versuchte das zu verstehen. In seinen Augen drohte Polen noch immer eine große Katastrophe, die er um jeden Preis vermeiden wollte.«

Doch auch die verbotene Gewerkschaft erhielt noch das Signal, auf das sie so sehnlichst wartete. Die Papstmesse in Nova Huta, jenem Vorort von Krakau, in dem der junge Bischof Wojtyła so hartnäckig für den Kirchenbau gekämpft hatte, wurde zur Solidarność-Demonstration. Von Dutzenden Fahnen mit dem charakteristischen Schriftzug der Gewerkschaft umringt, nannte der Papst in seiner Predigt, entgegen der Abmachung mit dem Regime, mehrfach den Namen jener Freiheitsbewegung, deren Taufpate er war – nur eben in anderem Kontext: »Gebt nicht auf, steht zusammen, übt Solidarität!« rief Johannes Paul II. den Menschen zu. Der Jubel, der die Plattenbauten der Vorstadt umbrandete, klang wie ein Ruf nach Erlösung.

Lediglich Lech Wałesa, die Symbolfigur des Freiheitsdrangs, fehlte bei dieser Demonstration für seine Bewegung. Der Arbeiterführer stand unter Hausarrest. Am letzten Tag der Papstreise durfte Johannes Paul II. zwar auch ihn treffen, doch nur ganz »privat«, wie es Jaruzelski verlangt hatte. Keine Kamera hielt die Begegnung fest. Doch auch Wałesa erhielt noch die symbolische Rückendeckung, die er nach Meinung des Papstes verdiente. Als L'Osservatore Romano, die offizielle Vatikan-Zeitung, nach der Rückkehr von Johannes Paul II. einen Kommentar abdruckte, in dem geweissagt wurde, daß der Gewerkschaftsführer nie wieder eine Rolle in der Politik spielen würde, entließ der Papst sofort demonstrativ den verantwortlichen Redakteur. Es war ein vielbeachtetes Signal: Johannes Paul II. hielt seine schützende Hand über den Arbeiterführer.

Die zweigleisige Politik, Versöhnung mit dem Militär zu suchen und gleichzeitig Solidarność zu unterstützen, trug schon

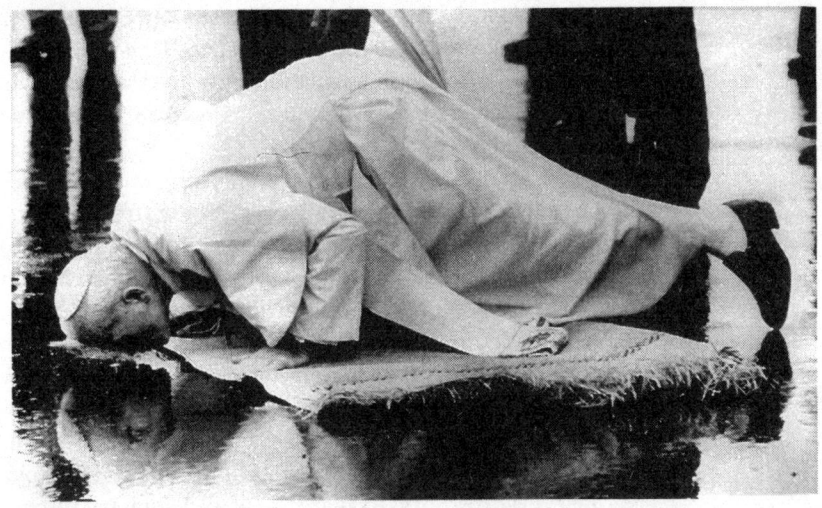

Dieser Papst hat frisches Blut gebracht.

Benny Lai, Journalist und Vatikan-Experte

Der Papst sieht die Zukunft nicht in Europa; Europa ist müde geworden, sagt er. Europa hat nicht mehr die Kraft, um die Kirche ins dritte Jahrtausend zu tragen.

Kardinal Franz König, Erzbischof von Wien

Ich bin ein Papst, der ein bißchen Vagabund ist; der rund um die Erde reist und der dies tun muß, um seine Gläubigen zu besuchen.

Johannes Paul II., 1990

Um heilig zu werden, kann uns dieses oder jenes Charisma, diese oder jene besondere Eigenschaft fehlen, aber wir können nicht auf das Leiden verzichten. Es ist ein notwendiger Bestandteil der Heiligkeit.

Johannes Paul II., 1988

»Man sollte meine Rolle nicht überschätzen...« Der obligatorische Kuß.

325

bald Früchte. Wenige Wochen nach der Abreise des Papstes hob Jaruzelski das Kriegsrecht auf, und im Oktober 1983 wurde Lech Wałesa in Abwesenheit der Friedensnobelpreis verliehen. Nun waren die Weichen gestellt, die Ziele des Augusts 1980 doch noch durchzusetzen.

Zwei Jahre später trat jener Mann auf die Bühne der Weltpolitik, der den Fall des Kommunismus von innen her ermöglichen sollte. Michail Gorbatschow war wie der Papst davon überzeugt, daß der Sozialismus an innerer Schwäche krankte. Er entschied sich für Reformen, für Glasnost und Perestroika. Sein Besuch im Vatikan 1989, mitten im heißen Herbst der europäischen Revolution, sollte um Unterstützung des Papstes für den Prozeß der Reformen werben. Dafür hatte die Führung in Moskau sogar ihre traditionelle Kirchenfeindlichkeit aufgegeben. Versöhnlich schrieb die *Prawda*: »Der Vatikan ruft nicht mehr zu Kreuzzügen auf, und wir werden die Religion nicht mehr als Opium des Volkes betrachten.«

Doch von innen war das abgewirtschaftete System auch unter Gorbatschow nicht mehr zu reformieren. Die »runden Tische« Osteuropas 1989, von denen der erste in Warschau stand, besiegelten auch das Schicksal des Erfinders der Perestroika. Am Ende stand im Dezember 1991 jener historische Moment, als Soldaten über dem Kreml zum letzten Mal die rote Fahne der Sowjetunion einholten und die Farben Rußlands hißten. Reagans »Reich des Bösen« hatte aufgehört zu existieren.

Welche Rolle der Papst bei der Beendigung der Spaltung Europas gespielt hat, würdigte der letzte Herrscher des Sowjetreichs unmißverständlich. »Ohne diesen Papst«, erklärte Gorbatschow, »wäre der Wandel in Osteuropa so nicht denkbar gewesen.« Die moralische Kraft, die Johannes Paul II. in den kritischen Jahren für seine Heimat verkörpert hat, die Rolle des Vermittlers und Versöhners in einem Land, in dem die Generäle an der Macht waren, ist sein historisches Verdienst. Dieser Papst aus Polen war die Antwort der Geschichte auf die süffisante Frage Stalins, »wie viele Divisionen« der Papst denn habe. 1989 ging ein Zeitalter zu Ende, von dem die Zeitgenossen geglaubt hatten, es werde noch Generationen überdauern. Doch es waren nicht nur wirtschaftliche und gesellschaftliche Zwänge, die sich Bahn brachen. Auch Menschen machten hier Geschichte. Michail Gorbatschow und Ronald Reagan auf der Ebene der Super-

»Er ist so mächtig wie Ludwig XIV....« Johannes Paul II. in Brasilien.

Der Parteitag in Nürnberg war nichts im Vergleich zum Papstbesuch in Manila, wo fünf Millionen Menschen kamen.

Vernon Walters, ehemaliger CIA-Vizedirektor,
US-»Sonderbotschafter« beim Vatikan

Johannes Paul II. ist ein absoluter Fürst. Er ist wie die Sonne, und die anderen sind Planeten, die um ihn kreisen. Es ändert sich nichts. Es kann sich gar nichts ändern.

Benny Lai, Journalist und Vatikan-Experte

mächte, Jaruzelski und Wałesa in Polen, Karol Wojtyła in Rom – jeder dieser Männer hat persönlichen Anteil am historischen Moment. Johannes Paul II. hat am Ende des 20. Jahrhunderts die moralische Autorität seines Amtes genutzt, um seinen Beitrag für die Freiheit der Menschen in Osteuropa zu leisten. Diese Seite seines Pontifikats ist schon jetzt ein Kapitel Weltgeschichte.

Gleichwohl war für Karol Wojtyła der Kampf um die Freiheit mit dem Mauerfall noch nicht entschieden. Er führt seinen Feldzug weiter – gegen die, so sagt er, falsche Freiheit der Moderne. »Es gibt keine Freiheit ohne Bindung«, glaubt der Papst, »Freiheit ohne Verantwortung, ohne Bindung an letzte Werte wird zur Willkür, bedeutet Untreue.« Die Schattenseiten der Welt am Ende des Jahrtausends, Egoismus, Hedonismus, der Verlust an moralischen Werten in den westlichen Gesellschaften – diese Übel sind aus Sicht Johannes Pauls II. keine neuen Feinde, sondern die Erscheinungsformen des althergebrachten Bösen in der Welt. Schon als Kardinal von Krakau hatte er betont, er halte den Materialismus des Westens für gefährlicher als den des Ostens, weil er die Menschen nicht mit Gewalt, sondern mit Verführung auf den falschen Weg zu bringen in der Lage sei.

Mit heiligem Zorn hat er verurteilt, daß seine Landsleute nach 1989 dieser »Verführung« allzu rasch erlagen. Polen hatte das Modell des Westens kopiert – mit allen Schattenseiten, wie dem Anstieg von Kriminalität, Prostitution und Drogenkonsum. Doch das Wort des Papstes hat in seiner Heimt mit Gewinn der neuen Freiheiten rapide an Gewicht verloren. Als er 1991 nach Polen reiste, kamen nicht mehr Millionen zu seinen Messen, wie bei den Reisen zuvor. Vor einem arg geschrumpften Auditorium rief er nun mit strengen, fordernden Worten sein Volk zur Umkehr auf: Es müsse »einen dritten Weg« geben zwischen der untergegangenen Ideologie des Ostens und der falschen Freiheit des Westens. Es war eine Strafpredigt, die fast ungehört ver hallte. Demoskopischen Erhebungen zufolge hält die Mehrheit der polnischen Bevölkerung den Einfluß der Kirche im demokratischen Polen für zu groß. Die Landsleute des Papstes wählten einen Postkommunisten zum Präsidenten und befürworten überwiegend eine Liberalisierung der Abtreibungsgesetze. »Die Polen haben mich enttäuscht«, vertraute der Papst verbittert Freunden an.

Es ist sicher, daß er nicht ein Mensch ist, der nur noch von Erinnerungen lebt; er lebt von Plänen, er lebt auf die Zukunft gerichtet.

Joaquín Navarro-Valls, Pressesprecher des Vatikans

Johannes Paul ist der letzte absolute Monarch.

Peter de Rosa, Vatikan-Experte, 1988

Im gegenwärtigen Zeitalter gibt es keine Person, die mit ihm zu vergleichen wäre.

Tad Szulc, Papst-Biograph

Stirbt ein Papst, so macht man einen neuen.

Römisches Sprichwort

Enttäuschungen innerhalb der Kirche ahndet Johannes Paul II. mit dogmatischer Strenge. Liberale Bischöfe und Theologen, die einen offeneren Kurs vor allem in der Sexualmoral vertreten, wurden abgemahnt und nach Rom zitiert. Kein anderer Papst hat so vielen Theologen die Lehrbefugnis entzogen wie Johannes Paul II., keiner hat sich so massiv in die Angelegenheiten der nationalen Episkopate eingemischt. Die deutschen Amtsbrüder um den Vorsitzenden der Bischofskonferenz, Karl Lehmann aus Mainz, bekamen den päpstlichen Zorn zu spüren, als sie die Einrichtung kirchlicher Beratungsstellen für abtreibungswillige Frauen unterstützten. Auch als Lehmann anregte, geschiedene Katholiken, die wieder geheiratet haben, entgegen der Empfehlung aus dem Vatikan zur Kommunion zuzulassen, wurde er nach Rom beordert und vom Chef der Glaubenskongregation, Kardinal Joseph Ratzinger, zur Räson gerufen. Noch immer hat Karl Lehmann als Vorsitzender der deutschen Bischofskonferenz keinen Kardinalshut erhalten, was manche Kirchenkenner als deutliches Zeichen päpstlicher Mißgunst interpretieren. Gewiß, der Bischof von Mainz hat per se keinen Anspruch darauf. Aber ein Karl Lehmann ist nicht irgendwer.

Karol Wojtyła hat Erfahrungen aus seiner Zeit als polnischer Bischof auf die Weltkirche übertragen. Eine streng hierarchische Struktur und innere Geschlossenheit sind für ihn die unabdingbaren Voraussetzungen, um das Wort Gottes glaubhaft verkünden zu können. Um seine Kirche diesbezüglich zu festigen, setzt Johannes Paul II. mit Vorliebe auf linientreue Gefolgsleute: Bei Bischofs- wie bei Kardinalsernennungen gab er seit Beginn seiner Amtszeit meist konservativen Kandidaten den Vorzug.

Einen von vielen mit Sorge registrierten Aufschwung erlebte das Opus Dei unter dem Pontifikat von Johannes Paul II. Der im Spanien Francos gewachsenen Organisation hat er durch die Einrichtung einer Personalprälatur einen einzigartigen Rang in der Kirche eingeräumt. Zahlreiche Mitglieder des »Werkes Gottes«, die zu absoluter Treue und Geheimhaltung verpflichtet sind, wurden vom Papst auf einflußreiche Posten gehievt. Auch sein Pressesprecher ist ein Opus-Dei-Mann. Der Spanier Joaquín Navarro-Valls, ein ehemaliger Psychiater, hat, wie er zufrieden erklärt, den Zugang der Medien in den Vatikan »verbessert«. »Vor meiner Ernennung«, erinnert sich Navarro, »liefen die meisten Kontakte in den Vatikan am Presseamt vorbei.

Heute stammen 85 Prozent von dem, was die Weltpresse über den Heiligen Stuhl veröffentlicht, aus Materialien unseres Büros.« Eine stolze Bilanz, über die nicht alle der beim Vatikan akkreditierten Journalisten glücklich sind.

Vieles sei noch undurchsichtiger geworden, klagt etwa Benny Lai, der zu den Altgedienten unter den Beobachtern des Vatikans zählt: »Man darf auf keinen Fall seine Quelle nennen, wenn man einmal eine ungefilterte Neuigkeit erhält, sonst bekommt man einfach keine Informationen mehr.«

Transparenz und Pluralismus, ohnehin noch nie besonders ausgeprägt im Zentrum der katholischen Kirche, haben in der Ära Wojtyła beständig abgenommen. Freiheit ist für den Vatikan eben nicht Demokratie, Meinungsvielfalt interpretiert der Papst aus Polen als Schwächung der reinen Lehre. Initiativen der Kirchenbasis, wie die verschiedenen Kirchenvolksbegehren, stoßen in Rom auf wenig Gegenliebe. »Dabei hat der Papst selbst einmal gesagt, auch Kirche brauche Opposition«, wundert sich Christian Weisner, der Initiator des deutschen Kirchenvolksbegehrens, das mehr als eine Million Unterschriften für Veränderungen im Kirchenschiff sammelte. Auslöser für das Aufbegehren an der Kirchenbasis ist die Besorgnis um die zunehmenden Krisenerscheinungen der Kirche im Westen. Heerscharen von Katholiken desertieren aus den Kathedralen, treten aus den Kirchen aus. Für die Mehrheit derer, die bleiben, ist der Stellenwert des Gottesdienstes zur zeremoniellen Dienstleistung geschrumpft, die nur noch bei Taufe, Hochzeit oder einem Todesfall in Anspruch genommen wird – Symptome, die freilich für beide Konfessionen gelten.

Die Forderungen der katholischen Basis reichen von der Aufhebung des Zölibats und der Zulassung von Frauen zum Priesteramt bis zu einem grundlegenden Wandel der katholischen Sexualmoral. Doch die Hoffnung, in der Amtszeit von Johannes Paul II. auf päpstliches Gehör zu treffen, sind gering.

»Vielleicht müssen wir auf einen neuen Papst warten«, meint Weisner, »der dann auch neuen Schwung mit sich bringt.« Ob allerdings der Nachfolger Karol Wojtyłas wirklich Hoffnungen auf eine andere Politik erfüllen wird, scheint fraglich. Denn wenn ein neues Konklave zusammentritt, werden drei von vier wahlberechtigten Kardinälen von Johannes Paul II. ernannt worden sein.

Lebensläufe der Päpste

Pius XII. (*2. 3. 1876, †9. 10. 1958)

seit 1901	tätig im päpstlichen Staatssekretariat
1917	päpstlicher Nuntius in München
1924	päpstlicher Nuntius in Berlin
7. 2. 1930	Rückkehr an die Kurie; Ernennung zum Kardinalstaatssekretär Juli 1933 Abschluß eines Konkordats mit dem Deutschen Reich
2. 3. 1939	Wahl Eugenio Pacellis zum Papst Pius XII.
27. 10. 1939	erste Enzyklika Pius' XII.
10. 9. 1943	deutsche Truppen besetzen Rom
13. 7. 1950	Pius XII. droht jedem Katholiken, der dem Kommunismus anhängt, mit der Exkommunikation
1. 11. 1950	Dogma der leiblichen Himmelfahrt Mariens
9. 10. 1958	Tod Pius' XII.

Johannes XXIII. (*25. 11. 1881; †3. 6. 1963)

1914–1918	Dienst als Sanitäter und Feldgeistlicher im Ersten Weltkrieg
1921–1924	Dienst bei der »Heiligen Kongregation für die Glaubensverbreitung«
1925	Erhebung zum Titularerzbischof und zum Apostolischen Legaten in Bulgarien, ab 1934 Apostolischer Legat in der Türkei und in Griechenland
1945–1952	päpstlicher Nuntius in Paris; Roncalli setzt sich für deutsche Kriegsgefangene ein
12. 1. 1953	Berufung zum Kardinal, gleichzeitig Patriarch von Venedig

28. 10. 1958	Wahl Angelo Giuseppe Roncallis zum Papst Johannes XXIII.
15. 5. 1961	Sozialenzyklika »Mater et Magistra«
11. 10. 1962	Eröffnung des Zweiten Vatikanischen Konzils
11. 4. 1963	Friedensenzyklika »Pacem in terris«
3. 6. 1963	Tod Johannes' XXIII.

Paul VI. (*26. 9. 1897; †6. 8. 1978)

seit 1922	tätig im päpstlichen Staatssekretariat
13. 12. 1937	Montini wird Assistent des Staatssekretärs
November 1952	Ernennung zum Unterstaatssekretär
1. 11. 1954	Ernennung zum Mailänder Erzbischof
Dezember 1958	Berufung zum Kardinal
11. 10. 1962 bis 8. 12. 1965	Zweites Vatikanisches Konzil
21. 6. 1963	Wahl Giovanni Battista Montinis zum Papst Paul VI.
1964	erste Pilgerfahrt eines Papstes in das Heilige Land
26. 3. 1967	Enzyklika »Populorum progessio«
25. 7. 1968	Enzyklika »Humanae vitae«
6. 8. 1978	Tod Pauls VI.

Johannes Paul I. (*18. 10. 1912; †28. 9. 1978)

Dezember 1958	Ernennung zum Bischof von Vittorio Veneto
15. 12. 1969	Einsetzung zum Patriarchen von Venedig
5. 3. 1973	Berufung zum Kardinal
26. 8. 1978	Wahl Albino Lucianis zum Papst Johannes Paul I.
3. 9. 1978	Verzicht auf Krönungszeremoniell
28. 9. 1978	Überraschender Tod Johannes Pauls I.

Johannes Paul II. (*18. 5. 1920)

4. 7. 1954	Ernennung zum Weihbischof von Krakau
30. 12. 1963	Ernennung zum Erzbischof von Krakau
18. 11. 1965	Mitunterzeichner des Versöhnungsbriefes der polnischen Bischöfe an ihre deutschen Amtsbrüder:»Wir vergeben, und wir bitten um Vergebung«
26. 6. 1967	Berufung zum Kardinal
16. 10. 1978	Wahl Karol Wojtyłas zum Papst Johannes Paul II.
1979	erste Polenreise; Auswirkungen auf die Gründung der Gewerkschaftsbewegung Solidarność
1980	die deutschen Bischöfe entziehen mit ausdrücklicher Genehmigung des Papstes dem Theologen Hans Küng die Lehrerlaubnis
13. 5. 1981	Attentat Mehmet Ali Agcas, der Papst erleidet schwere Verletzungen
Mai 1992	Seligsprechung des Opus-Dei-Gründers Jose Escriva de Balaguer y Albas
Mai 1993	Herausgabe des Weltkatechismus
14. 10. 1994	Rüge der deutschen Bischöfe Saier, Lehmann und Kasper wegen deren Stellungnahme zur Geschiedenen-Pastorale
Januar 1995	Amtsenthebung des Bischofs von Evreux/ Frankreich, Jacques Gaillot
Februar 1996	apostolische Konstitution »Universi Dominici Gregis« über die Reform der Papstwahl

Literatur

Päpste allgemein

Arazi, Doron: Der Vatikan und die Geheimdienste. Im Sog von Macht und Politik. Legenden – Fakten – Hintergründe. Freiburg 1997.

Bischofsworte zu den Päpsten Paul VI., Johannes Paul I. und Johannes Paul II., hrsg. vom Institut für Kirchliche Zeitgeschichte. Salzburg 1979.

Brzoska, Emil: Porträt der Päpste. Pius XII. bis Johannes Paul II. 1939–1979, Köln 1979.

Denzler, Georg: Das Papsttum. Geschichte und Gegenwart. München 1997.

Deschner, Karlheinz: Die Politik der Päpste im 20. Jahrhundert. 2. Bd. Von Pius XII. 1939 bis zu Johannes Paul II. Reinbek 1991.

Deschner, Karlheinz: Die Vertreter Gottes. Eine Geschichte der Päpste im 20. Jahrhundert. München 1994.

Dorn, Luitpold A.: Der Papst und die Kurie. Wie eine Weltkirche regiert wird. Freiburg i. Br. u. a. 1989

Fuhrmann, Horst: Von Petrus zu Johannes Paul II. Das Papsttum: Gestalt und Gestalten. München 1984.

Hebblethwaite, Peter: The Year of Three Popes. Cleveland 1979.

Hebblethwaite, Peter: In the Vatican. Bethesda 1986.

Lacroix-Riz, Annie: Le Vatican, l'Europe et le Reich de la Première Guerre Mondiale á la Guerre Froide. Paris 1996.

Lo Bello, Nino: Die Milliarden des Vatikan. Das Wirtschaftsimperium der Römischen Kurie. Wien 1970.

Lo Bello, Nino: Der Vatikan – Machtzentrum für mehr als 750 Millionen Gläubige. Ein aufschlußreicher Blick hinter die Tore des kleinsten Staates der Welt. Wien 1988.

Lo Bello, Nino: Vatikan im Zwielicht. Die unheiligen Geschäfte des Kirchenstaates. München 1991.

McDowell, Bart: Der Vatikan. Ein Porträt des Kirchenstaates. Berlin 1991.

Reese, Thomas J.; Inside the Vatican. The politics and organization of the Catholic Church. Cambridge 1996.

Rhodes, Anthony: The Vatican in the age of the Cold War 1945–1980. Norwich 1992.

Rosa, Peter de: Der Vatikan – von Gott verlassen? Kirche, Sex und Tod. München 1995.

Rosa, Peter de: Gottes erste Diener. Die dunkle Seite des Papsttums. München 1991.

Steigleder, Klaus: Das Opus Dei, eine Innenansicht. Zürich 1991.

Pius XII.

Aarons, Mark/Loftus, John: Ratlines. How the Vatican's Nazi network betrayed Western intelligence to the Soviets. London 1991.

Albrecht, Dieter (Hrsg.): Der Notenwechsel zwischen dem Heiligen Stuhl und der deutschen Reichsregierung, Paderborn.

Almeida, José A.: Papst Pius der Zwölfte und der Atomkrieg. Freiburg i. Br. 1961.

Bayern, Konstantin von: Papst Pius XII. Stein a. Rh. 1980.

Dahm, Paul, u. a. Ein Leben für Gerechtigkeit und Frieden. Mönchengladbach 1954.

Deschner, Karlheinz: Mit Gott und dem Führer. Die Politik der Päpste zur Zeit des Nationalsozialismus. Köln 1988.

Falconi, Carlo: Das Schweigen des Papstes. München 1966.

Friedländer, Saul: Pius XII. und das Dritte Reich – eine Dokumentation. Hamburg 1965.

Fürst, Reinmar: Pius XII. – Rückblick und Ausblick. Gedanken zum 25. Jahrestag seines Todes. Würzburg 1983.

Görgen, Josef-Matthias: Pius' XII. katholische Kirche und Hochhuths »Stellvertreter«. Buxheim 1964.

Harder, Alfred: Papst Pius XII. Berlin 1939.

Heinz, Andreas/Müller, Paul G./Nagel, Ernst J.: Pius XII. Theologische Linien seines Pontifikates. Schwerte. o. J.

Hoberg, Hermann: Papst Pius XII. Die wesentlichen Tatsachen seines Lebens und Wirkens. München 1949.

Höcht, Johannes M.: Fatima und Pius XII. Maria – Schützerin des Abendlandes: Der Kampf um Rußland und die Abwendung des 3. Weltkrieges. Wiesbaden 1959.

337

Lehnert, M. Pascalina: Ich durfte ihm dienen. Erinnerungen an
Papst Pius XII. Zürich 1991.

Passelecq, Georges/Suchecky, Bernhard: Die unterschlagene
Enzyklika. Der Vatikan und die Judenverfolgung. München
1997.

Rhodes, Anthony: Der Papst und die Diktatoren. Der Vatikan
zwischen Revolution und Faschismus. Wien 1980.

Schambeck, Herbert (Hrsg.): Pius' XII. Friede durch Gerechtigkeit. Kevelaer 1986.

Schambeck, Herbert (Hrsg.): Pius XII. zum Gedächtnis. Berlin
1977.

Schneider, Burkhart (Hrsg.): Pius XII.: Die Briefe an die deutschen Bischöfe 1939–1944. Paderborn 1966.

Schneider, Burkhart: Pius' XII. Friede, das Werk der Gerechtigkeit. Göttingen 1968.

Siegmund, Georg (Hrsg.): Der Exorzismus der katholischen
Kirche. Authentischer lateinischer Text nach der von Papst
Pius XII. erweiterten und genehmigten Fassung... Stein
a. Rh. 1989.

Tardini, Domenico: Pius XII. als Oberhirte, Priester und
Mensch. Freiburg i. Br. 1963.

Johannes XXIII.

Alberigo, Giuseppe/Wittstadt, Klaus (Hrsg.): Ein Blick zurück –
nach vorn: Johannes XXIII. Spiritualität – Theologie – Wirken. Würzburg 1992.

Allegri, Renzo: Johannes XXIII.»Papst kann jeder werden. Der
beste Beweis bin ich«. Ein Lebensbild. München, Zürich,
Wien 1995.

Aradi, Zsolt: Der XXIII. Johannes. Werden und Wirken des
Papstes Angelo Roncalli. München 1959.

Bühlmann, Walbert: Johannes XXIII. Der schmerzliche Weg
eines Papstes. Mainz 1997.

Carpi, Pier: Die Prophezeiungen von Papst Johannes XXIII. Die
Geschichte der Menschheit 1935–2033, Muggensturm 1984.

Dorn, Luitpold A.: Johannes XXIII. Auf ihn berufen sich alle.
Graz, Wien, Köln 1986.

Elliot, Lawrence: Johannes XXIII. Papst der Güte, Papst des
Friedens. Freiburg 1978.

Frank, Wolfgang: Auskunft über Johannes XXIII. München 1980.

Haas, Johannes: Gelassen leben. 10 Tips von Johannes XXIII. Fribourg 1996.

Hebblethwaite, Peter: Johannes XXIII. Das Leben des Angelo Roncalli. Zürich, Einsiedeln, Köln 1986.

Hünermann, Wilhelm: Der Pfarrer der Welt. Das Leben Johannes' XXIII. Innsbruck 1989.

Johannes XXIII. Leben und Werke. Freiburg i. Br. 1963.

Kaufmann, Ludwig/Klein, Nikolaus: Johannes XXIII. Prophetie im Vermächtnis. Luzern 1990.

Klinger, Kurt: Ein Papst lacht... Freiburg i. Br. 1977.

Kühl-Martini, Dorothea: Marilyn an Papst Johanes. Briefe zwischen Himmel und Hölle. Düsseldorf 1997.

Lazzarini, Andrea: Johannes XXIII. Das Leben des neuen Papstes. Freiburg 1960.

Lindgens, Godehard: Katholische Kirche und moderner Pluralismus. Der neue Zugang zur Politik bei den Päpsten Johannes XXIII. und Paul VI. und dem Zweiten Vatikanischen Konzil. Stuttgart 1980.

Nürnberger, Helmuth: Johannes XXIII. Reinbek 1985.

Mertens, Heinrich A. (Hrsg.): Ich bin Josef, euer Bruder. Chronik, Dokumente, Perspektiven – Zum Leben und Wirken Papst Johannes' XXIII. Recklinghausen 1959.

Otto, Maria/Johna, Franz (Hrsg.): Johannes XXIII. Worte der Güte. Freiburg i. Br. 1994.

Pepper, Curtis Bill: Freundschaft mit dem Papst. Nach den persönlichen Erinnerungen von Giacomo Manzù an Johannes XXIII. Berlin, Frankfurt 1969.

Rotov, Boris G.: Johannes XXIII. Ein unbequemer Optimist. Zürich u. a. 1978.

Paul VI.

Arx, Walter von: Der Anteil Papst Pauls VI. an der Liturgiereform des Zweiten Vatikanischen Konzils. St. Ottilien 1987.

Dollinger, Ingo E.: Klarheit und Wahrheit. Papst Paul VI. zu aktuellen Glaubensfragen. München o. J.

Dorn, Luitpold A.: Paul VI. Der einsame Reformer. Graz, Wien, Köln 1989.

Guillet, Arnold (Hrsg.): Paul VI.: Enzyklika »Humanae vitae«. Die Weitergabe menschlichen Lebens. Stein a. Rh. 1991.

Guitton, Jean: Dialog mit Paul VI. Wien 1967.

Häussler, Alfred: Das Zeichen des Widerspruchs. Ein Vierteljahrhundert nach der Verkündigung der Enzyklika »Humanae vitae«. Abensberg 1994.

Hebblethwaite, Peter: The Year of Three Popes. Cleveland 1979.

Huber, Georges: Paul VI. Paderborn 1964.

Kraemer, Konrad (Hrsg.): Papst Paul VI. an die Welt. Ansprachen und Botschaften 1963–1969. Osnabrück 1970.

Lazzarini, Andrea: Papst Paul VI. Sein Leben und seine Gestalt. Freiburg, Basel, Wien 1963.

Lindgens, Godehard: Katholische Kirche und moderner Pluralismus. Der neue Zugang zur Politik bei den Päpsten Johannes XXIII. und Paul VI. und dem Zweiten Vatikanischen Konzil. Stuttgart 1980.

Mauritsson, Maxim (Hrsg.): Papst Paul VI., der erste moderne Völkerapostel. Siegburg 1989.

Raffalt, Reinhard: Wohin steuert der Vatikan? Papst zwischen Religion und Politik. München 1973.

Seeber, David Andreas: Paul – Papst im Widerstreit. Dokumentation und Analyse. Freiburg 1971.

Smith, Janet E. (Hrsg.): Why Humanae Vitae was right – a reader. San Francisco 1993.

Thomas, Gordon: Der Vatikan. Mechanismen kirchlicher Macht. Herrsching 1986.

Johannes Paul I.

Cornwell, John: Wie ein Dieb in der Nacht. Der Tod von Papst Johannes Paul I. Darmstadt 1989.

Greeley, Andrew M.: Der weiße Rauch. Die Hintergründe der Papstwahlen 1978. Graz 1979.

Hebblethwaite, Peter: The Year of Three Popes. Cleveland 1979.

Huber, Georges: Johannes Paul I. Gottes strahlender Meteor. Stein a. Rh. 1979.

Johannes Paul I.: Worte der Freude. Der Welt ein Lächeln geschenkt. Freiburg 1979.

Johannes Paul I.: Damit die Menschen besser werden. Eine unvollendete Katechese. Tegèlen 1978.

Johannes Paul I.: Mein Vermächtnis/Albino Luciani. Graz, Wien, Köln 1986.

Johannes Paul I.: Das Leben des lächelnden Papstes, München, Zürich, Wien 1990.

Johannes Paul I.: Ihr ergebener Albino Luciani. Briefe an Persönlichkeiten. München, Zürich, Wien 1997.

Kummer, Regina: Albino Luciani – Papst Johannes Paul I. Ein Leben für die Kirche. Graz, Wien, Köln 1991.

Lazzarini, Andrea: Johannes Paul I. Der Papst eines neuen Morgens. Freiburg 1978.

Willi, Victor J.: Im Namen des Teufels? Kritische Bemerkungen zu David A. Yallops Bestseller ›Im Namen Gottes? Der mysteriöse Tod des 33-Tage-Papstes Johannes Paul I.‹. Stein a. Rh. 1993.

Yallop, David A.: Im Namen Gottes? Der mysteriöse Tod des 33-Tage-Papstes Johannes Paul I. Tatsachen und Hintergründe. München 1992.

Johannes Paul II.

Albus, Michael/Kaltefleiter, Werner: Der letzten Wahrheit dienen. Bischof in Krakau, Papst in Rom – Wojtyła-Texte. Stein a. Rh. 1980.

Andreotti, Giulio: Meine sieben Päpste. Begegnungen in bewegten Zeiten. Freiburg 1982.

Arias, Juan: Das Rätsel Wojtyła. Eine kritische Papstbiographie. Bad Sauerbrunn 1991.

Ash, Timothy Garton: Polish Revolution. New York 1990.

Behrendt, Ethel L.: Die Schwelle der Gerechtigkeit nicht überschritten. Zum Weltanruf des Papstes Johannes Paul II. »Die Schwelle der Hoffnung überschreiten.« Eine respektvolle Fundamentalkritik. München 1995.

Bernstein, Carl/Politi, Mario: Seine Heiligkeit. Johannes Paul II. und die Geheimdiplomatie des Vatikans. München 1997.

Boberski, Heiner: Die Divisionäre des Papstes. Bischofsernennungen unter Johannes Paul II. Salzburg 1992.

Dorn, Luitpold A./Slominski, Josef A.: Der Papst und seine Botschaft. Das Geheimnis Wojtyła. Stein a. Rh. 1983.

Frossard, André: Fürchtet euch nicht! André Frossard im Gespräch mit Johannes Paul II. München 1992.

Hebblethwaite, Peter: The Year of Three Popes. Cleveland 1979.

Hebblethwaite, Peter: The Papal Year. London 1981.

Hebblethwaite, Peter: Wie regiert der Papst? Zürich 1987.

Herrmann, Horst: Johannes Paul II. beim Wort genommen. Eine kritische Antwort auf den Papst. München 1994.

Johannes Paul II.: Was ich Euch sagen will. Vorwort von Karl Lehmann. Freiburg 1996.

Johannes Paul II.: Geschenk und Geheimnis. Zum 50. Jahr meiner Priesterweihe. Graz, Wien, Köln 1997.

Johannes Paul II.: Wir fürchten die Wahrheit nicht. Der Papst über die Schuld der Kirche und der Menschen. Graz, Wien, Köln 1997.

Krewerth, Rainer A.: Johannes Paul II. – Wanderer zwischen den Welten. Augsburg 1995.

Maliński, Mieczysław: Johannes Paul II. Sein Leben von einem Freund erzählt. Freiburg 1979.

Raith, Werner: Eiszeit im Vatikan. Johannes Paul II. und seine Kritiker. München 1993.

Ratzinger, Kardinal Joseph: Salz der Erde. Christentum und katholische Kirche an der Jahrhundertwende. Stuttgart 1996.

Reichel, Hubert: Schüsse auf dem Petersplatz. Hintergründe und Hintermänner des Papst-Attentates und die »Bulgarian Connection«. Frankfurt/M. 1984.

Sterling, Claire: Wer schoß auf den Papst? Das Attentat auf Johannes Paul II. München 1985.

Svidercoschi, Gian Franco: Brief an einen jüdischen Freund. Karol Wojtyła und Jerzy Kluger. Graz u. a. 1993.

Szulc, Tad: Papst Johannes Paul II. Die Biographie. Stuttgart 1996.

Trost, Ernst: Der Papst aus einem fernen Land. Johannes Paul II. und seine Kirche. Berlin 1980.

Urquhart, Gordon: Im Namen des Papstes. Die verschwiegenen Truppen des Vatikans. München 1995.

Woodward, Bob: Geheimcode VEIL. Reagan und die geheimen Kriege der CIA. München 1987.

Personenregister

Halbfette Seitenangaben verweisen auf Textschwerpunkte, *kursive* auf Abbildungen.

Bildnachweis

Abtei Maria Laach/P. Chrysostomus Dahm: 87

Archiv Feuerreiter: 101, 135

Archiv für Kunst und Geschichte: 55

Associated Press: 81, 83, 83, 269, 291, 321, 325

Bayerische Staatsbibliothek: 31, 51

dpa: 21, 23, 26, 67, 155, 230, 231, 234, 247, 251, 255, 265, 271, 295, 296, 305, 320

Felici: 89, 95, 131, 179, 263, 297, 304

Katholische Nachrichten Agentur: 23, 27, 63, 94, 99, 105, 111, 115, 121, 127, 143, 153, 159, 163, 167, 170, 171, 175, 184, 185, 191, 194, 195, 199, 203, 205, 209, 214, 215, 235, 241, 245, 254, 259

Keystone: 47, 133, 139

L'Osservatore Romano: 329

Sipa Press: 284

Süddeutscher Verlag Bilderdienst: 35, 41, 59, 71, 110, 225, 281

Tad Szulc: 285

Der Rechtsnachfolger des Archivs Feuerreiter und der Rechtsinhaber des Fotos auf Seite 120 konnten bis Redaktionsschluß leider nicht ermittelt werden. Der Verlag bittet Personen oder Institutionen, welche die Rechte an den entsprechenden Fotos haben, sich zwecks angemessener Vergütung zu melden.